邓嗣禹文集

邓嗣禹／著

第五卷

历史人物传略

邓嗣禹年谱

彭靖　李世愉／主编

华中师范大学出版社

新出图证（鄂）字 10 号

图书在版编目（CIP）数据

邓嗣禹文集. 第 5 卷/（美）邓嗣禹著；彭靖，李世愉主编. —武汉：华中师范大学出版社，2021.12

ISBN 978-7-5622-9591-4

Ⅰ. ①邓… Ⅱ. ①邓… ②彭… ③李… Ⅲ. ①邓嗣禹—文集 Ⅳ. ①K207-53

中国版本图书馆 CIP 数据核字（2022）第 004115 号

邓嗣禹文集　第五卷

责任编辑： 熊　然　　**责任校对：** 肖绪旭　　**封面设计：** 罗明波

编辑室： 学术出版中心　　**电话：** 027-67863220

出版发行： 华中师范大学出版社有限责任公司　　**邮编：** 430079

社址： 湖北省武汉市洪山区珞喻路 152 号

销售电话： 027-67861367（发行部）　　**传真：** 027-67863291

网址： http://press.ccnu.edu.cn　　**电子信箱：** press@mail.ccnu.edu.cn

印刷： 湖北恒泰印务有限公司　　**督印：** 刘　敏

开本： 710mm×1000mm　1/16　　**印张：** 21.25　　**字数：** 330 千字

版次： 2023 年 3 月第 1 版　　**印次：** 2023 年 3 月第 1 次印刷

定价： 106.00 元

欢迎上网查询、购书

文集作者与主编简介

作者简介：

邓嗣禹（1905—1988），当代著名历史学家、文献目录学家和汉学家，中国科举制度研究的奠基人。1935年燕京大学硕士毕业后，留校任教。1938年留学哈佛大学，师从著名汉学家费正清，1942年获博士学位。历任芝加哥大学东方研究院院长、印第安纳大学历史系主任、东亚研究中心主任等职，著有《中国考试制度史》《张喜与南京条约》等30余部历史学著作，并将《中国近百年政治史》《颜氏家训》等中国学术名著译成英文版。他的论著曾被翻译成10多种语言。2020年，俄文版《中国考试制度史》获批为“中华学术外译”资助项目，将由俄罗斯圣彼得堡大学出版社出版。

主编简介：

彭靖（1962— ），《邓嗣禹文集》主编，“中华学术外译”项目入选者。21岁发表译作，38岁获得教授职称。早年曾师从中国社会科学院近代史研究所所长步平，在《中国考试》《学术界》《教育与考试》等期刊上发表科举与历史学研究论文100余篇，译著有《重访中国》《张喜与南京条约》。历任北京大学、香港国际商学院EMBA总裁班特聘（客座）教授，在美国与中国出版《尘封的历史》等十余部著作。曾获得“鲁迅文学杯”全国文化精英大赛金奖、第十届“丁玲文学奖”提名奖等多种奖项。

李世愉（1949— ），著名清史专家，《清史论丛》主编，1982年北京大学历史系毕业，获明清史专业硕士学位。曾任中国社会科学院历史研究所研究员、博士生导师，中华炎黄文化研究会土司文化专业委员会执行主席，北京大学明清研究中心兼职研究员，吉林大学兼职教授。独著有《清代土司制度论考》《清代科举制度考辩》（续），合著有《中国历代官制大辞典》《状元大典》《中国古代社会生活辞典》等。主持编纂的《中国历史大辞典》获国家图书奖。

导　读

本卷分为两部分，第一部分为《邓嗣禹历史人物论》，第二部分为《邓嗣禹年谱初编》。《邓嗣禹历史人物论》收录了邓嗣禹刊于《清代名人传略》《明代名人传》中的数十篇传记文章，以及以单篇形式发表在不同刊物、书籍中的文章，分为“古代帝王”“清代和民国历史人物”“太平天国历史人物”“著名学者评析”四编。

作为美国历史学界的汉学先驱人物，邓嗣禹（1905—1988）先生曾参与过多部历史人物传记丛书的编写工作，撰写过许多有影响的历史人物传记，如恒慕义主编的《清代名人传略》中太平天国时期的曾国藩与洪秀全等33位重要历史人物传记，其中有3位历史人物——穆彰阿、徐广缙和怡良是由邓嗣禹与费正清共同完成的。富路特主编的《明代名人传》中最主要的人物明太祖朱元璋传记，包华德主编的《民国名人传记词典》中湖南军政首领、中国首任民选省长赵恒惕传记，德国汉学家傅海博主编的《宋代人物传记》中宋代著名史学家郑樵传记也是由邓嗣禹撰写的。邓嗣禹在人物传记写作方面有广泛的影响力。

1937年，为了满足美国汉学界对参考工具书的需求，美国著名汉学家恒慕义发起组织包括邓嗣禹在内的五十位学者，共同编撰《清代名人传略》，耗时8年完成，1945年出版二卷本。1943年5月，胡适在纽约为英文版《清代名人传略》出版撰写的序言中指出：

> 作为一部近三百年的传记词典，在目前还没有其他同类著作，能像它那样内容丰富、叙述客观并且用途广泛。《清代名人传略》绝不仅是一部传记词典，它是今天可以看到的一部最翔实最好的近三百年中国史。……有关太平天国起义洪秀全与洪仁玕的篇章，以及担任外交事务的政治家林则徐、奕䜣、荣禄的篇章，对中国读者来说，既富有趣味也值得一读，因为这些篇章包含了中国本国的传记作者接触不到的重要知识。例如太平天国起义领袖的事迹在中国的传记中，均被有意毁掉或加以查禁，而外国的记录则是唯一可信的消息来源。

在这篇序言中，胡适多次提到国外学者撰写太平天国起义领袖传记的重要性。太平天国运动是中国近代史上一场重要的农民起义，在《清代名人传略》下卷中，有较多篇幅论述这场历时14年之久、波及17省的农民起义战争。邓嗣禹撰写的洪秀全传记，概述了太平天国运动的全部过程，并论及太平天国革命失败的教训，对太平军定都南京后所做出的若干改革也有详细的叙述，诸如修改历法、制定土地制度等。后来，费正清在他出的回忆录中，曾对《清代名人传略》有这样的评价："这是中外合作的一部作品，也是美国研究汉学的一次胜利。更重要的是，它显示了中外合作的可行性。"

参与编写《清代名人传略》让邓嗣禹开始涉足太平天国研究，这成为他日后从事太平天国历史的系列研究工作的开端。之后若干年，在恒慕义、费正清等人的大力支持下，他先后出版了《太平天国史新论》(哈佛大学出版社1950年出版，1966年再版)、《捻军及其游击战，1851—1868》(法国巴黎Mouton出版社1960年出版，1984年再版)、《太平天国历史学》(哈佛大学出版社1962年出版，1972年再版)、《太平天国与西方列强》(牛津大学出版社1971年出版，1978年再版）四部有关太平天国方面研究的专著。

在《清代名人传略》的编写过程中，邓嗣禹在论述鸦片战争有关历史人物时，引用了大量19世纪中叶西方出版的历史著作，如郭士立的《道光皇帝传》(1852年)、德庇时的《交战时期及媾和以来的中国》(1852年)。依据这些史料，邓嗣禹对清代历史人物做出了客观、公正的评价。正如胡适在序言中所述，这些史料都是当时我国学者不易见到的珍贵资料。

英文版《清代名人传略》出版后，1945年美国汉学家赖得烈曾在《美国历史评论》上发表书评文章。他认为："该书对于我们的中国知识无疑是一个非常显著的贡献……它是今天人们所能找到的关于中国最近三百年历史最为详细的佳著。"[①] 美国汉学家梅谷也曾在《远东评论》上

---

① K. S. Latourette, *Review Eminent Chinese of the Ch'ing Period (1644-1912)*. By Arthur W. Hummel, *The American Historical Review*, Vol. 50, No. 4 (Jul., 1945), pp. 803-805.

撰文指出："它将成为任何以近代中国历史和文化为专业的研究者不可或缺的指南和参考书籍。这部颇具学术水准的著作将对西方世界在近代史研究方面产生不可估量的促进作用。"①

1990年，中国人民大学清史研究所将《清代名人传略》翻译成中文，由青海人民出版社出版，1995年再版。全书共分上、中、下三册，约130万字。编者在收录时对原文进行了增补与重译。其研究文章《〈清代名人传略〉谱写中美两代史学家交谊佳话》，发表在2013年11月27日的《中华读书报》上。为了让读者全面了解对太平天国历史人物的写作过程与内幕，此次将该文章收入到附录中。

1977年，富路特因主编《明代名人传》获得有西方汉学诺贝尔奖之称的法国儒莲奖，其中由邓嗣禹撰写的明代最主要人物明太祖朱元璋的传记功不可没。长期以来，西方学者对中国许多历史事件和人物的叙述和评价，与我国学术界的观点存在较大分歧。我国历史学者大多是从无产阶级立场出发，对清代历史人物进行评价与定性。例如北京大学历史学家，曾任北京市副市长的吴晗撰写的《朱元璋传》，在不同时期就有三个不同的版本，普通读者很难辨别哪一个版本反映的是真实的历史。

《明代名人传》中的《朱元璋》，是该传记书中所占篇幅最长的一篇，其内容长达13页之多，约有1.2万余字，由邓嗣禹撰写。在朱元璋传记中，邓嗣禹参考了大量当时中国学者不易看到的历史文献，并结合个人对朱元璋的研究成果，既用肯定的语气阐述了朱元璋极不平凡的奋斗历程，即推翻元朝的腐朽统治、统一全国、安定百姓及发展生产等积极的一面；又用谴责、批判的语气揭露了他巩固朱家王朝的种种手段，特别是对他大肆诛杀功臣和大兴文字狱的专制统治等方面进行了有力的挞伐。该传记对朱元璋的一生进行了全面的评论，既不以其善而隐其恶，也不以其恶而隐其善，使读者看到了一个比较真实的朱元璋。

作为"姐妹篇"的研究文章，编者曾在《中华读书报》上发表《〈明代名人传〉续写中美史学家合作佳话》（2015年11月4日）。此次收入该

---

① Franz Michael, *Review Eminent Chinese of the Ch'ing Period* (*1644-1912*). By Arthur W. Hummel, *The Far Eastern Quarterly*, Vol. 3, No. 4 (Aug., 1944), pp. 386-387.

文作为附录文章的第二篇。将这些研究文章作为人物论的附录，不仅能让读者在短时间内了解本书的概况，同时也是目前国内出版人物论书籍中所不具备的一大特色。

邓嗣禹撰写历史人物的风格与传统著述有所不同。编者认为，至少有以下两个方面。其一，他不是仅仅按照时间顺序记录传记人物的生平与功绩，而是既有个人的分析，也对同时代人物功绩进行横向比较，突破传记写作的传统模式。例如，在《蔡元培先生的革命思想与活动》一文中，邓嗣禹首先综合前人对于教育家蔡元培的研究成果，记录了蔡元培参加革命活动的历程。同时，他还用两个章节“蔡元培不继续做翰林的原因”“蔡元培曾否加入秘密会党”分别进行了专题研究与分析。这篇文章最早发表在台湾《传记文学》第三十九卷第三期（1981 年 9 月号），后被收录在“传记文学书系”《民国三大校长》中，该书由岳麓书社 2015 年 6 月出版。

其二，引用新史料，提出了与传统史学不同的观点。在《李世民与武则天——试析唐太宗与武则天的领袖才能》一文中，邓嗣禹在开篇指出：《新唐书》《旧唐书》和《资治通鉴》三部官修史书的著者都把李世民描绘得生气勃勃、勇敢果断，而他的父亲则平庸谨慎、优柔寡断。故而司马光谓：“高祖所以有天下，皆太宗之功。”千百年来，很少有人对这一传统看法提出过异议。邓嗣禹通过研究认为：“有一部被人们长期忽略了的史书，那就是温大雅的《大唐创业起居注》，它为我们提供了李渊领导这一事件的许多内情。”在本节的最后，他给出这样的结论：“可以相当肯定地说，唐高祖是起事的领袖，是唐朝的创建者，在创建的过程中，他得到了儿子，特别是有才能的李世民的帮助。”

这是邓嗣禹对于唐代李渊、李世民研究领域中的一大贡献。在本文的最后一节，他以“对领袖才能的分析”为标题，用大量的事例，对比分析唐太宗李世民与武则天的领袖才能。这是以往国内外出版的李世民、武则天研究著作中较少涉及的内容，也是本书的第二大特色。这篇文章写作于 1987 年，原载于《邓之诚学术纪念文集》，北京大学出版社 1991 年出版。

《邓嗣禹年谱初编》（以下简称《邓嗣禹年谱》）也是本卷的重要内容

之一，并首次呈现给读者。编者经过多年的收集与整理，汇集了邓嗣禹与胡适、赵元任、顾颉刚、裘开明、杨联陞、钱存训、陶晋生、翁独健等众多著名学者，以及与女儿邓同兰的往来信札。他们在日记中提到的与邓嗣禹交往等内容，包含有邓嗣禹学术活动、著作出版的相关信息。

通过《邓嗣禹年谱》中的真实记录，我们可以佐证学术名著中的个别瑕疵和国内外汉学界的一些误读，从而展示海外汉学研究在一个时代，从起步到不断发展的历史图景。

目　　录

邓嗣禹历史人物论

邓嗣禹年谱初编（彭靖 著）

邓嗣禹历史人物论

第一编　古代帝王

朱元璋：杰出的封建君主①

朱元璋（字国瑞），出生在濠州府钟离县（现在的安徽凤阳）的一户贫苦家庭，最终成为明朝的建立者。据他自己的描述，他的先人曾定居句容（南京附近），之后又迁居到泗州（安徽）。在十四世纪的某个时候，他的父亲朱世珍为了逃避赋税和劳役，迁到钟离。朱元璋是六个孩子中的最小者。维持家庭生计的困难迫使朱元璋的父母把他的二哥和三哥送给他人收养，还把他的姐姐早早地嫁出去。关于朱元璋十七岁前的早年生活的资料是十分匮乏的。据说他小时候经常生病，他的父亲希望把他送到寺庙里养活，但他母亲陈氏反对。后来他长成一个强健的青年，下巴尤为突出。他很可能帮着干些农活，没有受过教育。

1344 年是朱元璋人生中一个重要的转折点，那一年饥荒和瘟疫先后夺走了他的父亲（5 月 18 日卒）、大哥（5 月 21 日卒）和母亲（6 月 3 日卒）的生命。除了他自己，全家只剩下三人，他的嫂子、侄子朱文正（卒于 1365 年）和二哥朱兴盛活了下来。他们穷得都没钱为死去的亲人下葬，后来好心的乡亲刘继祖（字大秀）送给他们一块土地才得以下葬。在这之后，他孤无所依，只能像他父亲所希望的那样入寺寻求僧人的庇护。他成为濠州附近皇觉寺的一个小沙弥，做一些低下的杂务，比如焚香、击鼓、敲钟、抬水和砍柴。53 天（10 月 25 日—12 月 16 日）后，由于粮食匮乏，住持不得不让他的徒弟出去自谋生路。在接下来的三年里（1345—1347 年）朱元璋成了一个化缘和尚，在淮西（安徽西部和河南东部）的城市和乡村里乞讨食物。无论他到哪里，他都会观察沿途地形，听看热闹的人的谈话，这使他熟悉了当地环境。最终，他回到庙里，在那里待了四年（1348—1352 年）。他很可能在这期间学习了读书和写字，

---

① 本文原载富路特主编《明代名人传》，原标题为“朱元璋”，现标题为编者所加。

并开始学习佛经。从他积累的和在他后来的文章中显露的知识总量判断，他肯定既勤奋又有博闻强记的天赋。但是，他生活的那个时代既不利于安心学习，也不允许他生活在孤立的环境中。[编者按：有传言说朱元璋曾为蒙古人当过兵。根据保存在朝鲜的赵胖的传记手稿，赵胖和朱元璋早年曾一起为蒙古将军脱脱（1313—1355）效力。然而，这本传记包含虚构的成分，可以被忽略。赫尔伯特（B. Hulbert）提供了一封由明朝使节偰斯在1369年转交的朱元璋写给朝鲜国王的信，信中也有一种相似的记述。这封信中的一句如下："最初我们进入蒙古军队，并在那里目睹了蒙古人统治的罪恶。"遗憾的是，这和官方的朝鲜编年史中所记录的那封信的内容不一样。]

民族歧视、糟糕的财政政策、政治腐败和一些地区饥荒情况的增多，促使反叛精神的发酵。在经济富庶和吏治良好的时候处于蛰伏状态的秘密社团，这一时期活跃了起来。朱元璋曾被一个或多个起义的领导者拉去入伙。据载，彭莹玉便找过他，彭莹玉也是个在淮西地区化缘的和尚，信奉弥勒佛转世和明王再生，认为明王能够从苦难中拯救世人。他所宣传的学说是7世纪从西亚传到中国的，其信仰认为宇宙的根本是光明与黑暗的二元构成：光明产生智慧与善良，黑暗则产生无知和邪恶。这一宗教在伊朗以其创立者摩尼（Mani）命名，中国称作摩尼教或明教。明王和弥勒佛都被认为能够拯救生活在苦难中的人们。明教和白莲教几乎不分彼此，它们的成员也是混杂在一起的，都焚香和头戴红头巾。因此，他们的军队被称作红军或红巾军。1338年，一支大约五千人的红巾军分支在江西发起暴动，但被官府镇压。彭莹玉北逃至朱元璋生活的地方继续传教。

韩林儿是白莲教领导者之一，他是被刘福通说服的，声称他是宋朝皇室的后代。1351年，刘福通拥韩林儿为王，称他为小明王，或故宋小明王。在同一年，由于人为疏忽，黄河决堤，导致淮河流域洪水泛滥。数十万人被强迫修堵决口，据说其中很多是秘密社团的成员，韩林儿的父亲煽动工作的劳工，散布"莫道石人一只眼，挑动黄河天下反"的谣言。事实上，一个一只眼的石像被秘密地埋在了淤泥里。当它被发现时，迷信的民众相信了这个预言，加入起义队伍中。

在这一年的秋天，贩布出身的徐寿辉建立了天完政权并称帝，建元治平，起先定都蕲水，后又迁都汉阳（1356 年）。大约同时，芝麻李在山东起兵，但是芝麻李不久就被蒙古人杀死。彭大（大约卒于 1354 年）和赵均用（卒于 1359 年）在山东边界的徐州起义。早先（1348 年）在浙江沿海贩卖私盐的海盗方国珍也发动了叛乱。家庭殷实的算命先生郭子兴在家乡附近起义并占领濠州城。朱元璋一定已经用心观察了这些事态的发展。虽然据说他对明教和白莲教的教义都很熟悉，但他拒绝加入任何一支起义队伍，好像在等待一个更合适的时机。

被派去镇压这些暴动的蒙古将领们并未遵守命令而是自相征伐。丞相脱脱与大将哈麻（字士廉，1356 年卒）不和，而且两人没能联合起来镇压张士诚，他们最终被处以死刑。元惠宗妥欢贴睦尔任命其他人去镇压这些动乱，但都没有收到很好的成效。由于蒙古将领缺乏领导能力，他们军队的效率是如此之低，以至于很多反叛领袖都能在全国各处自立山头，元朝统治的混乱愈演愈烈。皇觉寺和其他的许多建筑被蒙古人烧毁，无数的年轻人被强迫入伍。这使得朱元璋清楚地意识到他必须为自己谋划一条出路或其他办法。多次的占卜和常识暗示他应该站到起义者的一边。在 1352 年 4 月，他采取行动，投靠到了当地起义军首领郭子兴麾下成为一名士兵。

朱元璋很快就引起郭子兴的注意，并得到其信任，郭子兴将他的养女马氏嫁给他，马氏后来成为他的皇后。这件事促使他的地位迅速转变，从那时起他就被称为“朱公子”，“公子”是王爷的儿子或是达官显贵家儿子的一般性称呼。在郭子兴死后（1355 年）不久，他适时地获得了郭子兴的指挥权。朱元璋的读写能力使他从众多的起义将领和士兵中脱颖而出。他做事雷厉风行，带兵打仗很英勇，且不知疲倦地关注战况，这使得他晋升得很快。同时，他成功地说服他家乡的很多人加入了郭子兴的队伍。到 1354 年，他已经征募了数百人，包括徐达和汤和在内的二十四人成为他的私人幕僚。一开始，朱元璋就不情愿在韩林儿手下效劳，他似乎从一开始就决定不屈居人下。朱元璋的力量一壮大，他就除掉了韩林儿。在 1367 年 7 月 31 日，他建立了自己的历法纪年，以“吴元年”为起始。

朱元璋与其他起义者和蒙古军官的不同之处在于，他禁止他的军队烧杀抢掠；另一个明显的特征，是他一直努力去搜寻受过良好教育的人来充当他的谋士。在占领定远后，他说服李善长加入他的幕僚团队；在夺取浙江处州后，他顺利说服了宋濂和刘基为他效力。这三人和其他几人成为他的谋士，不仅提供军事、政治的建议，也给朱元璋讲授一些中国历史和文学的知识。例如，冯国用建议他定都金陵（后称南京）；李善长劝谏他效仿汉高祖，并指出帝王应该知人善任；叶兑（字良仲）建议他去征服他的对手。只要这些谋士提出的建议有利于他的帝国事业，朱元璋便会接受。拥有这样一群谋士、一支纪律严明的军队、一个经济中心兼交通枢纽——南京，外加上他的个人能力和决心，朱元璋成功地赢得了百姓的支持，并战胜了他的竞争者。

一定都南京，朱元璋便占领了镇江和长江下游地区的其他几个城市（1356 年）。第二年，他又攻下了宁国和徽州，然后占领了关键城市扬州。在 1358 年底，据说他听从了一个学者“高筑墙，广积粮，缓称王”的建议，并且开始密切关注农业和灌溉问题。1361 年，朱元璋自称吴国公，三年后称吴王，尽管他在苏州的对手张士诚也是这一称号。到 1366 年，淮河流域都被他控制。

同时，朱元璋已经开始反击陈友谅的挑战。在芜湖附近的太平之战受挫后，他投入全部的水军在鄱阳湖与陈友谅决战，使用火器击沉了陈友谅的舰船并杀死了陈友谅。四年后，经过一系列的战斗，张士诚向实力和策略上更具优势的朱元璋投降。张士诚被俘虏并押送南京，在 1376 年死在了那里。阻碍朱元璋称帝的最后一个竞争对手是方国珍，从 1348 年至 1367 年他一直占据浙江沿海一带并建立独立的政权。最终，方国珍见大势已去，不战而降。虽然广东、广西、福建、四川和云南仍有小规模的抵抗，但都逐渐被平定——前三省在 1368 年，苏皖在 1371 年，云南在 1381 年。同时，将军徐达和常遇春率大军北征，目标是占领元大都（后称北平、北京）。新登基为皇帝的朱元璋发布了一道公开诏令，谴责蒙古人的统治，并保证政权即将回到汉人手中。当元朝末帝妥欢贴睦尔向元上都方向出逃后——这一目标在 1368 年 9 月 14 日实现了——蒙古人的统治结束。徐达和他的部将们按计划向山西、陕西和上都继续进军，妥欢贴睦尔从那里继续向东北逃至应昌，并在 1370 年去世。到 1372 年，乘胜追击的军队穿越戈壁推进到了外蒙古。当汉人控制了东北的辽东地区时（1377 年），中国的征服和统一才实质性地结束。这一伟大功业的统筹全局者是朱元璋——“一位从未在重大战役中失败过的将军”。

1368 年 1 月 23 日，朱元璋不到四十岁就登上了皇位，建立明朝，年号洪武。他追赠了他的四代先祖为皇帝，并追封他母亲的祖父，他的哥哥们，和他的堂兄弟们为王。他册封马夫人为皇后并立他的长子朱标为太子。他的政府仍设在南京。他极大地扩建了这个城市，建造了许多大型建筑，而且它环绕着中国最长的城墙，约二十三英里，城墙开凿有十三个城门。李善长和徐达成了他的左右丞相。在 1370 年，为表达感激之情，朱元璋追封郭子兴为王，表彰他首先发动起义。

即使作为一个皇帝，朱元璋的心里也有羞怯和明显的自卑情结。当他一登上皇位，他就发布一道圣旨查禁民间教派（1370 年 6 月 30 日），特别提到白莲教和明教，这明显是因为他想要抹去他与秘密社团的关系，并疑惧他们的成员会削弱他的地位。后来这个查禁措施在他的法令中进一步具体化。他在位时期处死了许多士大夫，因为他们的著述中明显地包含影射和尚、剃发、光头、乞丐和盗贼的议论，所有的这些他认为是在讽刺他自己的早年经历。虽然如此，他还是喜欢称自己为来自淮西的“一介布衣”，因为他起义时出身卑微。并且，他的作品集中也多次使用诸如“淮右布衣”之类的词语。

朱元璋也有优越感的情结。在许多举措中，他效仿的不仅是出生地离他不远的汉高祖，还有秦始皇（公元前 259—前 210），他的目的很清楚，就是要建立一个帝国，要使他建立的王朝持续千秋万代。对于拥有属于他自己和他的家族的帝国，他的占有欲是强烈的。他也曾打算做一个开明的统治者：改善百姓的生活并为政以公。他的君权观念是专制主义的，但有仁慈和宽宏大量加以调和。他表面上像是崇尚儒家学说，而实际上是法家学说的信奉者。他实施最严苛的法纪，以此来确保其帝国的统治和家族的不朽。他不信任任何人，他任命官员去治理新夺取的城市，却将这些官员的妻子和孩子留在都城里作为人质。此外，他还派他的二十多个义子监督这些官员的活动。他对他的妻妾们或宦官也不信赖，他们全都被禁止干涉朝廷事务。此外，他在整个帝国中建立了一个间谍网络以窥探臣僚的公共和私人生活。

朱元璋施行控制的手段之一就是全民户籍登记，这被称作里甲制度。每十户组成一甲并由一名成年男子担任甲长；十甲组成一里，一里包括十个甲长共十户一百人，由里长领头。每一户都被要求挂上一个门牌，并在上面注明该户成员的姓名、年龄和职业。这个登记作为劳役来源和安全检查的保证。一个里的所有成员应该相互监督并担保每个人的行为。任何人旅行超过一百里（三十三英里）的距离就需要一个通行证，没有通行证的会被判八十大板的杖刑或三年的徒刑。

随着统治渐趋稳定，朱元璋开始对前朝的军事和政治体制做了一些改变。行中书省，在元朝时独掌一省的大权；朱元璋在 1376 年改设布政使司，其职权只限于民政和财政事务。另外，他在每省增设按察使和都指挥使，分别负责地方的司法事务和军事事务。因此，元代行省集中的权力被一分为三，这就使其更易于接受皇帝的监督。朱元璋保留了元朝的中央行政制度直到 1380 年，他在这一年废除胡惟庸的宰相一职；他委派吏、户、礼、兵、刑、工六部处理日常朝政并作为他的助理。他任命四名助理官员作为顾问，但这个被称作四辅官的机构只存在了很短的时间（1380—1382 年）。1382 年，由于呈递给他的奏折太多以至于读不过来，皇帝任用四名大学士来协助他批阅一些不太重要的奏章，他们也成了他的书记员、随从和顾问。

连续几年，大都督府是由朱正文（当时的南昌王）掌管的。1380 年，朱元璋因害怕他有可能会篡权①，便从他手中剥夺了大都督一职，大都督府被分成五军都督府，与六部平行。每个军都督府管理一个特定区域的军事活动。军队的动员和从一处到另一处调动的命令是由兵部下达的。通过分权和监察的传统方法，朱元璋保证了军队是由国家而不是个别军官掌握的。

1380 年，监察机构的名字由御史台更名为都察院。御史的作用——如果发现皇帝的错误便向他进谏——被削减到了最低程度。监察御史增加到一百一十人，作为皇帝的耳目直接向其汇报。1377 年建立的信息中枢——通政司直接向皇帝传达所有的奏报。

虽然这高度集权的政府就这样被改革了，但仍需采取措施确保它的顺畅运行。起初，许多官僚企图独断专行；为了制止这种情况，皇帝采取了法家的做法。1382 年，锦衣卫（虽然它自十四世纪六十年代便已经

---

① 原文有误，朱文正死于 1365 年。——朱林注

存在）正式组建起来，成为朱元璋的特务机构。为了获得准确信息，它对官员和平民的逮捕和审判是几乎没有限制的，并且它拥有自己的监狱、刑具和其他刑罚。皇帝对直言和不合作的高官威吓的手段之一就是廷杖，有几个高官便是死于廷杖。

三大重要案件或大清洗敲响了生命的丧钟。朱元璋借助这些案件清除了他认为可能会阻挠他的计划或者与他争权的人。第一件和胡惟庸有关，1380 年他和许多同党被处死。据说，自那以后牵涉到胡惟庸案的三万多人被特务搜捕出来，这一案件持续了十四年的时间。第二件是发生在 1385 年的郭桓案（郭死于 1385 年 5 月 7 日），户部侍郎郭桓被控侵吞七百多万担官粮，他和其他数百人被处死，其中包括税官、地主和储藏谷物的粮官。第三件是 1393 年的大将军蓝玉案。这位久经沙场的将领先前被封为公爵，一位锦衣卫指挥奏劾蓝玉傲慢、固执而且（最重要的）涉嫌谋反。他、他的家族、宗族和许多朋友，共计超过一万五千人被处以极刑。到这时，大多数与朱元璋同生共死的将领，像十五个世纪以前汉高祖的那些一样，不是老死就是被清算。

残酷地屠杀这么多人，而且他们中的大多数是无辜的，这与朱元璋当皇帝前的仁慈的事迹形成鲜明对比。然而，他对这些事一向满不在乎。他更愿意像老子一样深不可测和似是而非，因为他非常喜欢老子的书，甚至在书上加批注。1375 年，朱元璋曾对“民不畏死，奈何以死惧之”（第七十四章）这句话作过评注，“当是时，天下初定，民顽吏弊，虽朝有十人而弃市，暮有百人而仍为之”。当他遇到这种情况的时候，他会把徒刑改为服劳役。在不到一年的时间里，他思想中的恐惧便消退了。足以让人奇怪的是，上述提到的死刑案件都发生在 1375 年之后。对他的政策的转变，似乎只有两种可能的解释。要么他已经成了一个偏执狂，特别是在 1382 年马皇后去世后没有人能克制他的脾气；要么是形势正变得不可收拾，他想不出其他办法而只有采取极端措施。他的残酷在主要由他写的三篇《大诰》里有生动的描述。三大案件的最终结果是许多谋求私利的官僚和他们的同党被消灭。但是，谁能说出有多少无辜的人以及那些抵制奸佞的影响的人也失去了他们的生命呢？在任何一件事情中，他都不允许挑战他的皇权，从而使他成为中国历史上最有权力和专制的皇帝之一。

他统治时期也以大量的重建为特征。良好统治的基本要求是充足的粮食和足够的军事实力，而后取信于民，他理解这些儒家理论。他对《老子》中的第六十一章和第六十三章的评注很清楚地反映了这一点。很多情况下，在一些自然或人为的灾害发生的地区，他多次减免当地民众的租税。地方官包括知县、知府和其他人，经常被召见入宫；在那里他会教导他们爱护百姓，并准许他们从长年的冲突中重归于好。早在1358年，他就任命了一名都水营田使。他又设立司农司，负责将百姓从人口稠密地区迁往河南和今天的安徽，去开垦无主土地。每一户可获得免费的种子、耕牛、十五亩的土地（两英亩多），加上两亩额外的菜地。他对待富人则是另一番态度：他命令许多富裕的家族特别是那些苏州的富户迁移到都城，置于他的控制之下。一些学者认为，这个措施是对他们早先拥护张士诚称王的惩罚。尽管如此，粮长仍是朝廷在1371年从地主中选出的，朱元璋认为这是"良民治良民"的政策。然而与他的期望相反的是，在几年内朝廷就得面对粮长带来的问题；这些人对自己的财产上缴很少的税，但从穷人身上榨取的则多得多。《大诰》记录了很多这样的征粮者，并对他们加以惩罚。

为了有效地征集税收，《黄册》——类似英格兰的《末日审判书》和《鱼鳞图册》——经过缜密仔细的调查被准备好。前者是为征派劳役而做的民间人口的登记；后者是土地的登记，作为土地税收的依据，它用鱼鳞样的表注明小块土地的形状。这些登记是宏大的项目，持续多年并动用了许多公职人员。结果是令人满意的，到洪武时期末年更多的耕地被统计出来；直到明朝后期，这个统计数字才被超过。

同样，纸币在元朝末年（1357—1367年）中断后，朱元璋重新发行。大明宝钞最初出现于1375年4月，有五种面额。然而，事实证明它不受欢迎，并且纸币很快贬值。虽然如此，他的继任者仍继续印发了一个多世纪纸币，并用他的年号作为一种保证。朱元璋另一个复兴的措施是政府控制盐和盐的贸易，他的这些制度得到了某些现代学者的赞扬。

朱元璋继承了元代对人口的分类制度，将人口划分为军户、民户和匠户。从一个类别向另一类别的自由转换是禁止的。早在1358年，他就任命万户管理一万军户家庭，他们平时屯田，战时打仗。在半兵半农的屯田制下，可以想见，士兵能够自给自足，而且不会给其他百姓带来供给的负担。驻军的要塞遍布全国，特别是边境沿线地区。要塞驻军频繁换防以避免军队在某个地方长期驻扎。朱元璋创设海防来抵御主要来自日本的海盗侵袭，命令大将汤和在沿海地区的战略要地建立五十九座军事要塞。十四世纪八十年代，更多的要塞建立起来，建造了更多船只，训练为执行特殊任务的卫队。这些措施实施的结果是，朱元璋使国家安全有了保障。在洪武二十六年，明朝军队的规模是一百二十一万五千人，供给的马匹有九千零八十四。现代学者已经估计出，他的军队很大程度上是自给自足的。

在教育领域，朱元璋讲求实效。他愿意任用任何想到他的朝廷任职的学者，无论他是蒙古人、汉人还是其他人。他改造了翰林院（the Hanlin Academy）和国子监（the National University），并下令在京城内外开设学校。他口头上尊奉孔子，并在全国的学校传播理学的思想。他恢复科举制（the system of civil service examinations），并以八股文取士，这个特色在王安石（1021—1086）时期就曾有一个模糊的开始，一个世纪以后便变得老套了。通过这些方式，他试图控制学生的思想。他们不允许评论时事，也不得违抗他们的老师。违反校规的惩处措施有鞭打、终身囚禁、做苦工、流放甚至斩首。那些在这个规定中活下来的人可以获得皇帝的优待，他们中的大批人忠诚地为国家效劳。他任用更有才学的学生就像现代的干部被任用那样：他们在学校教书，修缮寺庙和堤坝，核查《黄册》和审计财政报告。他们中的某些人被升任按察使或布政使（provincial judges or governors），或者充任其他要职。1393 年蓝玉案大清洗后，一千多名学生填补了蓝玉案造成的职位空缺。为了表彰中进士的人——他们中的许多人曾是国子监里的学生——皇帝把他们的名字刻在一块石板上，竖立在国子监的庭院中，这个制度从 1388 年一直持续到 1904 年。[编者按：1371 年举行过进士考试之后，直至 1385 年才举行第二次。同时，朱元璋在《孟子》中剔除了反专制的思想；85 节被删除，约 170 节允许保留。他从孔庙中移去了孟子的牌位。]为贯彻他的教育主旨，朱元璋要求学生用心学习他的连续三版的《大诰》。每户人家都必须有这本书，如果罪犯可以证明他有这本书，处罚时就可以减一级量刑。他也颁布了《大诰武臣》（给武将的教育性的警告）。对不识字的人，朱元璋的《圣谕图解》具有劝告性的论述和六个插图，包含以下告诫：“孝顺父母、尊敬长上、和睦乡里、教训子孙、各安生理、毋作非为。”这些圣谕于 1388 年公布，1399 年再版，被画在学校的墙上，刻在孔庙和贡院（examination halls）前竖立的石碑上。各个村长通过村里的敲钟召集他们的邻居，然后大声读它们，每月举行六次。沙畹（E. Chavannes）将《圣谕图解》翻译成了法语，可以供人查阅。

我们对朱元璋的私生活知之甚少。马皇后的传记把她描述得善良、贤惠，无可挑剔。很多情况下，当她的丈夫对大臣和近亲发脾气准备处死他们时，她会静静地劝他仁慈并引导他改变想法。除了马皇后，朱元璋还有多少嫔妃，已不可尽知，《明史》给三个嫔妃做了简要的记述：孙贵妃 1374 年三十二岁去世，李淑妃年纪轻轻就死了，还有郭宁妃生了第十子朱檀（鲁王，1370 年 3 月 15 日—1390 年 1 月 2 日）。她们的传记只有 274 字。朱元璋总共有 36 个儿子和 16 个女儿。我们对他的女儿们的母亲一无所知，但为他生了儿子的女人包括以下几个：胡充妃，第六子朱桢（楚王，1364 年 4 月 5 日—1424 年 3 月 21 日）的生母；达定妃，第七子朱榑（齐王，1364 年 12 月 28 日—1428 年）和第八子朱梓（潭王，1369 年 10 月 6 日—1390 年 4 月 18 日）的生母；郭惠妃，郭子兴的女儿，他的第十一子朱椿（蜀王，1371 年 4 月 4 日—1423 年 3 月 22 日）、第十三子朱桂（代王，谥简，1374 年 8 月 25 日—1446 年 12 月 29 日）、第十九子朱橞（谷王，1379 年 4 月 30 日—1417 年 2 月 22 日）的生母；胡顺妃，第十二子朱栢（或柏）（湘王，号紫虚子，谥献，1371 年 9 月 12 日—1399 年 6 月 1 日）的生母；李贤妃，第二十三子朱桱（唐王，1386 年 9 月 30 日—1415 年 9 月 8 日）的生母；刘惠妃，第二十四子朱栋（郢王，1388 年 6 月 21 日—1444 年 12 月 12 日）的生母；葛丽妃，第二十五子朱㰘（伊王，1388 年 7 月 9 日—1444 年 10 月 8 日）的生母。还有其他女人为他生了第十四子、第十五子、第十六子、第十七子和第二十子的女人，但她们不是妃（皇帝的妾），我们只简单地知道她们是郜氏、韩氏、余氏、杨氏和周氏。第九子、第十八子、第二十一子、第二十二子、第二十六子的生母的姓氏甚至未曾被提到。很明显，提供给他的女人有很多，蒙古人和朝鲜人，还有汉人，从不同的地方用不同的手段把她们弄来：通过武力从元皇宫和陈友谅的后宫夺来，通过传统方式和平地选宫女。在对待女色方面，朱元璋要比其他很多皇帝具有良好的名声。

朱元璋请著名的学者如宋濂来教育他的儿子们，让他们得到良好的教育。当太子长大成人后，他被给予了一些处理朝政的机会。为了帝国的安全与长治久安，皇帝分封其他的儿子到各地，每人在自己的封地拥有一座王府、一万石的年俸和一支三千到一万九千人不等的军队，还有其他一些特权和荣誉。除了夭折的第九子和第二十六子，所有的儿子都是有能力的人物。他交给他的第二子朱樉（秦王，1356 年 12 月 3 日—1395 年 4 月 9 日）、第三子朱棡（晋王，1358 年 12 月 18 日—1398 年 3 月 30 日）和第四子朱棣到北方和西北前线跟蒙古人作战的任务，他的第四子最终成为第三位皇帝。第五子朱橚擅长中草药的研究。第六子朱桢跟随大将汤和和周德兴（1392 年 8 月 28 日被处死）在湖广、四川交界地区与土著部落作战，汤和和周德兴都是他的父亲的战友。第七子朱榑，跟随他的哥哥朱棣防卫北方边境，但他后来由于暴戾的脾气被黜为庶人。第八子朱梓、第十子朱檀、第十一子朱椿和第十六子朱㮵（庆王，1378 年 2 月 6 日—1438 年 8 月 23 日）都受到了良好的教育，且喜好文学。第十二子朱栢（或朱柏），对文学和军事事务都感兴趣。第十七子朱权对他的处境十分不满，写了近二十部关于中国历史和其他主题的书。第十三子朱桂和第二十五子朱㰘名声不好，他们以虐待甚至杀戮自己封地的百姓为乐，后来许多明代的藩王都以他们为榜样；其他某些藩王则像寄生虫一样。

在建立起对帝国的统治后，朱元璋于 1398 年以七十岁的高龄去世，庙号太祖。他选择了长孙朱允炆做了他的继位者。在遗诏中，他要求葬礼从简，因担心他的儿子们制造事端，下令他们离开首都。甚至早在 1373 年下令诸藩王每年朝见他一次，但不允许他们同时来。在同一份的遗诏中，他感谢上天委以他三十一年的统治，但忧虑和恐惧也不断使他心神不安。他夙兴夜寐，一直希望人民从他所做的事中获益。他和马皇后同葬于南京东郊钟山脚下的孝陵［这在普意雅（Bouillard et le Commandant Vaudescal）的《明代皇家陵墓》（*Les seputlures imperiales des Ming*，《法国远东学院院刊》第 20 期，1920 年，第 117 页）里有详细描述］。根据蒙古风俗，在他死后，四十位嫔妃中的三十八位为他殉葬。

朱元璋是一个富有争议的人物。一些学者认为他比其他皇帝更为关注百姓的福祉，他处死了许多官员，却很少处死平民。这并不是完全真实的，实施族诛之刑时，不可避免会有数以百计的无辜平民被杀；在平定云南和贵州期间，他也屠杀了六万或七万苗族和瑶族的族人。他的残暴是不可能被遗忘的。另一些学者认为，他背叛了农民阶级，投靠了地主阶级。赵翼就是这样评价朱元璋的："盖明祖一人，圣贤、豪杰、盗贼之性，实兼而有之者也。"对这一点，有很多的材料来证明。不管朱元璋的缺点是什么，但他仍然是一位杰出的皇帝，或许可以与秦始皇、隋炀帝以及其他杰出的中国统治者相提并论。虽然没有受过正规教育，他却能够熟练书写，并且能够引用史书和典籍来支撑自己的观点。尽管公务繁忙，他却在十天内为《老子》做了评注，可见他的智力非同一般。他对于从前朝继承的中国的政治、军事、法律、经济和社会制度的改造对明清两代产生了显著影响。

朱元璋写了一大批文章来祭奠他的祖先，纪念同时代的人和教导他的后嗣，其中有《皇陵碑》、《西征记》（平定陈友谅的记录）、《平西蜀文》、《纪梦》（记述他加入郭子兴军队之前的经历）、《周癫仙人传》和《孝慈录》（插图版）；它们的题目前面都加有"御制"二字，并且可以在沈节甫的《纪录汇编》中找到。朱元璋的散文诗歌集名为《高皇帝御制文集》（二十卷）。他也写过《赐诸蕃诏敕》、《孝陵诏敕》（主要涉及处理一些内政事务如攻占元朝都城、罢免汪广洋和胡惟庸等）、《臣戒录》和《相鉴》等。后两部著作洪武年间刊印了精美的御本，至今仍存于世。

朱元璋还促成了两部主要著作的编修，一部是《洪武正韵》（1963 年在台北重印）和《大明律》（在 1398 年颁布之前经过了三次修订）。到了统治末年，朱元璋日趋仁慈，《大诰》中许多残酷的刑罚都没有被纳入《大明律》中。不过，《大诰》仍然保存了下来，它是研究朱元璋早期统治时的社会经济和政治管理状况的基本史料。《皇明祖训》也是一部同样非常重要的著作，它是朱元璋写的一本训导书，他希望他的后世子孙能够永远遵循。

[编者按：1970/1971 年，山东邹县发掘了鲁王朱檀的陵墓，发现了许多手工制品，如衣服、墓佣、他的印玺、砚台、琴、两副宋元绘画、元代书法和大量元代刻本书籍。参见《文物》（1972 年 5 月），第 25 页。]

邓嗣禹撰　冯金朋译　朱林校

李世民与武则天

——试析唐太宗与武则天的领袖才能[①]

首先，唐朝真正的创建者是谁？是李世民的父亲李渊（唐高祖），还是李渊的儿子李世民（唐太宗）？这是一个重要的问题。标准的官方史书，诸如分别成书于945年、1060年和1084年的《旧唐书》《新唐书》和《资治通鉴》，都说李渊的起兵反隋是由他的儿子李世民首倡，就是由李世民单独策划密谋推翻行将崩溃的隋朝并取而代之建立了唐朝[②]，当李渊知道这一密谋以后，亦明白隋炀帝迟早要将他除掉，才不情愿地同意于617年起义师反隋，李世民时年十七岁半[③]，而李渊为五十一岁。上述三部官修史书的著者都把李世民描绘得生气勃勃、一副英雄气概，作战勇敢果断，而他的父亲则平庸谨慎，优柔寡断。故而司马光谓："高祖所以有天下，皆太宗之功。"[④] 千百年来，从没有人对这一传统看法提出过异议。

有一部被人们长期忽略了的史书，那就是温大雅的《大唐创业起居注》，它为我们提供了李渊领导这一事件的许多内情[⑤]。据权威的《四库全书总目》介绍，温大雅，山西人，贵族，曾任记室参军[⑥]，他逐日记载了李渊在357日里活动的情况，其中包括太原起兵、进军京都以及自立为唐王等事件。按《四库全书》的编撰者判断，这部在从隋至唐的转变时期亲与其事的记录，应是可信的。编撰者还接着说，据温大雅的记载，是高祖曾谓秦王（即太宗）曰："隋运将尽，吾家继膺符命。所以不早起

---

① 本文原载于《邓之诚学术纪念文集》，北京：北京大学出版社，1991年，第125—151页。

② 《旧唐书》卷二，第21页；《新唐书》卷二，北京：中华书局，1975年，第43页；《资治通鉴》卷一九〇，北京：中华书局，1956年，第5957、6012页。

③ 唐太宗（李世民）生于公元599年1月23日，即隋开皇十八年十二月戊午（见《旧唐书》卷二，第21页）。参见W. 宾厄姆（Woodbridge Bingham）《唐朝的建立》，巴尔的摩：韦弗利，1941年。H. A. 贾尔斯（Giles）在《中国人名传记辞典》（伦敦，1898年）中所说的597年是不正确的，见第1196条，第461页。

④ 《资治通鉴》卷一九一，第6012页。

⑤ 《大唐创业起居注》，《丛书集成》卷一，第1—5页。

⑥ 纪昀，等撰：《四库全书总目》卷四七，台北：艺文印书馆，1974年，第11b—13页。

兵者，为尔兄弟与姊妹未集耳。”温大雅还说一切都控制在高祖手中，他是举事的真正领袖。《四库》的编撰者指出，高祖的《实录》是在643年，由太宗敕命房玄龄、许敬宗等人纂修的，这些人显然是想把创业之功独归于他们的主上唐太宗身上①。

虽然早在18世纪80年代即已有人写下如此公正的观点，但直到19世纪30年代，对温大雅的著作却始终没有人作进一步的探讨。19世纪30年代，对《大唐创业起居注》的研究才由罗香林和W. 宾厄姆等着手②。50年代初，李树桐亦以此为题进行了广泛的研究并发表了几篇论文③。H. J. 韦克斯勒（Howard J. Wechsler）又成功地对这些相互冲突的观点进行了深入探讨，他确信李渊已被“恢复名誉”了④。

作为书记的温大雅确乎把李渊描写得十分英俊，非同一般，说他“接待人伦，不限贵贱，一面相遇，十数年不忘”，“相貌有异，举止不凡，智勇过人，天所与者”⑤。李渊不仅有着伟大的抱负、无穷尽的精力和不屈不挠的意志，而且还是个精明的政治家、久经沙场的战士，有着百发百中的射箭本领。他出生在一个汉人与契丹人混血的旧贵族家庭，因为属于显赫的军事家族的后裔，所以李渊自幼即袭爵为唐国公，担任过很多高级职务，其中就包括太原留守。他为这一任命而高兴，因为传说中的帝尧就曾在山西做过唐王，所以他认为太原留守的任命就暗示了他以后的发迹。李渊处处给人以宽仁贤智的印象，也确实赢得了人们的

---

① 纪昀，等撰：《四库全书总目》卷四七，台北：艺文印书馆，1974年，第11b—13页。

② W. 宾厄姆：《温大雅：唐史的第一个记录者》，《美国东方学报》卷五七，第4期（1937年），第368—374页；罗香林：《大唐创业起居注考证》，《唐代文化史》，台北：商务印书馆，1963年，第1—29页。

③ 大多收入李树桐的《唐之考辨》（台北：中华书局，1965年）和《唐史新论》（台北：中华书局，1972年）之中，尤应注意第69—211页。

④ 最初为一篇耶鲁大学博士论文，完成于1970年，后以《天子之镜，魏徵在唐太宗朝中》为题发表（纽黑文：耶鲁大学版，1974年，第27—32页）。H. 韦克斯勒这一研究成果已被收入由D. 特威切特（Denis Twitchett）和费正清（John K. Fairbank）主编的《剑桥中国史》卷三《隋唐时的中国》第一部分（英国剑桥大学版，1979年），第150—187页。

⑤ 温大雅：《大唐创业起居注》卷一，第3、6页。

拥戴[1]。

610 年以后，隋炀帝挥霍无度的结果和他那野心勃勃的对高句丽和突厥的远征，以及对人民的强制征发，加上水旱频仍，引起了普遍的不满，起义、暴动四处发生。613 年，强悍的大臣杨玄感起兵反隋，旋即全军覆亡。615 年，炀帝被突厥围困于山西北部的雁门。据温大雅所载，李渊急遣步、骑并招募新兵开赴前线，乘势继进，炀帝才得以解围获救[2]。615 年以后，炀帝便前往南方的江都寻乐，沉湎于酒色，再未回到北方。

显然，李渊此时需具备两个条件，一个是精神的，一个是物质的。他利用了“桃李子歌”等流传的民谣以及彩云现于他所在的任所且为全体百姓所见到等事件和其他所谓的祥兆和骗术，来扩大他的威望和声誉[3]。而老子（李耳）和李子树，与提倡道教和佛教的唐朝李姓皇族也有着极其密切的关系。

物质上，李渊竭尽全力去增强他的军事和政治实力。在太原，他千方百计地拉拢政客、军事首领和富豪，还指令长子李建成不惜钱财，结交山西南部河东地方的豪绅和俊杰，又指令李世民慷慨资助太原地方的无业学子、豪强地主和亡命之徒。他甚至命他的女儿李夫人，亦即柴绍之妻用家财组织了一支数百以至上万人的娘子军[4]。这些军事准备都是以

---

① 温大雅：《大唐创业起居注》卷一，第 1 页。

② 魏徵，等撰修：《隋书》卷四，北京：中华书局，1973 年，第 88—92 页。诸次起义的详细内容见宾厄姆《唐朝的建立》，第 130—141 页。

③ W. 宾厄姆：《民谣中之李唐的兴起》，《美国东方学报》第 61 期（1941 年）第 272—280 页。

④ 与两汉时期一样，唐朝的创建者也利用游侠和家族成员。给“游侠”和“豪杰”下定义是很难的。李渊父子所结交的豪杰包括长孙顺德和刘弘基，太宗为这些亡命徒提供庇护（《旧唐书》卷五八，第 2308 页），至于刘文静，因他与太原众多豪杰有所交往，所以太宗特别到狱中看望过他。太宗对他们既然能够折节下士，推财养客，群盗大侠也就甘愿以死来报效他（《旧唐书》卷二，第 22 页；《新唐书》卷二，第 24 页）。温大雅对此有更详细的记载。高祖曾命太子到河东潜结英俊，秦王世民去晋阳密招豪友，这其中有商人、赌徒、狱卒、低级幕僚、流氓、失业学子和其他为金钱和官职所吸引而愿为李家效命的人。在秦汉时期颇有影响的游侠就这样又在隋唐时期为人所用（见温大雅《大唐创业起居注》卷一，第 3—4 页）。李渊与东汉的刘秀一样，也善于利用他的家族成员。他有二十二子，前四子（第三子夭亡）和一女为正室夫人太穆皇后所生，均为推翻隋朝、歼灭群雄的事业做出了贡献（《旧唐书》卷五一，第 2163 页、卷六四，第 2413 页；温大雅：《大唐创业起居注》卷一，第 5—9 页）。

抗击突厥入侵为借口而进行的，而实际上，他却与突厥人进行了私下交易①。李渊诸子皆一心一意听从他的指示，“以兵马铠仗、战守事机、召募劝赏、军民征发，皆须决于帝”②。李世民曾请求尽早起事，李渊却宁可等待，直到全部兵马集结于太原。在准备就绪和时机有利的情况下，李渊于617年6月23日在太原宣布起义师反隋。然后，在李渊的总指挥和二子的配合下，三万义师，兵分三路，向大兴城即现在的西安进发。路途中，将领与普通士兵同甘共苦，一旦遭遇强敌，建成或世民必身先士卒，以此来鼓舞士气。这些被称为“义师”的战士们，遵守命令不准伤害百姓或拿走任何果菜而不给钱。617年12月12日，他们攻下长安，率领着这支人数猛增到二十万的队伍，又于第二年的5月18日夺取了隋朝的东都洛阳。此时隋炀帝已于江都被杀。618年6月18日，李渊自立为帝，国号唐，是为唐高祖。他封长子李建成为太子，次子李世民为秦王，四子李元吉为齐王，李夫人为平阳公主③。

对唐朝建立过程的回顾，主要根据于目击者温大雅的记载，我认为“唐公（李渊）起义师于太原”④ 这一说法是可信的。这一记载见于《隋书》，它的主要编纂者为唐太宗的得力助手魏徵。这部断代正史成书于638年，早于另外的两部唐朝断代史。可以相当肯定地说，唐高祖是起事的领袖，是唐朝的创建者，在创建的过程中，他得到了儿子，特别是有才能的李世民的帮助。

唐朝（618—755）的兴起与强盛

李渊称帝之时（618年），还不过是争夺隋朝王位的群雄之一。他的

---

① 有一种看法，责难李渊曾卑躬屈事突厥，向其称臣，已被证实是错误的。交易的进行是以一封信而不是乞求为形式，李渊希望突厥停止向太原的进攻并为自己提供一千匹马，数百名骑兵。作为酬报，李渊将自己在征战中所得的财帛珠宝悉数送给始毕可汗，并未提到他要亲临前线。见温大雅：《大唐创业起居注》卷一，第7页；《刘文静传》，《旧唐书》卷五七，第2292页；W. 宾厄姆：《唐朝的建立》第99—100页；以及李树桐：《唐史新论》，台北：中华书局，1972年，第69—118页，尤应注意第87—88页。

② 温大雅：《大唐创业起居注》卷一，第5页。

③ 《旧唐书》卷四，第2—7页；《新唐书》卷一，第2—6页；温大雅：《大唐创业起居注》卷一，第9—11页，卷三，第36—41页。

④ 魏徵（580—643）语，魏徵为《隋书》的主要纂修者，见卷四，第92页。

统治区域包括山西、陕西的中部和南部以及四川省。他必须同时面对两个劲敌，一个是西北边境的突厥，另一个是遍及全国的起义者。李渊命太子李建成去对付突厥，指令唐王李世民去对付诸多的起义者，诸如河南的王世充、河北的窦建德和山东的宇文化及等。而以四子李元吉为太原留守。李渊的堂弟之子，河间王李孝恭，则负责指挥四川的唐军。

大约就在此时，李渊宣布了十二条约法，其中包括对杀人、抢劫、逃兵、叛徒处以死刑的规定①。隋朝的《大业律》被废除了②。义军所过之处，百姓都可暂时免除赋税徭役。这些争取人心的手段无疑加速了他们在军事上的进展。

618年，亦即武德元年，反叛的贵族李密因为在打败宇文化及的战斗中自己的实力消耗过大，被迫降于唐朝，因再度反唐而被处死。起义者豪富薛举此时已死，而他骁勇的儿子薛仁杲曾威胁西安，也被李世民打败并杀掉了③。甘肃另一豪富首领李轨，拒绝了高祖与他结成一李姓联盟的提议，却参与了突厥联军，也被擒杀。李渊还凭借着外交的策略和收买手段，使突厥的入侵有所减弱。这样，陕、甘基地的建立就有了保证。620年，占据山西北部的刘武周被李世民打败，败走突厥，为突厥所杀④。在河北、山东一带甚得人心的窦建德也被俘斩首。隋朝原来的江都宫监，后来在洛阳自立为帝的王世充被迫投降了高祖，不久却为一名官吏暗杀，这人的父亲曾为王世充所害⑤。黄河沿岸的敌对势力，主要是由李世民基本扫清的。

在长江流域，李世民叔父李神通之子李孝恭未遭遇许多战斗即征服了四川。621年他击败了食人成性的贼首朱粲，当地人民请求将朱粲及其同伙全都杀掉，孝恭却拒绝这样做，理由是他不可能将全省所有的敌人杀光。因此，在攻陷长安以后，三十余州都望风降附于他。接着，他凭借四川的山川之利征服了整个长江流域和南方各省。不过，他的名字却

---

① 《新唐书》卷一，第5页。

② 《旧唐书》卷一，第7页。

③ 薛举是一个强横、精悍的射手，家财巨万。他结交众多豪侠、狡诈之士，称雄于金城、甘肃等西部边境。其传见《旧唐书》卷五五，第2245页，以及《新唐书》卷八十六，第3705页。

④ 《旧唐书》卷五五，第2248—2256页；《新唐书》卷八六，第3708—3713页。

⑤ 《旧唐书》卷五四，第2234页；《新唐书》卷八五，第3689—3703页。

很少被人提及①。

在长江中上游，梁元帝之长孙萧铣（583—621）也起兵反隋，并于618年自立为王。这是又一起贵族的反叛。萧铣定都于湖北江陵，依靠一支四十万人的军队，他使自己的国土南到交趾支那，北达汉江。但在621年，他终于被李孝恭击败投降，全部领土遂为唐所有。在长江下游的起义者，占据此地达数年之久以及在南京自立为王的杜伏威，也于624年被李孝恭的水师全部征服②。与此同时，太子李建成于623年平定了河北的刘黑闼。唐帝国终于获得了统一和安定，它用六年（612—618年）时间推翻了隋朝；又用同样长的时间（618—624年）恢复了国内和平。

唐朝之所以能在兼并群雄的斗争中获胜，有如下几点原因：（1）早在远征高句丽之时，隋炀帝即已自掘坟墓，只等待着帝国之内有胆识的人去埋葬他罢了③；（2）既得人心又有实力的李氏家族的将军们，包括李渊和他的三个儿子、女婿、女儿、儿媳、堂弟李神通和神通之子李孝恭等，都听从李渊的指挥，并且自始至终（617—626年）并肩作战，其他许多起义者都未能交此好运；（3）唐朝对人民施行了许多仁政，诸如废除苛法、减轻重税、严禁杀人和伤害百姓，并开放粮仓赈济穷人等，因而得到人民的拥戴；（4）唐的统治基地在山西、陕西，相对独立、稳定，能够充分提供各类资源，包括出生于此地的久经沙场的战士、政客和将领都给予唐政权很大的支持。当然，还有其他各种原因。

看来，导致从隋向唐转变的因素，一方面是波及全国的超过120起

---

① 李孝恭，见《旧唐书》卷六十，第2347—2349页；《新唐书》卷七八，第3522—3524页；朱粲，见《旧唐书》卷五六，第2275页；《新唐书》卷八七，第3728页。

② 杜伏威，见《旧唐书》卷五六，第2266页；《新唐书》卷九二，第3799页。614年，杜伏威十六岁时即已成为起义军首领。他所控制的地区位于淮河和长江之间。另见C. P. 菲茨杰拉德（Fitzgerald）《天子李世民传》，英国剑桥大学版，1933年，第25、31、69页；以及王永兴主编的《隋末农民战争史料汇编》，北京：中华书局，1980年，第96—100页。

③ 断代史学家刘昫早已指出："不有隋乱，焉知唐德。"见《旧唐书》卷五五，第2261页；以及Yokota Shigeru（横田茂）：*Nana seiki shotō no chūgoku ni okerunairan ni tsuite*（《中国七世纪初的内战》），《东洋史研究》第12卷，第4期（1953年），第297—310页。

以上的农民起义；另一方面是由官僚贵族中的优秀分子如杨玄感、李密、李渊、李世民等人领导的武装斗争①。李渊起兵甚晚，却获取了他所预期的效果。比起他的众多对手，他具有更为良好的教养，更为丰富的政治和军事经验，他充分地利用了这一点。

唐高祖登基之后，不失时机地着手进行一项重要的帝国改革计划。619 年制定了租、庸、调法，624 年当他能较好地控制政治形势时，即开办学校、改订官制、制定新的唐律。可是没有想到，这一改革计划被突然的事变打断了。

玄武门之变

这是李世民生涯中的一个关键性事件。它发生于 626 年（武德九年七月初四），地点是通往长安皇宫的玄武门。在这里，李世民杀害了他的两个兄弟，夺取了皇帝宝座。

这一悲剧，是李渊的长子亦即太子李建成和次子李世民为夺取皇位而发生的两派权力之争的结果。李渊疼爱他所有的儿子，特别是李世民②，他也非常了解诸子的才能和个性。依照传统，长子应该是太子，但是李世民却更有才能，在扑灭群雄的斗争中立有更多的战功。皇帝竭力维持诸子之间相安无事的状态，但他还是过多地将荣誉诸如天策将军等爵位赐给了次子，他可能还偶然允诺过将来有一天立世民为皇太子③。然而世民野心勃勃，决不甘心位居任何人之次，而且急迫到再也不能等待的地步。而高祖既无力反对这个抱负不凡的儿子，也无意取消原先立太

---

① 胡如雷在《关于隋末农民起义的若干问题》（《文史》第 11 期，1981 年 5 月，第 81—113 页）中对此有详细的研究。在他列举的 126 次起义中，除 60 起是豪族地主领导的起兵抗隋外，其余都是徭役、征兵过重、谷仓控制过严和田赋等原因引起的。从分布地区来看，大约三十一次起义或 25％发生于山东，22％或 17％在江苏及安徽一带，21％或 16％在北京和河北，19％在陕西、山西，4％在广东。还可参见 Nunome Chōfū（布目潮渢）*Zui-Tō kakumei kanken*（《对隋唐“革命”之我见》），第 160—174 页。

② 619 年唐高祖任命李世民为尚书令，621 年又赐以天策上将的高爵，并赐金五千斤，其余财宝无算。见《新唐书》卷二，第 26 页。

③ 《资治通鉴》卷一九十，第 5957 页。李树桐在《唐史考辨》第 192—213 页中否定了高祖曾许诺立世民为太子的说法。

子的决定。太子李建成感受到了威胁，也力图抑制对手。从 621 年起，两派就一直在准备着摊牌。世民网罗了一批参预机密的智囊团并结纳山东豪杰以俟变[①]。被迫应战的太子，一方面与幼弟李元吉结盟，一方面拉拢后宫的妃嫔，因为她们可用甜言蜜语影响皇帝，此外，为了向父亲表示效忠，并招募了长安恶少二千余人[②]。李世民对自己的才能和智谋深信不疑。双方都千方百计地收买对方的侍从转变立场，站到自己一方来，谋士们都怂恿自己的主子积极采取行动除掉对方的主子，以便使自己得到升迁的机会。

高祖使二子在长安的住所相隔甚远，但这完全无济于事。后来，他又有过派遣世民到洛阳去任山东道大行台，掌握山东地区的最高权力的动议，却遭建成、元吉的反对，他俩唯恐世民会对长安的中央政权进行挑战。同时据说，他们还有毒害或谋杀世民的企图。世民此时已无其他选择，唯有周密地部署一次突然政变。626 年 7 月 1 日，世民密告高祖，说建成与元吉兄弟与高祖的宠妃张婕妤、尹德妃有私，激怒了高祖，他命世民明日再来面见详议，这一消息被张婕妤匆忙告诉了建成和元吉，二人决定也参与这次谒见。他们相信自己的兵多，何况处于关键位置的玄武门守门将领常何又是他们的心腹[③]。

---

① 世民于集贤院立十八学士，许多豪杰集结于他的旗帜之下。见《旧唐书》卷二，第 22—24 页；以及陈寅恪《论隋末唐初所谓山东豪杰》，《陈寅恪先生论文集》第一册（下简称《陈文集》），台北：三人行出版社，1974 年，第 619—638 页。

② 《旧唐书》卷六四，第 2416—2418 页。

③ 见《资治通鉴》卷一九一，第 6003—6017 页；以及陈寅恪对常何的发现。陈考证了藏于巴黎国家图书馆的敦煌写本中的常何墓碑，碑文第 93—94 行写道："武德九年六月初四，常何被任为北门（即玄武门）守官。"作为太宗获胜的决定因素，陈肯定了常何在玄武门政变中所起的重要作用。见《唐代政治史述论稿》（《陈文集》卷 1，第 202—205 页），常何碑的全文已整理出版，附有一条很长的注释，见《敦煌吐鲁番文献研究论集》，北京：中华书局，1982 年，第 210—231 页。对这一事变的研究，还见 W. 宾厄姆：《626 年李世民的政变》，《美国东方学报》卷 70，第 2 期（1950 年），第 89—95 页；傅乐成：《玄武门事变之酝酿》，《文史哲学报》第 8 期（1958 年），第 171—180 页；杨 Chung-Kuei：《玄武门事变》，《中华文化复兴月刊》卷 17，第 5 期（1984 年），第 22—27 页；以及 Nunome Chōfū（布目潮沨）：《玄武门事变》，《立命馆文学》第 243 期（1965 年），第 1—243 页。在数十篇唐太宗的短篇传记中，都有关于这一事件的片段。

在玄武门设伏之后，李世民由九名勇士护卫，先于建成和元吉进入门内，隐蔽于树后，建成、元吉毫无戒备地骑马随入，行至临湖殿时觉察有异，建成急忙转身欲出玄武门，他们的卫兵正在门外警戒。就在这时，世民从树后飞身跃出，他本来就是著名的射手，一箭射中建成之胸，立毙之。勇敢善战的元吉奋身参加格斗，也被世民所伤，旋为世民的卫士尉迟敬德追杀而死。冲突双方的士兵赶来出事地点，随后开始交战，但由于守门将领常何已被收买转而效忠于世民，建成的军队无法进入玄武门。在看到两位首领的首级之后，士兵们认识到已无法继续抵抗而纷纷逃命了。所幸的是他们很快就被赦免。但建成和元吉的所有儿子都被诛戮。看来，李世民很明显地受到了北方多个王朝中出现的兄弟为争夺皇位而自相残杀事件的影响。

事变发生之后，高祖迎合世民之意而被迫退位，世民篡夺了皇位，是为唐太宗（627—649 年）。退位的高祖以太上皇身份崩于 635 年①。从高祖这方面来说，接受这一既成事实是足够明智的，否则他就有可能像隋文帝那样，遭到儿子杀害。他接受了隋文帝的教训。

对于唐太宗来说，玄武门之变无疑是巨大的成功，他显然也受到了隋炀帝的影响，隋炀帝就是以次子身份而篡夺了皇位的。这种对长子继承皇位的普遍传统的违背，深深影响了他的后继者，唐代有十八位君主因此而惹起过纠纷②。

唐朝的盛世

抛开为夺取皇位而犯下的罪恶不论，唐太宗实在是中国有史以来最伟大的统治者之一。他统治的贞观时期（627—649 年）成为唐朝的黄金时代。这一时代还可延续到唐玄宗治下的开元（713—741 年）和天宝（742—755 年）时期。伟大的时代是罕见的，为了创造一个伟大时代，需要一连串杰出的统治者，其中包括女皇帝武则天。这三个杰出帝王的统治构成了一个安定繁荣的时代，它可与汉朝的文帝、景帝和武帝时期相媲美。我们可能愿意了解太宗是怎样使这种繁荣成为现实的，他的领袖才能之奥秘何在。

---

① 《旧唐书》卷二，第 17—19 页。

② 萨孟武根据《本纪》所记的帝王编排出一份难度很大的帝王世系表，见《中国社会政治史》卷三，台北：三民书局，1963 年，第 173—176 页。

这一黄金时代怎样走向衰败，这个领土辽阔和强盛的帝国怎样陷入纷争和叛乱，最终又怎样走向崩溃，其原因值得人们深思。

627年太宗即位之初，关中、山东和其他几个经济最发达的地区连续三年遭受旱、涝、蝗等灾害，发生饥荒，饥饿的百姓被逼得卖儿鬻女来维持生命。对新皇帝来说，这是一个险恶的预兆，但唐太宗并未因此而沮丧。他似乎确信人定胜天。在受灾地区，他安排赈济，减免赋税，拿出国库储备来赎回被卖儿童归还其父母①。他的这些紧急措施，加上他自己在皇宫内的节衣缩食，确使人民得到了某种满足。同时，他允许农民开垦多年战乱后的无主荒地，为不误农时，他免除了这些农民的兵役和徭役负担。630年，全国大丰收，四处流散的人民都返回乡里，据称当年粮价贱至每斗三四钱，全国判处死刑的只有二十九人。自长安东至于海，南至五岭，百姓外户不闭，行旅不需自备食粮，因为沿途都可以得到充分的供应②。

唐太宗不仅是一个关怀人民生计的伟大的政治家，而且也是一个善用权术的战略家和战术家，是个在国内和边境历次战斗中多次获胜的英雄。在外交上，他和他的父亲采用一种对汉族人和非汉族人更为平等的羁縻政策。他们力图用结盟为兄弟、相互间的通婚、铺上红地毯以示欢迎、举办宫廷宴会，甚至邀请他们坐在御榻旁等种种方式，来表示他们是把外国人作为平等的伙伴，而不是作为野蛮人来对待的③。不过，这位

① 《旧唐书》卷二，第33—34页，卷三七《五行志》第1363页；《新唐书》卷二，第30—32页，卷三五《五行志》第897、915页；以及《资治通鉴》卷一九二，第6049页。据说唐太宗痛恨蹂躏庄稼的蝗虫，他不顾侍臣的谏阻，将一把蝗虫抓入口中嚼碎吞下。事见《旧唐书》卷三七，第1363页，这是他表示对人民生计报以深切关怀的姿态。

② 《新唐书》卷五一《食货志》，第1344页；以及《资治通鉴》卷一九三，第6085页。

③ 太宗相信自己是毫无种族偏见的。他说："自古皆贵中华，贱夷狄，朕独爱之如一，故其种落皆依朕如父母。"（《资治通鉴》卷一九八，第6247页）。据我看来，唐代比清代更具有世界性，在以后的时期，夷（野蛮人）更经常地被当作外国人。允许外国使臣到宫廷谒见也是长期斗争的结果，甚至到19世纪的80年代—90年代，慈禧太后还不愿将她居住的场所给外国公使的夫人们观看。见两《唐书》的《本纪》和《突厥传》《西域传》和《东夷传》；还有H. B. 莫尔斯（Hosea B. Morse）的《中华帝国的国际关系》卷二，上海：Kelly and Walsh，1918年，第195—198页、269页、415页。

不存地方和国家偏见的君主并没有忽略使用分化和征服的手段。630 年，当东突厥因内部纷争而发生分裂时，唐朝军队攻入他们的领土，大破其兵并俘获其可汗。投降的突厥人被安置在沿边一带，他们被允许由他们自己的首领来管辖，其中许多人在唐朝军队中服役。于是居住于蒙古草原的东突厥人尊唐太宗为“天可汗”①。据说，这一制度略同于现代联盟国家间之缔结条约，新统治者的任命以及对权利和义务的规定等。汉人与突厥武力的结合重振了唐朝的声威，使之远扬于东突厥，而且越过了帕米尔和阿富汗。西藏也被置于唐的控制之下，一支不大的队伍还从那里穿越喜马拉雅山，平定了北印度的一部分。不过，在征讨高句丽的战役中，唐太宗却连遭两次败绩，直到 668 年，他的儿子才征服了高句丽，使之在几个世纪内成为中国的藩属之一。

对领袖才能的分析

下面应该对唐太宗的领袖才能进行一番考察了。通过这一考察，可以呈现出他的某些性格特征和所做的贡献。太宗是个柏拉图哲人式的帝王：勇敢、高贵、才思敏捷、善于自制、豪爽、心身俱健吗?② 抑或是个马基雅维里式的帝王：精明机智、能吸引着一批有才华的人环绕在自己的身边并在需要时获取他们的忠告吗？而如果他不发问，这些人就得缄口不言，因为他对谁也不信任。或者，他是一个狡黠、残忍的独裁者，从外表看，他具有许多优秀品质，但实际上他不过是伪装这些品质从他的下属那里猎取声誉?③

唐太宗既不是一个纯粹柏拉图式的哲人，也不是一个马基雅维里式的帝王，但他身上显示出与二者有某些相似之处的特点。他原本是个沉稳、准确的射手，一个骁勇的武士，又是个有胆识而善于抓住机会的战

---

① 《新唐书》卷二，第 31 页；《资治通鉴》卷一九三，第 6073 页。关于权利和义务的规定，见《新唐书》卷二二一下，第 6245 页；又见《中西文化论》，台北：泰山出版社，1966 年，第 501、531 页。

② 柏拉图：《共和国》，F. M. 康福德（Francis M. Cornford）翻译及注释，牛津大学版，1976 年，第 178—179 页。

③ N. 马基雅维里：*The Prince and Other Works*，A. H. 吉尔伯特（Gilbert）译，芝加哥：Packard，1946 年，第 16、94、191 页。

略家。后来他的特长则表现在三个方面：军事、政治和处理国政。他兼备三者，在前二十年中为自己博得了巨大的声望。这么说，他是个天生的英雄吗？恐怕未必。但他是个天才吗？这比较接近事实。总而言之，天赋和环境给予他双重的影响。他承袭了贵族家庭的背景，接受了第一流的传统教育，包括骑术、射箭和马上格斗，他也攻读了经书、历史和文学。他有很高的书法造诣，模仿王羲之笔法，他写的文章有七卷被收入《全唐文》，虽然其中多数肯定是由他的秘书们代笔的，但有些为儿子们所写的以及那些谈论学习书法心得的篇章，肯定出自他自己的手笔。

他对历史极感兴趣，从中学到了统治帝国的经验，特别吸取了隋朝覆亡的教训。唐太宗不仅敕命纂修前朝（晋、梁、陈、北齐、周和隋）的史书，而且还亲自在司马懿（179—251）、司马炎（236—290）（两位帝王文学家）、陆机（261—303）和书圣王羲之等纪传后撰写了四篇论赞。在这些以“制曰”形式出现的篇章中，他的眼光和才智通过个性化的观点和令人信服的议论像火花一样闪现出来。高声朗诵这些篇章是令人享受的快事①。

环境也对唐太宗领导才能的形成有所影响。他认识到单凭领袖一人不可能成就大业。他特别注意了与他一同举事的贵族李密（582—619）的失败。李密可能比唐太宗父子有着更良好的教养，李密是项羽的崇拜者，他甚至将一本《汉书》挂在水牛角上，骑在牛背上阅读，即使在征途中，也不忘反复阅读项羽的传记。他还贪婪地学习兵法，可是这一切并未能帮助他避免被杀。由此，早熟的政治家唐太宗领悟到了组织政治集团的极端必要性。在被任命为秦王之后，他于621年在他的指挥中枢附近成立一个文学馆，延聘十八名杰出的学人，让他们担任文学馆侍从学士。秦王经常与他们讨论“学术”问题，直至午夜方休。而实质上，

① 《全唐文》卷四—卷十，台北：华文书局，1961年，尤应注意卷十第17—18页论及书法的部分，以及第24—29页的《金镜篇》，其中表达了他的政治哲学观点以及在转变为帝王时的“以史为鉴”的思想。另见《晋书》卷一，北京：中华书局，1974年，第20—22页；卷三，第81—82页，卷五四，第1487—1488页，卷八十，第2017—2918页。

这是个暗中协助世民策划夺取皇位的机构①。

夺取皇位的目的达到之后，唐太宗建立弘文馆，在馆中收藏图书二万余册，选派虞世南和其他著名学者为弘文馆学士，请他们来和他一起讨论，从中国的历史和文学中，找出最好的治国方法。学士们有不同的见解：一些人主张实行王道；另一些则主张实行霸道。太宗虽深受隋朝文帝和炀帝的影响，但他还是倾向于听取魏徵的劝告，做一个开明的皇帝。人民已厌倦战争，他们极端渴望有一个开明政府，太宗因此深得人心。太宗在首都开办更多的书院，国内外来求学的人迅速增加，并在全国各地也广建书院，促进了教育的发展。科举考试作为入仕的途径被强调起来。

一次，唐高祖曾对近臣说："此儿（指太宗）典兵既久，在外专制，为读书汉所教，非复为昔日子也。"② 的确，太宗对知识分子怀有相当的敬意，在那个统一、安定、富饶和巩固的帝国里，他广搜贤才，而用府兵警惕地守卫着所有的战略要地。

太宗网罗了他那个时代最有头脑的人，并按照每人的才能授以职权。他还通过非同一般的途径寻求支持，诸如召集少林寺和尚与洛阳的王世充作战，并任用在他过去敌人手下那些已颇有地位的能人等③。他组成了一个囊括各派政治集团的联合政府，长孙无忌是太宗皇后之兄，房玄龄

---

① 《资治通鉴》卷一八九，第 5931 页。据笔者看来，这个文学馆与后来（1916 年）支持袁世凯称帝而组织的筹安会略为相似。在玄武门政变之前，世民还曾命卜者灼龟占卜（《张公谨传》，《旧唐书》卷六八，第 2506 页），他还让房玄龄和杜如晦衣道士服来掩人耳目，帮助他策划阴谋（《房玄龄传》，《旧唐书》卷六六，第 2461 页）。毫无疑问，政变是经过周密策划的。

② 《新唐书》卷七九，第 3541 页，以及《旧唐书》卷六四，第 2415 页。高祖所言"读书汉"，在《新唐书》中被欧阳修改为"儒生"了。

③ 唐太宗《告柏谷坞少林寺上座书》，见《全唐文》卷十，第 1 页，以及他的《秦王告少林寺书诏》，见王昶编《金石萃编》卷四一，台北：台联国风出版社，1964 年，第 1—8 页。并参见 P. 戴密微（Paul Demiéville）《佛教与战争》，Mélanges（I'Institue des hautes études chinoises 出版）卷一，1957 年，第 362—363 页；以及 A. F 莱特（Arthur F. Wright）《唐太宗与佛教》，收入 A. F. 莱林与 D. C. 特威切特（Twitchett）主编的《对唐朝的考察》，纽黑文：耶鲁大学版，1973 年，第 239—263 页。

和杜如晦是他过去的助手①。另两名重要僚属魏徵和王珪，原是已故李建成的属下②。其他许多隋朝的臣僚和起兵反隋的骨干成员也都无歧视地为唐太宗所用。他们受到良好对待，被充分信任和适当安排，这样都能各尽所长，放手工作，有“如鱼得水”的和谐气氛。这是一个在唐太宗领导下效率很高的工作班子。

太宗处理国政时能容纳批评，他鼓励群臣进谏，所以群臣都敢于直谏，无所畏惧，并常常受奖赏。结果，谏诤者有如一股溪流，源源而至。而其中最坦率、最机敏、提出己见也最多的，就是魏徵，共向太宗进谏二百余事。此外，敢于直谏者还有许多人，赵翼曾列表举出其名③。《贞观政要》中记载对政治发表评论者，约有四十五人。太宗指定他最得力的顾问魏徵、杜如晦和房玄龄等参预政事堂会议，那是皇帝定期会见三

---

① 长孙无忌（卒于659年），洛阳人，太宗的臣属，皇后之兄，是太宗终生的谋士和支持者。627年任吏部尚书，其后历任要职。659年以谋反罪被武后处死，全家被诛（《旧唐书》卷六五，第2446—2457页；《新唐书》卷一〇五，第4017—4022页）。

房玄龄（578—648），古代山东的文化中心——临淄人，大学者，李世民最重要的谋士之一。630年被授命为《晋书》的主纂，后任宰相十五年（《旧唐书》卷六六，第2459—2467页；《新唐书》卷九六，第3853—3858页）。

杜如晦（585—630），陕西杜陵人，一个卓越的政治家。621年被秦王列为十八学士之首。后世称为贤相，常以房、杜并称（《旧唐书》卷六六，第2467—2472页；《新唐书》卷九六，第3858—3860页）。

② 魏徵（580—643），河北巨鹿人，曾自称为道士，当时最重要的学者和诗人之一。曾参与了李渊与李建成早期的创业，是一个声名显扬的军事家、可靠的谋士。他经常对太子建成直言相谏，建成也往往冷静地听从。他机警的劝诫让人听来顺耳，而不激人之怒。他向建成提议及早除掉世民，这一建议未被采纳。玄武门事变之后，太宗争取他的效力，他也表示愿竭尽全力为太宗效命。初拜谏议大夫，629年又加拜秘书监，这一职务为他撰写那些使人心悦诚服的奏疏提供了丰富的历史依据。这些文章都收入《贞观政要》（《四部丛刊》本）中。韦克斯勒对这部著作进行过专门研究，以《天子之镜》为题出版。即使魏徵的某些谏诤未被采纳，太宗也能对他和其他身居要职的属下优礼相待，并在魏徵患病时亲往病榻前探视，在他去世后亲临祭奠（《旧唐书》卷七一，第2545—2563页；《新唐书》卷九七，第3867—3881页）。

王珪（571—639），山西太原人，曾为隋秘书监，也是建成原先的一个谋士。他被从流放地召回，以黄门侍郎之职为太宗效力。太宗皇帝说过：“惟君臣相遇，有同鱼水。”这是在开明君主统治下的一种非同寻常的精神（《旧唐书》卷七十，第2527—2531页；《新唐书》卷九八，第3887—3890页）。

③ 赵翼：《廿二史札记》（《国学基本丛书》本）卷一九，第357—359页。

省宰相的场所。监察官和史官也被允许坐在“内阁”里，就像现代的国会议员和记录史实的书记一样。这个评议政策的扩大最高会议显示出一种民主的迹象。如若争执不下，太宗就以法律作为参照做出最后决议。他也要求贵族成员服从法律[①]。修订后的唐律成为中国以后历朝甚至其他国家如日本、朝鲜等的典范。中国的科举制度得到比以前更为广泛的应用而且更加制度化，一直延续到1905年。唐律的英译本是由W. 约翰森（Wallace Johnson）译出，1979年普林斯顿大学出版的。

太宗重建了全国的地方行政机构，将全国分为十道，后来增为十五道，下设州、县。州刺史、县令等官经过精心挑选，给予全权以发挥他们治理地方的才能。太宗还将地方高级官员的姓名写在屏风上，随时记注他们每人行事之善恶，以备赏罚。那些直接与人民接触的地方长官，亦需经审慎选授。634年（贞观八年），太宗派遣十三名监察官任黜陟使巡行天下，盘查地方官员的优劣。他们所行使的职权正如他们的头衔所表明的一样。此后，巡按御史又一次次地出使巡察四方，考核官吏的政绩[②]。因而我们可以看到，贞观时期是一个政治上统一、行政效率高、经济繁荣、社会安定、文化发展、领土拓展并因此而使中国文化广泛传播的盛世。唐帝国的疆域及其影响甚至超过了汉朝。

---

① 按唐代中央官制，皇帝之下有三省：尚书省、门下省和中书省。三省的最高长官都是真正的宰相。尚书省的最高长官是左、右仆射，这是因为太宗在618—626年间曾一度做过尚书令，所以此官不再授人，而以左、右仆射代行其政。门下省长官侍中、中书省长官中书令以及尚书省的左、右仆射都是最高官员，每日在政事堂晋见皇帝，一切军国大政都在这里商讨决定。太宗极其善于利用他这班智谋之士的才能。他命两个博学多识之士杜淹和魏徵，分别以吏部尚书和秘书监参加政事堂会议。634年尚书省仆射李靖以疾辞位，太宗授予他“平章事”头衔，允许他两三日一次，而不是每日一次参预会议。从此其他能干的高级官吏，只要冠以“平章政事”或“参知政事”头衔，就能与少数真正的宰相一样参预政事堂会议，审议军国大政。见《百官志》（《新唐书》卷四六，第1181—1182页）；《杜淹传》，《旧唐书》卷六六，第2470页；纪昀编纂的《历代职官表》卷三，第1—7页（广雅书局版）；李华《中书政事堂记》，《全唐文》卷三一六，第1—2页。参见周道济《汉唐宰相制度》，台北：永嘉书业公司，1964年，第187—218页；《剑桥中国史》卷3；C. O. 胡克尔（Charles O. Hucker）《中华帝国职官辞典》（斯坦福大学版，1985）；邓嗣禹《唐代三省制沿革变迁考》，《清华学报》（台北）第12卷，第1—2期（1979.12），第61—72页。

② 《资治通鉴》卷一九四，第6105页，以及王溥《唐会要》卷七七，台北：世界书局，1960年，第1411—1412页；卷七八，第1419页。

长安大概是当时世界上最大的都市，可以归于巴比伦、罗马和伦敦一类。它是这个辽阔帝国的政治中心，是中国文明荟萃之区。其间遍布着华贵的官邸、鲜花盛开的庭园、神圣庄严的庙宇和国际市场。它是一个国际都会，从遥远的地方吸引着旅行者和来学之士。城中还有许多佛寺和道观，以及两所波斯教堂（一为摩尼教，一为景教）和四所祆教的庙宇，这种辉煌灿烂的场所实在是中国历史上所罕见的①。

最后，深入剖析太宗的领袖才能，可以看到，他是个专制政权的首脑，也可说是一个舵手，指引着由二十余名精明能干的人组成的一次远航。他十分自信，也充分信任自己核心集团中的其他成员，而这个集团也信任他的领导。同伴们承认他具有领袖人物的超凡魅力。他不仅进行统治，还建立了许多制度来重新改造一个国家。他勇敢，热衷于冒险，高贵，才思敏捷，善于克制，爽朗，具有健全的身心，能迅速果断地下决心，这些更是他的特征。他了解自己所处的时代，渴望凭借极大的热情和百折不挠的意志，成为中国有史以来最伟大的皇帝之一，他在几年之内就成功地达到了这一目的。是时势造英雄，还是英雄造时势呢？一个令人信服的回答是：“人生的幸福是人们自己努力的结果，既非神赐，亦非天生的产物。”②

不过，隋朝的覆亡也引起唐初政治家的反复思考。在《贞观政要》中，魏徵曾四十五次告诫太宗要吸取隋炀帝的教训。643 年，因魏徵的死而万分悲痛的唐太宗说了这样一段话：“以铜为鉴，可正衣冠；以古为鉴，可知兴替；以人为鉴，可明得失。”③ 一个能干的、正直的人，对任何事业的成败都是至关重要的。

我倾向于认为，唐太宗取得惊人的成就，是受他杀害两位兄弟而篡

---

① 宋敏求（1019—1079）《长安志》，《宋元地方志三十七种》卷六，台北：国泰文化有限公司，1980 年，第 1—5 页；卷七，第 1—4 页；A. 汤因比（Arnold Toynbee）主编《城市的命运》，伦敦：泰晤士哈得孙出版社，1967 年，第 143、149 页；E. H. 谢弗尔（Edward H. Schafer）《长安的最后几年》，《远东》卷十（1963）第 133—179 页；以及向达《唐代长安与西域文明》，北京：生活·读书·新知三联书店，1957 年，第 4—33 页，94—95 页。

② 这是最早的中国共产党人之一陈独秀的话，见《新青年》卷四，1918 年第 2 期，第 92 页。

③ 《魏徵传》，《新唐书》卷九七，第 3880 页。

位所产生的犯罪意识刺激而成的，他非常明白信奉儒学的史家不可能原谅他，这是他一生中几乎无法洗刷掉的污点。不过，他曾在 641 年和 643 年两次提出要看《实录》和《起居注》，这两部书都是为后世的修史者所准备，而不是供当代帝王审阅和修改的。但他坚持要阅读，特别是有关玄武门事变的章节①。太宗曾与魏徵讨论过历史上最好和最坏的皇帝。基本上属于敏捷而又英明的人，他下决心效法那些被奉为最佳典范的帝王，关心人民疾苦，倾听他们的呼声，减轻他们的赋税负担。他竭尽心力去创造更为显赫的业绩以掩盖他的过失，有时为了在人民中间树立良好形象，他会咀嚼、吞咽那些毁坏庄稼的蝗虫。结果，在几年之内，使他过重地负担了对中国历史做出的贡献。他开始停留在他自己对军事、政治和经济等领域的成就上。所有这些，使他确信他已经超过了其他著名的中国帝王。

还不到贞观十年，太宗就过分自信，不太信任他的大臣的忠告了。他几乎成了另一个人。最初他用重赏奖励规劝者，亦能控制住自己，悦而从谏。但在 637 年以后，他听取告诫时就往往显得不耐烦，甚或反感②。他恢复了游猎的旧习，为了改善生活条件，他下令修复隋的洛阳宫，由于一些大臣力谏说这过于奢华，所以完工后不久又下令拆毁。接着，他又批准了四所新宫的修建，其中一所名为襄城宫，位于汝州，强迫众多劳役，钱财耗费无法估计。641 年完工后，太宗发现这里既暑热又潮湿，毒虺成灾，他勃然大怒，罢免了将作大匠阎立德，放弃了这一宫殿，将其赐予当地百姓③。644 年，他坚持对高句丽的远征，如果能够影

---

① 《资治通鉴》卷一九六，第 6175 页；卷一九七，第 6203 页。

② 最初，太宗邀请他的臣属赴宴，并赐予大量财帛，以鼓励他们提出意见。例如，魏徵有一次得赏钱四十万缗，绢四百匹（《旧唐书》卷七一，第 2549 页）。还有一次，在宫廷宴会之后，太宗赐予长孙无忌等人钱一万五千（《贞观政要》卷三，第 8 页）。在如此慷慨的赏赐下，难怪他能听到各种各样不同的意见。对这些意见，是需要明智才能采纳，也需要克制才能容忍的。魏徵在朝廷上对他当面羞辱曾使他怒不可遏，以至对皇后说“会需杀此田舍翁”，幸亏皇后的劝解，宽恕了魏徵。（《资治通鉴》卷一九四，第 6096 页）641 年，太宗曾问魏徵为何近来朝臣都不愿评论国事，魏徵提出了他的名言：“君舟也，人水也，水所以载舟，亦所以覆舟。”（《贞观政要》卷二，第 31 页）实际在重大的问题上，仍有许多批评和抗议会被提出。

③ 王溥：《唐会要》卷三十，台北：世界书局，1960 年，第 560 页；《资治通鉴》卷一九五，第 6154、6157 页。

响他的谏官魏徵还在，这本来是可以被制止的，但魏徵已于643年死去了。太宗晚年又对道教、佛教以及各种迷信产生了浓厚的兴趣。服用长生不老的仙药更加速了他的死亡。

以上是对太宗主要的否定意见。我们还要补充的是，唐太宗是一个善于治理国家的执政者，但他基本因袭了其父初创的规模，并无太多的独创①。总而言之，他的成就是“真正可观（贞观）”的，在他死后，中国还享受了百余年之久的国内和平。

太宗晚年陷入因皇位继承问题引起的困扰之中，最后选定的继承人是李治，即高宗（649—683）。李治是个软弱无能的人，他得到长孙无忌、褚遂良和其他坚持维护太宗传统的诸大臣的有力支持。政治权力很快落入武曌，即武则天（624—705）的手中。武曌是山西并州人，武士

---

① 《旧唐书》卷三，第63页；《新唐书》卷二，第48—49页。唐高祖对他的谋士孙伏伽的尊重和赏赐甚至超过了太宗与魏徵的关系。《旧唐书》卷七五，第2634—2638页。这意味着太宗是以其父为表率的。参见牛致功《李渊建唐史略》（西安：陕西人民出版社，1983年），尤应注意第103—107页；李树桐《唐太宗模仿高祖之治对唐帝国的影响》，收入他的《唐史新论》，第117—165页。在论述唐太宗和贞观诸臣的众多著作和论文中我们可以举出的有：《唐太宗》，Shen Chart-ju著（香港：亚洲出版社，1956年），万钧著（上海：学习生活出版社，1963年）；李唐著（香港：宏业书局，1963年）；徐亮之《唐太宗新传》（香港：明明出版社，1955年）；Seike Elizaburō：*Tōno Taisō to Zui Tō bunka*（《唐太宗与隋唐文化》，东京：Fukokan，1942年）；以及谷川道雄《唐太宗》（东京：人物往来社，1967年）。

研究贞观时代的专著和论文，有汪篯《唐太宗与贞观之治》（北京：求实出版社，1981年）；《唐太宗与贞观之治论集》，收入了从1949—1980年的十六篇文章（西安：陕西人民出版社，1982）；赵克尧和许道勋《唐太宗传》（北京：人民出版社，1984年）；王寿南《贞观时代的谏政风气》，《国立政治大学学报》1（1983. 5）第1—36页；马起华《贞观政论》同上，卷一（1960），第243—293页；卷二（1960），第359—399页；卷3（1961年），第373—400页；还可见章群《唐史》（台北：中国文化大学，1958年）卷1，第15—32页；韩国磐《隋唐五代史论集》（北京：生活·读书·新知三联书店，1979年）第390—400页；余玉芬《中国通史纲要》（台北：商务印书馆，1965年）卷二，第325—333页；以及傅乐成《中国通史》（台北：大中国图书有限公司，1960年）卷一，第375—383页。总的来说，对唐太宗的评价以肯定者居多。不过，吕思勉却认为李世民原先为一“武夫”，且家世久染北俗，故骄暴之习，卒难尽免。当他发作时，往往猝然干出粗暴残忍之事，吕思勉举出的三个事例证实了这一论断。不过，太宗也很好地显示出了他的力量。见吕的《隋唐五代史》（北京：中华书局，1961年）卷一，第81—83页。

彠之女，其父是富有的大木材商，李渊的朋友，后来做到工部尚书[①]。生于富商家庭的武曌，从小接受了良好教育，其中有历史、文学和艺术，包括王羲之的书法[②]。十四岁时，她以美貌和才华被太宗选入后宫，立为才人，是地位较低的五品，除她以外还有八个才人[③]。很难说列在众多妃嫔之中的武曌究竟能有多少机会见到太宗。但是当高宗去看望父亲时，却看到了武曌，并且被她的美貌所倾倒。649 年太宗死后，后宫中所有妇女都被送往一所尼姑庵。高宗也已立了几位新的嫔妃。根据断代史中惯用的说法，高宗是在五年之后（654 年）才把她接回宫中的。但是李树桐却发现早在 654 年以前，武曌就已为高宗生了两个儿子[④]。断代史家认为太宗死后五年才将她从尼姑庵接出的那种说法，不过是想将此事说得能符合道德规范罢了。

武曌聪颖、机智、果敢，雄心勃勃。655 年，她取皇后而代之，并残

---

① 《旧唐书》卷六，第 115—117 页；并见《旧唐书·武士彠传》卷五八，第 2316 页。我们必须注意郭沫若的新观点，他认为武则天是四川广元人。见郭沫若：《武则天》，北京：中国戏剧出版社，1962 年，第 135—139 页；李唐《武则天》，香港：宏业书局，1963 年，第 15—16 页；以及 R. W. L. 吉索（Guisso）：《武则天和唐代中国的正统统治》，贝林罕：西华盛顿大学出版社，1978 年，第 210—211 页。郭沫若是一位才华横溢的学者，他的看法往往是令人信服的。然而，尽管武则天生于广元地区，当时她父亲曾临时在那儿有事，但是依照中国传统，她的祖籍仍是山西，她是在山西长大并接受那里影响的。关于武则天的父亲和家庭的背景，可参考三篇有价值的论文：宋德熙《唐武士彠史事辨证》，《食货月刊》卷 11，第 11—12 期（1982）第 514—542 页；卷 12，第 1 期（1982）第 34—47 页；Huang Yüeh-se《武士彠史事零谈》，《食货月刊》卷 13，第 9—10 期（1984）第 376—396 页；以及 Chang Jung-fan《武士彠史事零谈的几点商榷》，《食货月刊》卷 14，第 1 期（1984）第 591—596 页。

② 《新唐书·王琳传》卷一一六，第 4223—4226 页。

③ 隋、唐宫中的妃嫔共分八等。皇后以下，有夫人四人，正一品；嫔九人，正二品；婕妤九人，正三品；美人九人，正四品；才人九人，正五品；宝林二十七人，正六品；御女二十七人，正七品；采女二十七人，正八品。可见皇帝有多名合法的妃嫔。《旧唐书》卷五一，第 2161—2162 页《后妃传》；《唐会要》卷三，第 23 页、32—33 页。

④ 李树桐确信武曌从未做过尼姑，她与高宗的乱伦实始于太宗驾崩之前。她于 652 年生太子弘，654 年生章怀太子贤。据高宗说，是太宗生前即将武曌赐给他作为妃嫔的，并说她以后可立为皇后（《全唐文》卷一一，第 25 页下），以此使之成为合法的。见李树桐《武则天入寺为尼考辨》，收入他的《唐史考辨》，台北：中华书局，1979 年，第 310—335 页。

忍地将其杀害。高宗自656年以来就经常生病，所以让武曌批阅所有的奏章，并做出决定。因而在高宗统治的大多数时间，她掌握了国家的实际权力。683年高宗死后，武皇后以皇太后身份继续掌权，她先后废黜了中宗、睿宗两个皇帝，于684年窃取了对国家的实际控制权。690年，她终止了唐朝的统治，自称皇帝，改国号为周。她统治帝国几乎一直到705年去世，其时她已年过八十。武则天当政几达半个世纪；二十四年是以皇后身份代替生病的皇帝行使权力，七年是皇太后，十五年是亲掌国政的周朝皇帝。她自称则天皇帝。在一个由男子统治的儒家社会里，怎么竟会允许这种“牝鸡司晨”的现象存在呢？她又怎能取得如此成功以至成为中国的皇帝达十五年之久呢？

第一个理由，中国北方匈奴、鲜卑的习俗为武则天提供了远比南方妇女更多的思想和行动的自由。颜之推（531—591）曾有过如下记载：

> 邺（河南）下风俗，专以妇持门户，争讼曲直，造请逢迎。……代子求官，为夫诉屈，此乃恒代之遗风乎？河北人事，多由内政……唱和之礼，或尔汝之。①

这种环境影响和她那煊赫的家世背景应该是武则天决定创造雄伟大业的一个重要因素。

第二个理由，佛教为武后夺取帝王权力提供了理论上和宣传上的支持。武后出生于一个受佛教影响的家庭，她母亲（杨氏）为隋朝宗室亲属，后来，支持她的佛教徒以怀义和尚为首，利用《大云经》，宣称武曌皇后即为弥勒佛转世，将以女皇的身份统治帝国，因而她便合理地被作为统治唐朝的皇位继承者。689年，为加强在政治上和思想上的宣传，她下诏颁行《大云经》于全国，令诸州各置大云寺。然后，文武百官、远近百姓、和尚、道士和四夷酋长多达六万余人，一齐上表请改唐为周。

---

① 《颜氏家训》最早的英文译本由荷兰博睿学术出版社（E. J. Brill）1966年出版，1968年、1969年两次再版。司马迁在《史记·匈奴传》中所记载的蒙古草原上的匈奴夫妇常常一同骑在马背上，父死妻其后母，兄弟死皆娶其妻的风俗，可以有助于我们理解南北朝和隋唐时期的家庭和两性关系，如唐太宗娶其所杀太子建成的美貌妃子为妾，即是其例。

此外，她也像王莽一样，假托许多符谶向人们暗示她将登上皇帝宝座①。

第三个理由，武曌个人的超凡魅力和才能也在很大程度上决定了她的成功。就其本身来说，她是一个善于阴谋的政治家，清除敌手时从不手下留情。但作为李渊和李世民的颇具才略的继承者，她又是一个善于用人的治国能手②。毕竟她对人民的幸福还是关注的，在674年，作为天后的则天，施行了十二条措施，包括薄赋敛、劝农桑、减徭役、不扰民，等等③。人民对她报之以赞赏，她显然也以受天命自居。在她统治期间，实现了社会秩序的良好和和平。从650年到703年，在中国史书上，仅仅记载了二十三起较小的地方性叛乱④。她维持了太宗治国的事业并把它往后延长了。

然而，则天，以天为则，却不受世俗所限，立志成为一名革命者。她改唐朝为周朝，改变政府的机构和官衔，她制造了一批汉字；还把首都从

① 《旧唐书》卷六，第118—121页；《新唐书》卷四，第90页；《资治通鉴》卷二〇四，第6466—6467页；以及《大云经》，又名《大方等无想经》和《大方等大云经》，后者见于大正新修《大藏经》（东京：Soc. for Publication of Taishō Tripitaka，1960—1978）卷十二，第1077—1107页，特别是第1098页，关于女王的部分。并见陈寅恪：《武曌与佛教》，以及他的《记唐代之李武韦杨婚姻集团》，胡如雷：《论武周的社会制度》，《历史研究》1955年第一期，第85—96页；横田茂：《武后的权力背景》，《东洋史研究》卷14，1956年第4期，第273—294页，以及饶宗颐：《从石刻论武后之宗教信仰》，《史语所集刊》卷45，1975年第3期，第397—413页。饶告诉我们，武后感兴趣的不仅是佛教，她对道教、儒教、景教和其他宗教也同样有兴趣。陈观胜：《佛教在中国：对历史的回顾》，1973年，第220—221页，以及R. W. L. 吉索：《武则天》，第37—46页。

② 关于她清除实在和潜在敌手的大量事例，可见赵翼：《武后之忍》，《廿二史札记》卷十九，第374—377页。官方史家对武后颇多毁谤之辞，而赵翼基本上是个正直的史学家，他搜集了大量有关武后正、反两方面的证据。见《武后纳谏知人》，《廿二史札记》卷十九，第377—379页。还可参见李唐：《武则天》，香港：宏业书局，1974年，第133—148页；安东尼奥·福特（Antonio Forte）：《七世纪末叶的政治宣传和思想观念》，拿波里：Instituto universitario orientale，*eminario di studi asiatici*，1976年，第111—113页，115—170页。

③ 《新唐书》卷七六，第3477页。

④ 张泽咸主编：《唐五代农民战争史料汇编》第一册，北京：中华书局，1979年，第21—45页。张列举的农民起义，有高祖朝（618—626年）的十二起；太宗朝（626—649年）的八起；高宗朝（649—683年）的十四起；武则天（684—705年）的九起。

长安迁到洛阳。她企图避开关中贵族集团的控制，通过科举制度从其他地方选拔新的领导层来取而代之。她以这种方式增大了社会的可变性。

最后，另一场玄武门政变，于705年2月21日（正月癸卯），在洛阳宫门入口处，由张柬之、崔玄晔等人发动，强迫则天大圣皇帝退位，否则的话，她真会将周朝的统治尽可能地延续下去的①。

事实上，武则天简直就是一个现代意义上的"革命者"，在两部《唐书》和《资治通鉴》中，"革命"一词被重复不断地用于她的身上②。男女平等运动的先驱者的荣誉应该归之于她。在8世纪的中国，她使自己成为一个皇帝，而且在她的后宫里有一批作为"妃嫔"的美男子（面首）。但是，无论给她戴上何种桂冠，她残忍地摧毁其暗藏政敌时的做法，在她一生最后几年中尤为突出，是令人无法原谅的③。

武则天死后，唐朝又恢复了统治。但由于李、韦两个家族争夺支配权，朝廷在几年中一直动荡不定。韦后是中宗的皇后，她极力效法武则天，但却无武则天的才能。宫内充斥着韦家的成员，铺张浪费、明争暗斗和放荡淫逸之风盛行。宫中公开卖官鬻爵。于是，到710年，皇子李隆基在洛阳宫的玄武门发动另一次政变，杀掉韦皇后和她的女儿安乐公主等人。712年，李隆基称帝，是为唐玄宗（又称唐明皇）。他以军事和行政的领导艺术，还有通音律著称于世。他驾驭唐帝国运行四十四年（712—756年），是唐朝在位时间最长的一个皇帝④。

1987年5月

---

① 《资治通鉴》卷二〇七，第6578—6581页。

② 在谈到武则天时，多次用了现代名词的"革命"二字，见《旧唐书》卷六，第121页；卷九二，第2971页；卷一八六上，第4842页；《新唐书》卷七六，第3481页；卷一〇九，第4102页；卷二二三上，第6342页；《资治通鉴》卷二〇四，第6449、6468、6469页；卷二〇五，第6479页；卷二〇七，第6579页。

③ 这里也应略微注意一下武曌的私生活，关于这一点和其他一些特性，可见C. P. 菲茨杰拉德：《武皇后》，伦敦：Cresset Press，1956年；以及林语堂：《武夫人：一个真实的故事》，伦敦：Heinemann，1957年，其中拿武则天与叶卡捷琳娜二世进行了比较。

④ 《旧唐书》卷六至八；《新唐书》卷四至卷五。

第二编　清代和民国历史人物

曾国藩：科举入仕的湘军首领[①]

曾国藩（1811—1872），字伯涵，号涤生，湖南湘乡人，中国晚清政治家、湘军的创立者和统帅、战略家和学者，曾获得第一代毅勇侯封号。他出生于一贫苦农家，在为人处世以及思想信仰等方面，年轻时深受其祖父曾玉屏（字星冈，1774—1849）之影响。其父曾麟书（字竹亭，1790—1857），于1832年考取秀才，仅早于曾国藩一年。1838年，曾国藩中进士，同年6月入翰林院。他在京师刻苦治学，坚持不懈，并结交当时著名学者以从中获益。他于1849年授礼部右侍郎。此后，他历署各部侍郎，因得熟习政务。这段经历使他后来上奏时能提出符合实际的建议，奏折内容精确明晰。1852年，他前往江西，主持该省乡试。但当他南下时，其母逝世，遂获准还乡，丁忧守制。

1850年之后，太平军从广西迅速发展到湖南、湖北，并沿江而下直取南京。清军对抗三年之久，丝毫无损于太平军。但是，当时由江忠源和罗泽南所组织之乡勇，却胜过正规军一筹。在1852年防守长沙的战役中，他们表现得尤为突出。1852年11月30日，太平军自解长沙之围后，曾国藩奉谕组建湖南“湘勇”。1853年1月29日，曾国藩经过多方劝导，决定承担这一使命，并以“一不贪财，二不怕死”自勉。

曾国藩首先要做的事，就是组建一支湖南军队，即湘军，俗称“湘勇”。它由罗泽南之“湘南”，江忠源之“楚勇”以及其他各部组成，这就是曾国藩的湘军。由于曾国藩预见到这场战争的性质，制订出训练士卒的严密计划，并着手整治纪律，并逐步完备组织。后来的实践证明，这些措施对他最终取得胜利至关重要。他设置集中训练营地，对那些有过临战经验的士兵，进行进一步的训练；他又在湖南各地广设招兵站，

---

① 本篇原载恒慕义主编《清代名人传略》，原标题为“曾国藩”，现标题为编者所加。

对新兵进行初步训练。在出省与太平军作战之前，他决定先派这支军队在省内剿灭土匪，以期取得作战经验。然而，他却为此受到那些与太平军作战徒劳无功者的非难；甚至当他上书详陈作战计划时，亦受到皇帝的训斥。但他坚持初衷，毫不动摇，不顾各方嘲讽，也不管外地的催促求援，继续组织训练那些纪律散漫、缺乏作战经验的新兵。他的计划能否实现，取决于湖南官绅所提供之军费。

初期，地方政府颇为吝啬，直到江忠源和罗泽南在衡山县打了胜仗，才使得朝野震动，地方当局才认识到，应该给曾国藩必要的军费。初期，曾国藩在历次战斗中，均因缺乏地方官的支持而深感时境困难，直到后来他本人身兼交战各省督抚之职，有权掌管财政时，情况才有所好转。不到数月，曾国藩即接受江忠源和郭嵩焘的紧急建议，建造炮舰，训练水军，由杨岳斌及其他将领统辖，以便把太平军赶出长江。

1853 年，太平军攻占南京后，开始向两个主要战场进军：一是向华北进军；另外向西进至安徽、江西及湖北。当时，虽然各方一再向曾国藩求援告急，但他确实再无力派兵，前往湖北救援。大部湘军已驰援江西，其余部分留在湖南平剿地方起义，而水军尚在筹建之中。几个月后，太平军自湖北向湖南的湘军压来。1854 年 2 月 25 日，曾国藩动用新建水师二百四十艘战船，以及五千名水军。而塔齐布则统帅另一支大军，阻截太平军。然而，由于暴风雨的袭击，船舰无法行动，加之军队缺乏水战的经验，致使曾国藩在湖南两次败北：第一次在岳州，第二次在靖港。曾羞愤已极，竟欲自尽，幸而 1854 年 5 月 1 日，塔齐布和彭玉麟在湘潭战胜，迫使太平军退向岳州。1854 年 7 月 25 日，清军再次攻克岳州，这一胜利鼓舞了曾国藩。

早在 1852 年 1 月 12 日，太平军曾攻克岳州、武昌，这是太平军三次攻占武昌中的第一次，但同年 2 月即为清军收复；1854 年 6 月 26 日，太平军再次攻占武昌，并固守该城；10 月 14 日，曾国藩部湘军在罗泽南及江忠源率领下，再次收复武昌。清军攻克武昌是对太平军征战计划的一次沉重打击。1854 年 12 月 2 日，曾国藩又在田家镇战胜太平军获得大捷。与此同时，上海亦于 1855 年 2 月收复，该城于 1853 年曾被地方起义者占领。到 1855 年 5 月底，北伐之太平军已全部被歼。

然而，曾国藩部乘胜顺江而下进至九江时，却遭到太平军林启容

（卒于 1858 年）部之顽强阻击，林启容于太平军初建时即参加起义。曾国藩的一部分水军困于鄱阳湖，在长江之另一部水军则被击败，甚至曾国藩的座舰亦为太平军俘获，余下的舰只又大多毁于一场风暴之中。由于连遭失利，曾国藩部士气低落。经过一番整顿，曾国藩部前往攻取武昌，而自己则坐镇南昌。但不久，塔齐布病死，罗泽南战死，曾国藩自己也遭到太平军将领石达开的侵扰。曾国藩此时几乎面临绝境。幸亏曾国藩早有预见，遇事沉着，善于应付意外，加之知人善用，在 1865 年 12 月 19 日，胡林翼与李续宾终于最后一次收复武昌。由于彭玉麟之协同作战，曾国藩弟曾国荃又率军自湖南来援。曾国藩在南昌之困境得以缓和。

1856 年，太平军虽然在湖北江西失利，但在南京却击溃向荣所部大军。然而不久，由于太平军首领之间的一系列自相残杀，削弱了他们自己的力量，他们终于失去所取得的优势。1857 年 2 月 27 日，曾国藩的父亲逝世，曾暂时离职奔丧。但是，他那些才干出众的将领们，完全有能力实现他的计划，并于 1858 年 5 月 19 日收复了九江。守制尚未期满，曾即奉召回原职效力，受命制订周密计划，首先攻取安庆，然后收复南京。为收复安庆，虽然有许多在太平军包围下的城池乞求他前去支援，但他一概拒绝。为便于攻取安庆，曾部于 1860—1861 年进驻皖南祁门。1860 年，他授任两江总督，加授钦差大臣统领江南军事。至此，他已拥有处理军务的全权，其中包括筹集军饷。

在 1860—1861 年期间，曾国藩处境艰难。1860 年早些时候，太平军在南京附近击溃重整后的清军，在李秀成指挥之下，太平军又强大起来，主动进攻清军。江苏及浙江的大部地区，仍在太平军手中，仅上海一地从未被太平军完全占领。他们对上海的多次进攻均被击退。在 1860 年这一年，英法联军打到北京城，朝廷逃往热河避难。各地纷纷吁请曾国藩派兵支援，但自 1860 年 9 月，曾自己也在祁门受困于太平军，对驰援他处，他心有余而力不足。

1861 年 4 月，曾所处困境达到极点，但他下定决心誓死不退。直至左宗棠及他部增援祁门，形势才开始好转。此外，经过长期浴血奋战，在 1861 年 9 月 5 日，其弟曾国荃终于收复安庆。于是，曾国藩以安庆为基地，准备收复南京。为避免在南京一线集结过多的军队，以防止太平军趁机夺取清军后方地盘（过去已多次发生过这类情况），曾国藩建立起三个战区：一在江苏，由李鸿章统辖；另一在浙江，由左宗棠统辖；第三为安徽，由自己统辖。清军在上述地区不断攻打太平军，各地的太平军逐渐被围困，一如被围的南京城。自请攻取南京的曾国荃，的确是一位百折不挠的统帅。自1853年3月19日南京成为太平天国的京城以来，大量清军多次被击溃，在1856年8月、1859年11月及1860年8月三次战役中，清军伤亡尤为惨重。虽然外国军队有意前来援助，曾国荃却拒绝接受。经过长期围困及殊死战斗，曾国荃于1864年7月19日攻克南京。但太平军余部，直到1866年初才彻底清除。经过长期浴血奋战，湘军终于剿灭太平军，论功首推曾国藩，清廷赐他一等“毅勇”侯封号，他是文官中获此爵的第一人。

平定太平军之后，曾国藩继续任两江总督，驻留南京数月。在此期间，他致力于安定城乡，在饱受十五年战乱之苦的江南地区恢复学术活动。1864年初，曾国藩就在安庆大营建立起官办书局，重印经史典籍。战乱平定后，他延聘著名学者，如汪士铎、莫友芝等人主持书局。他遣返大部分湘军官兵回乡务农，军中某些官员（多系生员出身）则受雇担任书局校对。1864年，他颁布条例，在南京、苏州、扬州、杭州及武汉各地建立书局，此即“官办五局”。同时，他于1864年12月20日恢复南京乡试。在太平军占领期间，该地乡试已中断多年。

1865年6月，朝廷急令曾国藩前往山东征剿捻军。因僧格林沁亲王于1865年5月在与捻军交战时遇难。曾国藩受命统领山东、直隶及河南军事。他立即重整旧部，将兵力集结于四个地点，以期围住狡诈的捻军。但曾国藩北方剿捻一年有余，非但没有取得令人满意的战果，反而招来捻军的不断嘲弄。曾乃推荐李鸿章于1866年12月12日继任其职，自己则返回南京原任。

早在1863年，容闳曾向曾国藩建议，在上海筹建铁工厂（即后来的江南造船厂），当时容闳已从国外购进机器。1868年，该厂建成中国第一艘轮船，并驶至南京请曾国藩验看。开办这座造船厂，乃是曾国藩对中国的发展做出的最重要的贡献之一。1867年，曾国藩拜大学士。1868年9月，曾国藩出任直隶总督。在任内，曾国藩清理出一大批长期未决的案件，提高了办事效率，并制订出一项建立常备军的方案，但未能实施。1879年，他奉令调查并处理“天津教案”。由于他充分认识到中国国力虚弱，因此在处理此案时秉公办案，对有关的西方列强则采取谋求和解的策略，但却遭到北京朝廷中许多好战派的非议。在此案接近解决之际，曾国藩因年老多病，于 1871 年调回南京原任。1871 年 8 月 18 日，曾国藩与李鸿章联名上书，建议派遣青年学生赴海外留学。此项建议在 1872 年实施。但是，就在学生启程出洋之前数日，曾国藩病逝，身后追赠太傅，谥“文正”。

曾国藩是一位具有远见卓识的人。事实证明，不仅在指挥战争方面，而且在其他方面，他也是如此。上海及江西的士绅们多次上书，建议调洋枪队前来，以迅速剿灭太平军，因为洋枪队曾保卫过上海。当皇帝向曾国藩问及此项建议时，曾指出，虽然在上海和宁波的洋枪队可以为我所用，但这实际上也是为了保护他们自己的利益，而内地的情况与此大不相同。若中外联军获胜，势将出现难以解决的纠纷，“客军”如占据我领土，即成国家之患。他还极力主张，即使在通商口岸使用外国武力，在开战之前也要与他们进行充分协商订立协议。

另一方面，曾国藩不仅有远见卓识，而且具有坚忍不拔的毅力，尤其善于识拔人才。曾国藩幕中前后有八十多位才能干练者，其中包括李鸿章、彭玉麟等多位历史名人。他在训练兵勇、驾驭部属的过程中，积累下极为丰富的作战经验，并对全国各地调来的军队一视同仁，从而使他能战胜艰难险阻，终于完成战略目标。也有人指责他效忠清朝，顽固保守，对叛军残忍无情。然而，他所处的时代要求他如此行事。他每日躬身自省过失缺点，以求自己日有所进，这些都生动地记载在他所写的日记中。这些日记所记录的时间长达 33 年，从 1839 年 1 月 1 日开始，至 1872 年 3 月 11 日逝世为止。

这种严格的自省精神，也流露在他给父母、兄弟和子女所写的书信里。他在训诫晚辈时，教导他们节俭、勤奋和廉洁。曾国藩为官廉正。据曾氏幼女自订年谱，他在北京做官期间，一向清贫；甚至当他掌军权时，他每年寄给家里的钱不过十至二十两银子。直至他任直隶总督时，才从他的年俸里积蓄了两万两银子。他一生中，不论战事多么紧张，政务多么繁忙，他每日必读经书、史籍或诗词，从不间断，以从中求得慰藉，增强修养。他认为时代所需要的安慰与鼓励，载于宋代理学家的著作中，而不载于汉学家的著作中。因此他一生致力于复兴宋代理学，自然不足为怪。正像其他某些伟大的理学家一样，他也是写文章的大师。

他的文字明晰易懂，富有感染力，格言以及有关政治、社会、军事、学术及治家等方面的至理名言散见其间。

根据刘声木所编曾国藩著作篇目，曾本人编纂或撰写的著作三十七部。所有重要著作均已收入《曾文正公全集》，此书一百七十四卷，1876年刊行。全书分为十五个门类。其中包括：疏奏，三十六卷；文章及诗作，各三卷；公牍，三十三卷；及两部诗文选。这部《全集》附有曾之年谱十二卷，及曾一生大事记——以上两种均出自曾氏门生之子。《全集》之外，尚有曾之《手书日记》，四十卷，1909年刊行；《曾文正公家书》，十卷，1876年刊行；《家训》，二卷，亦于1876年刊行；以及一卷《曾文正公集外文》，1929年刊行。从曾氏著作中选编出来的各种语录：《曾文正公嘉言钞》（1916年），是曾的名言选录。《曾文正公学案》（1925年）则是曾氏谈修身治学的语录。另有许多著作是在曾国藩主持或指导下编写的，诸如：《江苏减赋全案》（1866年），记述苏州地区减赋一案；《江西全省舆图》（1868年），十四卷另一卷。

曾国藩有兄弟四人，曾国潢（字澄侯，1820—1885），曾国华（字温甫，谥"愍烈"，1822—1858），曾国荃和曾国葆（字秀洪，后更名曾贞皋，字事恒，谥"靖毅"，1828—1863）。四人均曾参与镇压太平军的战争。另有姐妹四人：曾国兰，适王鹏远；曾国蕙，适王待聘；曾国芝，适朱咏春；尚有一妹，夭亡。他还有两个儿子：曾纪泽，承袭侯爵爵位；曾纪鸿（字栗减，1848—1881），精于数学，尤以代数为最。另有女五：曾纪静，适袁秉桢；曾纪耀，适陈远济；曾纪琛，适罗兆升，罗泽南之子；曾纪纯，适郭刚基；及曾纪芬，1852年生，有自撰年谱《崇德老人八十自订年谱》，附有肖像及手迹，1931年初刊，1935年修订重刊。

原载［美］恒慕义主编《清代名人传略》"曾国藩"条，
中国人民大学翻译出版，1995年。编者收录时重译

穆彰阿：权倾内外的军机大臣[①]

穆彰阿（1782—1856），字子朴，号鹤舫，满洲镶蓝旗人，清朝大臣。他担任军机大臣二十余年，善于揣摩上意，深受宠信，权倾内外。

穆彰阿进士出身，历任庶吉士、刑部侍郎、左都御史、理藩院尚书、漕运总督、军机大臣、翰林院掌院学士、文华殿大学士等职。

鸦片战争期间，穆彰阿主张议和，诬陷林则徐等主战派，并主持一系列不平等条约的签订。咸丰皇帝继位后，重新起用林则徐等人，将穆彰阿革职，永不叙用。咸丰六年（1856年），穆彰阿病死。

1805年，穆彰阿成进士，选翰林院庶吉士，后授检讨。他升迁迅速，1805年为翰林院侍讲学士，1813年迁詹事府詹事，1814年授内官，因署刑部侍郎期间，积案增多，被贬为光禄寺卿，寻复原官衔。1817—1823年间，除历任各部侍郎外，兼充各旗副都统。

1820年后，穆彰阿渐握大权。1820年9月2日，仁宗驾崩热河，穆彰阿送梓宫回京。事毕后，以沿途谨慎筹划，擢加一级官衔。道光元年（1821年），穆彰阿充总管内务府大臣，仁宗梓宫奉安后，加三级。此后，历充都察院左都御史（1823年）、理藩院尚书（1824年），两次署理漕运总督（1825年、1826年）。

1827年，因穆彰阿善于处理公务，诏授工部尚书，任职六年。同年，兼任步军统领、军机大臣、京城崇文门税关监督，在此职位上学习锻炼。在此期间，他主要分管漕运。

1828年，穆彰阿被授予军机大臣，翌年兼任翰林院掌院学士，随驾赴盛京谒陵。此后授户部尚书（1833—1834年），奉命赴江南、湖北结案，并查勘防洪工程。1834年调吏部，1835年初授协办大学士。1836年授予大学士，迅即取代权臣曹振镛之位，曹卒于1835年。同年充上书房总师傅。1837年，充领班军机大臣。

在对英斗争中，以穆彰阿为首的一派，视议和、妥协为对付夷人的上策。这一时期的对英斗争，已逐步导致1840—1842年的鸦片战争。英

---

① 本篇原载恒慕义主编《清代名人传略》，原标题为“穆彰阿”，现标题为编者所加。

国人以坚船利炮挫败了林则徐强有力的禁烟政策。1840 年 3 月、9 月间，英国人在邻近天津的大沽与琦善会谈后，穆彰阿便进言皇帝罢免林则徐，以琦善取代之。9 月 28 日，林则徐被革职；琦善奉命赴广州接任，实行议和政策。如此一来，穆彰阿遂成为京城中不受欢迎，却又不得已的议和妥协政策的首要支持者。在各省，执行此政策者先有琦善，后有耆英和伊里布。琦善在川鼻①与英人议和中，使英国未能达成可接受的协议。

1841 年 1 月 29 日，《川鼻草约》签订，一个月后战端重开。英国第二支远征军随即开到中国沿海，1841 年 8 月 26 日厦门失陷，10 月 13 日宁波失陷，英国人在上述两地过冬。1842 年 3 月战争又起，中国方面突袭宁波失败。至此，浙江巡抚刘韵珂和其他各省官员都强调说，此次战事胜利无望，必须重新议和。于是，皇上诏令耆英为钦差大臣，南下议和。这时英国人继续北进，5 月 18 日浙江乍浦失陷；6 月 19 日上海失陷；7 月 21 日镇江失陷。最后，英国远征军抵达南京。1842 年 8 月 29 日，耆英和伊里布在南京与英国人签署了《南京条约》。

穆彰阿在这些事件中的影响显而易见。作为领班的军机大臣，他建议批准耆英在南京签署的条约，及其后来签署的各种条约。皇帝依穆彰阿之见，批准了《南京条约》，这使穆遭到不愿妥协的主战派的责骂。据说在 1842 年 6 月 8 日，军机大臣王鼎曾以尸陈谏，抗议穆彰阿的妥协政策，但遗疏未得上呈皇帝御览，穆彰阿的权势依然如故。1841 年，朝廷还为穆彰阿六十（花甲）寿辰举办庆典；1843 年和 1844 年，耆英又与英、美、法三国签约，朝廷也依穆之见相继批准。

道光一朝（1821—1851 年），穆彰阿除充当各职之外，还多次主持乡试、会试、殿试和其他重要考试，并为纂修国史、玉牒、实录之总裁。道光末年，穆之势力大涨，其门生故吏遍布于国内，这些人号称“穆党”。但当时的太子，即后来的咸丰皇帝，没有入朝时便察觉到穆彰阿的罪行。约于 1848 年后，咸丰皇帝的排外情绪日益彰显，即位十余月，1851 年 12 月 1 日即下特诏，历数穆彰阿反林则徐和支持耆英议和的罪状，但念其为三朝旧臣，故赦免重惩，革职永不叙用。同时他在上谕中

---

① 川鼻是位于广州市的要塞，其战略地点非常重要。——译者注

斥责耆英，并将其降级。1853 年，穆彰阿因捐军饷，授予五品顶戴。三年后，穆彰阿卒。穆彰阿有自编诗集《澄怀书屋诗钞》四卷，1847 年刊印。据说晚清著名伶人德珺如，系穆彰阿之孙。

原载［美］恒慕义主编《清代名人传略》“穆彰阿”条，
中国人民大学翻译出版，1995 年。编者收录时补正并重译

彭玉麟：中国近代海军的奠基人①

彭玉麟（1816—1890），字雪琴，祖籍湖南衡阳，湘军水师创建者、中国近代海军奠基人。清朝著名政治家、军事家、书画家，人称雪帅。他与曾国藩、左宗棠并称大清三杰，与曾国藩、左宗棠、胡林翼并称中兴四大名臣，官至两江总督兼南洋通商大臣，兵部尚书，封一等轻车都尉。

1816 年，彭玉麟出生于安徽省安庆，其父在该省服官。十六岁时随家返回衡阳，不久，父卒。彭家田产大部落入贪婪的邻人之手，因此，少年彭玉麟不得不在本县清军协标中任司书，以供养老母。彭善书，偶为当地知府所见，乃将彭招入署中攻读，几年后彭玉麟中秀才。

1850 年，彭玉麟随协标前去剿捕一起匪乱，叙功拔补外委，彭未就。其后不久，彭玉麟赴邻县耒阳，为某当铺司账。彭为人慷慨好义，曾向当铺借资以助当地县令募勇防备太平军。1853 年，彭玉麟的义举为曾国藩所知。当时曾正在衡阳建造战舰，并为舰只招募水师，曾即命彭在新建水师中独领一营。彭玉麟和杨岳斌（原名载福，字厚庵，1822—1890，湖南善化人）二人素质及文化教养都可为水军草拟章程，缮写呈文。1854 年 2 月 25 日，曾国藩率领这支新建水军前往征讨太平军。当时太平军已定都南京，派军溯长江而上，向两湖推进。曾国藩在岳州初战失利，不得不退往湖南省会长沙。太平军追曾国藩至长沙北六十里处时，转而

① 本篇原载恒慕义主编《清代名人传略》，原标题为“彭玉麟”，现标题为编者所加。

占领湘潭。塔齐布随即率精兵收复湘潭，并重创太平军。此次战役颇得彭玉麟所率水军之助，彭以火攻，烧毁太平军大批船只。1854 年 5 月 1 日，湘军迫使太平军狼狈东逃，长沙之围从而解除，吃败仗的曾国藩为之一振。战后，彭玉麟以知县选用。

1854 年 7 月，曾国藩重整所部之后，再次攻打岳州，7 月 25 日攻克岳州。10 月 14 日，湘军又收复武昌。太平军集大军于田家镇，此地乃长沙战略要地，位于九江上游 130 里，太平军在水上设起重防，准备在这里与湘军决战。一座浮桥封锁着长江江面，浮桥一端固定在田家镇对岸陡峭的半壁山上，用粗铁链牢牢地系住浮桥，战舰、木筏、民船。舢板在浮桥前面游弋警戒，远望宛如浮在江面上的一座城镇。彭玉麟和杨岳斌率水军主攻太平军江面船队，意在断其铁链，而塔齐布及罗泽南则率步兵攻打山脚相助。杨岳斌率一支敢死船队机智、果敢地冲入太平军江上阵地。杨、彭两部猛攻，由两侧纵火烧毁太平军船舰。1854 年 12 月 2 日，经过激烈战斗，湘军终于取得这次战役的胜利，太平军被迫退出九江，此后湘军占领九江达数年之久。

这一战役的详尽部署，也引起了皇帝的注意，特下诏谕令清军水师效法此次战斗。但是，湘军水师所获得的声望，以及他们进军九江时所得到的接二连三的胜利，使他们过于自信。一百二十艘船舰及三千官兵深入鄱阳湖之后，竟被太平军封锁其中。太平军用火船攻击湘军水师，甚至曾国藩的座舰也被俘去。后来，曾的水师被截为两部，一部在鄱阳湖内，另一部在湖外。湖外部分只得自九江撤回岳州附近，进行必要的整修补充，而曾国藩则前往江西，重建鄱阳湖内的那部分水师。

1855 年 4 月 3 日，武昌重新落入太平军之手。曾国藩在鄱阳湖内的舰只亦屡受攻击。曾急召彭玉麟前往江西，但彭探知所有道路均为太平军截断。于是，彭乃扮作操安徽口音之商贩，长途跋涉来到南昌。曾命彭玉麟节制湘军水师。1856 年，胡林翼、罗泽南、杨岳斌等部攻打武昌之际，曾国藩与彭玉麟正在江西作战。然而在 1857 年，曾国藩因父亲去世丁忧，不得不返乡治丧守制。杨岳斌遂被授以水师提督，接管水军，彭玉麟为副职。当水陆两军进攻九江时，彭玉麟率部奋战，力图与鄱阳湖外的水军会师。1858 年 5 月 19 日，彭玉麟终于得成大功，水陆两军会师于九江。

收复九江后的几年间，彭玉麟和杨岳斌一直在长江中游与太平军作战。重克安徽省会安庆之役，因彭玉麟水军战绩卓著，皇帝授彭为安徽巡抚，彭恳辞未就。但为便于节制水军，彭于1862年升任兵部右侍郎。之后，他与曾国藩的陆军通力合作，自安庆进攻南京。1863年，彭玉麟与杨岳斌攻下南京对岸太平军重要据点九洑洲。此役虽然太平军奋勇抵抗，但清军终获大胜。这一战是南京合围的转折点。此时另一部太平军自福建进入江西，攻打清军后方，杨岳斌即受命统领江西清军。不久，杨岳斌授陕甘新总督，水军则由彭玉麟统领。

1864年收复南京后，杨岳斌和彭玉麟因水师战功，均获赠太子少保衔，并予一等轻车都尉世职。1865年，杨岳斌任总督，但1866年即致仕。1865年，皇帝命彭玉麟署漕运总督。但彭玉麟忠于初衷，既不愿为仕途所累，亦不欲靠俸禄为生，因而恳辞不就。皇帝深知彭氏忠诚笃实，勉强准予所请，但却命他会同曾国藩编定长江水师营制。1868年，长江水师营制的细节章程拟就，附录于《剿平粤匪方略》一书。彭玉麟将辛苦筹来的军费的剩余部分，大半用来奖励有功的将领，或用来造福故里。此后，彭玉麟上疏奏请皇上开缺，以便返乡，为1853年逝世的母亲治丧守制。他在疏中奏称：他自为国效力以来，甘愿两手空空，今又乐得两手空空而去。彭玉麟服役水军近二十年，从未为自己购置家业，也从未请过一天假，更从未上岸求一日之安。彭玉麟之奏请获准，而彭氏的自谦美德则受到皇上的嘉许。自1868年至1872年，彭玉麟居乡赋闲。

但是，正当彭玉麟过着恬淡的退隐生活时，水军风纪开始败坏。1872年，彭玉麟应诏复职。不久，一批水军官员或被革职或受惩处。经他一番整顿，水军士气大振，纪律严明。之后，皇上命他为兵部左侍郎，他又一再请辞不就。继而又命其巡阅长江水师，并准专折奏事。朝廷有大政多向他咨询，疆吏重案则命他按治。这样，不仅水师官员畏惧他前来视察，即各省地方官也对他十分畏惧。这一时期，由于彭玉麟巡阅长江，沿江上下城镇社会安定，但因他尚未预见到铁路在将来的重要性，此时他对建铁路持反对态度。

1881年，彭玉麟再次恳辞两江总督。但是两年后，他被授兵部尚书，这一次他又恳辞，皇上未准。此时，正是中法在安南发生纠纷的那一年。彭玉麟和杨岳斌（当时已离职）受命奔赴海防前线。彭玉麟虽然年老多病，但仍率湘军四千，前往广东备战自卫。1884 年，彭玉麟反对拟议中的对法谈判，但是未能奏效。因此，在 1885 年 6 月 9 日条约签署后，彭即告病奏请离职。尽管彭玉麟身体多病，多次奏请开缺，但直到 1889 年底，他才获准离职。一年后，彭玉麟和杨岳斌相继逝世，二人均加太子太保衔，彭谥“刚直”，杨谥“勇悫”。

彭玉麟是湘军四位杰出的领导者之一，一生刚正不阿。他在将毕生精力都倾注于军旅之余，仍能在暇时习书作画，且颇有造诣，尤善画梅。他的诗集题名《彭刚直公诗集》，其奏折则辑为《彭刚直奏稿》，两部书均为八卷本，1891 年问世。

原载［美］恒慕义主编《清代名人传略》“彭玉麟”条，
中国人民大学翻译出版，1995 年。编者收录时重译

胡林翼：中兴四大名臣之一①

胡林翼（1812—1861），字贶生，号润芝，汉族，湖南益阳人，湘军重要首领，与曾国藩、李鸿章、彭玉麟并称为“中兴四大名臣”。其父胡达源（1841 年卒，时年六十四岁），1819 年一甲第三名进士及第，官至翰院侍讲学士，及詹事府少詹事，服膺宋明理学。胡林翼一如其父，也满腹经纶，1836 年中进士，两年后授翰林院编修。从 1847 年到 1853 年，胡林翼在贵州省署理并实授多任知府。这一时期盗匪及秘密结社遍及华南地区，胡林翼则因倡办团练剿平盗匪而卓有政绩。

胡林翼也以通晓兵法见称。1854 年，胡林翼被擢为贵东道，太平军正威胁着邻省湖北及湖南。胡林翼率领一支黔勇，自贵州奔赴前线，先后在湖南及湖北作战，平剿当地动乱，阻击太平军，后又前往支援曾国藩攻打九江。太平军欲解九江之围，而于 1855 年 4 月 3 日占领武昌，胡林翼所部又奉命自九江回师收复武昌。

为激励胡林翼攻打武昌，也为了表彰他以往的战功，1855 年 4 月 18

① 本篇原载恒慕义主编《清代名人传略》，原标题为“胡林翼”，现标题为编者所加。

日，清帝诏授胡林翼署理湖北巡抚。此时，清军的兵源及粮草正感到不足，而太平军的势力方兴未艾。在这前所未有的混乱危急之际，胡林翼镇定自如。他用孔子的忠君思想鼓舞军心，激励士气；实施“厘金”制，及课收盐税等方式筹措军资，并向省内外呼吁求援。罗泽南所部的援军自江西进抵湖北后，胡、罗联军猛攻武昌，但未果。1856 年 4 月 12 日，胡林翼的左膀右臂罗泽南遇难，这对胡是一个沉重的打击，但由于才能干练的李续宾继之而起，同年 12 月 19 日终于收复武昌。胡林翼被诏任湖北巡抚，加头品顶戴，以奖励其功绩。

武昌地区饱受连年战争蹂躏。胡林翼任职后，首先着手恢复湖北省的行政机构，他认真选用才能干练的文武官员，并奖励廉洁勤政之人，严禁官场应酬陋习，并设专局稽核政府开支。他裁减训练较差的队伍，对纪律严明、训练有素的部队则予以扩编。他建立军需机构筹措弹药粮草，并加强武昌防务，使武昌免于再次陷入太平军之手。他还鼓励发展武昌的商业和工业，为湖北的近代化发展奠定了良好基础。

当时，虽然太平军已一步步受压向东退去，胡林翼也并未忽略军事行动。1857 年，经过初期围困和奋战攻城之后，1858 年 5 月 19 日收复九江，湖北境内的太平军已全部被肃清。胡林翼为此加太子少保。不久，胡母去世，清廷准假百日，胡林翼返回故乡治丧。但正在此时，李续宾部在安徽临时省会庐州附近全军覆没，李亦遇难。胡林翼火速返回原任，以避免局势进一步恶化。1859 年 6 月，石达开围攻湖南宝庆，胡林翼派李续宜驰援该城。

1859 年底，胡林翼与曾国藩制订出军事计划，兵分四路，攻取安徽省会安庆。胡林翼带领第三路军，并辅佐曾氏调兵遣将，筹划粮草。鉴于统兵将领多不知兵法，胡林翼在汪士铎、莫友芝等多人协助下，从 1859 年 3 月 5 日到 1861 年 1 月 22 日，编写出一部兵法手册，题名《读史兵略》，共四十六卷，1861 年刊行。正如书名所示，该书取材于胡林翼所读古代史书中的许多战例。

1860 年 2 月间，虽然胡林翼的第三路军已进至太湖，距安庆不远，但是攻取安庆的计划仍然受挫。此时，南京城外的大营全军溃败。当时，曾国藩虽已受命为两江总督，但曾部在安徽祁门被困，曾无法履任。此外，在 1860—1861 年间，太平军分多路反攻湖北，企图解除曾国荃对安庆之围。在此紧要关头，胡林翼力劝曾国藩继续围攻安庆，并顶住太平军对祁门的攻击。而胡本人则回湖北，打退太平军。同时，胡林翼在财政上全力支援曾国藩，甚至连捐出自己的年俸也在所不惜。为了筹集更多的军用物资，胡林翼一再上疏，恳请皇帝准予降低鬻卖官爵的价格。1861年9月5日，曾国荃最后攻克安庆。曾国藩上疏，陈述安庆之役首功应归于胡林翼，胡因此加太子太保，赐骑都尉世职。然而，不幸的是，胡林翼因积劳成疾，已咯血四月，不久即卒于武昌任上。身后谥“文忠”，赠总督衔，1864年，加一等轻车都尉世职，后追封世袭三等男爵。因胡林翼无子，过继侄子为嗣承袭封爵。胡林翼妻乃陶澍之女。

据史书上记载，胡林翼长相英伟，目光锐利慑人，他行事果断，对于认定的目标坚定不移。他在事业上成功的另一重要因素，是他善于协调上司与下属关系。此外他精通兵法，又善于驭将。他和曾国藩关于治兵的言论集合刊为《曾胡治兵语录》。胡林翼、左宗棠、彭玉鳞及曾国藩，被认为是这一时期的四位杰出的领袖人物，他们每个人都为战胜太平军作出了自己的贡献。

胡林翼的奏议、书札和年谱合刊为《胡文忠公遗集》，共十卷，1863年由他的继任者、湖北巡抚严澍森（1861—1864年在任）刊行。此书后增订为八十六卷，以原题名于1867年再次刊行，并曾数度重刊。此外，胡林翼在湖北任职时，曾主持编辑著名的地图集《皇朝中外一统舆图》三十一卷，这部舆图在乾隆朝清代疆界图的基础上由李兆洛绘制而成。此书编制时已注意到地理上的变化，例如1855年黄河改道等问题。1861年胡林翼逝世时，该书刚刚完成，1863年由严澍森在武昌刊行。

原载［美］恒慕义主编《清代名人传略》“胡林翼”条，
中国人民大学翻译出版，1995年。编者收录时补正并重译

沈葆桢：中国近代造船的奠基人[①]

沈葆桢（1820—1879），原名沈振宗，字幼丹，又字翰宇，汉族，福建侯官（今福建福州）人。晚清时期的重要大臣，政治家、军事家、外交家、民族英雄。中国近代造船、航运、海军建设事业的奠基人之一。同时，他还是清朝抵抗侵略的封疆大吏林则徐之婿。

1847年，沈葆桢中进士，1850年授翰林院编修。1854年在御史任上，他曾数次上疏朝廷，为征剿太平军进言献策，为皇帝所知。1856年初授江西九江知府，后因九江被太平军攻陷，于同年改署该省广信知府。他到任两个月后，因外出筹饷暂离广信。在此期间，太平军逼近该城，城内百姓四散。沈葆桢之妻林普晴（字敬纫，1821—1877，林则徐之女）驰书向邻城守将求援，并镇守衙门等待救兵。求援信情辞感人，文笔绝佳，后被人刻录在石碑上，立于福州城内。当沈返回广信，其妻正在死守空城。援军到达后才解围。曾国藩将沈氏夫妇守城功绩上报朝廷，遂授沈为候补道员。1857年至1859年，沈在赣东北任道员，后曾赋闲数月。1860年复授道员，因在原籍办理团练而未应诏赴任。

沈葆桢能力超群，曾国藩曾多次力荐，称其才堪大用。1861年，候差之际，沈应邀前往安庆曾国藩大营。1862年清廷授沈葆桢为江西巡抚。在其任上，沈葆桢教市民筑寨自保，勉励本省官员齐力清剿太平军。太平军多次在江西集结兵力，但屡战皆败。最后，其首领洪天贵福、洪仁玕等在江西被擒，于1864年被处死。沈葆桢因功授头品顶戴，赏一等轻车都尉世职。他上疏辞让，推功诸将，但朝廷却因其不独战功卓著，且治吏有方而坚予嘉奖。沈以清正、勤敏获得赞誉。1865年，沈葆桢因母病请归，但未抵家，其母已故世。沈恳请终制，获皇帝批准。

1867年，清廷授沈葆桢福建船政大臣。早在1866年8月，当时的闽浙总督左宗棠在福州附近的马尾建立福州船政局，并同两位法国人日意

---

① 本篇原载恒慕义主编《清代名人传略》，原标题为《沈葆桢》，现标题为编者所加。

格和德克碑订立合同，将二人聘为监督。左还决定开办学堂，训练青年学生制造和驾驶舰船。经屡次上疏建言，朝廷批准该计划。正当计划中的一些项目付诸实施时，左调任陕甘总督（1866 年 9 月）。赴任前，他向朝廷力荐沈葆桢，称之为督办船政的最佳人选。沈于 1867 年 7 月 18 日到任。此后，他兢兢业业地实施全部规划，建成船坞、机器厂、学堂，以及员工宿舍等设施，并整顿纪律，严禁贪贿勒索。船厂如期开工，在 1867 年至 1874 年间造出十五艘舰船，并将吨位由原定的五百一十五吨改为一千四百五十吨，功率由八十马力改为二百五十马力，速度由每小时 60 华里改为每小时 90 华里，船身长度也由一百六十六市尺增至二百三十八市尺。

1867 年初，沈葆桢在造船厂旁边扩建海军学堂，命名为求是堂艺局[①]。该学堂教授法文与英文。法文用以学习舰船制造知识，英文用以掌握航海驾驶技术。该学堂中的生源主要来自福建和香港两地，经五年训练后，学业优异者被派往法国或者英国继续深造三至六年。求是堂艺局不仅培养出许多训练有素的技师——这些技师最终取代了船厂雇用的近五十名洋雇员，还造就了数名水师将领、大批水师军官和几位大学者。例如，著名学者严复[②]和水师将领萨镇冰[③]都曾在该学堂学习，1877 年两人被派往英国深造，毕业于格林威治海军学院，1879 年归国。严复将许多西方自然科学与社会科学书籍介绍到中国，他是清末最杰出的翻译家

① 创办于 1866 年，是中国第一所近代海军学校，也是中国近代航海教育和海军教育的发源地。学堂由左宗棠奏请创办，在船政大臣沈葆桢的主持下，于 1866 年在福州设立，初建时称为求是堂艺局。1867 年马尾造船厂建成后，搬迁至马尾遂改名为船政学堂。——译者注

② 严复（1854—1921），先后毕业于福建船政学堂、英国皇家海军学院，曾担任过京师大学堂译局总办、上海复旦公学校长、安庆高等师范学堂校长、清朝学部名辞馆总编辑。在李鸿章创办的北洋水师学堂任教期间，培养了中国近代第一批海军人才，并翻译了《天演论》，创办了《国闻报》，系统地介绍西方民主和科学，宣传维新变法思想，将西方的社会学、政治学、政治经济学、哲学和自然科学介绍到中国，出版有《严复全集》。——译者注

③ 萨镇冰（1859—1952），中国近代著名的海军将领。萨镇冰先后担任过清朝的海军统制（总司令）、民国海军总长等重要军职，还曾代理过国务总理。——译者注

之一；萨镇冰则成为海军统帅。

严复用文言文进行翻译，在其八种主要译著中，包括托马斯·赫胥黎的《天演论》(1896 年出版)、亚当·斯密的《原富》(1901 年出版)、赫伯特·斯宾塞的《群学肄言》(1903 年出版)，这些著作给中国思想界带来巨大的震动。倘若严氏以白话文进行翻译，其影响会更为深远。而萨镇冰久居海军高位，他使中国海军终于形成一个传统，但凡海军要职，均须由福建人充任。

从 1867 年至 1874 年，沈葆桢任总理船政大臣其间，曾因父丧去职三年（1870—1872）。在他卸任之后，由于清廷没有发展现代海军的强烈愿望，致使船政局经费缺乏且无保障，加之继任者德才俱逊于沈，船政局从此走向败落。

1874 年，沈葆桢奉命巡视台湾。由于 1871 年，台湾的山地部落曾杀死一些因船只失事而流落该岛的琉球渔民，日本则以琉球统治者自居，向中国索求赔偿，并于 1874 年派军队入岛进行威胁。沈葆桢抵达台湾后，立即惩办杀人部落成员，随后调动大批中国军队进行备战。经过长时间的谈判，中日两国于 1874 年 10 月 31 日签订协议。该协议规定：日本撤兵，中国赔偿白银五十万两。沈上疏朝廷，请在台湾设巡抚，开发乡村落后地区，修垒筑堡，建设新城镇。事毕之后，1875 年 5 月沈被授予两江总督，兼署南洋通商大臣。据说，两江官吏素闻沈氏秉政刚正严明，故此命一出大为震恐。沈到任后，果然名不虚传，迅即将两江诸衙门的怠惰积习一扫而空。在其任上，沈曾请皇帝酌减江苏数县钱粮。他禁种罂粟，提倡薄葬。1878 年疏请废止武科，但未被采纳。他治盗尤严，在其任期内，辖区太平无事，百姓安居，刑政修明。1879 年沈葆桢去世，被赠太子太保，入祀贤良祠，谥“文肃”。1886 年，皇帝诏图其像刊于南京紫光阁。沈氏奏稿为《沈文肃公政书》，七卷，于 1880 年刊行。

原载［美］恒慕义主编《清代名人传略》“沈葆桢”条，
中国人民大学翻译出版，1995 年。编者收录时补正并重译

徐广缙①

徐广缙（字仲升，一字靖候），约卒于1853年，享年七十三岁。河南鹿邑人，徐家祖居安徽。父徐瀚1811年进士，曾任内阁中书。徐广缙1820年成进士，1822年授翰林院编修。1830年迁御史，逾三年外放陕西榆林知府。1836年迁江西督粮道，1840年任福建按察使，同年擢顺天府尹。1842—1845年，徐广缙居母丧，服阕，出任江宁布政使。1846年擢云南巡抚，旋调广东。徐曾为河南赈灾捐银万两，为此清帝令吏部为其晋级记功。1848年2月3日，他继耆英之后署理两广总督兼通商大臣。

徐广缙在广州接掌对外事务时，由耆英、鼎查（Porringer）二人开创的中英间合作的局面已近尾声。英国从1842年以来一直占据着的鼓浪屿和舟山。英国撤军后，两国间发生了一系列事件，中英之间的冲突与日俱增，广州更是首当其冲，是否准许英人进入广州城成为争论的焦点。1842—1843年条约的英文本准许英人在广州城、镇居住；该条约的中文本则规定留居地为港口或商船停泊地。而当时广州士绅的强烈排外情绪对这一争论起了决定性的作用。1847年4月，英方被迫与耆英达成协议，将入城时间延至1849年4月。1848年6月，香港总督文翰（Bonham）致函徐广缙，提出为1849年英人进入广州城做出预先安排的要求，徐未置可否。这时的广州城民情激愤，随着规定期限一天天逼近，街头巷尾出现揭帖，一队队民众武装随处可见。1849年2月，徐与文翰在英舰底格里斯号晤谈无结果，随后徐广缙于4月1日向文翰递交一份清朝皇帝的谕令，内称皇帝无法压制广州市民反对英军入城的激愤之情。与此同时，当地士绅以伍崇曜为首，在徐文缙的支持下召集会议，会上决定停止对外贸易，并通知美国及法国领事，由此产生的损失均应由英国承担，美、

① 参见《三十三年清代传记综合引得》1/400/la，2/48/10b；《鹿邑县志》（1896）；《筹办夷务始末》（见奕䜣条）道光朝第79—80页，咸丰朝第1—2页；伦敦公共档案局（Public Record office，London）所藏《英国外文档案》（F·O）17/164—168；摩尔斯（H. B. Morse）；《中华帝国对外关系史》（International Relations of the Chinese Empire）Ⅰ，ch、Ⅹ Ⅳ伦敦，（1910）；《平定捻匪方略》（见奕䜣条）卷四十五、四十七。

法两国领事也联合向文翰发出照会。迫于形势，英方仅仅发出了一份外交抗议（1849 年 8 月）。此事已远远超出它原有的意义，英方在这次事件中的失败标志着 1842—1858 年中英关系上的一个转折点，徐广缙也因此备受赞誉。清帝称赞他办理此案是十年来清廷在外交方面最大的胜利，恩封他世袭一等子爵，赏戴双眼花翎，晋封广东巡抚叶名琛男爵。士绅中的几个头面人物也均授予荣衔用三品顶戴。1850 年英方曾提出抗议，但是并无结果。事实上从这时起，列强的公使们与清廷派驻广州的通商大臣间的交往与会晤已经日益困难，清廷将各外交事务均委之通商大臣一人。1848 年 10 月，徐广缙曾在广州城外一间货栈里接见过美国专使德威士（John W. Davis，1799—1859），而另一美国代办伯驾（Peter Parker，1804—1888）在 1850—1852 年间则一直未能见到徐，法国公使布尔布隆（Bourboulon）在 1852—1855 年间也是如此。徐文缙创始的不接触政策被继任者叶名琛执行得更加彻底，从而构成了第二次中英战争的部分背景。

自 1850 年开始，徐广缙又面临太平天国问题。这场起义同年爆发于广西，徐参劾该省巡抚懦弱无能，于是其职位便由林则徐取代。徐奉命镇压广东各地动乱，将高州、廉州及其他地区的为首者多人处死（1851—1852），由此晋封太子太保。1852 年夏，叶名琛接任两广总督兼通商大臣，徐文缙则赴广西梧州主持军务。在他抵达之前，太平军已进入湘境，钦差大臣赛尚阿被革职，徐广缙任钦差并兼湖广总督（1852 年 9 月）。徐抵衡州，太平军已占岳州，徐赴岳州，太平军又攻克了鄂省首府武昌。皇帝严斥徐广缙迁延不进，将其革职夺爵，籍没家产，下狱待决。所幸 1853 年太平军突入豫省，得以将功折罪。1858 年他又奉调赴安徽怀远、凤阳一带剿捻，不久授四品官衔。两月后风瘫不起，旋即病逝。

原著：费正清、邓嗣禹　翻译：陈愉秉　校订：张广学

吉尔杭阿[①]

吉尔杭阿（奇特拉氏，字雨山），卒于1856年6月1日。将领。满洲镶黄旗人。1843年，由笔帖式迁主事，1849年，授北京户部粮厅监督。1853年为江苏候补道员，同年，太平军攻陷南京和镇江。1853年9月7日，上海地方起义军控制了上海大部分地区。起义者是小刀会会众，其中也有天地会会众，天地会是一旨在推翻清朝的有多年历史的秘密会党。小刀会首领是广东人刘丽川，他曾为外商当过翻译，后在上海义务为穷人治病而享盛名。

因小刀会不仅控制了上海地方，而且控制了附近城镇，如宝山和嘉定，向荣令吉尔杭阿协助江苏巡抚剿平起义。不久，清军收复除上海外的所有城镇，并对上海不断袭击。经过几个月的交战仍无进展，清军试图通过中介人法国驻华公使蒲步龙（Alphone de Bourboulon，生于1809年）与起义者议和（1854年1月）。停战建议为刘丽川拒绝，法公使的努力则遭到英国的反对，英国认为这样做违背了在华外人的中立态度。因此，战幕于2月份重新拉开。4月，英、美领事因起义军侵占了由条约划给他们使用的土地而被激怒，先要求道台，后又要求巡抚赶走冒犯他们的军队。鉴于巡抚无能为力，两国领事即以几百人的军队和几门大炮将起义军赶过泥城浜。此即泥城之战（1854年4月3日）[②]。完全收复上海城是一项长期而困难的任务，清廷认为法国供给起义者军火和给养是延迟收复的部分原因，故曾责怪法国。皇帝将江苏巡抚革职，令已升任（1854年2月）江苏布政使的吉尔杭阿接任（1854年7月）江苏巡抚。新巡抚的政策是寻找在上海之西方列强的合作与帮助。虽然英美拒绝帮助，严守中立，但法国经蒲步龙与吉尔杭阿长时间会商后，改变了原先帮助起义军的政策，转而反对他们，目的是尽快结束战争，以便重开贸易。有了法国的允诺和帮助，一道长长的防御土墙修筑起来，切断了起义军和租界的联系。后来得到美国公使同意，又将土墙延长，以便完全孤立起义军。这样，起义军因缺少给养而受困。起义军继续出击，并在土墙

---

① 参见《三十三种清代传记综合引得》1/401/4a，2/43/15a，5/56/13a。

② 据现代史料，泥城之战的交战双方为英、美部队和清军。

上筑一堡垒，激怒了法国人，法国部队遂于1854年12月9日参与剿平起义者的战斗。清军从四面八方进攻起义者，在法军协助下，最终于1855年2月17日中国新年这一天从起义者手中夺回上海城。起义军首领刘丽川被杀。三天后，吉尔杭阿入城恢复秩序，诏赏头品顶戴。

1853年9月至1855年2月，小刀会占领上海，在三方面削弱了中国在这个城市的权力：（1）由于正式任命的中国官员不在现场，上海港海关税的征收权落入西人手中；（2）中国难民涌入“供外人贸易和居住之地”，从而产生了外人控制的租界工部局，它不承认中国主权，甚至连管理中国人的权力也不承认，仅仅在理论上保留中国司法权；（3）西方人驻军留守并管理公共租界，租界被视为中立区，自泥城之战后，中国武装力量不允许进入该地。

吉尔杭阿刚刚在上海重建和平和秩序，就奉命协助向荣收复镇江，此为最终收复南京必要的一步。经一年反复攻打，镇江依然牢牢在太平军手中。1856年，当吉尔杭阿部正在援救处于危急中的邻近一城镇时，被太平军陈玉成和李秀成部所败。吉尔杭阿在战斗中被杀（一说兵败自杀，见《中国近代史词典》）。清廷追赠总督衔和一等轻骑都尉世职，谥“勇烈”。

骆秉章[①]

骆秉章（1793—1867）字龠门，号儒斋，原名俊。广东花县人。早年有志于学，1832年成进士，次年授翰林院编修。1839年，迁御史，后以上疏纵论内政与外务闻名于朝。此后十年历任京官及地方官，1850年7月授湖南巡抚——此后直至1860年10月，除1853年暂时离任数月外，一直担任此职。在此期间，他不得不应付太平军起义的困难局势，他接任不久，太平军即开始困扰该省。1851年，他受命逐步加强湖南防务。1852年9月11日至11月30日太平军围攻长沙期间，他是被围困在长沙城内的军政大员之一。次年，太平天国定南京为都城，从此太平军在南

---

① 参见《三十三种清代传记综合引得》1/412/1a，2/45/24a，6/5/4a，8/14上/1a；郭嵩焘，《养知书屋文集》，19/Ga。

方日益强盛。

在此危急之秋，曾国藩受命统率湘军，湖南巡抚骆秉章、湖北巡抚胡林翼亦分别受命征剿太平军。骆秉章对湖南人纯朴、耿直、不屈不挠的性格颇为赞赏，他主张依靠湖南人来进行这场艰难的战争。骆秉章与湘军密切合作，为湘军选择并培训官佐，更重要的是确保财政上的支持。当曾国藩新建的水师与陆军 1854 年首次出师大败之际，某些官员曾要骆秉章奏劾曾国藩，但骆秉章反而尽其所能向曾国藩提供弹药粮草。不久，湘军即收复武汉，这说明骆秉章对湘军的信任是有根据的。1855 年，湖北的局势恶化，湖南也起义迭起。骆秉章在财政及军用物资方面，不仅支持湖南，也援助湖北、江西、贵州及广东。为筹集资金以应付庞大的军事开支，1855 年，骆秉章在湖南实行“厘金”制。骆秉章因协助别省平息起义有功，1858 年，赏头品顶戴。经过几场血战之后已将石达开部自湘南驱往广东、广西（1859 年），湖南境内的太平军即被肃清。但是，四川的骚乱却日趋严重。1860 年，骆秉章受命前往四川平息骚乱，但因石达开部又回到湖南，直到 1861 年 2 月，骆秉章才赶往骚乱的四川履新。进入四川之后，骆秉章不得不首先平息几场地方骚乱，然后才能到该省省城就职。在上述平乱的战役中，以及此后处理政务，骆秉章多得力于刘蓉（字孟容，号霞仙，1816—1873）。刘蓉，湖南人，是曾图藩幕中的能员，善于谋划，此时已入骆秉章幕。1861 年 10 月 18 日，骆秉章在成都正式就任总督，随即着手清剿义军。1863 年，骆秉章终于擒获并处死石达开，石一年前即骚扰四川。骆秉章因擒石之功加太子太保衔。清军攻克南京后，1864 年 7 月，清廷赐骆秉章一等轻车都尉世职。1864 年—1867 年期间，骆秉章常为眼疾所苦，他虽曾奏请致仕，但仍受诏留任，准假养病，离职期间，总督一职由成都将军崇实暂代。1867 年，骆秉章病稍愈，即复职，加授协办大学士。次年，卒于任上。身后加太子太傅，谥“文忠”。

骆秉章是曾国藩平定太平军起义的主要助手。骆秉章晚年，皇帝经常向他征询如何处理西南军务。骆秉章明智而有远见，这表现在擢选人才方面，也见之于他向皇帝进呈的精心撰写的条理分明的奏折中。骆秉章奏折辑为《骆文忠公奏议》，但未署明刊行年月，共二十七卷，其中湖南任上所奏十六卷，四川任上十一卷。此书附有一卷补编，内收骆氏传略及悼骆文字。骆秉章自撰年谱，1895 年重刊，题名《骆文忠公自订年谱》。

原著：邓嗣禹　翻译：王介山　校订：张广学

向　荣[1]

向荣，字欣然，卒于 1856 年 8 月 9 日，年五十六岁。武将。四川大宁人，寄籍甘肃固原（现属宁夏回族自治区——译者）。应募入军，以行伍隶属当地提标，后不久拔为弁目，于 1813 年参与平息河南滑县的动乱。1826—1828 年，以守备参与平定回疆动乱。1832 年擢为游击，次年调直隶，累迁至总兵，先驻正定镇（1842—1843 年），后调通州及永平镇（1843—1847 年）。1847 年出任四川提督，三年后调湖南。

1850 年 7 月，洪秀全在广西省桂平县金田村发动太平军起义。由于广西巡抚镇压不力，向荣遂奉调为广西提督，以平息起义。但是，向荣也同样未能得手。1851 年，起义已由桂平扩展到邻近的贵县、武宣及象州。

清廷看到这场动乱的危害性以及清军的虚弱，任命大学士赛尚阿为钦差大臣督广西军务，乌兰泰（字远芳，谥“武壮”，卒于 1852 年）为其副手，随同前往。由八旗兵及湖南、四川绿营兵组成的清军向象州的太平军发起总攻，连战皆捷。1851 年 9 月 25 日，太平军进发广西永安州，并在那里建立自己的政权。不久，清军围攻永安州，但是，由于向荣、乌兰泰及其他将领在战略上意见不合，兼以各部协作不善，致使太平军在一雨夜（1852 年 4 月 6 日）破围而出。太平军先至广西省会桂林（4 月 28 日），后向全州挺进（6 月 3 日）。又从全州进军湖南永州（6 月

---

① 参见《三十三种清代传记综合引得》1/407/1a，2/43/45b，44/13b. 23b，5/50/19a，66/1a，8/13 上/4，7；奕訢：《剿平粤匪方略》；《湘军志》及《湘军记》（见曾国藩条引书目录）；李秀成：《李秀成供状》；《大宁县志》（1885）；《赵伟甫先生庚申避难日记》，《小说月报》第八卷第 1—3 期（1917）；左舜生：《中国近百年史资料续编》；陈庆年：《张忠武事录》，卷四（1906）。

9 日)，后经道州、柳州而至湖南省会长沙。自 9 月 11 日至 11 月 30 日(1852 年)，久攻长沙不克，遂弃该城而北进岳州。由于未能阻止太平军势如潮涌的进军，赛尚阿遭罢黜，向荣则被褫职（据《清史稿》，向荣夺职在武昌失陷之后——译者)。

尽管如此，向荣还是紧追太平军，由广西而湖南而湖北。湖北省会武昌于 1853 年 1 月 12 日落入太平军之手。为收复该城，向荣及其他将领日夜围攻。至 2 月 9 日，太平军终于弃城而去。由于向荣顽强追敌，诏命复原职，并代赛尚阿为钦差大臣。然而此后不久（2 月 18 日)，太平军即攻占九江，沿长江而下，于 3 月 19 日—21 日占领南京，并定该城为太平天国国都。

南京陷落约十天后，向荣才尾随而至，将其大军扎于南京城郊的孝陵卫（明朝开国皇帝之陵)。向荣所指挥的这支大军自此便称作“江南大营”，而另一支大军则集结于扬州，称“江北大营”。太平军随即派出一支部队北伐，另一支太平军部队则在南方作战，以便从后方动摇向荣大军。向荣的大军，包括所部正规部队及来自数省的团练，则从东、南、北三面向南京进攻（美国国会图书馆今存一幅当时的巨幅挂图，标出各军的位置)。然而，尽管在南京城外频繁交战，向部并未取得显著战果，向派出一支部队，去截击进军苏州和常州的太平军，又派另一部去芜湖，以击退太平军对其后方的进攻。1854 年，向荣在南京附近的防御战略十分奏效。截至 1855 年，向一直处于有利地位。向部已攻克芜湖，并击退太平军对其大营的一次猛烈进攻。

然而不幸的是，向荣的部队在 1856 年遭到决定性的惨败。太平军定计进攻安徽宁国及江苏镇江，意在分散向荣的兵力。向荣果然中计，急忙派兵驰援上述二城。乘向荣大营兵力薄弱之际，太平军的战略家杨秀清，在石达开、陈玉成等部协作配合下，向南京城外的江南大营发动总攻。这致命一击分割了清军的兵力，使之全军溃散，退至丹阳。据太平军首领李秀成记述，在此危急时刻，向荣自尽而死。而据清官方记载，向荣则因忧病交加，一恸而绝，死后谥“忠武”，赐一等轻车都尉世职。

向荣死后，和春（字雨亭，卒于 1860 年）继之为钦差大臣，张国梁（字殿臣，原名嘉祥，卒于 1860 年 5 月，年三十八岁）帮办江南军务。和春是一位满族将领，1851 年以副将随向荣入广西，屡经征战，1853 年擢为提督。张国梁，广东高要（或花县）人，曾一度为匪首，1849 年投降清军。此后屡任向荣大军前锋，1856 年授提督。

在和春到任之前，张国梁已迅速振奋起清军的士气。而太平军击溃江南大营的胜利却给其内部带来了一连串的自相残杀。天国内讧随即为清军利用。清军于 1857 年 7 月 16 日克句容，12 月 27 日破镇江。镇江早在 1853 年 3 月 31 日便落入太平军之手，至此克复。和春因功赐双眼花翎，张国梁则赐封骑都尉世职。

1858 年 4 月，江南大营恢复实力。清军掘筑深沟围困南京。但是，位于扬州的江北大营却在与太平军对峙多年之后，于 1858 年 9 月 26 日溃败。扬州城也在 10 月 9 日落入太平军之手，张国梁急往援救，于 10 月 21 日重克扬州，次日又收复仪征。叙功，张国梁调江南提督，并授三等轻车都尉世职。但是，1859 年，清军在南京对岸的浦口大败。和春和张国梁均以失职受到处分。1860 年，清军因分兵驰援浙江致使兵力削弱，又兼和春克扣粮饷，加之据说张国梁对军中同乡故旧多所偏袒，赏罚不均，故军心不固，兵士厌战。因此之故，以及其他原因致使清军承受不起太平军的连续袭击，抵抗一阵之后便败退丹阳，并再度被围。张国梁在丹阳渡河时淹毙（1860 年 5 月）。不久，和春在常州被创而卒。和春谥“忠壮”，赐骑都尉及云骑尉世职，相当于二等男爵。张国梁谥“忠武”，赠太子太保（1860 年），追封世袭一等男爵（1864 年）。

张国梁是清军的一员骁将。向荣的多数胜仗，多借重其力，他还常代行和春之职。在江南大营与太平军的八年（1853—1860 年）战斗中，张国梁战功卓著。张死后，所谓“江南大营”即告瓦解，江苏、浙江及福建部分地区遂为太平军所控制。自 1860 年 5 月之后，清军未再向南京进军，直到 1862 年 6 月，曾国荃开始围困南京，经过艰苦战斗，终于取得胜利。

原著：邓嗣禹　翻译：王介山　校订：马　怡

罗泽南[1]

罗泽南（1908—1856）字仲岳，号罗山，湖南湘乡人。“湘勇”的组建者。“湘勇”是湘军的主体，湘军是平定太平军起义的主要力量。罗泽南虽然以战功著称，但他自青年时期开始就好学不倦。由于家境贫寒，他在二十一至四十六岁期间不得不以教书为生。1839 年中秀才，1847 年为廪生。他未能中举，但在 1851 年举“孝廉方正”，以此表明他的人品。在此之前，他已著有专著多种，弘扬程朱理学，其中《西铭讲义》撰于 1849 年，《周易朱子本义》撰于 1840 年；《人极衍义》撰于 1847 年；《方（皇）舆要览》是一部地理书，于 1850 年撰成。此外尚有它著，罗氏著作大部收入《罗忠节公遗集》，1857—1863 年间刊行。《遗集》收有他的八卷诗文。

罗泽南之友郭嵩焘在其所撰墓志铭中描述：罗泽南颧骨高耸，面庞方正，显示出他过人的精力。罗泽南早在学生时代就好学深思，努力把所学知识用之于实践。罗虽然是一位学者，却有经世之才，尤精于兵书战略。罗泽南诸如此类的成就与品质才干，在他多年教书的生涯中，也许已影响了他的学生。

太平军 1852 年威胁长沙时，知县召罗泽南筹办团练，此即“湘勇”。不久，罗泽南的门生、当地农民纷纷加入湘勇，太平军的进攻遂被击退。罗办团练的功绩已为皇上所知，清廷赐罗县学训导衔。次年（1853 年）曾国藩奉命督办湖南全省团练，罗泽南遂隶曾之下，成为曾的辅弼。因平定桂东地方动乱有功，罗泽南擢知县，几月后，罗泽南奉命出省驰援江西南昌。罗不但解除南昌之围，而且还收复另外两座县城。为此，罗擢升同知。在援赣之战中，罗部最出色的带兵官大多是罗的学生。曾国藩对罗部备加赞誉，曾从此更加信赖湘勇。1854 年，罗在岳州重创太平军，授知府衔。罗部在武昌以南花园村战胜太平军，乃是 1854 年攻克武昌的关键。朝廷命罗泽南为浙江道员时，曾国藩立即上疏奏请罗留任原职，因湘军不可无罗。罗泽南因得继续在湖北作战，并挥师攻克沿江战

---

① 参见《三十三种清代传记综合引得》1/413/5b，2/42/51b，5/58/6a，7/26/9a，8/6 下/1a；郭嵩焘：《养知书屋文集》19/4a；《罗忠节公年谱》(1863)。

略要地田家镇以及湖北、江西两省的许多城镇。罗泽南因此由按察使擢为布政使。1855年，虽然曾国藩及罗泽南已在江西得胜，但由于湖北清军兵力虚弱，将领腐败，致使武昌再失。罗泽南深恐今后犯下策略上的错误，极力劝说曾国藩必先收复武昌，然后九江，最后夺取南京。近代历史学家认为，这个战略是清军取得最后胜利的最重要的步骤之一。罗泽南的建议被采纳，罗乃全力猛攻武昌。然而，不幸的是罗泽南在击退太平军的一次攻击时身负重伤。在收复武昌八个月之前，罗泽南卒于营中。身后谥“忠节”，赠骑都尉世职。1864年，晋为云骑尉世职。武昌终于在1856年由胡林翼收复。

原著：邓嗣禹　翻译：王介山　校订：张广学

李续宾[①]

李续宾，字克惠，号迪庵，卒于1858年11月15日，终年四十一岁。湖南湘乡人。湘军将领之一。他少年老成，师从罗泽南，选优贡。1852年，罗泽南筹组湘勇镇压太平军，李续宾即毅然投身其中——因他有一手好箭法及强壮的体魄。不久，李续宾即为一营之长，转战于江西、湖南及湖北等省（1853—1854年）。他和塔齐布都是勇猛的战将，经常在最危急的地方亲临前线。他一再提升，自不待言。1855年，他率部驻守江西及湖北。在湖北，他连克数城，并参加攻打武昌之役。这是武昌第三次落于太平军之手，防守坚固。

1856年4月12日——距收复武昌尚有八个月——罗泽南不幸逝世。罗的逝世严重影响了罗部攻打武昌的士气。李续宾接掌罗部，因他公正无私，才能卓越，作战勇敢，这支湘军的士气迅即大振。他曾与太平军石达开部接战二十八次之多，致使石达开驰援武昌之企图始终未能得逞。李深挖壕沟，沟内注水，从而切断武昌太平军之粮草供应及对外交通。

---

① 参见《三十三种清代传记综合引得》1/414/1a，4b，2/43/6a，4a/17b，5/56/14a，26/2b，7/26/13b，8/9/1a，14下/1a；胡林翼：《胡文忠公遗集》（1875），卷三十二；黄彭年：《陶楼文钞》4/3b。

守城太平军之战斗力大为削弱。这种战术大见功效，1856 年 12 月 19 日即攻克武昌。太平军退守九江，李在九江也使用同样战术，挖掘一条长达十英里的壕沟，围攻太平军，同时击退自安徽驰援九江之另部太平军（1857 年）。长期围困之后，1858 年 5 月 19 日攻克九江。李续宾因战功，加巡抚衔。李部经短暂休整后，被派往安徽，连克四城。后率五千人马，向安徽重镇庐州（今合肥）挺进。然而，在三河镇（庐州南约八十里，乃一军事要地），李部遭到太平军的顽强抵抗。李虽然摧毁太平军大批防御工事，但已被陈玉成部包围。在激烈的战斗中，李续宾及李部湘军大批官佐士兵战死。皇上痛悼这员勇将之遇难，追赠总督衔，谥“忠武”，加封骑都尉和云骑尉世职。1864 年，受封世职晋为二等男爵，由其子李光久承袭。李光久于 1858 年受赐举人，后任浙江按察使。

李续宾之奏折集为《李忠武公奏议》一卷；其他文牍之作则收入《李忠武公遗书》四卷，虽然罗泽南被尊为湘军之组建者，而曾国藩则认为李续宾是使湘军威名大振者之一。李部后由李之弟李续宜（字克让，号希庵，卒于 1863 年，终年四十一岁）统率。李续宜也是一员名将，他的名气虽然逊于其兄，但他遇事沉着谨慎，其兄则失之急躁。1859 年，李续宜率领整编后的湘军，曾在湖南宝庆抗击石达开部。1860 年，李在安徽战斗。1861 年，1862—1863 年，两度出任安徽巡抚。在此期间，还曾任湖北巡抚数月。身后谥“勇毅”。

原著：邓嗣禹　翻译：王介山　校订：张广学

僧格林沁[①]

僧格林沁，博尔济吉特氏，科尔沁蒙古郡王后裔，1865 年 5 月 19 日

---

① 参见《三十三种清代传记综合引得》1/215/8b，1/410/1a，2/45/1a，8/16 上/1a；《湘军志》卷十四（见曾国藩条引书目录）；《中国近百年史资料初编》（见李秀成条）；奕䜣（见该条）；《剿平捻匪方略》；李汶渥斯（Leavenworth，Charles，S.）：《中国亚罗号之战》（*The Arrow War With China*）（伦敦，1901）；吴斯理（G. J. Wgolseey）：《1860 年中国战记》（*Narrative of the War With China in 1860*）（1862）。

卒。通称“僧王”，为蒙古亲王。曾于1858—1860年同英法联军作战。科尔沁部是内蒙第一个承认满洲宗主权的部落（1624年），其首领受到清代历朝皇帝的宠信。1650年，科尔沁首领彰吉伦（1664年卒），受封世袭郡王。1825年，第九代郡王逝世，无子，遂立其堂侄僧格林沁为嗣。身为蒙古郡王，僧格林沁颇得宠遇，同于宗室诸王。1834年，授领侍卫内大臣，后屡任旗都统。

1853年，太平军占领南京，建都南京后，派遣林凤祥率部北伐，僧格林沁部迎战于天津西南24英里的独流镇，首战告捷。第二年，僧格林沁追击太平军至连镇。1855年3月初，林凤祥于连镇被俘并被处死。李开芳率太平军残部自连镇逃往山东高唐州。同年（1855年）下半年，亦为僧格林沁部歼灭。自此，太平军北伐部队完全失败。僧格林沁因功首封亲王，赐“博多勒噶台”号，后加恩世袭亲王罔替。僧格林沁胜利回京时，曾受到隆重欢迎。其兄长被封为辅国公。

因广州“亚罗号事件”导致的第二次鸦片战争扩展到华北地区时，1858年5月20日，英法联军舰队占领大沽炮台。僧格林沁立即被派往通州，沿天津至北京的白河一线备战。与此同时，中国同英法在天津签订和约。英法联军舰队自华北撤出后，僧格林沁在大沽紧急设防，加强炮台，封锁河道。如此一来，当英法公使在多艘海军舰船护送下前来换约时，在大沽受阻，未能驶入白河（疑为“海河”之误——译者）。1859年6月24日，英法舰队欲以武力强行通过，被清军击退，并遭重创。清廷因此次胜利而振奋，敕令僧格林沁力扼大沽，以防敌舰再犯。然而，当僧格林沁固守大沽时，英法联军舰队却于1860年8月1日从大沽东北小港北塘登陆，迫使僧军退至通州。9月21日，僧军大败于八里桥。次日，皇帝逃离圆明园，出奔热河。自此，僧军残部已无力再战，10月13日，英法联军终于进入北京。10月18日—19日，圆明园被毁。数日后，中国与英法签订《北京条约》。

僧格林沁在八里桥大败后被削职夺爵，但仍受命于京畿地区清剿盗匪。和约缔结后不久，复郡王爵位，并赐其他恩赏。后受命前往山东镇压捻军。捻军自1851年起即转战于山东、河南、安徽、湖北及直隶等省，并常与太平军联合行动。1860年冬至1862年底，僧格林沁主要在山东省与捻军作战，屡胜。1862年，僧格林沁终于恢复亲王爵位。1863年春，他在安徽西北大败捻军，擒杀首领张洛行。此前，张在乡村作乱骚扰已达十余年。由于这次大胜，僧的亲王封号复加“世袭罔替”。数月后，僧格林沁击毙另一捻军重要首领苗沛霖（1863年）。苗沛霖，秀才出身，办过团练，后为捻军首领，降清，因授道员。在他暗通太平军期间，曾出卖太平军勇将陈玉成。苗后来又成为捻军首领，在皖北寿州及临淮关一带与清军作战。据称，苗沛霖一度拥有百万人马。

虽然这两个首领已被僧格林沁消灭，但捻军在张宗禹（张洛行之侄）、牛洪及其他人率领下，仍十分强大。僧格林沁继续在皖豫鄂边境及山东部分地区追剿捻军，攻克数城，击毙一些捻军首领。1864年，僧格林沁加封贝勒。1865年。僧格林沁自河南追击捻军到山东，历时月余，日行逾百里。在极度疲惫之际，遭捻军伏击，阵亡于山东曹州西北十五里处。数名清军将领亦同时毙命。僧格林沁身后谥“忠”，配享太庙，并入祀“昭忠祠”，图形紫光阁。其子袭亲王爵，一孙袭贝勒，另一孙封辅国公。于京师特建“显忠祠”以祀之。

僧格林沁死后，剿捻之任先由曾国藩承担。后交李鸿章。至1868年，捻乱始定。

原著：邓嗣禹　翻译：王介山　校订：马　怡

德兴阿[①]

德兴阿，乔佳氏，卒于1867年。满族将领，正黄旗人，驻黑龙江。1846年调北京充侍卫。1852年迁头等侍卫，奉命率黑龙江军入河南，归琦善指挥，以抵御太平军。1853年，太平军占南京（3月19日）、仪征（3月29日）、瓜州（3月31日）和扬州（4月1日），后三个城镇都位于长江北岸。诏授琦善钦差大臣，节制从直隶、河南、陕西和黑龙江征调之骑兵、步兵各军，以抵挡太平军。琦善于4月16日抵扬州城郊，建江北大营，该营从长江北岸骚扰太平军多年。琦善、德兴阿等到达之后，即奋力夺取扬州，但直到12月27日才攻下。太平军失扬州后退守瓜州。

① 参见《三十三种清代传记综合引得》1/409/4b，2/50/19a，44b；《扬州府志》，1874年；《江都县志》（1875年）；《湘军记》。

1853 年 5 月，林凤祥率一支太平军劲旅从扬州出发北伐。官军在胜保等率领下紧迫不放，但几个月中，北伐军连战皆捷，甚至抵达天津郊外。与此同时，德兴阿继续攻打瓜州太平军。

1854 年 8 月，琦善死后，托明阿（栋鄂氏，卒于 1865 年）继任江南大营统帅，托明阿是满洲正红旗人，1848—1853 年间任绥远城将军，此后奉命移师御太平军北伐之师。在托明阿到任之前，德兴阿部已击溃太平军对扬州的攻击。1854 年 11 月，江北大营与江南大营会攻浦口太平军众多营地，浦口与南京隔岸相望。1855 年，官军挖长壕圈住瓜州太平军。但是，1856 年 4 月 5 日，扬州被从瓜州、镇江和南京突围出来的太平军合兵攻下。德兴阿失扬州后被褫职，随即称病回家，扬州一仗，尽管他部清军败退溃散，但德兴阿部仍继续顽强战斗。为此清廷授德兴阿都统，钦差大臣，任江北大营统帅。1856 年 4 月 17 日，太平军占扬州仅十二天后，德兴阿在向荣协助下，重新夺回扬州。随后，他着手进攻瓜州，经过持续战斗，终于 1857 年 12 月 27 日攻下瓜州，太平军占据此城达五年之久。论功嘉奖，德兴阿赏戴双眼花翎，并赐骑都尉世职。但 1858 年 9 月，德兴阿在浦口受到陈玉成和李秀成两部的猛攻，扬州第三次为太平军攻占（10 月 9 日），同时六合城也被太平军拿下（10 月 24 日）。浦口失败后，德兴阿被革去官衔，扬州陷落后，他的骑都尉世职也被褫夺。当时令其收复六合，但因所部士气低落，他不能前往。某御史及将领和春 1858 年弹劾他没有军事才能，结果被革职并令回京。此后，江北大营不设统帅而隶属江南大营。德兴阿被召回后不久，复授六品顶戴，派往僧格林沁军中供职。1861 年，加至三品衔。1866 年，授新疆塔尔巴哈台参赞大臣，兼汉军正红旗副都统。德兴阿卒于 1867 年，谥“威恪”。

原著：邓嗣禹　翻译：叶凤美　校订：谷　辛

萧启江[1]

萧启江，字濬川，卒于 1860 年 6 月 16 日，湖南湘乡人。1853 年加

---

① 参见《三十三种清代传记综合引得》1/438/1a，2/65/45a，5/36/14a，8/19 上 1a。

入湘军与太平军作战，曾参与收复岳州及武昌之役（1854）。1855 年，萧启江因作战英勇，受刘长佑节制，独率一军转战湖南江西。在攻克江西重镇袁州及临江的战役中，萧因战功授道员，加按察使衔（1858 年）。

1858 年，石达开占据江西大部，萧启江及他部清军曾拼力攻打石部。每收复一城，萧即招回逃亡百姓，增筑城防工事，并组织团练。萧启江部以纪律严明，不扰害百姓闻名一时。因此，江西人拥戴萧启江部，终将石达开部从江西赶到湖南。石部最后逃到四川，石本人被执处死。萧启江等人将石达开逐出江西，无疑是清军最后平息太平军起义的重要一步。

1859 年，石达开入湖南，以强大兵力猛攻宝庆。萧启江及其他将领受命驰援。宝庆解围（7 月 28 日）后，萧启江奉命向广西追击石达开，为解救被敌包围的广西省会桂林，萧部曾连续苦战。稍后萧启江又被召回湖南湘潭。在此期间，石达开已从贵州进军四川。清廷又命萧启江前往四川。但不久萧即病逝，身后赐巡抚衔，谥“壮果”。

原著：邓嗣禹　翻译：王介山　校订：张广学

曾国荃[①]

曾国荃（1824—1890）字沅浦，号叔纯。湖南湘乡人，曾国藩之弟，是攻克南京的主要将领。该城曾被太平军占据长达十一年之久。1847 年，他考中秀才；1855 年，捐优贡。就在此时，他积极协助其兄曾国藩筹组湘军。1856 年，曾国荃率军驰援江西，为其兄曾国藩解围。其后四年，他转战江西各地，终于把太平军赶出该省。1860 年 5 月，他率部离江西，

---

① 参见《三十三种清代传记综合引得》1/419/1a，2/59/18a，5/30/1a，8/10HM/1a；《湘军记》卷六及卷九（1889 年）；李秀成：《李秀成供状》；解维廉（W. J. Hall）：《曾国藩及太平天国》（*Tscug Kuo-fan and the Taiping Rebellion*），260—262 页，（New Haven 1927）：马士（H. B. Morse）：《中华帝国对外关系史》（*The International Relations of the Chinese Empire*），卷二，第 355—366 页（伦敦，1918）。

向省会安庆进军。此举是曾国藩夺取南京长期战略的第一步。虽然前此清军已在南京惨败，而曾国藩又在安徽祁门屡受挫折，但曾国荃在1860—1861年这个冬季，始终坚持其围困安庆的战略。在这次战役中，他颇得鲍超、彭玉麟及李续宜等部之助。他不仅要防备城内太平军出击，还要对付由别处来增援的陈玉成和李秀成部。攻打安庆是一场旷日持久的战役——自1860年5月17日至1861年9月5日——该城已为太平军筑壕固守达九年之久。由于曾国荃在这次战役中奋勇善战，指挥得宜，于1861年加布政使衔，以按察使记名，并赏穿马褂。

曾国荃继续率部向太平军京城南京挺进。他统率精兵三万（包括彭玉麟水军），自安庆直抵南京城下之雨花台。1862年5月31日，他扎大营于雨花台。此日标志着湘军攻打南京这场大战役的开始。在这场攻城战中湘军远胜于八旗兵，八旗兵攻打该城达七年之久，1860年5月以失败告终。曾国藩及其他清军将领，都为曾国荃孤军深入深感不安，因而准备调连打胜仗的李鸿章部在最后突击南京时支援曾国荃部。但曾国荃为了贯彻初衷，不愿他人来援，靠他部下士兵无坚不摧的士气攻城致胜。曾部一往无前，不畏艰难，几乎天天扰得太平军不能安宁。曾部深挖壕沟，广筑防御工事，不但保住阵地，而且，在一次战斗中，重创进攻之太平军，太平军从此不敢再来进犯。经此打击，太平军紧闭城门，以待援军。曾部亦为时疫所苦，乐得暂时休战。然而，在时疫未扑灭之前，太平军等待已久之援军——在李秀成率领下，号称三十万之大军——已抵达南京，包围曾国荃部。太平军援军使用了得之于西方国家的火炮、地雷等武器，竭尽全力攻打曾国荃部。太平军虽然布置严密，奋力战斗，仍未奏效，在曾国荃未向别处清军将领求援的情况下，又有号称二十万太平军新兵，于10月25日抵达南京增援。这支大军日夜轮番攻打曾军阵地，曾均予击退。太平军则因驻地拥挤，也染有时疫，且有饥寒之苦。1862年11月26日，太平军在连续猛攻四十六天之后，暂告停息，而曾之阵地仍未稍损。

曾国藩见此役打胜，乃力劝其弟撤退。然而，曾国荃不仅拒绝此议，也谢绝白齐文指挥下的“常胜军”前来支援。曾国荃加强阵地防御之后，决定继续攻打太平军。曾国藩亲自视察前线之后，默许其弟之作战部署。1863年曾国荃连战皆捷，夺下南京城外几乎所有的战略据点。1864年

2月，曾军已将南京合围。曾国荃主要采取在城墙下挖掘地道的办法，终于在1864年7月19日收复南京——此城于1853年3月被太平天国定为天京。在破城后的战斗中，许多太平军首领及数以千计的兵士惨遭杀戮，全城被洗劫焚掠。鉴于曾国荃长期奋战，功勋显赫，1864年，加太子少保衔，并封世袭一等伯爵；1866年，加封为“威毅”伯，赏戴双眼花翎。

曾国荃因向朝廷谎报洪秀全的继承人洪天贵福已死，因而遭到那些妒功者的诋毁。他为此奏请还乡，休养病体。1865年，他虽然拒任山西巡抚，但第二年却出任湖北巡抚。征剿鄂豫边地区捻军之责自然也落在他的肩上。他在约一年半的时间里不断攻打捻军。1867年夏，捻军从河南窜到山东。曾国荃及参与此役的将领，都因此而受降职处分。他称病请辞，1867—1875年间，闲居在家。1876年，出任河东河道总督。1877年6月，调山西巡抚，在任四年，任内政绩斐然，尤以1878—1880年间赈灾政绩最著。他募集大宗赈款，周济百姓，并呈请朝廷减免正赋，发放种子、牲畜以利农耕，并严禁种植罂粟及贩卖幼童。1880年8月，曾氏他调时，晋省百姓到处为之修建生祠。

1880年，曾国荃奉命率领大军进驻山海关。当时，清廷与俄国正就伊犁问题进行谈判，派曾前往北部边境地区，以为中方谈判后盾。曾已做好一切准备，以示一旦谈判破裂，中国将不惜一战，幸而《中俄伊犁条约》于1881年2月24日正式签署，曾部乃撤。清廷旋授曾甘肃、陕西及新疆总督，曾因病恳辞未就，在家乡休养数月后，1882年8月署两广总督。约一年后，应召回京（1883年）。1884年2月，署礼部尚书半月后，即署两江总督（辖江苏、江西及安徽）兼南洋通商大臣。

曾国荃于1884年4月在南京就任两江总督时，一支法国舰队正在威胁安南，另一支则威胁上海。他奉命加强长江三角洲一带炮台战备并派遣舰队前往台湾。1884年7月20日，他以钦差身份在上海与法驻华公使巴德诺（Jules Patenotre，1845—1925）开始谈判和约。由于法方要求赔偿，自7月25日至8月18日，上海谈判陷于僵局。不久，中法战争在福州及台湾再次爆发。曾国荃返回南京，加强江苏防备。1885年6月9日终于签署《中法新约》。曾国荃在危急之秋所显示的才干，以及他在两江总督任上所实行的深合中庸之道的政策，深为皇帝嘉许，1889年加太子太保衔。次年，曾国荃卒于任上，赠太傅，谥“忠襄”，入祀贤良祠。一生著述辑为《曾忠襄公全集》，六十七卷，后附曾氏《年谱》，于 1903 年刊行问世。

原著：邓嗣禹　翻译：王介山、娄刚　校订：王颐生、张广学

塔齐布[①]

塔齐布，陶佳氏或托尔佳氏，字智亭，卒于 1855 年 8 月 30 日，时年三十九岁。满洲镶黄旗人，系抗击太平军最勇敢的悍将之一。1851 年，他以侍卫身份受命到湖南，用为都司，曾国藩赏识其忠诚和勇猛，乃向朝廷竭力保举，谓之有非凡才能。几年后，塔齐布经几度血战，于 1854 年重挫并击走驻在湘潭的太平军，使其忠勇得到进一步印证。因湘军失利而一筹莫展的曾国藩闻湖南首府的威胁已除，极为兴奋。借此大功，塔齐布升总兵，寻又擢为该省提督。接着，塔齐布率军北进，协助别部驱逐岳州之敌；后来又与罗泽南等合力收复武昌（10 月 14 日）。然后他又竭尽全力参与田家镇之战，摧毁太平军的坚固工事，并因此赏穿黄马褂，受赐骑都尉世职。但是在九江附近的一次交战中他却失败了。这一次，他一如往常，率一小支先头部队出击，结果却勉强只身逃出。塔齐布并未因此而沮丧，继续攻打九江城。此城于 1853 年 2 月 18 日被太平军战领后经受住了多次围攻。塔齐布从 1855 年初春至 8 月包围九江城。正当他部署完毕，下令总攻时，却因心脏病突发死去（九江仍为太平军占据，直到 1858 年）。塔齐布死后清廷追谥“忠武”，1864 年，加三等轻车都尉世职。

原著：邓嗣禹　翻译：舒小红　校订：叶凤美

---

① 参见《三十三种清代传记综合引得》，1/415/1a，2/44/33a，5/50/22a，7/26/6a，8/6 上/1a。

刘长佑[1]

刘长佑（1818—1887）字子默，号印渠或荫渠。湘军将领。湖南新宁人。刘长佑是商贾之子，1849 年拔贡，与江忠源在北京结识，1852 年跟随江忠源前往广西平剿太平军。1853 年，刘长佑率湘军五百人驰援为太平军包围的江西南昌及安徽庐州。1855 年，他跟随江忠源前往广西平剿太平军。这一年，刘部壮大，第二年增至五千人。刘率部再次驰援江西，途中，自太平军手中收复彭州。1857 年，刘羞于战败，曾欲自杀。但由于百姓的归心，也由于湖南援军的到来，刘长佑信心再起，重振所部士气，随即包围江西临江，攻克临江后，加布政使衔（1858 年）。刘长佑曾因病离职数月，病愈复职后，与太平军激战于建昌，迫使太平军东退福建。1859 年，太平军猛将石达开进入湘南，刘长佑受命与众将领协力将石部驱往广西。此役战况极为激烈。刘又将石达开自桂林追至庆远，因此刘部曾穿越湘粤桂边境山区的许多城镇。1860 年，刘长佑授广西巡抚。

刘长佑在两年广西巡抚任内，不断与到处流动的石达开部作战，并且平剿散处在各地城乡的义军。与此同时，他改进广西省政，建造船舰，训练兵士，并且使广西粮食及军需供应自足自给。1862 年秋，刘长佑授两广总督，平剿义军事由刘坤一接办。刘长佑就任不久即应诏进京觐见皇帝，1863 年春，调直隶总督（1863—1867）。当时，捻军在直隶地区极为活跃。刘长佑进京途中再抵天津，即受命征剿捻军。不久，刘长佑又受命率部前往直隶、山东及河南边境地区平乱。直到 1863 年底，刘长佑才得以处理直隶省政务。但是，1865 年，剿捻钦差僧格林沁战死，捻军势力空前大张，刘长佑则因剿捻不力而受到刑部的弹劾。直隶南部的捻军一经肃清，刘长佑立即着手筹组一种适用于黄河的水军（1866 年），所部已增为六标。1867 年，刘所部水军已击溃东捻，而刘本人则正忙于应付保定、天津及北京郊区等地的盐枭。由于直隶境内不安，刘长佑被革职削官。但是，当平定盐枭骚乱之后，清廷念刘氏前功，复其三品顶戴；东捻最后剿平后，刘晋为二品官阶。

---

① 参见《三十三种清代传记综合引得》1/425/1a，2/54/21a，5/29/1a，8/4/1a；《湘军志》第一章。

1871 年 6 月，刘长佑授广东巡抚，不久，调广西巡抚。在广西，刘长佑及冯子材得安南国王之助，剿平土匪。广西在刘长佑近五年的治理下，日趋繁荣。1876 年初，刘长佑授云贵总督。刘深知法国对安南有野心，乃于 1881 年上疏奏请整军备边以对付入侵者，云南、广东及广西三省联军应枕戈以待。刘长佑多次上疏恳请致仕，1883 年获准。1887 年，刘卒于故里，谥"武慎"。刘长佑的文集题名《刘武慎公遗书》二十四卷，1902 年刊行。

原著：邓嗣禹　翻译：王介山　校订：张广学

鲍　超[1]

鲍超（1828—1886）字春霆，四川奉节人。平定太平军起义的勇将之一。行伍出身，1853 年充曾国藩水师哨长。鲍超勇猛过人，攻打岳州、武昌等城市时，例充前锋。胡林翼对鲍颇为赏识，乃上疏荐鲍于皇帝，鲍因得提升。1856 年 12 月 19 日攻克武昌后，鲍擢参将，受命自湖南招募三千新兵。此后，鲍超离开水师，改领陆军。

1857 年，鲍超虽然多次负伤，但他在阻击太平军向湖北进军时仍然大显身手，曾在黄梅及小池口奋战。自 1858 年 9 月至 1860 年春，鲍超主要在安徽太湖地区作战，在一次血战中，他曾以少胜多打败敌军。鲍超因不能与多隆阿（字礼堂，1817—1864）翕合共事，曾请假数月，并获准离职。多隆阿是一位满洲将领，在征剿太平军及捻军的战争中，颇有经验，尤以攻克庐州（1863 年 5 月 13 日）之战及击毙陈玉成之战更显才能。

再次起用鲍超时，鲍部已从三千人增至万人，后即成为声名卓著的"霆军"。鲍部受命为机动部队，视战局之需要，往来各个战场。他曾驰援困于安徽祁门（1860—1861）之曾国藩。后来，他又被派往江西，当时李秀成已占据江西二十余座城镇，鲍在短期内（1861 年 8 月 7 日至 9 月 27 日）即将二十余座城镇全部收复。

---

① 参见《三十三种清代传记综合引得》1/415/7a，2/50/16a，56/26b，5/67/5b，8/11 下/1a；李叔：《鲍公年谱》(1873)；李宗宾：《多忠勇公勤劳录》(1877)。

1862 年，鲍超擢升浙江提督，但他又继续机动作战，以截断太平军南京、苏州及常州之间的联系。清廷论功行赏，赐鲍云骑尉世职。鲍超当时忙于东征西讨，甚至老母于 1862 年底逝世都未能返里奔丧。1864 年收复南京后，封轻车都尉。鲍又因将太平军残部自江西驱至福建有功，晋封世袭一等子爵（1864 年）。这时才获假二月返里葬母。然而，这时逃散的各路太平军残部又会合于广东嘉应州。鲍超受命前往该地，增援当地清军会剿太平军。他率老兵三千，自湖南驰往广东前线，1866 年 2 月 4 日即投入战斗。翌日，他曾受到太平军残部的反击。当月，历时十五载的平剿太平军之战终于结束。

剿平太平军之后，鲍超又率部往湖北、河南及陕西边境地区平剿捻军（1866—1867）。然而，因与刘铭传不协，鲍超托病去职。此后，1867—1880 年间，他居于故里。1880 年，他应诏再起，准备对付俄国。当时，中国与俄国发生边境争端。1881 年 2 月 24 日，《中俄伊犁条约》签署后，鲍超再授湖南提督，但不久即因病辞职（1882 年）。1884 年，中法因安南问题交恶，鲍超再次奉诏自湖南招募军队，开往云南。他统率的这支新军驻扎在云南安南边境上的白马关。直到 1885 年 6 月 9 日《中法新约》在天津签署后，鲍部才撤回。次年，鲍超卒于故里，身后加太子少保衔，谥“忠壮”。鲍超仪表非凡。湘军将领中，就作战勇猛而论，鲍超仅次于塔齐布。

原著：邓嗣禹　翻译：王介山　校订：张广学

程学启[①]

程学启，字方忠，1864 年 4 月 15 日卒，终年三十五岁。淮军主将。

---

① 参见《三十三种清代传记综合引得》1/422/1a，2/51/22b，5/51/16a，8/24 上/1a；冯桂芬（见该条）：《显志堂稿》，6/5a；马诗门（Mossman，Samuel）：《戈登日记》（*General Gordon's Private Diary of his Exploits in China*），（伦敦，1885）；道格拉思（Douglas Robert）：《李鸿章》（*Li Hung-Chang*）（伦敦，1895）；艾伦（Allen Barnard）：《戈登在中国》（*Gordon in China*）（伦敦，1933）；简又文：《嘉兴访碑记》，《逸经》，第 14 期，第 747—751 页，1936 年 9 月。

安徽桐城一农家之子。当桐城为太平军所陷时，程入太平军，后任一小官，参加抗御曾国荃部保卫安庆之战。1861 年 5 月，受其亲友劝说，投官军，受任游击。此后在破安庆（1861 年 9 月 5 日）和其他城池之战中悍勇能战，论功赏加参将衔。1862 年春，李鸿章调新建淮军营救上海，程学启奉曾国藩之令协助李鸿章指挥作战。他率千名老兵上阵，看来程部较淮军他部更富战斗力。

在江苏大片地区为太平军控制时，上海幸免于完全落入起义者手中，此主要得助于英法联军和华尔（Frederick T. Ward）之所谓的“常胜军”。但尽管如此，上海仍常受威胁。程学启率援军到前线，即在上海之西虹桥镇击败太平军，并投入为松江解围之战。然后与华尔合力收复青浦及上海周围许多小村镇。因有此战绩，1862 年，程擢为总兵，所部增至三千人。

1863 年，程学启出兵攻打苏州，时苏州有护城河及其他难以逾越之防城工事。程学启再与“常胜军”统领戈登（Charles George Gordon）合力作战。程部连克太仓（5 月 2 日）、昆山（5 月 31 日）及其他苏州附近之战略要点及简易外围工事。在此紧要关头，太平军首领李秀成去常州附近某地，意欲劝说天王洪秀全赞同弃南京别走。李秀成离苏州时，将守城之困难任务交于穆王谭绍光（一称幕王——译者）。但苏州太平军其他八王深为官军猛攻所苦而暗通官军议降。程学启和副将郑国魁及戈登将军一起，与八王协商，结果议定由八王献谭首级以示效忠清廷，而他们将从程学启处获得二品军衔。于是，八王依议谋杀谭绍光，并将其首级（以此象征将苏州城）献于官军（1863 年 12 月 5 日）。

当降王们在苏州见程学启时，要求程转告李鸿章，应如约授予他们总兵或副将，并由他们率两万人守半个苏州城。程佯装依其所求，但密告李鸿章虽然众长毛已剃发表示服从，但八降王却未剃发。他认为这是背信弃义。因苏州城里太平军人数远胜官军人数，程担心不处死八王，将控制不了八王所率之义军。程因此要求李鸿章处死他们。李先是反对，然因程坚持就默认了。八王被邀至程大帐中见李鸿章，分别接受相应官衔之官服，并受盛宴款待。然而李一走，倒霉的八王就被处死了。因郑国魁和戈登亲眼见过投降协议书，他们认为处死降王是毫无理由的背信弃义行为。郑国魁以不办事和绝食三天表示对上司所为之极不赞成。戈登也被李鸿章深深激怒而要逮捕他，但因李离营帐而去无法找见。后来，李鸿章礼葬死者并通过中介人从中疏通，这场风波才告平息。经几个月疏远之后，戈登与李鸿章又重建友好关系。

后来，程学启参与攻打嘉兴，经过一场艰难的围城之战后，于1864年3月25日攻下嘉兴。程在围城中受伤，不久死于苏州。清廷追赐太子太保衔，谥“忠烈”，另赐世袭三等男爵，此爵位由其子承袭。

原著：邓嗣禹　翻译：叶凤美　校订：谷　辛

刘坤一①

刘坤一（1830—1902）字岘庄。官吏。湖南新宁人。以廪生入仕，1855年参加湘军，在其族侄刘长佑部下为官佐。其后十年间，刘坤一辅助刘长佑在湖南、江西、广西及广东平剿太平军及地方起义。因战功擢江西巡抚（1865—1874年）。刘坤一为官埋头政务，他参劾贪官污吏，革去衙门积弊，减轻赋税，并从事社会救济。1875年1月，署两江总督，兼南洋通商大臣。1875年9月，调两广总督（1875—1879年），任内，两省岁入增加，吏治多有改善。他严禁赌博，两粤城乡安定。1879年12月27日，刘坤一复调两江总督原任，任职至1881年。除处理日常政务外，刘坤一于1880年曾应诏向皇帝陈述在伊犁问题上对俄交涉的建议。他力主对俄国应积极备战，而对日本觊觎朝鲜和琉球则采取适当的对策。他建议中国只应限于反对某一个强国，而与英国及其他西方国家则应保

---

① 参见《三十三种清代传记综合引得》1/419/6b，2/59/27a，62/43b，5/31/1a；张之洞：《张文襄公全集》；王彦威：《西巡大事记》(1993)；陈功甫：《义和团运动与辛丑和约》(1936)；《中国近百年史资料》(第二辑，见李秀成条)；保罗·H. 克利门特（Paul H. Clements)：《义和团之乱》(*The boxer Rebellion*)（纽约，1915)；施达格（Stejger，George Nye)：《中国与西方》(*China and the Occident*) New Haven，1927)；马士（H. B. Morse)：《中华帝国对外关系史》(*The Intearntionl Relations of the Chinese Empire*) 卷三（伦敦，1918)；《近世人物志》(见翁同龢条，1934)，页167；美生（C. W. Mason)：《美生在华忏悔录》(*The Chinese confessions of char Les Welsh Mason*)（1924)；张之洞：《张文襄公奏议》，59/5a；奕䜣（见该条)：《清季外交史略》85/9，《青鹤》卷五，第十七期。

持友善，以期获得他们的援助。伊犁谈判，最终和平解决，1881 年 2 月 24 日，在圣彼得堡签署了《中俄伊犁条约》。这时法国正入侵安南，刘坤一于 1881 年 12 月 29 日为此事上疏，敦促清廷与安南人合作，举国对法国备战。刘氏之议，皇帝深为赞许。

引退数年之后，刘坤一于 1890 年应诏再次出任两江总督，1891 年春抵南京视事。数月后，芜湖及沿江其他地方掀起反洋教运动，刘坤一迅即平定骚乱。反洋教运动与秘密团体哥老会有密切关系，哥老会意欲武装暴动，武器则由英国人美生（Charles Welsh Mason，生于 1866 年）提供，此人以前曾在镇江海关供职。然而，1891 年，这批武器在运到镇江交货之前，已被查获，此次叛乱即被挫败。1892 年，刘坤一加强镇江炮台防务，增设新式大炮。1894 年 8 月 1 日中日宣战后，刘坤一被任命为钦差大臣，率大军驻守直隶与满洲之间的战略要地山海关。刘坤一获悉和谈已在进行时，即一再上疏，敦促朝廷进行持久战，他相信坚持抗战最终会对中国有利。不顾刘的反对，中日和约于 1895 年 4 月 17 日在马关签署，刘坤一随即返回南京任所。

几年后，刘坤一使南方免遭义和拳之困，备受赞誉，功绩卓著。义和拳于 1900 年在华北起事，力主排外，徒众行法术念咒语，他们相信凭借法术符咒即可抵挡住洋人的枪炮子弹。1899 年末至 1900 年初，到处有人攻击传教士及中国教民，不久义和拳得到华北地区某些权贵的暗中支持——甚至慈禧太后本人也在其中。外国军队到达的消息，更加激起义和拳的疑虑，他们开始焚烧外国建筑物，屠杀本国基督教徒。在这紧急时刻，刘坤一于 6 月 14 日致电两湖总督张之洞，建议与张联名上疏，请求采取措施镇压义和拳，以免引起严重的国际冲突。张之洞阅后，将刘坤一的奏稿，稍加润饰，即于 6 月 15 日联名电奏北京。此后，刘、张一再上疏慈禧太后，指出她在华北地区所推行的政策的危害性，然而，并未奏效。6 月 21 日，清廷正式向列强宣战，并调军入京，协助义和拳包围并攻打东交民巷外国使馆，同时令各省督抚派军来京，在辖区内消灭所有洋人。所幸大多数督抚均不赞同这一诏令，亦不赞同义和拳的做法——刘坤一即其中之一。早在 6 月初，刘坤一就令拘捕辖区内的义和拳徒众，各地不必上报，立即就地正法。6 月 20 日，南京处死两名义和拳徒众。刘坤一及张之洞所预见的大灾难既已发生，这两位封疆大吏，虽然仍然忠于朝廷，但却共同决定，对于华北事态保持中立。山东巡抚袁世凯及中原和南方等地的督抚，均追随刘、张，采取一致步骤。6月27日，刘坤一命上海道余联沅（1877年进士，卒于1901年）向驻上海各国领事馆发布一项详细的专门声明，刘坤一和张之洞已决定保护长江中下游地区外国人的生命财产。上海外国领馆同意用他们自己的军队保护租界，并同意未经与总督磋商不派军舰上溯长江。一周后（7月3日）刘坤一和张之洞联名电告驻各国首都的中国公使，更明确地申明他们在辖区之内及浙江省将履行保护外国人生命财产的职责，只要各签约国不派军队在上述地区登陆。刘坤一和张之洞在义和拳事件中所采取的行动，其他沿海各省当局随即群起效法。如此一来，义和拳起事基本上被局限在围攻使馆区及直隶、山西两省范围之内。刘坤一的做法有效地制止了局势的复杂化。1901年9月7日，《辛丑条约》在北京签署后，刘坤一敦请逃往西安的朝廷返回北京。朝廷返回北京（1902年1月7日）后不久，因刘坤一于国有功，赏加太子太保衔。

1902年7月12日、19日及20日，刘坤一和张之洞联名三次上疏，倡议进行改革，将西方科学引进中国，大力改进中国教育、行政及军事体制。此后不久，刘坤一即逝世。追赠太傅，谥“忠诚”，赐封世袭一等男爵，由其子刘能纪袭爵。

刘坤一为官四十年，才能干练，声名卓著。据他的同代人记载，刘坤一为人正直，富有远见，乃危难局面的中流砥柱。刘坤一的奏议、书札、诗作、文章及其他著作，均收入《刘忠诚公遗集》，六十八卷，其中包括九种不同的著作，于1911年刊行（本文未参阅）。

原著：邓嗣禹　翻译：王介山　校订：张广学

江忠源[①]

江忠源（1812—1854）字常孺，号岷樵，湖南新宁人。平剿太平军

① 参见《三十三种清代传记综合引得》，1/413/1a，1/435/1a，2/43/1a，5/51/20a，5/58/12a，7/26/1a，8/3上/1a；郭嵩焘：《养知书屋文集》，17/1a；黄彭年：《陶楼文钞》（1923），7/10b。

的湘军“楚勇”的筹组者。1837年中举人，曾居北京数年。1844年参加“大挑”特试（专为三次会试皆落第者而设）。中榜之后，授记名县学教谕。当他返回故里时，即知大乱已迫在眉睫，遂着手招训乡勇以应付局势。1847年，新宁发生叛乱，他即以乡勇平之。他因功擢为候补知县，不久受命署理秀水知县（1849—1850年），后实授丽水知县。1850年，文宗皇帝即位，诏令大臣擢选人才时，江忠源即为友人曾国藩所荐。但因丁父忧他返乡守制，未赴京。

约于此时，洪秀全自广西起事。大学士赛尚阿被派往广西平剿太平军。江忠源受命军前效力。江忠源所部乡勇，在广西人称“楚勇”，是第一支出省与太平军作战的湘军。江忠源守制服阕，即奔赴广西前线，一次胜仗之后，擢升同知。江忠源因诸将在战略方面不能取得一致意见，颇为消沉而一度离开广西。但当1852年太平军威胁桂林时，江忠源即招新兵一千自新宁奔赴前线，连战三捷，遂解桂林之围，江即因功擢为知府（1852）。太平军退往全州，欲由水路犯湖南时，江即予以阻击，不久，太平军改道，由陆路进入湖南，攻占道州、江华等县。江忠源虽然将一部太平军围于郴州一月有余，但太平军主力却打出一条通道，奔向湖南省会长沙。江忠源协助防守长沙城。其后，太平军弃长沙之围北进，经岳州，直趋武昌及其他沿江城市。1852年冬，江忠源部留在湖南平剿小股叛乱。次年，因江忠源成功防守长沙，擢为道员，旋授湖北按察使，任上政绩斐然。同年（1853年）末，受命帮办江南（江苏及安徽）军务。在前往江南大营之前，江忠源上疏八条切论军事，建议中有严军法、明赏罚两项。赴江南途经九江时，江忠源获悉太平军已自彭泽前往攻打南昌，他立即改变计划，驰援南昌，比太平军早一日进抵该城。自1853年6月22日至9月24日，江忠源被围困在南昌，罗泽南等部解南昌之围后，江忠源即授安徽巡抚。此时安徽省会安庆仍在太平军手中，新省会庐州也在太平军的威胁之下。江忠源当即率领一支兵力单薄、粮草不足的清军，赴庐州防守。江忠源被围困在庐州，始终与优势敌兵作战，他虽身负重伤，且重病在身，仍然奋战到最后一息。最后，庐州城破时，江忠源溺水自尽。

江忠源身后谥“忠烈”，赠总督，予骑都尉及云骑尉世职。1864年，晋三等轻车都尉世职。江忠源为人慷慨好义，勇猛而有远见；对属下官兵宽厚为怀，坦诚相待，士兵则尊重江氏，服从其命令，以死相报。江忠源文作，题名《江忠烈公遗集》一卷，1856年问世。此书修订本计三卷，内附郭嵩焘所撰《江忠源传》，刊行于1898年。

江忠源是兄弟四人中之长兄。江氏诸弟及堂、表兄弟多人均投入军中征剿太平军。一弟江忠济（字汝舟，1819—1856）在湖北通城征剿时遇难，谥“壮节”。一堂弟江忠义（字味根，1834？—1863），立有战功多次，后继江忠源就事某部“楚勇”。1861年，江忠义在湖北境内击败石达开，并将石部追入川。1963年，江忠义转战江西及皖南，所向无敌，但不久即病逝。他虽然只有三十岁，身后竟赐尚书衔，谥“诚恪”，1885年，加太子少保衔。

原著：邓嗣禹　翻译：王介山　校订：张广学

汪士铎[1]

汪士铎（1802—1889）原名鳌，字振庵、晋侯、梅村，号悔翁、芝生、无不悔翁。学者，南京人，父汪均（字治平，1765—1832），是一位虔诚的理学家。因此，汪士铎少年时，只能读理学书籍。汪家虽极为贫困，但其父从不肯求助于亲友。汪士铎十五、十六岁时，为贫困所迫，曾两度到估衣铺做学徒。由于后来的雇主破产，他生计无着，被迫在家练字。1818年6月，他又去一家饼铺做学徒，三个月后，掌柜发觉士铎是可教之材，遂送士铎返家以继续其学业。然而，汪士铎返家后备受邻人嘲笑，以为他当学徒工都不胜任。他屡受磨难，无路可走，只得闭门苦读四书，并习作应制文章。士铎之外祖母及舅父，为士铎好学精神所动，间或资助其继续求学。据载，1827年他成婚时，所收礼品尽皆书籍。其妻宗继兰（字楚卿，1801—1847）十分关心他的学业，据说曾将其嫁妆细软等物当掉，为士铎购置所需书籍。继兰久病七年之久，卒于1847年。

---

① 参见《三十三种清代传记综合引得》5/74//20a；《汪士铎年谱》，《史学年报》第二卷第3期（1936）；曾国藩：《曾文正公全集》；胡林翼（见该条）：《胡文忠公遗集》；邓之诚：《骨董琐记》，《国朝金陵文钞》，15/69a。

自1821年至1858年，汪士铎大部分时间执教于私塾或富人之家塾。由于他广置图书，交往有名学者，他得以涉猎礼书、史学、诸子之学、算术、舆地、诗词、书法、绘画诸般学问，以求深造。他于1840年中举，该科正考官为胡林翼，此人后来在镇压太平军起义中起重要作用。1848—1849年，在一位富人资助下，他纂成《南北史补志》十四卷，1878年始问世。该书系官修南北朝（420—589年）正史之补编。他的两位年长的女儿，曾协助他编排天文、地理、灾异以及礼仪等方面的史料。

1853年3月19日，太平军攻陷南京，汪士铎并未出走。长女汪俶莛（字伯敬，1829—1856）被迫充太平军首领杨秀清之文书，后自尽死。次女汪淑苹（字仲循，1832—1853），据说由于继母虐待自尽身亡。该年10月4日，汪士铎拒绝接受太平军职务，12月17日逃出南京，前往安徽绩溪。其后六年，士铎在该县以教私塾为生。他幸而保存下一本记有太平军治下南京见闻之日记，及一本写于1855—1856年间之日记。这些日记手稿共三册，由邓之诚（字文如）编为《乙丙日记》，于1936年刊行问世。汪士铎在日记中对太平军首领杨秀清、石达开及李秀成等人之才干备加赞扬，并认为起义之根本原因在于中国人口过多，及清政府之腐败。他提出许多补救方法，诸如节制生育，弃溺女婴，毫不留情地镇压起义等等。

1859年2月10日，湖北巡抚胡林翼邀汪士铎前往武昌充其幕僚，但汪士铎恳辞不就，胡林翼乃向汪及其他几位文士提供馆舍住地，邀彼等编纂《读史兵略》。胡林翼对汪士铎贫困年迈甚表同情，1860年，将汪士铎所著《水经注图》（二卷）——一部为《水经》所制的舆图刻印，书中另附两篇专著——一名《汉志释地略》，一名《汉志志疑》，均为汪士铎对《前汉书》地舆部分所作的注释。胡林翼为该书作序，序中详述汪氏平生，极赞汪氏人品高尚，博学多才，著述等身，而大部著作已毁于太平军战乱。尽管汪士铎专心著述，但胡林翼仍经常向汪士铎咨询政务及兵事。后胡督安徽军务时，几乎每日与汪磋商当务之急。曾国藩对汪士铎的才干亦颇为赞赏，当曾国藩困守安徽祁门（1860—1861年）之际，汪曾提出多项建议，大部分为曾采纳。1861年9月5日收复安庆之后，汪士铎分别向曾国藩及胡林翼建议争取太平军某些首领，并提出最终收复南京的多项作战方案。1861 年 9 月 30 日，胡林翼卒，汪士铎撰成《胡文忠公抚鄂记》六卷（有些史料记为二十卷），1862 年脱稿。可惜此书手稿已佚，至今仍未发现。1864 年 7 月 19 日收复南京后，汪士铎返回该城。尽管他那简陋的居室经常有著名人物及诸如曾国藩、刘坤一等大吏光临，但他仍拒绝接受官职。其后，他应邀参与修撰上元及江宁两县县志《同治上江两县志》，1874 年付印。1880 年，他又主修《续纂江宁府志》，以增补江宁府志，1881 年成书。与此同时，汪士铎的友人及门生于1881 年将汪之诗文编汇刻印，题名《汪梅村先生集》，十二卷另一卷。1883年至 1884 年间，汪士铎某门生另将汪氏诗词之作汇编付印，题名《悔翁诗钞》十五卷及《悔翁词钞》五卷；又刻印出《悔翁笔记》六卷。1885 年，有人将汪士铎之学术成就奏于皇上，诏赐国子监助教衔。卒年八十八岁。

汪士铎之前妻生五女一子，后妻生三子。除第三女外，均早亡。三女名汪淑苓，生于 1834 年，嫁与同乡吴荣宽［字栗（笠、立）生］。据传，吴荣宽于 1877 年后即已举家迁往山西定居。近年来，汪士铎大量未刊手稿在山西太原被发现，大约就是他女婿带去的。汪氏遗稿部分藏于邓之诚处，邓除将《乙丙日记》等遗稿刊行外，尚刊有《汪悔翁诗续钞》一部，序言最晚者写于 1925 年。

原著：邓嗣禹　翻译：王介山　校订：张广学

李元度[①]

李元度（1821—1887）字次青、笏庭，号天岳山樵、超然老人。学者、官吏。湖南平江人。1843 年举人。1852 年在奉天提督学政衙门供职，作为一名幕僚，他有机会接触《清实录》并随同学政巡视满洲，因此熟悉那段时期的政治事件。他也对地理和文学感兴趣。经特科考试后，授贵州省某地教谕。1853 年，正当曾国藩练湘军以御太平军时，李元度

① 参见《三十三种清代传记综合引得》1/438/6b，2/76/30a，5/39/1a，19/庚下/46a。

上书曾国藩言兵事。曾见书甚喜，召李入幕。此后十年间，李随曾国藩战太平军于湖南、湖北、江西、安徽和浙江。1858 年，奉曾国藩之命，李修长书一封与太平军将领石达开，劝说其归顺清廷，但石不从。李因先前几年间的战绩授浙江候补巡道（《清史稿》作温处道——译者），不久调皖南候补巡道（《清史稿》作安徽宁池太道——译者）（1860 年），上任不几天，所辖战略要城徽州落入太平军之手。徽州的失守，使坐镇徽州以西祁门的曾国藩陷入困境。李因此被褫职，并令候审治罪。但李并未坐待，即回籍募湘勇八千以援浙江。赴浙途中，谎报收复湖北城池多座，因此复按察使衔；又因谎报收复江西城池多座而加布政使衔。当他抵浙江时，省会杭州已于 1861 年 12 月 29 日为太平军主将李世贤所夺。但李元度与左宗棠合作。设法在浙西江山挫败李世贤，因此授浙江盐运使、按察使并兼署布政使（1862 年）。但因曾国藩劾其先前的违令及谎报军功，故又遭革职，回籍闲居几年。

1866 年，应邀赴贵州镇压所谓匪徒暴动，其实是回民和土著苗民部落反抗官府。李元度率领二千湘勇夺得九百多个据点，平定六百多平方英里的地区。1868 年，因剿匪有功，赏还原衔，并授云南按察使。但李以母已年高，需回家侍候为由辞却。1882 年，李母殁。三年后，李充贵州按察使。在职期间，李惩处了许多罪犯，弹劾贪官污吏，拟定开矿计划，并为巢匪中丧命的尽职官员建祠十座。与此同时，他多次上疏朝廷言国事，纵论生财之道、改进漕运、防卫及开发台湾，以及添设驻外机构等等事项。1887 年，擢贵州布政使，同年，卒于任所。

李元度文人气质很重，善写短文和传记文章，文作甚丰。据曾国藩所说，李用于写文章的时间，远远超出用于履行军人责职的时间。曾国藩有责任弹劾李之失职，但同时他提醒朝廷注意李具有非凡的才能，写字极其敏捷。李元度最著名的著作是《国朝先正事略》六十卷，1866 年第一次刊行。这部书收有清代五百名重要政治家和文人的传记。他还编有两部地方志：《平江县志》，1871 年编成，记叙其家乡的历史；《南岳志》，二十六卷（1883 年初版，1923 年修订版），记述湖南有名的衡山。另有《天岳山馆文抄》，四十卷，1880 年刊行，收有他的随笔小品和短篇传略。四篇游记收入地理集《小方壶斋舆地丛钞》。据说李还有绘画才能，善画山水和竹子。

原著：邓嗣禹　翻译：叶凤美　校订：谷　辛

姚文田[①]

姚文田（1758—1827）原名加畬，字秋农，号梅漪。学者、官吏。浙江归安人。1789年中举。五年后，清高宗幸天津，殿试第一，授内阁中书。1799年，调军机章京。同年会试，以一甲一名进士及第，授翰林院修撰。历充广东乡试（1800年）、福建乡试（1801年）及山东乡试（1807年）主考官。姚文田充任主考时，以善于擢选优秀生员著称。历任广东（1801—1804年）、河南（1810—1813年）及江苏（1819—1822年）学政。在此期间，在朝中亦任官职，1813年任国子监祭酒，1814年迁内阁学士；1815—1824年，历任各部侍郎；1824—1827年，擢都察院左都御史；1827年任礼部尚书。他为官刚正廉洁，勤于政务，颇有政声。曾多次上疏言事，对重大朝政慨陈己见，如延长各省巡抚任职年限，简化诉讼手续（1813年），严禁诬陷他人（1814年），清除漕运积弊（1821年）等等。上述奏折，颇受皇帝重视，身后谥“文僖”。

按《清史稿·艺文志》所载书目，姚文田所撰约十五部著作，其中三分之一为语言学之作，三分之一为经学之作，其余为诗作、文章等等。在语言学方面，他编有《说文声系》十四卷，1804年脱稿并刊行。此书按语音系统重新编排了古代字典《说文》中所载汉字。又与严可均合著《说文校议》。姚文田的治《易经》之作，名《易原》；治《春秋》之作，名《春秋月日表说》，此书将春秋时期（前722—前403年）的大事按年代编排列表。以上两书辑入《姚文僖公所著书》（成书时日不明），其中并收有姚氏另外四部著作，姚氏诗文集《邃雅堂集》计十卷，1821年刊行。《阳宅辟谬》（一卷）一书抨击建家宅要择吉地看风水之说。此书收

① 参见《三十三种清代传记综合引得》1/330/1a，2/34/35a，3/110/25a，5/8/17b，7/24/7a，20/4/13，23/55/5a，《归安县志》（1882），32/16b，21a。

入《咫进斋丛书》第三辑。《咫进斋丛书》由姚文田之孙姚觐元（字裕万，号彦侍，1843 年举人）所辑，内收三十五部著作，约刊于十九世纪七十至八十年代。

原著：邓嗣禹　翻译：王介山　校订：施爱博、张广学

怡　良①

怡良，号悦亭，1791 年 10 月 18 日出生，卒于 1867 年（或 1863 年）。官员。满洲正红旗人，瓜尔佳氏。其父文德（号修园）曾署甘肃布政使，其母为多铎后裔。怡良以国子监监生于 1816 年充刑部笔帖式步入宦途。1825 年擢为刑部员外郎。1829 年初，因审案受嘉奖，派往广东充高州知府。两年后调广西南宁知府，旋迁云南盐法道。1832 年，擢安徽按察使，一年后调江苏。1834 年，署江西布政使。1836 年，授江苏布政使兼署理巡抚。1838 年，迁广东巡抚。

广东禁烟运动中，怡良支持林则徐。他不断上奏朝廷，并因没收鸦片和逮捕吸食者而受到嘉奖。1839 年 8 月，他与总督邓廷桢会奏改进虎门炮台防务和稽查洋货的设备。鉴于英籍船只走私鸦片，他上陈朝廷停止与英贸易，1840 年初，他协助林则徐禁烟并将所有英船逐出虎门之外，为此受皇帝赞许。

林则徐、邓廷桢失败后，于 1840 年 9 月 28 日奉召回京，怡良在琦善到达前署理两广总督。约于 1841 年初，怡良又兼充粤海关监督。在此期间，琦善抵广州（1840 年 11 月 29 日）并上奏朝廷赞成议和政策，怡良和其他官员不同意议和，拒绝与琦善联名上奏。于是，琦善撇开怡良，暗中与义律（Charles Elliot）会商，1841 年 1 月 20 日议定《川鼻草约》，此约规定重开贸易，并将香港割让给英国。与此同时，英国方面发表声

① 参见《三十三种清代传记综合引得》1/377/2a，1/375/5b，2/48/45b，44/7a，7/43/7b；恩龄：《正红旗满洲哈达瓜达尔佳氏家谱》（1849）；奕䜣：《筹办夷务始末·道光朝》，7/23，10/4，13/4b，18，22/4，23，26，27；咸丰朝，7 多处；英国国家档案局（Public Record Office，London）F·O·17/198—214，多处；美国国务院（State Depactment，Washington，D. C.）中国 10，多处。

明，声称对香港岛拥有主权，尽管中国皇帝尚未批准割让该岛。怡良将此消息奏报皇帝，1841 年 2 月 26 日，怡良奏折抵京，立即导致琦善的被罢黜，奕山奉命赴广州对英开战。怡良再署总督直至祁埙到任。

当英军攻陷虎门炮台，并于 1841 年 3 月初进逼广州时，中国官府陷于困境之中。怡良不愿应战，于 3 月 22 日、4 月 18 日两次上奏朝廷请允英人在广州贸易，但他因此而被革职留任。

1842 年 1 月，清廷授怡良钦差大臣、闽浙总督。同年 8 月 29 日，《南京条约》签署后，开放厦门、福州通商，怡良与其他高级官员一起奉命制定贸易章程。

1842 年 11 月，英使璞鼎查爵士（Sir Henry Pottinger）为英人被杀事件要求赔偿，被杀者为在台湾沿岸触礁的英运输船纳勃达号（Nerbudda，1841 年 9 月）和方帆双桅船安号（Ann，1842 年 3 月）上之英人。两船有二百人，被台湾中国总兵达洪阿（字厚庵，卒于 1854 年）和道员姚莹下令处决。达洪阿和姚莹陈奏皇帝说纳勃达号炮击中国阵地，故击沉之；他们并曾命令渔船为英船安号导航以使其迷路失事。他们二人因有此功绩已受嘉奖。如今怡良又奉命赴台湾按察事情真相。结果，怡良上奏朝廷，英人控告达洪阿和姚莹属实。于是，两人被逮京（1843 年 4 月）下狱。但是台湾和其他地方都不赞成怡良的结论，群情汹涌，致使朝廷于 1843 年 10 月撤销两人的罪名，委以他任。怡良已于同年因病致仕，此后家居九年。

1852 年，怡良复出为福州将军，1853 年初充两江总督，此时太平军已占据他辖区的大片土地。以后四年中，怡良一直任此职。在此期间，地方军务主要由钦差大臣向荣和琦善执掌。江苏巡抚吉尔杭阿从小刀会手中恢复了上海城，此城从 1853 年 2 月 17 日为小刀会占据。

1853 年 9 月，上海陷落，那里的中国海关只得关闭。海关监督吴健章设法重开海关，但遭到外国领事的阻挠。怡良支持吴，并于 1854 年 2 月上奏朝廷，建议不由上海出口茶丝。他期望以此对外国人施加压力，从而保证重开海关，并防止外国人援助占据上海城的造反者。几个月后，怡良赞同设立上海海关外籍税务监督委员会，并授权吴健章负责建立，结果产生了（近代）海关机构。

在此期间，西方列强代表在广州叶名琛处碰壁，故而有几次意欲请怡良向朝廷转述他们的忿懑。对此，怡良一般予以拒绝。在国内事务方面，怡良奉命为漕米海运及如何筹措军费拟定章程，并稽查盐税和其他方面的案件。1856 年，怡良曾排解张国梁与另一满族官员之间的纠纷。1857 年 5 月，他因病辞官，几年后卒于家中。

原著：费正清、邓嗣禹　翻译：叶凤美　校订：谷　辛

谭嗣同[①]

谭嗣同（1865—1898），字复生，号壮飞。哲学家，戊戌变法的殉难者。祖籍湖南省浏阳。嗣同少时读书勤奋好思，喜爱剑术，豁达大度，性格开朗。父谭继洵（字敬甫，1860 年中进士，1890—1898 年官湖北巡抚），思想保守，为官谨慎，难以理解其子所怀之奇志。嗣同年十二丧母，据说后来颇受继母虐待。由于家庭不幸，他乃潜心治学，深望日有所得。然而，其志趣多与世俗不合。青年时代，他曾远走新疆数年，在巡抚刘锦棠属下任低微武职。后来，他周游各省，历时十载，获益良多。所到之处，探求地方吏治，凭吊英雄墓冢，观赏名胜古迹——在他的诗中，经常提到这些地方。同时，他也结交了许多挚友。

自 1842 年以来，中国迭受外侮，尤其是 1894—1895 年的甲午战败，激发起一大批知识分子或者投身于孙逸仙（原名孙文，字逸仙，号中山，1866—1925）领导下的革命道路，或者响应康有为（原名祖诒，字广厦，号长素，1895 年进士，1858—1927）的倡导，参加以君主立宪为目标的维新运动。康有为提出来的几种新课题，已在社会上引起强烈反响。这些课题是：对儒家经典的真实性提出质疑，撰成十四卷的《新学伪经考》（1891 年刊行），书中阐述了不少革命的概念；竭力将孔子描绘成政治改革家、真经的撰写者以及孔教的创始人，他把这套理论概括在二十一卷的《孔子改制考》（1897 年刊行）一书中；以及世界大同的观点，阐明在康氏十卷本《大同书》中的许多章节内。1895 年 5 月 2 日，康有为将所谓的万言书上呈朝廷，从而使自己名扬海内。这份万言书由十八个省的一千二百多名举人签名，抗议批准 4 月 17 日在马关签署的中日和约，恳请朝廷变法图强。无论是革命派还是维新派均一致认为，采用西方军事技术，引进自

① 本文原载恒慕义主编《清代名人传略》。

然科学知识在国内讲授，已成刻不容缓之事。

到 1894 年，头脑敏锐的谭嗣同就已倾其全力研治西学。这时，他已阅读大量现有的自然科学译著，并在数学领域表现出非凡的才能。在家乡，他创立了一个算学社，后来迅速遍及湖南的维新运动或许就是由此开端的。得悉康有为在北京、上海建立强学会（1895 年）的消息后，谭嗣同即专程进京晤康。待抵都门，康已离京赴粤，但得遇康有为的著名弟子梁启超（字卓加，号任公，1873—1929，1889 年举人），梁当时已是文章出众的政论家、维新运动的宣传家以及兴趣广泛的学者。通过与梁启超的频繁接触——梁氏当时任强学会书记，谭嗣同不仅了解到该组织的政治纲领，而且得悉康有为对经学与哲学研究的状况，康氏部分研究所得，正是谭自己准备公之于世的。从这时起，谭的思想即或多或少地受康氏著述的影响。

1896 年，嗣同遵父命赴南京候补知府。但他并未混迹官场，却拜杨文会（字仁山，1837—1911）为师，埋头钻研佛教经义。杨曾经先后在驻伦敦公使曾纪泽和驻巴黎公使刘瑞芬的属下任职（1878—1881 年，及 1886—1889 年）。当时主持南京金陵刻经处。李提摩太（Timothy Richard）所撰《万众皈依》（1903 年版）第一卷第 58 页载有一幅谭氏双手合十拜佛的照片，杨文会曾经帮助李提摩太将佛学著作《大乘起信论》（1907 年上海出版）译成英文。1897 年谭嗣同应邀回湖南，协助该省巡抚陈宝箴（字右铭，1831—1900）举办新政。陈主湖南新政，朝气蓬勃，欲以湖南开东南新政之先。同时，该省学政徐仁铸（字砚父，1863—1900）是嗣同故交，也在倡导新学。1897 年 7 月，黄遵宪署理湖南按察使。黄曾长期任驻美国、英国及日本的外交官，按受了许多新思想。他也成为维新运动中的重要角色。于是，时务学堂①在长沙建立，梁启超应聘前来主讲。谭嗣同则办起《湘学新报》（1897 年 4 月 22 日发行第一期，是湖南开办的第一份报纸）。谭同时任南学会会长，不仅主持该会会务，并且在该会举办的集会上作过许多次颇有影响的讲演。南学会的宗旨在于团结南方的一切重要维新人士，探讨如何致中国于富强，如何把发源于湖南的新思潮发扬光大。经此一番努力，湖南各阶层人士眼界大开，

---

① 见《清代名人传略》黄遵宪条。

置轮船，创警政，兴实业，筹办铁路。

在此期间，维新运动在北京也大展宏图。1895年、1897年、1898年康有为的三次上书，以及他于1898年春上呈清政府的论述俄国及日本变法的著作，已在部分开明官吏当中，特别是在皇帝心目中，掀起变法的波澜。这时，牧师李提摩太（1845—1919）也刊出《时事新论》及其他著作，给维新运动很大的助力。李是一位久居中国、有远见的传教士，与上层官僚交往密切，康有为、梁启超及朝中大臣时常向他请教，他的建议多有实效。1898年6月11日，光绪皇帝颁布第一道维新诏书——这道诏书提纲挈领地阐明变法的必要性。当天，翰林院侍读学士徐致靖（字了静，1876年进士）在其子——上文所提到的徐仁铸——的建议下，上疏力保康有为、谭嗣同、梁启超、黄遵宪及其他维新人士，为推行新法，备皇帝垂询。皇帝因准康有为单独入觐（6月16日），另召谭、梁和其他几位维新人士由湘入京。康有为在此次入觐时，比较详细地陈述了他的变法纲领，后即授总理衙门章京，并准专折奏事。此后，变法运动蓬勃开展，年轻开明的光绪皇帝已完全听从康有为的意见，以令人目眩的速度颁布各项变法诏书。在所谓的"百日维新"期间（1898年6月11日—9月20日）所颁布的这些诏书，涉及推重西学，发展农业，采用西法训练军队，设立京师大学堂，将各地寺院改建为现代学堂，在科举考试中废除传统的八股文，公布年度收支预算，裁并冗衙，撤换守旧官僚等方面。这些上谕激起盘踞肥缺要津的官僚及靠八股制艺博取前程的士子们的强烈反对，朝臣经常拖延或拒不转达维新人士所上的奏折。

9月初，谭嗣同抵京，即蒙光绪召见，奏对称旨，擢授四品衔军机章京（9月5日）襄赞新政，传递奏章，起草上谕，沟通康有为与皇上之间的联系，设法抵制抗拒变法者的阴谋。此外，另有三人也授军机章京之职，负相同责任。他们是：杨锐（字叔峤、钝叔，1857—1898），祖籍四川绵竹，1885年举人，张之洞的门生，蜀学会首要人物；林旭（字暾谷，号晚翠，1875—1898），福建侯官人，1893年举人，康门第子，闽学会会长；刘光第（字裴村，1859—1898），四川富顺人，1883年进士，曾任刑部主事十余年。这四位章京满腔热忱，锐意改革，但是，他们这种急于求成的操切做法，国家无法承受，势必引起孝钦皇太后和政治地位受到侵害的守旧大臣们的仇视。实际上掌握着军政大权的皇太后，决意迫使皇上退位，以消除日益增长的威胁。光绪皇帝充分意识到处境的危险，于 9 月 14 日下密诏给康有为及四位军机章京，责成他们设法营救皇上，不得迟疑。康有为先曾派一密友劝说袁世凯赞同新政，又奏请皇上，于 16、17 两日连续召袁觐见。召见之后，袁授兵部侍郎衔。17 日午夜，谭嗣同赴袁寓，亟劝袁叛其上司荣禄——因荣是太后心腹股肱，并与保守派头目分道扬镳。据说袁开始满口承诺，但随即向荣禄举发此事，荣当即转报太后。21 日，光绪被夺去印玺，囚于北海瀛台，太后复行垂帘听政。

与此同时，康有为连接光绪的警告，取道天津，逃往香港，从此致力于抵制革命的君主立宪事业。梁启超则避祸日本，从此成为中国第一流的政论家，直到 1929 年逝世。谭嗣同不屑一走了之，静候锁拿，并曾谋请武林高手营救皇上，未成。日本友人竭力敦促他流亡东瀛，但他拒绝出走，并宣称无流血则国将不昌，他宁愿做中国近代史上为维新事业捐躯的第一位烈士。他于 25 日被捕，28 日问斩。与他一同殉难的还有其他五位维新派要人，即杨锐、林旭、刘光第、康广仁（原名有溥，号幼博，卒时年仅三十二岁，康有为幼弟，一贯主张废除科举）及杨深秀（原名毓秀，字漪村、仪村，1849—1898）。杨深秀籍贯山西闻喜，1889 年进士，御史，提过多项变法建议，曾将他人所写大量奏疏，转奏皇上，此类奏折非如此则难以上达。此六人世称“戊戌六君子”。其他支持变法者，如陈宝箴和徐致靖，或撤或拘。政变后，北京及湖南的守旧派，以及反对变法者之流完全控制了朝政，他们之所为终于导致 1900 年的义和团运动。

谭嗣同最早的文集，名为《东海褰冥氏三十以前旧学四种》，刊印于 1897 年，共收四种著作。其中三种，即《寥天一阁文》二卷；《集外文》一卷；《莽苍苍斋诗》二卷；已收入《戊戌六君子遗集》（1917 年）。谭嗣同全集题为《谭浏阳全集》，刊行于 1925 年，内收五种著作，计八卷另一卷，附录有谭氏年谱。

虽然谭嗣同主要以维新烈士而彪炳史册，但因他有《仁学》传世，故在中国哲学史上也占有突出地位，这是一部重要的哲学著作，计两卷，1896—1898 年撰成，1898 年 12 月刊行。《仁学》表明，谭嗣同的哲学思想充满了活力，他将儒家学说、佛教哲理、基督教教义以及他所知道的西方科学天才地结合在一起，从而形成了他自己的哲学体系。他深愿这种博采各家之长的办法能找到一种更合乎人类天性的崭新的生活道路。

正如其序言所云，他撰写《仁学》的目的，“初当冲决利禄之网罗，次冲决俗学若考据，若辞章之网罗，次冲决全球群学之网罗，次冲决君主之网罗，次冲决伦常之网罗，次冲决天之网罗，次冲决全球群教之网罗，终将冲决佛法之网罗”，以实现自由不羁的革命变革。虽然谭嗣同在《仁学》中综合各家的尝试显得尚不成熟，但在当时知识界中，这些见解仍使他成为一颗“彗星”。

赵恒惕[①]

赵恒惕（1880—1971）字夷午、彝午，号炎午。汉族，湖南衡山人。日本陆军士官学校炮科毕业，同盟会会员。参加过辛亥革命和二次革命。武昌起义后历任新军旅长、军长等职。二次革命失败后被袁世凯判刑，获释后任湘军师长、湘军总司令、湖南省省长、国民政府军事委员会上将军事参议官、总统府国策顾问、资政等职。

赵恒惕出生于湖南省一个富裕家庭，父亲赵慈英是一个秀才，在当地颇有声望。他幼年在家中学习旧学，之后去武昌语文学堂学习，经公费留学考试及格，赴日本进士官学校学习。在日留学期间，他结识了两位湖南的反满积极分子黄兴和蔡锷。由他们两人介绍，赵恒惕于 1905 年加入同盟会。1908 年，赵恒惕回国，到广西在蔡锷手下工作，蔡锷当时任培训营军官。1911 年 10 月武昌起义时，赵恒惕受命率领一支广西士官生队伍去武汉地区，在黄兴所部作战。

中华民国成立后，赵恒惕在湖南督军谭延闿手下工作，着手改编湖南军队。1913 年，在所谓的二次革命失败后，袁世凯下令逮捕赵恒惕，并押送到北京，经副总统黎元洪调解，赵恒惕获释并蒙准返回湖南，在谭延闿手下任湖南军第一师师长，为谭延闿效命，反对袁世凯称帝和阻击入侵湖南的其他部队。程潜是湖南人，他曾在日本和孙逸仙一起工作，在云南又和蔡锷、李烈钧一起工作，1916 年反袁运动后，程潜返回长沙，统率湖南护国军。赵恒惕和其他一些当地首领希望前都督谭延闿回湖南重新执政。1918 年北京政府派兵进入湖南，以阻止湖南人掌权，为了达

① 本篇原载包华德主编《民国名人传记词典》第二卷。

到这个目的，就任命了皖系北洋军阀张敬尧为湖南督军。

1920 年，在张敬尧倒台后，赵恒惕暂代他成为湖南督军。1921 年 4 月，省议会正式推选赵恒惕为督军。在 20 年代，赵恒惕是一个倡议联省自治运动的知名人士，这是 20 世纪初梁启超曾鼓吹过的主张。持有这个主张的人们认为中国地大，各省情况又有很大不同，所以以实行如法美等国的联邦政府体制为宜。20 年代的中国，重新出现了实行分封而治的议论。这种议论认为，各省如能自行立宪处理省内事务，这样的区域性自治能避免中央政府滥用权力，避免各省之间的相互争战。

1920 年 7 月，谭延闿开始在湖南施行省自治运动。谭延闿在长沙当上湖南省长后，赵恒惕马上把湖南作为施行省自治运动的先驱。这份省宪草案由 13 名专家组成的委员会起草，后又经各县选出 150 人开会审订。经过多种程序，湖南省宪于 1922 年 1 月 1 日公布。省宪对中央和地方的权限有明确规定，省长由全省公民普选，全省公民有创议权、选举权和罢免权。受湖南的影响，其他各省，如浙江、江苏、陕西、江西、四川、广东和福建等省，纷纷起而效仿，准备在本省立宪。对于施行省自治运动，当时一些军人如陈炯明、唐继尧；一些学者和政界人物，如章太炎、熊希龄、梁士诒和唐绍仪也起而支持。但事实上，只有湖南一省颁行过该省的省宪。

从 1921 年至 1926 年，赵恒惕都在努力，试图将梁启超的立宪主义的理想付之实现。赵恒惕之所以从事自治运动，其根本目的是很现实的。他不过是想借此加强自己的地位，以抗击外省的侵犯，并希望如袁世凯统治的时期那样，采用自治体制，来消除全国政治权力过度集中的危险。但事实上，湖南的例子并不可取，湖南公民也并未享受到省宪规定的权利。1924 年 10 月 1 日，省宪进行修订，省长的权力更大了。同时，在赵恒惕的立法统治下，湖南也未能得到社会安定。从外部来说，湖南的地理位置决定了赵恒惕没有办法使湖南省从南北双方的政治、军事冲突中摆脱出来。以广州为根据地的南方政府想要控制湖南，将其作为进入武汉和长江中游的通道，北方军阀则觊觎湖南，想要利用它，作为南向两广、西向四川的必经之路。

虽然赵恒惕自己隶属于国民党，可是为了阻止谭延闿和程潜的部队从广州返回湖南，他又不得不仰求吴佩孚的支援。1923 年夏，赵恒惕和谭延闿之间的战争终于爆发。经过一些零星战斗，9 月 1 日赵恒惕退出了省城长沙，后来吴佩孚的援军从北方赶到，赵恒惕才算取得了胜利。11 月，战争结束，赵恒惕又当上了湖南省长。因为唐生智在此次战斗中很出力，所以赵将他由旅长提升为师长。1924 年，赵恒惕卷入湖北省的时局，他把他的湖南部队一部分兵力投入去稳定该省的局势。吴佩孚则利用这个机会，加强了在湖南据点岳州的实力。岳州是湖南省的门户，因而迫使赵恒惕和其另行新建联盟。1924 年下半年，吴佩孚因其老部下冯玉祥的倒戈，从而动摇了他在华北的军事地位。1925 年 8 月，赵恒惕邀吴佩孚去岳州避居。

在 1924—1926 年间，赵恒惕与其部下唐生智在湖南本省发生了冲突。1926 年 3 月，赵恒惕最后被迫让位，由唐生智接替湖南省长。唐生智在接着发生的北伐战争中起了重要作用，赵恒惕则退休住在上海。赵恒惕以“联省自治”的口号为政治纲领，当了湖南省的五年主宰者，但湖南省的联省自治运动却毫无结果。同时，在赵恒惕统治湖南的时期，正是共产党的活动和工人运动在湖南蓬勃发展的时期。关于赵恒惕在湖南的统治情况，在共产党的党史中有所描述。主要是因为他采取镇压手段，迫使当时共产党的积极组织者毛泽东不得已于 1923 年 4 月和 1925 年 6 月，先后两次离开湖南。

1926 年，虽然作为湖南军界的头面人物，赵恒惕的地位结束了，但他在湖南政界中仍然占有重要地位。1946 年日本投降后，他在长沙当选为湖南省参议会主席，重新出现在湖南的政治舞台。1949 年赵恒惕离开上海去了香港。虽然他和蒋介石关系从来不密切，但他后来还是去了台湾。此后，他在台湾无声无息地生活在贫困的境地之中。

赵恒惕的幼弟赵君迈，从清华学堂毕业后去美国留学，后来返回他的家乡湖南省，曾任衡阳市市长。1945 年日本投降后，赵君迈先任东北长春市市长，以后任上海渔业管理局局长。赵恒惕有四个儿子：一个和他一起在中国台湾生活，两个在中国大陆，还有一个在美国工作。

原载［美］包华德主编《民国名人传记词典》“赵恒惕”条，
中译本由中华书局出版，1980 年。编者收录时改编并重译

第三编　太平天国历史人物

洪秀全[①]

洪秀全，字仁坤，1813年（洪出生日期应为1814年1月1日——译

① 参见《三十三种清代传记综合引得》1/481/1a；李秀成：《李秀成供状》；《太平天日》，《逸经》第13，14，16期（1936）；韩山文（Teodore Hamberg）：《洪秀全的幻觉与广西起义之由来》（*The Vision of Hung-Siu-Tshuen and Origin of the Kwang—si Insurrection*）. 石印插图版，并附有简又文之中文译文，题《太平天国起义记》（1935）；程演生：《太平天国史料第一集》（1926）；刘复：《太平上天国有趣文件》（1926）：《太平天国文书》（1933）；肖一山，《太平天国丛书》（1936）；凌善清；《太平天国野史》（1923），《中国近百年史资料》，第一辑（1931），第二辑（1933）（见李秀成条）；简又文：《游洪秀全故乡所得到的太平天国新史料》，《逸经》，第2期（1936）；张德坚：《贼情汇纂》（1855）；《剿平粤匪方略》见奕䜣条）；《平定粤匪纪略》（见官文条）；《湘军志》及《湘军记》（两书均见曾国藩条书目录）；查尔·麦克法兰（Carles Mac Faulan）：《中国之革命》（*The Chinese Revolution*）伦敦，（1853）；凯勒里·袁（J. MCallery and M·Yuan）：《在中国发生的这场起义的历史》（*History of the Insurrection in China*），约翰·奥克赞福德（John Oxenford）译自法文（伦敦，1853）；密尔顿·麦基（J. Milton Mackie）：《太平王生平》（*Life of Tai-ping-Wang*）纽约，（1857）；呤唎（A. F. Lindley）：《太平天国》（*Tai-ping Tien-kwoh*）伦敦，（1866），附有太平天国某些文件译文；上书中译本，题名《太平天国外纪》（1915）；罗伯特·福莱斯特（Rodert J. Forrest）：《洪秀全之基督教》（*The Christianity of Hnug Tsiu-tsuen*），载《英国皇家亚洲学会华北分会会刊》（*Journal of the North China Branch of the Royal Asiatic Society*）第四卷（1867）；解维廉（Willian J. Hail）：《曾国藩与太平天国》（*Tseng kro—fan and the Taiping Rebellion*，（New Haven，1927）；泰勒（G. E. Taylor）：《太平天国，其经济背景及所处之社会》（*The Taiping Rebellion*，*its Economic Background and Social Theory*），载《中国社会政治科学评论》（*Chinese Social and Political Science Review*）第十六卷第4期（1933）；野原四郎：《太平天国之乱》，《世界历史大系》，卷九，（1934）；鸟山喜一；《太平天国叛乱之本质》，《东方文化史丛考》（1935）；谢兴尧：《太平天国史事论丛》（1935）；华尔和斯特林（J. S. M. Ward and W. G. Stirling）：《洪门，或称天地会》（*The Hung Society or the Society of Heaven and Earth*）伦敦，（1925—1926）；肖一山：《近代秘密社会史料》（1935）；郭廷以：《太平天国历法考订》（1937），第75—77页。

者）—1864 年 6 月。广东花县人。太平天国首领。一贫苦客家人之第三子。幼名火秀。祖父名洪国游，父洪镜扬（卒于 1848 年，终年 73 岁）。洪秀全幼年聪颖，稍长，洪家多方设法供其读书。后为贫困所迫，遂以教书为业，屡应乡试不第。1836 年，在广州参加乡试期间，他得到一套九本宣扬基督教的丛书，但当时他并未细读。1837 年，他再次赴广州应试，仍未中。多年以来，洪家确信他定能考取功名，进入仕途，并指望他改换门庭。洪因屡试不中，1837 年抑郁成疾，并曾一度卧床不起。洪自称，病中曾梦见升入天国，来到一位慈祥的老人面前。老人对洪含泪诉说，他所创造的人类现在竟然崇拜妖魔，而不信仰造物主。老人随即赐洪斩魔宝剑一把、降恶印玺一方。在近四十天内，这种类似显圣的情景曾反复出现，在此期间，洪曾多次遇见一中年男子，他称此人为大哥，此人指示洪秀全灭绝妖魔。洪病愈后，继续在乡村教书约六年之久。在此期间，他似乎做过算命先生漫游湖南、广东一带。这一时期他时常口吐狂言，离经叛道。

1843 年，洪秀全的李姓表亲借阅了洪在 1836 年得到的那部基督教丛书。这套九本丛书，总名《劝世良言》，是中国第一个基督教新教教徒梁阿发（1789—1855）所撰，由马礼逊（Morrison）修订后，于 1832 年在广州刊行。这套丛书的内容，包含有基督教《圣经》中许多章节的译文，以及许多篇讲解《圣经》的文章。洪的表亲归还这部丛书时，向洪谈起书中非同寻常的内容，这才促使洪第一次认真阅读该书。读后，洪宣称，他七年前的梦中所见已从此书找到答案，并断言梦见的长者即上帝，也即天父；中年男子乃天兄耶稣，于是形成新三位一体。他自信已得到上帝的启示，去消灭妖魔和异教偶像，重新信仰真正的上帝。

洪秀全和李姓表亲互施洗礼后，洪即开始布道传教。不久，他就接收两位信徒：洪仁玕，洪秀全的族弟；冯云山（1822—1852），洪秀全的同窗，两人家居仅相距数里。洪秀全及洪仁玕的父母、妻子、儿女，迅即入教。由于洪在家乡无法捣毁偶像，洪秀全与冯云山乃以贩卖笔墨为川资，于 1844 年启程前往广西传教。洪秀全于 1844 年冬返回花县。在其后的两年（1845—1846 年）中，他一面继续教书，一面撰写用于传教的歌词。与此同时，冯云山则在广西桂平以北约五十里的紫金山（应为紫荆山——译者）设堂传教。其后数年间，洪秀全在客家农民及苗族民众中收纳教徒数千人，并创建“拜上帝会”。1847 年，洪秀全曾在广州停留约两月之久，接受过美国牧师罗孝全（Reverend Issachar J. Roberts，1802—1871）的指点。但他未受洗礼即离开广州。1847 年 7 月，洪秀全再次前往广西，到达后才获悉冯云山因捣毁偶像事系狱（按：捣毁偶像事发生在洪再一次返回广西之后，是洪、冯共同所为——译者）。不久冯获释。洪秀全被当地教徒拥为首领。虽然有人已向洪秀全和冯云山指出，他们所宣扬的基督教义乃是他们自己对《圣经》微不足道的解释，但他们仍然狂热地继续传教。“拜上帝会”的新教义迅速从紫金山传向邻近各县，而且不久就暴露出政治倾向。

在 1840—1842 年的中英战争中，中国败于英国，从而使八旗兵之弱点及清廷之腐朽暴露无遗。由于地主豪绅对贫苦农民之欺凌压榨，又因 1847 年及 1849 年华南地区发生特大灾荒，故而盗匪蜂起，广西这样的边远山区尤为严重，不久，地方官即无法维持社会秩序。该地居民、客家人及苗族人，由于未能和睦相处，只能各自组织武装民团，保护自身。信奉“拜上帝会”者大多为客家及苗族，故而形成两类民团：即“拜上帝会”民团及非基督徒民团。这两支队伍经常发生冲突，但“拜上帝会”民团，因其组织严密，经常获胜。因此之故，当地许多反清秘密社团，如“天地会”（或称“添地会”“三点会”“三和会”“洪门会”，结社宗旨为推翻清朝统治）大批成员都要求参加“拜上帝会”。一场带有反清色彩的宗教运动遂与土地革命的愿望相结合，从而发展成太平军起义。起义计划是由洪秀全和其他五位首领共同制订的，他们是：冯云山、杨秀清、萧朝贵（卒于 1852 年，洪之姻亲，广西武宣农民）、韦昌辉（原名韦正，卒于 1856 年，广西桂平人，受过教育并具有与地方官办事的经验）及武人石达开。大约只有上述六人知晓起义计划。

1850 年 7 月，太平军在广西桂平县紫金山金田村起义。所有“拜上帝会”成员，受命攻打清军。为驱使起义者一心追随首领，断绝思家之念，乃毁掉彼等之家园，将全部动产交归太平军公库，公库财产则人人有份，这种公有平分的制度，鼓励着成千上万的贫苦客家人投奔起义。不久，海盗罗大纲（卒于 1856 年，有些资料载为 1855 年，广东揭阳人）率领所部加入起义军。起义军迅速增至万余人，彼等相信洪秀全乃受命于天之首领。因为天条禁止起义者剃发，后来人遂称之为“长毛贼”，广西巡抚未能阻止起义军前进，清廷遂派遣清军、团练以及显要官员赶赴前线。但是清军各部未能协同作战，致使洪秀全得以将起义自桂平迅速扩展到贵县、武宣、平南及象州等邻近地区。

1851 年 9 月 25 日，太平军攻占永安，一致拥戴洪秀全为太平天国天王，并定 1851 年为太平天国新朝的元年。据载，洪秀全分封其他五位首领最高爵位之后，彼等即宣誓效忠于他，洪本人才接受天王的尊号。其他五位首领也受封为王。杨秀清封东王，左辅正军师，领中军主将；萧朝贵封西王，右弼又正军师，领前军主将；冯云山封南王，前导副军师，领后军主将；韦昌辉封北王，后护又副军师，领右军主将；石达开封翼王，领左军主将，辅佐天朝。其他首领均分别封以丞相、指挥等职。

1851 年冬，太平军为清军围困于永安，至 1852 年 4 月 5 日始解围。据清兵方记载，起义军尚有另一首领洪大全，受封天德王，与天王洪秀全共理天国朝政。洪大全即于此时为清军俘获，后解往北京处死（1852 年，卒年三十岁）。太平军自永安进击广西省会桂林，攻城三十一日（1852 年 4 月 18 日至 5 月 19 日），不克。遂弃桂林，北取兴安（5 月 22 日），再趋全州（6 月 3 日），欲由水路顺湘江入湖南。但水路北进为清军所阻，冯云山亦于此役殉难（1852 年 6 月）。

其后，太平军改变部署，从陆路北进湖南。6 月 9 日克永州；6 月 12 日克道州及湘南其他几座城市。在上述地区，数以千计之“贼寇”及贫苦农民加入太平军。8 月 16 日，太平军往郴州。萧朝贵自郴州率一支兵马于 9 月 11 日开始攻长沙。10 月 5 日，萧负伤，不久即死去。洪秀全亲率主力自郴州会攻长沙，采用挖掘坑道的办法猛攻，但终因清军及团练拼力死守，未克。为鼓励士气，洪秀全宣称，上帝已授他天国玉玺，太平军将士均受命向洪秀全高呼万岁。1852 年 11 月 30 日，太平军弃长沙北进，于 12 月 13 日克岳州。据记载，太平军于岳州城内发现大批旧储军械，乃吴三桂在 17 世纪时所封存。不久，太平军攻占武昌（1853 年 1 月 12 日—2 月 19 日）。其后，包括妇幼在内的大约五十万人马，被迫沿长江东下。2 月 18 日，轻取九江，2 月 24 日，攻克安庆，3 月 19 日—21 日，完全占领南京。为截断清军的交通线，太平军又攻占镇江（3 月 30 日——应为 31 日——译者）及扬州（4 月 1 日）。太平军占领南京约十天之后，向荣所率清军始进抵南京。这支大军驻扎于南京东郊，人称“江南大营”，自 1853 年至 1860 年，不断攻打太平天国京城，只在 1856—1858 年间稍有放松。另一支来自北方的清军马步诸军，驻扎于扬州郊外，人称“江北大营”。这支清军在 1853—1858 年期间，与太平军在扬州近郊对峙达六年之久。太平天国定都南京，改称天京之后，洪秀全即派军北伐，另派军西进，再次攻占安徽、江西、湖北及湖南。虽然北伐部队自江苏北上，一路征战穿过安徽、河南、山西及直隶，甚至进抵天津郊外二十英里处，但最后被僧格林沁于 1855 年击溃。西进部队亦受到曾国藩之顽强抗击，此人十年后终于荡平太平天国。

曾国藩于 1852 年末受命筹组湘军。1854 年 2 月 25 日，曾动用这支新组建的军队，并将太平军自湖南驱至湖北；10 月，又驱至江西九江。但 1855 年太平军重整实力，于 4 月 3 日第三次攻占武昌，再次活跃于湖北及江西。然而，1856 年，曾国藩转败为胜，于 12 月 19 日收复武昌，又将太平军驱回九江。但向荣所率清军却于 8 月 9 日在南京附近全军覆没——这个转折对太平军具有重要意义。然而，胜利之后，随之而来的却是太平军内部的自相残杀。东王杨秀清自恃功高企图篡夺洪秀全的宝座。洪秀全命北王韦昌辉及翼王石达开杀杨。但韦在 1856 年 9 月 3 日执行此项谕令时，不仅杀死杨本人，且残酷屠杀杨氏数以千计的亲属及部下。韦昌辉随即骄横跋扈起来，并试图加害石达开，甚至竟敢杀死天王之近侍。不久，韦即被洪秀全处死。洪担心再发生互相残杀，即解除石达开之兵权，交洪家人掌管。石达开为自己计，乃率一支大军，离开天京，转战于安徽、江西、浙江、福建、广东、湖南、广西、贵州、云南，最后到达四川，1863 年为清军捕获处死。上述一系列的内讧自然有损于太平天国。

杨秀清死后，洪秀全把自己的亲属安插在朝廷的重要位置上。政务大事，由洪的兄长洪仁发（安王，卒于 1864 年 8 月 5 日）和洪仁达（福王，卒于 1864 年 8 月 3 日）以及堂弟洪仁政（恤王，卒于 1864 年 11 月 23 日）和洪仁玕（干王，西方记载称其为“盾王”）四人执掌。上述四人，人称洪家四王，虽然并无才干，但却大权在握。在军务方面，洪秀全则不得不依靠才能干练的李秀成及陈玉成。据记载，洪秀全日居深宫，拥有嫔妃多人，毫不关心政事。

由于太平天国诸王互相倾轧，他们未能保住 1856 年大败向荣之后的胜利局面，1857 年，在同一天（12 月 27 日）反而失去苏北之瓜州及镇江。1858 年春，重整之后的江南大营由张国梁率领，又开始攻打南京。5 月 19 日，曾国藩部收复九江。洪秀全大惊，急召部将援救天京，但等了一年，竟无一人前来，因彼等也在各地忙于交战。为使重要的两名将领陈玉成和李秀成援救天京，洪秀全分别封他们为英王和忠王。不久，李秀成受命为统帅，有人认为，这一举措延长了太平天国的存续时间。在李秀成指挥下，1860 年 5 月 5 日，太平军在南京附近大败清军；又于 1860—1861 年间，将曾国藩驱往祁门。太平军又攻克苏州（1860 年 6 月 2 日）、宁波（1861 年 12 月 9 日），到 1862 年春，已控制江浙大部地区。与此同时，1860 年及 1862 年，太平军曾多次攻打上海。

由于信仰儒家学说的士绅阶层的普遍反抗，也由于西方列强对清军的援助，太平天国终于覆灭。此外，太平天国内部首领间的内讧以及缺乏强有力的领袖人物，也削弱了天国的实力。最初，西方人对太平天国表现出某种程度的同情；后来，在一段时期里，保持中立；但最后，为保护商业利益，也为了维护清廷在 1860 年所订各项条约中给予西方的特权，他们实际上已经站在清廷一边。李秀成攻打上海，主要受挫于西方之洋枪队。浙江太平军，最后为左宗棠击溃；而江苏则为李鸿章平定。曾国藩攻下南京以西地区，1861 年 9 月 5 日克安庆，致使勇将陈玉成于 1862 年 5 月被害——陈之遇害身亡乃是太平军的重大损失。1862 年 5 月 31 日，清将曾国荃部第二次包围南京；1864 年 7 月 19 日，攻克南京。

洪秀全在南京危急之际仍信天神指引。当李秀成敦促他撤出南京，前往江西、湖北时，他拒不听从，说上天让他留在天京。当有人劝他多储粮草以备长期坚守时，他也不予采纳，因为他相信上帝定会为他做好准备。当孤城天京已无粮可食时，他诏令将士，人人食用“甘露”——即青草。后来，他又向军士颁赐珠宝以鼓励士气，但是，军士潸然泪下，因为他们用珠宝无法换来食品。最后，洪秀全本人愁病交加，又惧怕覆灭，在天京陷落前不久，约于 1864 年 6 月 1 日（某些史料载为 6 月 2 日，3 日，或 5 月 30 日）服毒自尽。他的儿子洪福（或名洪福瑱，又名洪天贵，后又名洪天贵福，1849—1864）承袭天王，洪仁玕摄政。这位幼天王在李秀成维护下逃出天京，最后逃到江西，后在南昌被执处死。洪秀全的尸体裹以绣龙黄缎，1864 年 7 月 30 日，在他寝宫下面的阴沟内被发现。记载说，洪秀全身材高大，脸形椭圆，容光焕发，隆准，双耳圆小，眼大而有神。他的声音洪亮清晰。曾国藩曾目睹洪秀全之尸体，曾记述说，洪已秃顶，颔下有稀疏灰白短须。曾国荃部残酷屠杀太平军将士三日三夜，死者数以万计，但无一人向清军投降，太平军残部，大多逃往广东一带，直至 1866 年初始全部被歼。至此，持续十五年之久，波及十七省之太平军起义，终于平息。天王玉玺现存北京故宫博物院。

尽管战事频仍，但洪秀全在杨秀清、洪仁玕及其他人的辅佐下，仍创行多项改革。这些改革大多受了中国古代理想政治以及基督教教义的启发。一种把东西方历法融为一体的新阴历，于 1852 年开始使用。一年十二个月，三百六十六天，单月三十一日，双月三十日，旧历书所载的吉日凶日一律删去，但加进西方的礼拜天。政府组织则具有神权政治的一切特点，天王既是精神上的主宰，又是尘世的统治者。五王既是行政首脑，又是军事统帅，与天王共商大事。设六部，其中之一是外务部。王分四等，其下为侯、丞相、检点、指挥、将军等。开科取士任命官职，宗教是考试科目之一。军事组织极为严密，军士不论屯驻行军，纪律十分严明。为应付平时或战时的紧急情况，随军家属编为统一的组织。制订出严格条例以确定土地之分配与耕种。准许妇女在军队及政权部门任职，但严禁男女混杂。天王之妹，西王萧朝贵之妻洪宣娇（经近年考证，洪宣娇既非洪秀全之妹，也不姓洪——译者）统领妇女。萧朝贵于 1852 年攻打长沙时殉难，据记载，其妻继而指挥萧部。1853 年夺取南京后，关于女兵之记载极少，但在南京设有女馆（或女行），主要收容丈夫战死或在外之妇女，及年轻未婚之少女。此种女馆，或许是为保护妇女而设，由洪宣娇严格管理，以防止外界滋扰。南京缺粮时，女馆撤销，强令妇女离开天京。在太平天国制度下，各阶层妇女均必须结婚。一夫一妻制是普通百姓所遵行的婚姻制度。而首领们，如洪秀全、杨秀清及其他人，据记载，则拥有许多妻妾。妓馆、缠足及买卖奴仆，均严加禁止；吸食鸦片、通奸、巫术、赌博以及食用烟草、白酒等，亦均在禁止之列。

据《旨准颁行诏书总目》（1853 年）所载，太平天国共有二十九种官颁文书。此外，近年又发现三种太平天国晚期刊行之文书。美国国会图书馆藏有这类书多部。此类文书之半数均为宗教宣传文字，内容有赞美诗、诗以及文章；另一半则为天王之敕令，或天国所颁发的文献。最富趣味的是宣传宗教的《三字经》（1853 年刊行）及《幼学诗》（1852 年刊行），两书采用中国古代启蒙读本的书名，内容则是他们所杜撰的基督教教义。其他尚有：《天条书》（1852 年刊行），载有《天国十诫》；《天父诗》（1857 年刊行），载有赞美诗五百首。政治方面的则有：《天命诏旨书》（1852 年刊行），载有太平军从广西到长沙期间的重要诏令及军令；《太平军目》（1852 年刊行）及《行军总要》（1855 年刊行）。记述太平军之组成及其战略战术；《天朝田亩制度》（1853 年刊行），太平天国的宪法之一。据载，洪秀全早年写过大量的宗教宣传文字，但已很难断定上述刊出之书哪些出自洪氏之手，即使是洪的手笔，又有多少是经过修改了的。确为洪氏所写的诗文，载于下列各书：《太平天国诗文钞》（1935 年版）。《杂记》中所载洪氏文作，已译为英文。刊于《天下月刊》（第一卷，第四期，1935 年 11 月）。太平天国的许多文献，已由麦都思（Walter Henry Medurst）译为英文，题名 *Pamphlets issued by the Chinese Insergents at Nanking*…（《中国起义者在南京刊行的小册子……》）（上海刊行，1853 年）。

原著：邓嗣禹　翻译：王介山　校订：张广学、王颐生

洪仁玕[1]

洪仁玕（1822—1864）西方史料称“洪仁”HungJin，原名谦益。号吉甫。广东花县人，总理太平天国朝政及摄政者（按太平天国官制，即“文衡正总裁精忠军师”，后受洪秀全顾命，扶助幼天王——译者），洪秀

① 参见《三十三种清代传记综合引得》1/426/4a，481/1a，5/38/1a；《逸经》，第二期，第 67 页，第九期，第 440 页，第二十二期，第 1248 页；韩山文（Theodore Hamberg）：《洪秀全的幻觉与广西起义之由来》（*The Vision of Hung-Siu-Tshuen and Origin of the Kwang-si Insurreetion*）（香港，1854）；林海赛·勃朗（Lindesay Brine）：《中国太平军起义》（*The Taiking Rebellion in China*），第 236—242 页，第 287—299 页（伦敦，1862）；呤唎（Linle〔A. F. Lindley〕）：《太平天国》（*Tai ping Tien Kwoh*），卷一，第 222—227 页，（伦敦，1866）；《太平天国诏谕》；肖一山：《太平天国丛书》；左舜生：《中国近百年史资料》，第一辑及第二辑；凌善清：《太平天国野史》（1923）（见洪秀全条引书目录）；奕䜣：《剿平粤匪方略》，第 394—397 卷；鲍超：《鲍公年谱》。

全之族弟。自幼即有志于历史学及天文学，但屡试不中。1843 年，信奉基督教，受洗于洪秀全。1846 年以前，执教于村塾。1847 年，随同洪秀全前往广州，听美籍牧师罗孝全（Issachar J. Roberts）宣传基督教义。约一月，返回故里，仍教村塾，并开始研习医术。

1850 年 7 月，太平军在广西起义。洪秀全转告洪仁玕及其他约五十位亲属，约其共图大事。但当他们前往拜上帝会会址时，得知拜上帝会已转移它处，官府正到处捉拿彼等，拿获即就地正法，洪仁玕曾几次寻找起义军，不成。只得返回广东。当时，花县知县已知洪秀全及冯云山在广西起义。该县捕快已去洪秀全家乡逮捕洪氏亲属及邻人，并掘毁洪家祖坟。在这种形势下，洪仁玕已无法在故乡停留，乃与友人前往邻县暂住。此期间，他曾两度试图潜往广西，但均因地方当局搜查甚严而未能如愿。1852 年，他因地方骚乱而系狱。但在该年 4 月，他乘狱卒疏忽之隙，越狱逃往香港。

洪仁玕在香港织识牧师韩山文（Theodore Hamberg，1819—1854），从其研习基督教教义。洪仁玕向韩山文极其生动地讲述了洪秀全及其他太平军首领的早期活动情况，韩山文听了大为惊叹。听过口述之后，韩又请洪仁玕写成文字，这篇文字即韩山文所著《洪秀全的幻觉与广西起义之由来》（*The Vision of Hung-Siu-Tshuen and Origin of the Kuang-si Insurrection*）（香港，1854 年）一书的主要依据。此书将洪仁玕之名写作“Hung-Jin”，以免暴露其真实姓名。在香港停留未久，洪仁玕即应聘前往广东东莞县教村塾。1853 年 11 月，洪仁玕再访韩山文，并再受洗礼。

1854 年初，洪仁玕自香港前往南京，途中在上海登岸，方知上海大部地区已为“小刀会”占据。由于“小刀会”不承认洪仁玕是天王洪秀全的亲属，加之川资短缺，洪仁玕被迫返回香港。此时韩山文已死，伦敦传教会（London Missionary Society）的教友接纳了洪仁玕，并于 1855—1858 年间，雇佣洪仁玕为传教士。在此期间洪仁玕闲暇时曾研习天文学。洪仁玕的文学造诣及个人品德，备受伦敦传教会教友及参加该会的中国基督徒之推崇。1858 年 6 月，洪仁玕在西方友人的资助下，乔装为走方郎中，再次前往南京。经过长途跋涉，终于在 1859 年 4 月 15 日安抵南京。

洪仁玕来到南京，天王洪秀全极为振奋。由于 1850 年的内讧，天王的左右五王，或遭杀害，或已失宠，故而立即委洪仁玕以重任。1856 年之后，洪秀全即依靠近亲处理朝政。然而，这些近亲都是些庸庸碌碌的人。因此，在1859年后，洪秀全主要依靠才能出众的族弟洪仁玕。洪仁玕到达南京后不久，即封为“干王”，并授主将，又不久即总理朝政。

洪仁玕虽然身为天国首揆，但却受到他的政治对手李秀成之非难。李秀成认为洪仁玕才能平庸，不能执掌天国大事。容闳于1859年11月19日面谒洪仁玕时，曾提出种种建议，如创建现代陆海军、筹建银行、创立教育制度等等，但洪仁玕对此种改革并未尽力。洪仁玕除处理日常政务外，其主要贡献是进言天王广封王爵，以激励臣下效忠天国。据载，在洪仁玕当政期间，封王者竟达二千七百余人。但现在知其名姓者不过七十五人，新封之王，大多如李秀成所说。名过其实，无功受禄。因此之故，许多将领多不愿受彼等节制，为之战斗。同时，洪仁玕还主持天国的科试，并于1859年修订太平历，改一年为三百六十六年日，每隔四十年，则有一个二十三天的闰月。

1861年至1862年前半年，洪仁玕兼管天国外交事务。在此期间，洪氏从前的老师罗孝全曾佐其处理外交事务。罗于1860年10月应邀来南京，担任洪仁玕的外交翻译。罗即居于洪仁玕“衙门”，颇受礼遇。但是，1862年1月13日，洪仁玕竟在罗的面前，亲手杀死一名罗氏仆从。罗怀着对天国政权的厌恶与不满，于当年1月20日离开南京。西方基督教会与太平天国之间的主要联系从此破裂。洪仁玕的外交政策也彻底失败。因他未能取得西方人士的信任，其结果，西方武力协助清军击退太平军进攻上海，并收复江苏省多座城市。此事正如洪仁玕自言，是导致天国覆灭的主要原因之一。

1863年，天王洪秀全特谕洪仁玕，责其照看天王之子洪福。此子幼时曾读过《圣经》，九岁时已有四位妻子。洪仁玕对此重任，深感为难。因南京自1862年5月以来即受重围，岌岌可危。洪秀全自尽（1864年6月）之前四日，洪福承袭天王王位，洪仁玕即受顾命，扶保幼主。1864年7月19日，曾国荃攻克南京时，洪福逃至李秀成之忠王府，李秀成乃护送洪福及数百仆从从城墙缺口逃出。李将自己的战马让与洪福，而李本人却未能逃脱。洪福由昭王黄文英（卒于1864年11月23日）保驾，率领数百随从逃至安徽广德，又遭刘铭传追击，遂逃往浙江湖州。在湖州遇到洪仁玕（洪仁玕为调遣援军解围，于南京陷落前已离开该城）之后，一同转往安徽徽州，浙江开化，江西玉山、广昌，最后到达江西石城。在石城，受到湖南东安人席宝田（字研芗，1829—1889）所部湘军之袭击。1864 年 10 月 9 日，洪仁玕及其他许多太平军头目在石城就执。独自逃往山区之幼天王洪福，亦于数日后被抓获。受审之后，洪福于 1864 年 11 月 18 日被清廷下令处死。五日后（11 月 23 日），洪仁玕、黄文英等人均遇难。

太平军残余部。在侍王（即李世贤）、康王（即汪海洋，卒于 1866 年 1 月 20 日）、偕王（即谭体元，卒于 1866 年 2 月）率领下，在福建各地转战数月，最后，与来自福建、江西、浙江等地的各部太平军会师于广东省之嘉应州，合成一支大军。1865 年 12 月 8 日，太平军攻占嘉应，清军则在左宗棠、鲍超等人率领下，自江西、浙江、福建、湖南以及广东境内前来包围太平军。1866 年 2 月 7 日，太平军被迫弃守嘉应。数日后，太平军余部遭到优势清军的前后夹击，全军覆没。至此，太平军起义即被剿平。

洪仁玕主编过三部书：《资政新编》（1859 年），论述洪仁玕的政治理想；《钦定士阶条例》（1861 年），论述太平天国文官科试制度；《英杰归真》（1861 年），此书以对话形式状写洪仁玕本人向一清朝归降者宣讲太平天国之政治、宗教及社会生活之内容。此外，洪仁玕的一些诗作、宗教诗及手迹，均收入《太平天国杂记》。

原著：邓嗣禹　翻译：王介山、娄　刚　校订：张广学

李秀成[①]

李秀成（原名以文），卒于 1864 年 8 月 7 日，终年四十岁。太平军统

① 参见《三十三种清代传记综合引得》1/481/1a，2/60/11b；《太平天国野史》；《中国近百年史资料》，第一辑（1931）；曾国藩：《曾文正公年谱》及其日记；《平浙志略》（见左宗棠条）；呤唎（Linle）：《太平天国》（伦敦，1866）；《上海县志》（1871）；梅本（Ch. B. Maybon）及弗莱得（Jean Fredet）；《上海法国租界史》（*Histoire de la Concession Frangaise de Changhai*），巴黎，（1929）；马士（H. B. Morse）：《中华帝国对外关系史》（*The International Relations of the Chinese Empire*），第二卷，伦敦，（1918）；艾伦（Bernard M. Allen）：《戈登在中国》（*Gordon in China*）（伦敦，1933）。

帅，广西藤县人。他出生在山区贫苦家庭，幼时生活朝不保夕。八岁至十岁时，舅父曾教他读书，后即助其父母谋生。1850年，洪秀全在李秀成家乡广西金田揭竿起义。李家赤贫迫使他弃家投身于当时正驻扎在邻村的太平军首领韦昌辉部。太平军从广西进军湖南，打到江苏时，李秀成在军中只是一名普通士卒。尽管太平军首领一再申令经书史籍为禁书，但他从未间断阅读。在攻克南京（1853年3月19日）后，李升为一队之长。1853年11月，在安徽，他在翼王石达开部下充任官佐。1854年，在春官正丞相胡为晃部下任职，攻打安徽庐州。他因战功擢升为二十指挥（1854年）。

李秀成之所以擢升掌权，是由于他遇事镇静，临危不惧。1856年太平军发生内讧惨剧，东王杨秀清和北王韦昌辉，以及他们数以千计的僚属均惨遭杀害。同样不幸的是翼王石达开又率领一支大军离开南京，在西南各省独自领兵作战。由于急需有才能之将领，十八指挥陈玉成，二十指挥李秀成和正掌率蒙得恩（卒于1861年或1862年），均被荐于天王洪秀全，以执掌军务。蒙得恩，广西桂平人，后被封为赞王，任中军主将——陈玉成和李秀成辅之。天王之两兄弟，洪仁发和洪仁达掌管政务。不久，李秀成受命驻守安徽桐城，以加强该省防务。他将张洛行部下一大批捻军并入太平军，太平军在安徽的局面曾一度稳定。

1857年，李秀成应召回京，封为合成侯（原文有误，应为合天侯——译者），暂留天京，以期改革朝政。当时，天王两兄弟统揽朝政，纵容贪污腐化。李秀成上疏奏请严禁纳贿，赏罚严明，削减赋税，重用有才能的翼王石达开。李氏此奏激怒天王，李之爵位一度被削。但不久又恢复。李受任副掌率，主理朝政。不久，李任命林绍璋（卒于1861年，后封为章王），协助蒙得恩，以期牵制蒙得恩日益增长之权势。

此后，李秀成全力投入天京保卫战。重整后之清军在和春及张国梁指挥下，于1857年7月16日克江苏句容，12月27日克镇江后，直逼南京。李秀成率五千人马突然袭击芜湖，又向东北挺进，于1858年5月10日攻占全椒，5月11日占滁州，退守全椒；由河南固始人李昭寿（原名兆受，后又改名世忠）和一位归附太平军的捻军首领，留守滁州。后来，太平军开过一次将领会议之后，即击败天京对岸浦口之清军。李秀成率一支部队，自浦口东进，于1858年10月9日克扬州，而陈玉成则率另一支劲旅北上，于 1858 年 10 月 24 日攻占江苏六合。然而就在此时，清军将领李续宾攻下桐城（10 月 13 日）与舒城（10 月 24 日），太平军退往安徽庐州以南军事要地三河镇。李秀成与陈玉成火速赶到该镇，经过浴血奋战，击溃清军，致使李续宾于 1858 年 11 月 15 日战死。至此，太平军在安徽和天京之地位，又趋巩固。

由于出乎意料的一个事件，李秀成于 1859 年被封为忠王。1858 年 11 月，李昭寿叛变，将滁州及来安献于清军。李秀成于 1858 年 12 月 6 日致函李昭寿，劝其重归太平天国。李昭寿非但不听李秀成的规劝，反而在一封公函（1859 年）里，要李秀成归附清廷，同时，还挖苦李秀成，说陈玉成已封英王，而李仍是一名战将。李昭寿的这封公函竟然落到天王手中，天王不但不责怪李秀成私通敌军，反而封李秀成为忠王，而且还让李秀成保留太平军中主将职位。此番加封更加鼓励李秀成效忠于天国。

按照李秀成之战略部署，太平军于 1859 年 11 月再克浦口，并于 1860 年 3 月 19 日—23 日攻克杭州。当时清军并未察觉李秀成的战略，竟向杭州派遣援军，其结果，南京城外清军主力于 1860 年 5 月全部被歼。清军统帅和春及张国梁均战死。这次胜利使江浙两省清军闻风丧胆；李秀成乘胜一举攻克常州（1860 年 5 月 24 日）及苏州（6 月 2 日）。攻克苏州时，李曾竭尽全力制止任意破坏。他命令士兵不得杀害百姓掠夺家畜，不得毁坏民房，违犯命令者论死，因之，该城不久即告安定。

攻克苏州后，据称某些对清廷怀有二心之人及一些居住在上海的西方人士，曾与李秀成接触，敦促李攻打上海。李遂决定攻打上海。李于 1860 年 8 月 18 日，将大营设在上海西南约十八里徐家汇之天主教堂附近。李军在距离上海九里处摧毁清军许多据点，随即攻打该城西门、南门及北门。但由于恶劣气候之影响，李军未能迅速攻入城内。完全出乎李之预料，西方列强为保护其通商贸易，决定援助清国。暗中与李接洽者被清地方当局处决。太平军之攻势，遂被英国冒险家华尔协助下之清军击退。华尔所率领的是一支奇特的军队，但很能打仗，这支军队由上海地方当局供养。李在上海身经几次无足轻重的战斗，1860 年 8 月 22 日曾被榴霰弹击中，受轻伤。当清军在浙江嘉兴威胁李的后方时，李立即驰援该城，后又赴苏州。李到苏州后，获悉江西和湖北有一大批人马，渴望投效于李，于是李率军西进。在天京停留时，李奏请天王及其近臣，储备粮草，以应付可能出现的长期围困。天王责备李顾虑重重，但朝臣们对李的忠告深表赞同。朝臣为此所订的计划却遭到天王两兄弟之阻挠。李到达江西后得知，谭体元和汪海洋所率领的原石达开部，正准备投靠李。从江西和湖北来的各路人马，全聚集在李的麾下。这样一来，李的兵力，据说曾增至三十万人。他连克江西大批城市，并于 1860 年至 1861 年，多次围攻在皖南祁门的曾国藩大营，而曾国荃则加紧围攻安庆。李担心被围困在江西和湖北，乃立即回师攻打浙江。他连克城市多座，于 1861 年 12 月 29 日再克杭州。在这一系列胜仗之中，他能宽待敌人，所有在战场上阵亡的清军官佐，均以礼安葬，而俘虏则受到优待。他还准备大约一万口棺木，以安葬死于饥饿的难民；并以粮食赈济急需者，还对难民发放无息贷款，直到他们能自食其力为止。即于此时，太平军弃守安庆（1861 年 9 月 5 日）。弃守安庆之后，太平军又失去骁勇善战的将领陈玉成。他受清军追剿，于 1862 年 5 月遇难。安庆失守，是导致天京陷落的第一步；而陈玉成之死，又使李秀成失去最优秀的将领。

李秀成自杭州到苏州欢度太平新年（1862 年 2 月 10 日或 11 日）。途中，李收到控状多纸，告发他属下干将陈坤书（卒于 1864 年）在苏州渎职等情。1860 年 6 月攻占苏州之后，李即委任陈治理该城。陈深恐受李之责，在李到达苏州前，即率部逃往常州。为获得与李同等之爵位，陈曾以巨额钱财贿赂天国重臣，因得“护王”封号。自此，陈不再听命于李，而驻军常州，在上海以西、南京以南地区与清军作战。最后为李鸿章、李铭传及“常胜军”围于常州，经过几度激烈战斗，清军于 1864 年 5 月 11 日攻破常州，陈坤书被俘，不久被杀。

在苏州，李秀成按照自己的一贯做法，以四个月的时间，改革政府机构，改善百姓生活。之后，李又于 1862 年再次攻打上海，1861 年那次攻打上海仅仅是小规模的。1862 年 1 月 8 日，李秀成向上海及松江的百姓发出布告，太平军即将攻占这两座城市。他敦促清军投降，要求西方人士保持中立，百姓不必惊慌。几天后，李秀成即向上海进军。太平军被法军、英军及华尔之“常胜军”击退（清廷所以称之为“常胜军”，目的在于鼓励中国人加入该军）。与此同时，李鸿章命程学启与刘铭传率淮军五千五百人，于 1862 年 4 月 8 日前来增援上海。中外联军于 1862 年 5 月 1 日克嘉定，5 月 12 日又占青浦，然后攻打太仓、昆山。上述各地均邻近上海。在此危急之际，李秀成亲率一万名久经阵战的老兵，自苏州驰赴前线。经过激烈战斗，李秀成于1862年5月21日，在太仓击败华尔李鸿章联军。5月26日再克嘉定，6月9日下青浦，并长围松江。就在松江指日可下的时刻，李秀成一日之内收到天王三道诏令，命他急速回师解救已为曾国荃包围之天京。

1862年8月底，李秀成将号称三十万大军，自上海周围撤出，回师天京。10月12日之后，李在南京郊区雨花台昼夜攻打曾部大营达四十六日之久。但由于曾国荃指挥有方，而李部已连续作战多日，加以严寒、饥饿和疾病，李秀成最后不得不放弃攻打雨花台。在这关键时刻，李之堂兄李世贤向李建议：鉴于清军江北防务空虚，攻取扬州乃为上策，并可以该地补充粮草，然后攻打曾国荃之老窝安庆，则天京之围自解。李秀成采纳了这项建议，于1862年末派军渡江攻占安徽和州、含山及巢县。1863年春，他亲自率军挺进安徽，攻占城市多座。但后来李军却为鲍超、彭玉麟及它部清军所迫向西北转进，远达靠近湖北边境之六安（1863年5月）。因此，李军未能进军安庆。最后李决定从西线回师再取扬州。滁州及天长地区已成一片废墟，他虽然勉强得以通过，但其饥饿的部队已无法在此停留，他不得不放弃攻打已近在咫尺的扬州。更何况南京的天王又急需李秀成回救天京，因曾国荃在1863年6月已加强了雨花台的兵力，并在南京四郊占领许多战略要点。以上种种情况致使李秀成未能攻下安庆和扬州二城，如此一来，只有面对南京之战了。

李秀成再次回到天京附近，他劝洪秀全率领五十万人马，转移到其他地区。但洪断然拒绝此议，而相信上帝会保佑他。当时（1863年），南京、苏州和杭州，是太平军的三个指挥中心，而曾国荃正强攻南京，李鸿章威胁着苏州，左宗棠则对付杭州。驻守苏州及杭州的太平军将领，均请求李秀成支援，但天王不允。最后，苏州受到李鸿章部的围攻时，李秀成才获准前往援救，虽然白齐文率三百精兵，自1863年8月2日至10月17日，就在苏州与太平军协同作战，但太平军仍被迫一步步退入城内（白齐文在1862年原为常胜军一将领，后因清政府拖欠军饷而于1863年1月3日在松江、上海两地叛清，1863年1月15日被解雇，即附太平军）。李秀成前来救援苏州时，这两支太平军虽曾竭力固守，但终无成。李见局势如此严重，乃于12月1日自苏州西进，来至距常州不远处，以便攻打清军后方，还可由此前往南京，以便天王赢得时间从南京大撤退。但就在这时，苏州八名太平军将领，在清军猛攻下，已与李鸿章接洽请降，并于 1863 年 12 月 5 日投降清军。

李秀成返回南京之后，1864 年 3 月 31 日，左宗棠收复杭州。而南京这座太平军保有的唯一城市，已为曾国荃团团围困，加紧猛攻。这座孤城中的军民已无粮可食，向李秀成泣求救援。李将自己的粮食给养周济穷人，又把自己的金钱财物分与兵士，就在这危急关头，天王洪秀全于 1864 年 6 月自尽身亡。曾国荃部挖掘地道，凿通城墙，于 1864 年 7 月 19 日攻陷南京。成百的太平军官员以及宫女投水或设法自尽。成千上万的士兵为清军残酷屠杀。大部官署被毁。7 月 19 日午夜，李秀成携天王幼子洪天贵福及数百名随从，从城墙缺口逃出南京。但他们一出城就被追兵冲散。李秀成把自己最好的战马让与洪天贵福，他自己仓促间骑上一匹劣马。他无法远逃，拂晓前，逃到方山山顶，藏身于山顶的一座破庙中。在庙里，他解下缠在身上的沉重的金银珠宝。当他发现有几个村民前来时，他放下珠宝逃走。村民们追上他，但当他们认出他是忠王时，即跪倒在他的面前。村民们把他藏了两天，筹划如何把他送往太平军中。然而，另一伙村民在争夺李秀成的珠宝时发生了争吵。这场争吵引来一名清军将领。此人名肖孚泗（卒于 1884 年，谥“壮肃”），湖南湘乡人。肖在 7 月 22 日晚抓获李秀成，并立即将李解交曾国荃。肖于 1853 年入湘军，任官佐，一直与太平军作战，1863 年已升任福建提督。此次因拿获李秀成有功，受封世袭一等男爵。

曾国藩在南京审讯李秀成，并命李写下书面供词。从 7 月 30 日到 8 月 7 日，李写出太平军起义的始末，主要是与他自己有关的部分。写毕供词，曾国藩下令，于 1864 年 8 月 7 日午夜，将李秀成在南京处死。按照曾国藩的日记所载，李秀成供词四万字之原稿已被曾删改为二万八千字。曾在李秀成供词之后附有跋语，说明删去部分述及太平军余部归顺清廷的十利，洪秀全犯下的导致天国覆灭的十误，对湘军的赞语，以及对他自己一生的表白。这份经过删改的供词，已由李华达（Walter T. Lay）译成英文，题名 *The Autobiography of the Choung wang*（《忠王自述》）1865 年在上海刊行。这份供词的中文本通称《李秀成供状》或《李秀成供》，已收入《中国近百年史资料续编》，重刊时未署年月，编入

《太平天国始末》(1933年)。此外尚有一早期木刻版之影本，亦题名《李秀成供》，篇首并有孟森教授于1936年所写序言。

据李秀成自述，他忠于太平天国始终不渝，孝顺母亲，善待部属，并能谅解敌人。1858年后，李实为天国之中流砥柱，李忠诚的品质，顽强的毅力，无疑使天国得以延续数载。他的一些训令、函件及诗作，已分别收入《太平天国文书》《太平天国诏谕》及《太平天国诗文钞》。

原著：邓嗣禹　翻译：王介山、娄　刚　校订：王颐生、张广学

石达开①

石达开，1812年或1831年生，卒于1863年6月。太平军起义将领及领导者之一。广西贵县人。他出身于富裕农家，兼通文武。但石家属于客家，经常受到上层统治阶层的歧视与压榨。为免遭统治阶层之迫害及当地匪盗之骚扰，石达开毅然参加洪秀全发起的宗教运动。他与其他五位首领共同制订太平军起义计划，起义于1850年在广西爆发。他变卖家产，将所得纳于太平军公库。太平天国政权在永安正式建立后，石达开被封为翼王，授左军主将。起义军自广西进军南京（1850—1853年）期间，他亲历战役多次，从未受挫。因此，他的对手都对他极为敬畏。

1853年9月，石达开驻军安庆，安抚黎民，施以仁政，关怀百姓疾苦。凡在当地有名声者，他均委以职务，对盗匪则予镇压，当地秩序迅即恢复。因此，安庆各界不仅称颂他的仁政，而且十分敬仰他的为人。

---

① 参见《三十三种清代传记综合引得》1/481/1a，2/43/6a，54/21a，59/27a，65/45，5/29/1a；骆秉章：《骆文忠公奏议》，《骆文忠公自订年谱》；《曾文正公年谱》；《湘军记》十二—十三章；《胡文忠公年谱》；奕䜣：《剿平粤匪方略》；《贼情汇纂》、《太平天国野史》、《中国近百年史资料》（第一辑）、《太平天国杂记》；《国立北平图书馆馆刊》卷八，第四期（1934）；《平桂纪略》，《广西通志辑要》（1889）；《乐昌县志》（1871）；《仁化县志》（1873）；《抚州府志》（1876）；《邵阳县乡土志》（1907）；《石达开日记考》，《史学年报》第一期（1929）；陈白尘，《石达开的末路》（1936）未查阅。

不久，他应召赴南京，辅佐天国朝政。曾国藩为攻打岳州（1854 年 7 月）而集结兵力于衡州时，石达开奉命驰援湖北。石进抵芜湖时，得知武昌已落于清军之手，他立即决定设大营于安庆，并准备在九江设重防。石将曾国藩水军封锁在鄱阳湖内，1855 年 1 月 13 日夜突击曾军，一举俘获曾氏坐舰——继此重大胜利之后，太平军于 1855 年 4 月 3 日重克武昌。然而不久，由于胡林翼及罗泽南两部之逼，石达开被迫撤离湖北进入江西。石达开在江西大展才能，攻克城镇多座。江西省会南昌西南约一百八十里之樟树，清军驻有重兵防守，然石达开仅以数千兵马即轻取该城。攻城时，石达开于该城四周山丘遍燃火把，夜晚猛攻该城，清守军误以为该城已被太平军重兵所围。遂弃城（1856 年 3 月 24 日）逃往南昌。自此，南昌戒备森严，曾国藩困居城内一筹莫展，直至彭玉麟、曾国荃等部前来驰援，南昌之围始解。天王洪秀全随即委石达开以重任，统领长江中下游包括湖北、江西及安徽在内的全部太平军。

然而，1856 年，太平军首领之间却爆发了一场严重的内讧。东王杨秀清阴谋篡夺洪秀全之王位。北王（原文误为西王——译者）韦昌辉与石达开密议处死杨秀清。但韦昌辉违约，不仅处死杨本人（1856 年 9 月 2 日或 3 日），而且屠杀数以千计的杨氏部下及亲属。石达开闻讯后，自湖北洪山速返南京，告诫韦昌辉应遵守教义，切勿继续肆意屠杀。岂料韦昌辉也在密谋杀害石达开。石得知此事，连夜缒城而逃。韦遂杀害石之母、妻、子及属下多人。石达开怒不可遏，急欲报仇，乃集结江西、安徽所部，准备攻打南京。但是在石达开行动之前，天王已将韦昌辉处死，并将韦之首级送交石达开验看。石达开旋即被召回京。人们揣测，当以石达开继杨秀清之职。石达开返回天京时，虽然受到满朝文武之欢迎，但天王深恐重演自相残杀之惨剧，竟解除石达开之兵权，并不准石达开参与天国朝政。天国朝政大事，则委之洪氏诸兄弟。石达开在天京受此屈辱，愤愤不平，乃率领众多部属离开天朝，从此再未回转。他进军四川，欲效三国时期（221—286 年）蜀国之例，在四川建立独立国家，他深愿此举可摆脱太平天国内部诸首领间之争权夺利，又可在其他人不愿前往的边远地区自行宣扬太平军之主张。

1856 年岁末，石达开自南京进抵安庆，他预料李秀成和陈玉成能随他西进，但却遭到拒绝。于是石达开率军经江西抚州，前往吉安和临江，解救陷于重围的太平军（1857年）。他在抚州停留期间，曾欲开科取士，但该地大部生员，为避战乱，均已逃往他乡。1858年初，曾国藩命李元度修长函致石达开，促其归顺清廷，并许以高官厚禄。人们知道，曾本人也与石达开有过书信往还。石达开循礼作复，并赠曾国藩长诗一首，表达出石氏夙愿，并规劝曾国藩悬崖勒马，勿为清廷效力。石达开还向曾深表歉意，因将出师浙江，未能与曾会见。石达开于1858年5月4日攻占浙江遂昌，10日占衢州等城。在此期间，石达开曾致函该省士绅，敦促彼等叛离清廷，效忠太平天国。此信文情并茂。石军行经闽北大部，仅穿境而过并未占据城市。石达开得知大批江西城市复为清军占领时，乃再进江西，1859年1月3日攻占南安。后因攻打赣州之役失利，石达开遂西入湖南。

石达开在湖南时，所部号称二三十万，1859年3月15日攻占兴宁，3月16日占宜章及郴州、桂阳。因湘军当时正在外省与太平军作战，因此石达开在湖南未遇劲敌。石达开节节胜利惊动了湖南巡抚骆秉章，骆向多方乞援。不久，李续宜、刘长佑等部共约四万兵马，前来援湘。石达开于此时已攻占新田及宁远，并围攻永州（1859年4月5日至15日），未克。石随即以强大兵力围攻保靖，但由于清军援军已到，且石达开部下多为广西人，思乡心切，遂于1859年7月28日弃保靖之围，8月14日全军经湖南东安退入广西。在广西，石达开分路进攻，不仅攻占广西许多城镇，而且还进入广东及贵州边境地区。石达开亲率一支大军欲攻取广西省会桂林（1859年8月27日），并已攻占桂林附近城镇多座。但是，石达开遣出的各部却为当地团练冲散或歼灭，甚至这支攻打桂林的主力，也为刘长佑、肖启江等部清军所迫向西南之庆远及柳州转进。刘长佑于1860年2月入克柳州，5月攻克庆远。石达开向南逃往上林及武宣地区。在此石达开处境艰难之际，部分石部归顺了清军，部分则于1860年9月8日穿越广东仁化，前往江西投奔李秀成率领的太平军主力。1861年，又有投降清军及前往江西者，致使石达开所部兵力更为削弱。然而，即于此时，原由石达开派往贵州定番之某部，已被迫退回广西庆远。于是，1861年3月，石达开在上林重新集结所部。6月，他被迫向东南转移到故里贵县。9月，贵县为清军攻占。石达开又从贵县回到庆远（10月7日），由此又转往罗城及融县。石达开从这里又被迫进入湖南。

不久，石达开攻占靖州、沅州等城。此时石达开已惯于率领部队穿越深山险关，往来于贵州、湖南、湖北等省之边境地区，以避开清军。然而，尽管道路多有曲折，石达开之最终目标，仍为四川。

1862年初，石达开自湖北利川进至四川长宁。后又被迫自长宁经四川叙永、綦江，进入贵州。石达开攻占贵州桐梓、仁怀及其他城市（1862年9月）。然而，由于上述地区十分贫瘠，无力供应石所部军队，石达开遂进军云南镇雄。在镇雄，稍事休整，并奖升某些有功部属。1862年冬，石达开将部队分为三路入川，以期分散清军之注意力，减弱阻力。石达开亲率一路精锐于11月18日攻占四川筠连，企图跨过金沙江进逼叙州。然而，四川巡抚骆秉章及其得力的助手刘蓉，已做好充分准备迎战石达开。虽然石达开另二路业已失利，且其中一部残余已向东北逃往陕西，但石本人所部仍成功地渡过金沙江，正准备抢渡川藏边境的大渡河。大渡河两岸，尽皆崇山峻岭，居住着土著倮倮族。石达开收买倮倮人为他带路，提供方便。但骆秉章许给倮倮人的好处更大，结果，清军得倮倮之助，不仅挡住石达开前进之路，而且封锁住所有的退路。石达开部曾多次（其中包括1863年4月30日，5月5日，5月9日）抢渡大渡河，或因水流湍急，或因清军阻拦，均未成功。不久，石达开部粮草已尽，乃杀战马充饥，甚至桑椹亦不可得。在此绝境中，石达开侦得清军树起一面旗帜，上书“归降者不杀”。石达开见此情景遂于1863年6月13日率部投降。石军中约有四千老弱残兵被遣散，另约二千精壮均惨遭杀害。石达开及其年仅五岁的幼子石定忠，以及少数僚佐，均被解往四川首府成都（1863年6月25日）。骆秉章坐堂审讯之后，石达开被处死。

石达开是太平军中最富文化素养的领袖人物之一。他精通兵法，能体谅被俘者。学者汪士铎称，石达开之才干远胜清廷中的许多文臣武将。载于《太平天国诗文钞》及期刊《逸经》（1936，卷三）中的石达开的公牍、文章、诗作等，就文采而论，太平天国其余文献，均不能与之相比。已问世之《石达开日记》残本（1927年刊行）乃系伪赝之作，至少是经过他人修改而成者。日记中竟然出现石达开时代所没有的新词，甚至日期和地名也多与记载不符。

原著：邓嗣禹　翻译：王介山、娄　刚　校订：张广学

陈玉成[①]

陈玉成（原名丕成），卒于1862年，时年二十六岁。太平军将领。广西贵县（应为藤县——译者）人。叔父陈承镕（卒于1856年）曾为盗匪首领，后加入太平军。自太平军起事广西（1850年）至占领南京（1853年3月19日）以前，陈玉成因年龄尚幼，未参与战争。1853年4月，因叔父举荐，入军筹运粮草。1854年6月，于攻打武昌一役，陈玉成自愿充任前锋。6月26日，率五百士兵攻入武昌，既而连下数城。中军主帅杨秀清惊诧陈之骁勇善战足智多谋，授殿右十八指挥（1854年9月）以为嘉奖，一月后晋升检点。自此，陈玉成为太平天国的重要将领。

1854年10月14日，曾国藩部重占武昌，并迫使太平军东撤，退至九江西约四十英里的田家镇。该镇乃长江沿岸一战略要地，陈玉成在此修筑强固的防御工事，封锁江面。但是，经过激烈战斗，防御工事为彭玉麟等所率清军摧毁（1854年12月2日）。太平军大军被迫退至九江，陈玉成率余部进入田家镇西面的广济和东面的黄梅地区（广济、黄梅均位于田家镇之东，疑原文有误——译者）。陈玉成虽然拼力战斗并迅速转移，但终被塔齐布驱回九江。愧于败绩，陈玉成向天王洪秀全请罪。但天王非但未加惩处，反因陈勇于奋战而予以晋升（1855年）。为减轻清军对九江的压力，陈玉成与石达开回师湖北，于1855年4月3日再克武昌。

陈玉成协同其他将领在南京附近重创清军，陈因此封侯。尽管太平军在湖北占有优势（1855年），但南京已为向荣部清军所围困。1856年初，陈玉成应召入京，尽管清军炮船多艘已控制江面，陈到达后，不畏艰险，即乘一小舟从南京冲向镇江。陈一到镇江，太平军各路人马迅即与之密切配合，以解救南京。在一次战斗中，清军将领吉尔杭阿被击毙。8月，陈玉成会同太平军其他将领，重创南京外围清军，迫使清兵全线溃退，败走丹阳，向荣亦于此役丧生。此次大捷后，陈玉成因功受封“成天豫”。

此次南京近郊大败清军之后，太平军主帅杨秀清居功自傲，企图篡夺天王宝座，结果引起了太平军将领之间的一连串互相残杀。至1856年

---

① 参见《三十三种清共传记综合引得》1/481/1a，李秀成：《李秀成供状》，见洪秀全条引书目录；鲍超：《鲍公年谱》；《中国近百年史资料》第一辑。

内讧终了，太平天国初期的五王，或已遇难或已失宠。在遴选能员承担重任之际，陈玉成和李秀成以军事干才被上荐于天王。1857 年 5 月，陈玉成率十万兵马自安庆进军湖北黄梅、黄州等城。历二十五战，最后被鲍超、彭玉麟等清军将领驱往庐州。

其后，陈玉成连战告捷，屡胜李续宾所部湘军。1858 年 4 月，清军经调整后再次围攻南京，陈玉成应召自安徽助援。同李秀成配合，于 1858 年 9 月 26 日攻克位于南京北岸的浦口。此次大捷之后，李秀成于 1858 年 10 月 9 日取扬州，而陈玉成则于 10 月 24 日克六合。在江西方面，清军于 1858 年 5 月 19 日收复九江后，即向庐州南约八十里的战略要地三河镇挺进，因此在陈玉成攻克六合后不久，各方即飞檄告急，敦促陈火速驰援徽庐州。陈迅即率部前往，但并未正面攻打三河镇，而是从清军后方攻其侧翼。李秀成亦亲率精兵参加此役。陈、李二部歼灭湘军五千，于 1858 年 11 月 15 日击毙湘军名将李续宾，并乘胜轻取庐州以西数城。陈玉成追击清军至安徽宿松，已近湖北边境，但为胡林翼部所败，被迫退回太湖。陈在太湖曾与李秀成共商大计。陈为巩固安徽地盘，不顾李秀成劝阻，坚持再次攻打宿松，结果于 1858 年底败于鲍超所部清军。

1859 年，陈玉成受命自安徽驰援浦口及江浦——两地均位于长江之北，与南京隔岸相对。陈玉成与李秀成联军于 1859 年 11 月攻打该地区清兵数日之久，摧毁浦口清兵营垒五六十座。其后，陈返回安徽。因作战英勇，被封英王。曾国荃所部湘军在攻克浦口后，回师围攻安徽安庆——安徽乃是太平军和清军都势在必得的省份。李秀成留守南京，因遣陈玉成回援安庆。当陈部接近这座孤城时，安庆守军便自城内出击清军，而陈则在外围与清军对峙。清军此时腹背受敌，处境困难。但是，顽强的湘军在同样顽强的将领曾国荃指挥下，在 1860—1861 年期间，一面承受夹击，一面继续围困安庆。与此同时，李秀成成功地诱使清军解救杭州，并急召陈玉成及其他将领率部增援南京。双方交战之后，南京城外的清军江南大营被彻底摧毁（1860 年 5 月），清军将领和春及张国梁双双阵亡。其后，陈玉成迅即返皖，继续同曾国荃作战。1860 年冬，李秀成率部前来与陈会合，但未在安庆作战，而是向安徽西南挺进，继而进军江西、湖北。1860 年冬至 1861 年春，他们在皖南祁门大事骚扰曾国藩部，意在调虎离山以解安庆之围。然而，曾国荃不顾其兄曾国藩在祁门的困境。仍坚定不移地继续围困安庆。诱敌他去不成，陈玉成自1861年4月27日至5月17日，再次攻击围困安庆的清军。但是湘军筑垒固守，攻击未获成效。在桐城休整数月后，陈铤而走险，从1861年8月21日开始，以十万余众之兵力向围困安庆的清军发动猛攻，历时六昼夜。但是，曾为叶芸来（卒于1861年）固守九年之久的安庆，终于在9月5日被曾国荃部攻克。自此，安庆成为清军收复南京的基地。

陈玉成因安庆战事失利被罢去爵位，但仍保有指挥之权。他心情沮丧，率部撤往庐州。再战失利后，陈玉成被多隆阿部所驱，自庐州（1862年5月13日）退至安徽寿州地区（5月15日）。陈玉成在此地向其友人苗沛霖求庇。苗原系捻军首领，后降清，但仍暗通太平军。陈玉成的部队大部被多隆阿追军所杀或驱散，在多次交战中，只余二三千亲兵跟随左右。也许是苗沛霖欲将这支精兵收归己有，他背叛了陈玉成，将陈交给了清军。结果，大约在1862年5月，清廷下令将陈玉成在河南延津处死。

陈玉成和李秀成是1856年之后太平军中最有才干的两位将领。陈在军事战略上显然逊于李，但却更为骁勇，更为残酷。陈部有一支由年轻兵士组成的队伍，作战残忍，竟至屠杀手无寸铁的百姓。据说，陈玉成是一员骁将，但却极为残忍。他身材魁伟，面方而白，大口，双目下有两颗黑痣。由于目下生痣这一特征，又兼生性凶猛，因此，他的绰号叫四眼狗。陈玉成遇难，李秀成如失左右手。

原著：邓嗣禹　翻译：王介山　校订：马　怡

林凤祥[①]

林凤祥，卒于1855年，终年约三十岁。率领太平军北伐之将领。出生于广西。当起义军于1851年在广西永安建号太平天国时，即授林凤祥

---

① 参见《三十三种清代传记综合引得》2/47/39a；《贼情汇纂》；《太平天国野史》；《中国近百年史资料第一辑，127—130页；奕䜣：《剿平粤匪方略》；《深州风土记》(1900)；《续天津县志》(1870)；《永年县志》(1877)；《太平军在河南》，《国闻周报》，第十四卷，23期、25期、27期、29期。

为天王洪秀全之御林侍卫。后随西王萧朝贵攻打湖南省会长沙（1852年9月11日）时擢为将领。攻占岳州（1852年12月13日）后擢指挥。克汉阳（12月22日），晋升检点。林部是最先进入武昌（1853年1月12日）的太平军诸部之一，也是最早进入南京（3月19日）者之一。后即擢升天官副丞相。林部乘胜东进，于3月30日克镇江，4月1日克扬州，随即封为靖侯。

此后不久，杨秀清即命林凤祥挥师北上，以夺取北京。林遂率领一支强大的北伐军，自扬州出发，沿今津浦铁路一线，向西北进发。不久，即进抵滁州（1853年5月16日）、临淮关（5月18日）及凤阳（5月28日）等安徽城市。然而此时清军已从后面追来，在宿州则遭到清军的阻截。因此，北伐军不得不改变原定由山东进军北京的路线，转而向西，绕道河南。6月10日，太平军攻占安徽亳州，与另一支由广西人李开芳（又名李来芳，卒于1855年）率领的北伐军会师。李在出发前已封为定侯，李于1853年5月13日自浦口北上，在亳州与林会师后，两军并肩向河南挺进。

在河南，林、李联军于6月13日攻占归德，然后直指河南省会开封（6月19日）。尽管林、李联军在安徽、河南等地收编一些当地匪盗，兵力有所增加；但因滂沱大雨，弹药尽湿，无法使用，虽猛攻四天，仍未克开封。最后不得不放弃该城，转向中牟（6月22日）。在该地，兵分两路：一路渡河北上（6月27日），攻占温县（7月2日）；另一路兵力较小，沿今京汉铁路一线南下新郑（7月9日）及湖北黄安（8月1日），最后到达安徽太湖（8月11日。这支南进太平军之目的，很可能是掩护北伐军主力免受追击。与此同时，北伐大军进至怀庆，自7月8日至9月1日围攻该城。

北京的清廷已感到太平军北伐的威胁，慌忙从北方各省调遣军队，抗击太平军北上。尽管怀庆城内守军拼死抵抗，大量清军集结于背侧，太平军仍猛攻该城。他们炸毁城墙，在侧翼挖掘壕沟，以防清军袭击。长期围攻仍不见效之后，只得放弃怀庆，进入山西省。此时太平军北伐兵力已减至两万余人。太平军先后攻占山西垣曲（1853年9月4日）、曲沃（9月7日）及平阳（9月12日）。在平阳，他们被胜保（字克斋，卒于1863年）所部清军包围。胜保（1840年举人）自扬州追击太平军至山西后，即授钦差大臣。北伐军这时向南京求援，而后不久即突出平阳，转到洪洞（9 月 14 日），从洪洞直奔目的地直隶省。1853 年 9 月 28 日，即到达直隶省西部之临洺关，随即进抵距北京仅六百里的深州（10 月 9 日）。朝廷惊恐万状，立即商讨防御策略。胜保因失职，坐贬两级。僧格林沁等重要将领奉命前往保定堵截北伐军。北伐军奋战十四日之后，被迫于 10 月 22 日撤离深州，奔向天津。10 月 30 日进抵天津近郊。但是，天津已由一支新建的装备新式枪炮的清军防守，又因秋雨连绵，道路泥泞，致使北伐军无法攻占该城。结果，他们被迫退到天津西南的独流镇。他们在此遭到 11 月 7 日到达天津的僧格林沁部的攻击，在 12 月 23 日，僧部受挫，使北伐军得在该镇立足。然而，不幸的是北伐军大都为南方人，不习惯北方严寒冬季，饱受冰霜露宿之苦。而更为严重的是给养短缺，北伐军迫于处境，不久即转入全面防御作战。自 1854 年 1 月 28 日开始，化整为零，逐次南向直隶献县西北五十里的束城转移（2 月 7 日），在该城，北伐军奋力苦战清军，直至 3 月 7 日始突围而出，3 月 9 日攻占阜城及其邻近的多座村庄。北伐军向南转移时，数以百计的饥寒交迫的兵士惨遭清军杀害。尽管如此，北伐军仍坚守阜城达两个月之久，击退僧格林沁部的多次进攻。

此时，太平军援军，据说总数有三四万人，已进抵鲁西北，4 月 13 日占领临清。虽然临清距阜城只有二百里，但胜保所部强攻临清，4 月 23 日攻克。这支北伐军余部向南撤退，损失惨重。最后，只剩下大约两千人，逃到江苏丰县，5 月 5 日，全部被歼。

就在 5 月 5 日这一天，林凤祥和李开芳自阜城突围成功，随即杀向该城以东之连镇。李开芳因不知援军下落，仍盼望与之会师，乃率领一支两千人的马队，于 5 月 28 日自连镇穿过直隶边界进入山东，进占临清以东不远的高唐，立即在该地构筑坚固防御工事，以便长期固守。其结果，林凤祥与李开芳从此分离。林凤祥被僧格林沁围于连镇，而李开芳则被胜保围于高唐。尽管如此，这两支军队均坚守阵地顽强抵抗。清军虽一再强攻，连镇直至 1855 年 3 月 7 日林凤祥被俘，才转入清军手中。林凤祥后被解往北京处死。僧格林沁部乘胜驰往高唐，接替胜保部。胜保则因战事失利，流放新疆。1856 年，朝廷召回胜保，命其在安徽、河南、山东及陕西等省征剿捻军（1856—1862），但朝臣弹劾他纳贿、傲慢、放纵，又不能与其他将领合作共事。1863年，皇帝令其自裁。

僧格林沁于1855年3月17日将北伐军诱出高唐，但太平军立即攻占该城以南四十五里、粮草丰足之冯官屯。李开芳在该地四周挖掘堑壕，配备火炮，致使清军无法靠近。僧格林沁见难以攻坚，乃在该屯周围挖掘壕沟，沿沟筑墙。为引水入沟，清军开挖出一条一百二十三里长（二十英尺宽，七八英尺深）的水渠，直通大运河。引水渠于4月19日完工，并强征数千民夫，将渠中之水注入冯官屯。不久，屯内半数房屋已为水淹没。此时，仅有约五百兵力之北伐军，被迫转移到较高之地，但仍然遭到炮火袭击。李开芳及其久经阵战之老兵，乃于1855年5月31日被迫向僧格林沁投降。1855年6月中旬，李开芳及其下属均被解送北京处死。至此，北伐太平军已全部被歼。

原著：邓嗣禹　翻译：王介山、娄　刚　校订：张广学、王颐生

杨秀清[①]

杨秀清，原名嗣龙，卒于1856年9月2日或3日。太平天国天官正丞相及中军主帅。广西桂平人。杨家原由湖南耒阳迁至广东嘉应，再迁广西桂平。杨在桂平以贩卖木炭为生。入太平军前，他对兵法一无所知，他后来学到的战争知识，他说是“天父降托”所致。1850年，起义在广西爆发时，他被推为洪秀全之下的主要首领。1851年冬，太平军被清军围困在广西永安时，他建议洪秀全分封五王，以协助洪平抚军中某些动摇分子。洪接纳此议，当众宣布他本人为太平天国天王，并封杨秀清为东王及中军主帅，萧朝贵为西王，冯云山为南王，韦昌辉为北王，石达

---

① 参见《三十三种清代传记综合引得》1/481/1a，5/50/20b；《李秀成供状》；《中国近百年史资料》第一辑，75—115页；下三书见洪秀全条引书目录：《贼情汇纂》卷一，《太平天国史料第一辑》《太平天国野史》卷十二、卷十五；林德赛·勃朗（Lindesay Brine）：《中国太平军起义》（*The Taiping Rebellion in China*），（1862）；《同治上江两县志》卷十八（1874），略述1853年后之太平历；汪士铎（见该条）：《乙丙日记》，《国立北平图书馆馆刊》卷八，第4期，所载新近发现之太平天国文献；《国闻周报》卷十四，第15期（1937年4月），载有杨秀清之先世及其生年考。

开为翼王。

杨秀清聪敏异常，才干过人，并且善于运用宗教预言，来实现他个人的政治目的。当洪秀全宣称他乃上帝之子时，杨秀清则自称他是上帝的代言人。或许是为了促使同级将领尊重并效忠于他，他声称他多次梦见天父显灵，此事记载于《天父下凡诏书》，该书有两种版本，但内容各异（刊行于1852年及1853年）。1851年12月，当四王在杨处议事时，有人报告太平军中出了叛徒，应予严惩。将被指为叛徒者抓获时，杨又显出早已知道此案细情的样子——此事震动了部属，都认为他神秘莫测。1853年12月，杨的官邸又发生一次被称为显灵之事，杨对在场的太平军文武官员宣称，东王杨秀清的话，等同上帝所言。他宣称，他自己不但与上帝有特殊联系，而且还可以进一步以“圣灵”“圣医”“圣神”等等神灵自居。由于他具有这种“超凡”的能力，也由于他令出如山，赏罚严明，致使太平军自广西迅速打到南京。1852年4月6日，太平军穿过一条人迹罕至的深山小路逃脱永安之围。太平军攻打广西省会桂林（1852年4月18日—5月19日），师劳无功，洪秀会曾欲返回永安，但杨力主进军湖南，在他看来，不应把起义局限于一省之内。结果，太平军越过兴安（1852年5月22日），于6月9日进抵湖南永州。11月30日再弃长沙之围而进占武昌（1853年1月12日）。太平军未经大战即于1853年3月19日—21日攻占南京。

杨秀清于1852年3月22日抵南京，当即与洪秀全商讨，是否先夺取河南洛阳以临时建都，然后北进夺取北京，但是，此议据说被杨的一名老船工否定，他说河南省远比江苏贫困，故应定都南京。不管此说是否可靠，太平天国终于定都南京，称为天京，杨秀清则兼天官正丞相。不久即将南京的市面安定下来。一度掠掳屠杀之后，杨秀清即下令严禁官兵进入民宅，违令者斩，各类工匠一律恢复旧业；男女必须分居，并禁止男女同行或相互交谈。为太平军兵士分建男营、女营。杨秀清令出如山，触犯者，迅予惩处。军民百姓，均十分惧怕杨秀清，甚至诸王，亦对杨颇敬畏。

杨秀清执掌军事，派林凤祥和李开芳率军北伐直取北京。他又命广西桂平人胡以晃（豫王，卒于1855年）取安庆；命洪秀全之内弟、广东嘉应人、丞相赖汉英攻打九江，湖口及南昌，此即所谓“西征”。即于此时，向荣所率清军在太平军攻占南京十天后，亦赶至南京郊外，并一再骚扰南京。杨秀清视向荣军若眼中钉，急欲拔除之。

杨秀清又执掌政务，对天国各项制度颇多改革成效。太平天国有关军事、土地、礼仪以及历法等各方面的文书布告，大多发布于1852—1853年间，此时正是杨秀清的鼎盛时期。洪秀全自占领南京后，即沉湎于宫廷享乐，极少过问朝政。杨秀清每日向他禀报一次，有时数日一次。据载，天王对杨之所为，经常听之任之。

1856年8月，杨秀清将围困南京之向荣大军一举击溃。杨秀清设计引诱清军派兵增援其他城市，以此分散清军之兵力。待向荣中计，杨即以精锐部队全力攻打城外清军，从而予清军以致命一击，迫使清军溃退丹阳。向荣于1856年8月9日因兵败自尽。此次大胜之后，杨即傲慢异常，企图篡夺天王宝座。杨胁迫洪秀全许他称“万岁”——只有皇帝才可以有的称呼，而洪秀全已于1852年称“万岁”。洪秀全惧怕杨秀清在天国朝廷日益增长的权势，便暂时答应杨的请求，立即诏令属下向杨称“万岁”。洪秀全安抚住杨秀清之后，立即召见北王韦昌辉，命韦杀杨。此举，韦昌辉得翼王石达开之助，因韦、石均对杨之傲慢极为不满。但韦一怒之下，不仅杀死杨，竟屠及杨之全家，以及杨氏数以千计之属下。然而，不幸的是韦昌辉也像杨秀清那样傲慢起来，竟至企图谋害将才石达开。天王因而诏令处死韦昌辉，自属必然之举。太平军从此日趋衰落。

杨秀清虽然被杀，但为了太平天国的事业，杨氏忌日于1859年载入太平历，称之为“东升节”——作为太平天国的六个假日之一。杨的生年不详，有一种史料说，1853年时杨大约是三十二岁；又一史料说杨生于1813年；另说杨生于1805年10月9日。经考证，杨秀清比洪秀全年轻，似乎是出生于1817年9月27日。不论太平军或是清廷方面，都认为杨秀清是军事、吏治的全才。

原著：邓嗣禹　翻译：王介山、娄　刚　校订：王颐生、张广学

第四编　著名学者评析

胡适之先生何以能与青年人交朋友

传记文学社征求胡适之先生书信，检旧日函件，幸得二通，即以应征，因忙未即寄。独行及失眠之时，回想 40 年代与胡先生之交游，往事历历，如在目前。特偷闲写出，以见他能友青年的秘诀。

若干在美国教书的同事，退休之后，迁居温暖地区，以便终年可以打网球、打高尔夫球、游泳等等，岂非不亦乐乎？但重聚细谈，多谓搬住别处，难交朋友，尤其是青年，青年人见熟识之老人多敬而远之。客气者略点头为礼；否则，视如路人。而胡适之先生一生能与许多少壮学子，往来通信，实是难能可贵。谨先追述一二件故事，然后观察与分析其中的理由。

美国青年人禅宗信徒多

胡先生大使任满后，在美国几处大学作短期讲演，当时我在芝加哥大学教书，兼主持陆军特训班（A. S. T. P.—Army Special Training Program）。教美国大兵们说中国话，兼让他们了解一点中国历史社会、风土人情，准备他们遇必要时，去中国对日本人作战时之需。1944 年初春，我们礼聘胡先生去芝加哥大学讲学十余日，所以他戏称我为“邓老板”。每日讲演一次，每周五次。其他时间，他喜欢有人陪同聊天，古今中外，无所不谈。尤其是关于民国初年史事，他知道幕后背景，个中底细，普通书中不易看到，他能从早谈到晚，滔滔不绝，娓娓动听；使人久闻不厌，而且毕生难忘，此非对于文学小说，修养有素，再加以说书者之技巧，听之入彀，绝难吸引人之注意如胡先生之成功。

他说：某年在普林斯顿（Princeton）大学与日本铃木禅宗大师辩论禅宗佛学，铃木教授说得玄之又玄，听众莫名其妙。而胡先生讲训练禅宗学徒的方法与故事。学徒初入讲堂，听不懂，问问题，所答非所问，莫名其妙，再发问，讨一记耳光，骂他愚笨，不堪造就，只好做些挑水、砍柴、做饭、扫地等苦工，如此经月累年，有时去听讲发问，又讨了很多耳光，挨了无数次打骂，才令离开嵩山，走入泰山。僧丐远道跋涉，日晒夜露，忍饥挨冻，偶遇善心人，赏给他一点残菜剩饭，聊以果腹。或遇强盗罪犯，引诱作恶，加入三教九流，不从又挨打挨抢，经过无数的磨炼，才慢慢地达到另一名山，从另一名师学禅宗佛法，其教授之方，与第一名师不相上下，即挨打挨骂，做苦工，受困惑，兼受高年级门徒的欺凌，如美国大学压迫一年级新生。又经过若干岁月，今步行至另一名山，学禅于另一名师。千辛万苦，走尽中国五大名山，耗磨十来年岁月，才令返回原来的嵩山。此时，僧徒双膝跪在老佛爷面前，很感动地说："老佛爷，您没有教给我什么，可是我现在已学会了一切！我已大觉大悟，看破凡尘。"胡先生讲得极为生动而通俗，并说，这是实践的哲学，致良知良能的方法，是开了第三只慧眼的秘诀。若是僧徒不虔诚，无决心，早已放弃学佛的念头，加入三教九流，做歹人或暴发户去了。现在美国的年轻人，多半是禅宗的信徒。他们不听父母之言，叫他们闭着嘴，儿女好坏，不要他们管，只要自己去学会一切，等到三十以后，他们才能看破凡尘，什么都懂了。杜威说："教育是生活，社会上的磨炼，是人生问题的试验室，最好的大学。"

谁是乡下人？

胡先生在芝大讲学时，其中有一礼拜天。当时一位原籍德国教中国美术史的教授，预呈胡先生一张美丽的请帖，订于晚八点，在他家欢迎胡博士，请我作陪，尽带路之责。中午他同一哲学家在芝大教职员俱乐部共餐，他叫我也加入。胡先生吃得很少，我劝他努力加餐，他正在谈话，未理会。请他为哲学会讲演，他以无新意贡献，婉辞谢却。饭后仍在他房中继续闲谈，至六时，我提议去吃饭，他说有宴会不必吃了。我怀疑恐怕是茶点欢迎，他肯定地说："正式宴会总在晚上八点，我在外交界多年，知道很清楚。你是乡下人，所以不明白，哈哈！"我从前虽在北大做过他的"偷听生"，但并不熟悉。此次长谈数日，彼此可以开玩笑。

七点三刻，我提议雇车去宴会，当时有雨，街道滑湿。他问路途多远，大约一英里，他坚持步行。到主人门口，看表刚八点，他很高兴，

“这一次外国人不会说我们不守时刻。”可是客人很少，胡先生不介意，又高谈阔论。不知为何，忽然听他谈到西洋棋与中国围棋的比较，也很有意思。不知不觉客厅已挤满了客人，主妇推开餐厅门，见桌上所陈列的是三明治，每一片面包切成八块，上加干酪、沙丁鱼或咸鱼子之类。另有花生米、糖果、零碎糕点、咖啡等等。胡先生看我一眼，我们有点会心的微笑。主人把各种三明治，传送两三次，喜欢吃者取一片，否则婉谢。胡博士饥形于色，他拿三明治盘向男女来宾传递，有拒绝者，他说：“您不吃，我吃一块。”有接受者，他笑着说：“我也陪你吃一块。”盘中物转眼将尽，主人已明白，客人未吃晚饭，急入厨房，再加一盘三明治。然无论如何，非肉不饱。过了十一点，我乘机进言，明早礼拜一，主人与来宾，多要上课，我们回家吧？谈话仍继续十余分钟，才各自归家。在门口，我告诉胡先生：“五十五街，有一家中国小饭馆，要到十二点才关门，我们赶快去。”他说：“你为什么不早告诉我？”出门不远，拦阻了一辆计程车，车夫说：“休车了，除非长距离，短程不去。”“我多给小费。”说着，已坐在车中了。至饭馆门口，胡先生一直走入厨房，李掌柜正在洗刷，预备关门，胡先生自我介绍：“我是胡适。”伸手待握，我赶紧说：“这是中国鼎鼎大名的学者，胡适之大使。”李掌柜把油滑的手在衣上擦一擦，即握手，胡先生的手也湿了，我说：“何必如此？”他说，他常跟华盛顿的大师傅握手，又引起一个故事，我赶紧要李老板预备两位客饭，然后静听故事。他做大使时，外交政策，多由政府要人办理。大使却常须穿大礼服，戴高帽，参加婚丧或其他典礼宴会。那时的中国使馆，在十九街黑人区，附近有一中餐馆，往往晚宴之后，他在餐馆门口下车，把高帽扔在柜台上，跟老板握手，叫一杯咖啡或一盘水果，跟他聊天，慢喝慢吃，无忧无虑。在此休息半点钟，扬眉吐气，然后回使馆。

可是，据胡先生说，有一午夜，忽来一人，向餐馆老板借钱。老板说“可以”，他打开收钱箱，伸手掏摸，掏出来的不是钱，而是一支早已装好子弹的手枪，马上对要钱人肩上打一枪，把他吓跑了。此后胡先生也不太敢去了。我说，1937、1938 年，在国会图书馆做事，有时去使馆访友，也去过那家餐馆一二次，略识其老板与胖儿子。胡先生说：“他现在是北京楼的经理了，在 Chavy Chase Circle。1963、1964 年，我在华府任客座教授一年，有一次在北京楼请客，先去订菜，告知经理我认识他父亲及其遇盗事，他给我们预备一只北京烤鸭，皮厚如银元，清脆味美，为一生在世界各处吃到最好的烤鸭，且又送一瓶香槟酒，可谓礼失而求诸野。”吃吃谈谈，快到早上一点。猛然一声响，老板娘李太太下逐客令了。赶急付钱走！我送胡大使回芝大教职员俱乐部，没说晚安，但问大使：“今天谁是乡下人?”举手哈哈而别。

胡校长办公室是世界最民主的俱乐部

1947年胡校长从美国请马祖圣、蒋硕杰、邓嗣禹去北大教书，希望我们采严格主义，设法提高学生的程度。他的办公室，采公开政策，教授随时可以进去，不必有预约。凡是进去的人，工友照例倒一杯茶，送上热毛巾，然后随便谈天。上自国家大政，下至家中琐事，凡可供谈助者，皆百无禁忌。也有人跟校长为难，当面批评他。如向达教授，骂他把北大的购书经费，皆用在买《水经注》上。他答辩，这是夸大不确实，但不生气。我坐得很久了，无缘谈私事，起立告辞。他照例送客人至校长室外，问有何事，即记在小日记簿上，回答说：“我尽量办理。”从珍珠港事变时起，嗣禹在美国各大学任教四十余年，从未见有如他这样的民主化的大学校长。他总是满面笑容，绝未予人“我是校长，你当服从”之态。我知道美国某一大学，见校长之难如见皇帝！教授如有问题，问系主任，系主任问院长，院长问副校长，副校长问校长，阶级森严，手续复杂得可怕。从在一年一次的社交场中，可与校长见一面，握一次手，除寒暄数语外，形同木偶。与北大胡校长比较，同事们随时可去找他，可跟他开玩笑，真是不可同日而语。

遇有英美来宾，一块聚餐，胡先生常邀我作陪。餐后，他说：“敝校长月薪美金34元，邓嗣禹正教授29元，请大家倾囊相助。”大家凑钱响应，合成一大堆钞票，方能付清饭费。美国大学，教职员的薪金，皆讳莫如深，严守秘密。但在北大，上自校长，下至校工，他们每人每月的薪金，皆印在一张长七八尺的纸单上，领到月薪后，在上面签名盖章。全校的人，如有兴趣，皆可以查看，绝对公开，无守秘之必要，反观美国，教授们所得，相差甚巨，薪金高下，无固定标准，全凭个人的创作与活动能力为转移。讲到平等待遇，薪资公开，美国虽是民主，与中国当时的北大比，真是望尘莫及。

凡此种种，胡先生能友青年之道，已思之过半。若加分析，要点如下：

一、他能礼贤下士，无学阀官僚架子，所谓爱人者人恒爱之，敬人者人恒敬之。

二、他能爱护青年，虽自视甚高，好品评古人、前辈、同辈，而对于晚辈，多褒而少贬，所谓后生可畏。与年龄相差甚多之青年人通信，亦常称兄道弟，聚会时以平辈相待。

三、他渴求与吾国青年人士为友，凡闻某校有一特殊人才，不管何科何系、文理工等，必欲面谈或通信笔谈。如在芝大，他打听了邹谠、卢懿庄、马祖圣等（其时杨振宁尚未去芝大念书，故无从得知），即主动与之联系。后辈给他写信，他皆亲笔回答，甚至加以考据，长数页，连夜作写成，乐此不疲，使接信者兴奋鼓舞。“人之患，在好为人师。”胡先生函件，据浅见寡闻，很少批评青年，妄出主意，而只是发挥己见，供人采择。同青年面谈，亦随青年的志趣为转移，如嗣禹喜欢近代史，他常谈民国初年的军阀政客掌故。若青年有春温，谈点桃色新闻，他也愿意参加，讲点陆小曼与徐志摩的恋爱故事。总之，他力求发现人才，与青年人为伍，求不落后，避免老朽。诚如他所说：“老虽老，却是河南枣，外面皮打皱，里面瓤头好。”他要给青年人叫个“我也是你们当中的一分子”的印象。

四、他能竭诚款客，在纽约做寓公时，来访客人不绝。有一次杨联陞兄同我去见他，他健谈，转瞬至吃饭的时候，起立告辞，不让走。当时收入甚微，以豆芽菜豆腐款客。伍廷芳倡猪血养生论，胡博士谈豆芽菜中的维他命，豆腐之容易消化，等等。实则“司马昭之心”，我们深知，益发感动。所以胡适之“我的朋友”遍天下，实非偶然。

附：胡适与邓嗣禹往来书信全文

胡适致邓嗣禹函之一

（民国三十三年四月二十六日）

邓老板：

谢谢你的信和 Cheque。

这一次的芝城之游，给了我很多的愉快，其中最大的愉快是认识了你和许多新朋友（邹谠君、邹夫人、何女士、王熙君）。马祖圣君夫妇虽是旧相识，这次才得认识他们。你若见着这些朋友，乞代致意问候。

承借的赵一清《水经注释》，我已细校过，确是乾隆五十一年刻本，但不是“初刻未修本”，乃是“初刻初修本”。

此书共有这些刻本：

（A）乾隆五一初刻本

（A1）初刻未修本

现存者：1. 王先谦藏本

2. 张寿荣（光绪六年）所用本

3. 丁山所见本

（A2）初刻初修本

现存者：Chicago 藏本

（B）乾隆五九修改重刻本

此本国会藏一部

（B1）张寿荣刻本（光绪六）（参用 A1 与 B）

（B2）章寿康刻本（光绪六）（全用 B）

嗣禹老兄：
真真對不住你！你的九月一日的信，我到今
天才回信！
我很盼望你能在明年七八月回國，到北京大
學來教歷史。我大概二月或三月回國，正式
聘書當在明年春夏間由北大發出。
你教授的科目，我此時不能預先決定，只盼
望鄧老板的拿手好戲之中挑選排演。
我盼望你的科目之中，能把你的英國文官考試制度
列入「國際關係」或「中西文化關係」之內，因為太
平天國與英國文官考試都是中西文化互相影
響的重要例子。你說是嗎？
馬祖望先生現住何處？見時請代致意，說我
與北大理學院長饒毓泰先生都有意請他去北
大，或在化學系，或在新計畫的工學院。此
事請他早日考慮，賜一回音。
匆匆敬問
大安。
胡適 敬上。卅四，九，廿
北大校長事，政府發表，並未徵求我的同意。現有
傅孟真兄允替我暫代，我希望可以稍減罪過。適

故 Chicago 本虽非最初未修本，而实为最罕见的本子。（A1）是毕沅

将升任湖广总督时赶刻赶印以便带去送人的，故其本流传较多。（我所知已有三本。）（A2）虽胜于（A1），而流传似不广，我所见仅有此一部，故甚可贵也。

我已有详考，稍暇当写清本送给芝校图书馆。

你的考试制度英文论文，我很得益。此是我久想做的一个题目，此次得读大作，其结论多如我的推想，其证据比我□想的更丰富！多谢！多谢！

匆匆问好，并谢你种种厚待。

胡适

胡适致邓嗣禹函之二

（民国三十四年九月二十六日）

邓老板：

真真对不住你！你的九月一日的信，我到今天才得回信！

我很盼望你能在明年七八月回国，到北京大学来教历史。我大概二月或三月回国，正式聘书当在明年春夏间办好。

你原授的几科，我此时不能预作决定，只盼望在邓老板的拿手好戏之中挑选排演。

我盼望你的戏目之中，能把你的英国文官考试起源列入“国际关系”或“中西文化关系”之内，因为太平天国与英国文官考试都是中西文化互相影响的重要例子。您说是吗？

马祖望先生现住何处？见时请代致意，说我与北大理学院长饶毓泰先生都有意请他去北大，或在化学系，或在新计划的工学院。此事请他早日考虑，赐一回音。

匆匆敬问

大安

胡适　敬上　卅四、九、廿六

北大校长事，政府发表，并未征求我的同意。现有傅孟真先生扶病暂代，故我可以稍缓回国。

适之

邓嗣禹致胡适函之一

（民国三十五年四月十一日）

适之先生赐鉴：日前专程拜谒，因行色匆匆，高朋满座，不克多聆教言，微感美中不足。然看先生公私事务那么忙迫，尚能博览群籍，作了那么好的考据文章，写了那么多的日记笔记，真使后辈末学受了很多的鼓励与感动。从此以后，我也打算多写点日记，多看点中国书籍，多作点文章，这是此行意外的收获。我这次去华盛顿的目的，一为购买国会图书馆善本书影，一为向联合国善后救济总署谋事，求乘飞机回国，以便早日服侍十二年未见面的老父母。不幸救济总署之史学工作事，已委之于林同济。等他工作，不见得有坐飞机的可能，与学问兴趣亦相差太远，故决心按原定计划，八月中回国，先看父母，再至北大教学。希望在先生领导之下，结结实实做点研究工作。至于专心服务的精神，嗣禹可说是养之有素了。先生送芝大图书馆的《水经注》跋，已拜读，敬谢，当珍藏善本书室，永远保存。途经芝加哥时，请先生示知，如无课，当进谒。此叩

著祺

“偷听生”嗣禹　拜启　四月十一日

邓嗣禹致胡适函之二

（年份不明，七月六日）

适之先生赐鉴：久未通信，非常抱歉。因为先生忙碌，非有要事，不敢打搅，结果，变成一种“取消派”，不写信。这又大不客气了。

吴文藻先生离开芝加哥的时候，托寄一本书给先生，翻开一看，觉得颇有意想。于是打定主意，“偷阅”一过。临到来 Mills 大学前一天，才把它包好邮寄。迟延之罪，敬请原谅！

在 Mills 大学，每日教国语一小时，讲中国文化史一小时，还不算忙。不过因当系主任，应酬事务，社交节目，令人头痛。好在只有六个礼拜。八月初再回 Chicago。

此后拟写一文，《Herodutus 跟司马迁史学之比较》。再后拟专心写英文《中国通史》，期于两年以内完成，决心驾凌目前一切英法文著作之上，不然，无出版价值。关于英文《中国通史》体例，及其应注意之点，

先生若有所指教，当非常感谢、欢迎。

在密尔思大学讲学，亦不过欲对祖国文化略加宣扬而已。多一番接触，多一分经验，多一分认识，知道教授美国人，如何取材，如何立言，如何应付。然雅不愿长留异邦。杨今甫先生现在何处，不知能见示否？吴光清夫人吴女士闻在OWI做事，妖艳异常。光清得一博士，失一老婆。所谓“门外打一个茅山鸟，屋内失一老鸡婆”，令人有啼笑皆非之叹，不知先生以为如何？

专此敬叩　著安

倘蒙不弃，以近著及生活见示，更觉荣幸。

后学　邓嗣禹　谨上　七月六日

蔡元培先生的革命思想与活动

蔡元培（孑民，一八六八年至一九四〇年）是二十世纪前四十年融合中西学术，施诸实行，一甲前三名中的人物，其在教育文化上的贡献，或可升为状元；其嘉言懿行，前贤言之详矣。惜尚缺乏一部详细的传记或年谱（编者按：台湾地区已出版陶英惠编著的《蔡元培年谱》上册），海外有两篇研究蔡先生的博士论文①，非传记体例，故其生平的革命志趣，似尚有商量的余地。他的头衔已很多，可再加一个革命教育家的帽子，他不是革命的理论家，也不是死心塌地、百折不回的实行家，而是一位先知先觉，开革命的先导，常立于新思潮的前线，常倾向于新的进步的运动。

蔡元培先生是否为秘密社会分子，也想在此文中贡献一些证据。

甲午战争与戊戌政变两大失败，予中国知识分子一大打击，蔡先生当然不算例外。在一八九四年，他已升为翰林院编修。平凡的人，很可以养尊处优，熟读经史，弄点文墨，唯命是从，而他喜涉猎译本西书。

---

① William John Duiker III, Ph. D., *Ts'ai yuan-pei and the Political Revolution in Modern China*, Georgetown University, 1968, p. 463; Eugene Stephen, Ph. D., *Ts'ai yuan-pei from Confucian Scholar to Chancellor of Peking University, 1868-1923: the Evolution of a Patient Reformer*, The Ohio State University, 1970, p. 182.

至一八九八年，他突然归绍兴老家，是何原因？

蔡元培不继续做翰林的原因

通常的说法，是因他同情戊戌变法运动，故弃职返里①。京官之同情维新者颇不乏人，何必抛弃铁饭碗？也许是蔡先生骨节高昂，不愿折腰。但蔡先生较我们所设想者，有更强硬的气节，他胆敢骂朝廷。据陈甘簃《睇向斋逞臆谈》：

> 元培入翰林，尝于同官酬酢间，诋贵胄昏庸不解事，唱“排满”之论，声至激烈：语闻于掌院学士（徐桐），面斥之曰：“乱臣贼子，人人得而诛之！”②

蔡乃托病，请假南归，不愧为勇敢之革命家。返绍兴后，另起炉灶，创新门路，勤修日语，读和文书。日德文法颇相近，故日译德文书多，他能自由阅读，自由思想。痛定思痛，他觉得戊戌维新之所以失败，由于事先未造成一大批革新人才，只康、梁、谭嗣同等人，缺乏群众基础，历史上许多改革的失败，多由于此。所以，他决定从教育入手，训练一批新青年。

恰好是时有一所很新式的绍兴中西学堂，其中居然教英法文，不久加授日文。一所中学能授三种外国语言，在今日亦不多。一八九八年，中西学堂的校董聘蔡元培为监督（即校长），这是他服务于新式学校的开始。校中分新旧两派，旧派要学生习诗、古文词，学写八股文，以便中举；新派讲授物竞生存之进化论与物理、化学等科学，对于旧日尊君卑民、重男轻女的旧习随时有所纠正。旧派不以为然，运动校董，出而干涉③。结果，在一八九九年，蔡遂辞职。

教职员中思想不同，对于学生反而有益，能刺激学生的思维。在绍兴中西学堂里，即已造出一位后来鼎鼎有名的蒋梦麟。蒋先生说：

---

① 李若一：《蔡先生的政治思想》，《人人文库》，台北：台湾商务印书馆，1961年，第197页。

② 陈甘簃：《睇向斋逞臆谈》，《申报·自由谈》，1931年12月15日；《蔡元培》，见孙常炜编：《蔡元培先生全集》，台北：台湾商务印书馆，1968年，第1348页。以下简称《全集》。

③ 蔡元培：《我在教育界的经验》，《全集》，第677页。

> 我在中西学堂，学到……闪电是阴电和阳电撞击的结果，并不是电神的镜子里发出来的闪光，雷的成因也相同，并非雷神击鼓所生，使我放弃了我思想中怪力乱神的信仰。①

当时是迷信很盛行的社会。介绍一点新科学，打破若干鬼神的乌烟瘴气，是为除旧布新的先决条件。蔡先生是一位可高可低的伟人，庚子年至次年初，他偕友人为绍兴侨农创办小学一所。以翰林办小学，是等于割鸡用牛刀。蔡先生只求对社会有益，其他非所计。

一九〇一年，蔡先生受聘为南洋公学特班的总教习。此校位于上海，是一八九六年盛宣怀奏请设立的。一九二八年改为交通大学。特班学生四十人，秀才、廪生居多，戴顶子上课，皆能作八股文，而不一定能写普通的书信。蔡先生因材施教，让学生自由读书，写日记，每月作长文一篇，发挥意见，总教习亲自批改。评语中，常灌输民权思想。又教学生读日文，使自译和文书，并为之改正。此班高才生有黄炎培、邵力子、谢无量等，其教员同事有吴稚晖。吴先生说："孑民唯一的志愿，一定要盼望中国出些了不得的大学问家。"② 其实。蔡先生尚有其他的用意。

寓革命于教育

那时蔡元培先生与其他旅沪志士章炳麟、吴稚晖等。以译本教科书不适用，非重订完善，不足以改良教育，故于一九〇二年四月发起组织中国教育会，举蔡孑民为会长。因倡议之人均为名流硕彦，热心救国，故此会隐然为东南各省革命之集团，谋推翻清朝政府③。

又有一爱国女学，由蒋观云等发起组织。蒋君赴日留学，请孑民代为管理。所谓爱国者，爱中国也，亦阴寓"排满"与排斥外国侵略之意。戊戌政变与庚子"拳乱"以后，学生渐渐觉得必须推翻清朝，建立自己的政权。

中国教育会与爱国女学的经费，多半出自上海富商哈同夫人逻迦陵女士（Mrs. Siles Hardoon，福建人，深信佛教，拜乌目山僧为师）。山

---

① 蒋梦麟：《西湖》，《中华日报》，1959 年，第 29 页。

② 吴敬恒：《蔡先生的志愿》，《全集》，第 1369 页。

③ 罗家伦主编、黄季陆增订：《国父年谱》，台北：中国国民党党史史料编纂委员会，1969 年，第 149 页。以下简称《国父年谱》。

僧原名黄宗仰，曾受翁同龢熏陶，能作诗古文，又精于园林设计，被聘为工程师，建筑爱俪园，即哈同花园，此犹太富商对之推崇备至，言听计从①。一九〇二年十一月十六日，上海南洋公学因教职员新旧思想之争，发生反抗学校的风潮，趋新教员吴稚晖、蔡元培辞职，全体学生二百余人退学，其在沪无家族可依而须住旅馆者，推代表向中国教育会求助。黄宗仰愿筹一切旅费。退学学生赖以维持于一时。然倚人篱下，终非长久之策②。

于是由中国教育会蔡元培、章炳麟等为退学学生组织爱国学社，租了两幢房子为校址。他校退学者，亦欢迎入爱国学社。被欢迎者之一，就是日后著名的章士钊，学陆军，转学后，请教兵操，元培社长亦亲自参加，受军训。爱国学社正式上课的时间不多，而主要活动是宣传革命，提倡军国民主义，大家要去当兵，成为国内唯一的革命机关。教职员每月要去张园演说一次。鼓吹爱国主义、“排满”革命等，无所顾忌。到爱国学社来的人越来越多，有邹容《革命军》的读者，也有从日本归来者。如此高谈阔论，约有半年之久，外面引起官方的注意，内部章炳麟、吴稚晖发生龃龉，财政方面日起恐慌，无可奈何，与《苏报》联系，每月资助爱国学社一百元，而蔡元培、章士钊等为《苏报》写社论。蔡先生写过一篇《释仇满》，大意云：满人血统，久已与汉族混合，其语言文字，亦已为汉族所淘汰。吾国一皆汉族，满族之皇帝大臣，可乘间而杀之，但不必如邹容《革命军》所云“杀尽胡人”。可见孑民先生仁者之用心。然革命言论喧哗已久，居上海大不易，危险多，其兄鉴清力劝元培留学。蔡先生以德国学术最优，欲赴德，即先去青岛学德文，不到一月，《苏报》案发生，章太炎、邹容入狱，爱国学社亦被解散③。

蔡元培在《俄事警闻》与《警钟日报》所宣传的革命方略

一九〇三年冬，蔡先生自青岛返沪，仍假中国教育会为活动机关。

---

① 蔡元培：《记宗仰上人轶事》，《全集》，第675页。

② 《国父年谱》，第149-150页。

③ 《南洋中学一九〇二年罢课风潮和爱国学社——座谈记录》，《辛亥革命回忆录》，中华书局，1962年，集四，第63—77页；萧一山：《一代宗师蔡孑民先生》，《学术季刊》二卷一期（1953年9月），第125—126页；蔡元培：《我在教育界的经验》，《全集》，第675页。

适俄人进兵奉天，举国骚然，乃与刘光汉（即刘师培）、陈竞全（甘肃名进士，累官知事，有钱，住上海租界）等人在上海发行一日报，名《俄事警闻》。文言与白话兼用，开始即谓“同人因俄占东三省，关系重大，特设警闻，以唤起国民，使共注意于抵制”，并列评清政府外交之失败。其抵制之法，是用社论：《告马贼》（十二月十九日）、《告会党》（十二月二十日）。一是哥老会，二是私盐帮，三是广西的会党。广西地方很穷，不免抢劫。官兵把这村的人通杀了，不如让岑制台春煊说：“让你们去打俄国人，等到认真把俄国人打退了，全国里的人，都要大大地酬谢你们。你们也不至于再吃现在这种苦了。”

对盐枭的宣传是：“你们盐枭身体是很强的。胆力是很大的，团体是很固的，武艺是很精的。……你们盐枭中有名的是张士诚、刘铭传两个大人。张士诚……起兵泰州，不久即住苏州……好不快哉！刘铭传先前也是私盐贩子……后来清廷皇帝封他为一等子爵，岂不胜于卖私盐万万倍么?”[①]（一九〇三年十二月二十六日，小报只一小张，无页数）

《新年梦》在《俄事警闻》中连登数日（一九〇四年二月十七日至二十五日）。此文未署名，黄世晖撰《蔡孑民先生传略》，证明为蔡先生所作。他梦想要：一、恢复东三省；二、消灭各国在华的势力范围；三、撤去租界；也鼓吹“废财产、撤婚姻”的社会主义。他要学德、法、英三国语言，要进德国高等工业学校，兼研究哲学。“因为专门学问，德国最高。”这种梦想. 蔡先生在一九〇七年实现了[②]。

《俄事警闻》只出了七十三日，一九〇四年二月二十六日，改为《警钟日报》，编纂方法一仍其旧，观点亦大致相同。谓“俄人不畏官军而畏马贼，马贼者，民族之代表也”[③]。稍后增加全国会党活动的消息，尤注意广西的大官与巨匪，另加刺客论，鼓励游侠，提倡中国之武士道。目清朝官厅为盗贼政府，言论日趋激昂。“排满”革命日益明显。结果，一九〇五年三月，《警钟日报》被迫停刊。

---

① 黄世晖：《蔡孑民先生传略》，《全集》，第 1309 页。

② 《新年梦》，《俄事警闻》，中国国民党党史史料编纂委员会 1968 年影印行世，又见《全集》，第 439—450 页，此排印本间有错字。又参见《蔡元培先生年谱》上卷。

③ 《警钟日报》，罗家伦编《中华民国史料丛编》册一，1904 年 2 月 26 日。

《警钟日报》“本来就是蔡先生革命运动的刊物。译登俄国虚无党的历史，为国人种下革命思想”。这是当时在报馆任职的先师马鉴（季明）先生说的。他又描写只有蔡先生做独角戏，“天气非常寒冷，并无火炉，每晚总须写两篇文章。那时蔡先生右手冻疮溃裂，套了一只半截露指的手套，冷冰冰地继续工作，不避艰苦”①。

一九〇四年七月二十日，登广告：“蔡孑民敬白：孑民近担任爱国女学校事务，故《警钟》社编辑之役，已由汪允宗君主任。”② 在辞职以前，六月十九日，有一篇社论《论会党有益于国》。略云：“或者不察，谓会党为乱民之事。”社论说：“有会党而乱，不如无会党而治。”会党“可以提倡民权，可以暗杀其君相，离间其臣民。……但使会党种子愈布愈多，终必有达其目的之一日。呜呼，观乎欧洲变法诸国，何一非由会党造其首基哉！……而俄国之虚无党，自学生、工人、军士，以至各种社会，几乎弥漫全国，波澜屡动。其未至于成功者直待时耳！环顾祖国会党，如中国之红灯、白莲、哥老、安清之类。其有如是之激昂而敏活者乎？吾方旦暮望之矣。”③

《论会党有益于国》的社论，多半是演独角戏的主编蔡孑民先生写的，从此我们可提出一问题：

蔡元培曾否加入秘密会党？

首先我们要对秘密会党下一定义。会党原始是少数志同道合之人，为达到某种目的，联结为党，有入党盟誓或仪式，严守秘密，不示他人，故称为秘密会党，一称秘密社会。社乃中国古代农村社会祭祀土神之所，即现代之土地祠，含有神秘之意。神秘是秘密社会常有的现象。

如此定义可以成立，可进而考察蔡先生所加入的团体。上述爱国学社为革命总机关，卸了《警钟日报》的主编之后，蔡先生为爱国女学堂校长，欲造成虚无党一派之女子，以便担任侦探与暗杀工作。他认为革命只有两途，一是暴动，一是暗杀，暗杀于女子更为相宜。蔡先生在爱

---

① 马鉴：《纪念蔡孑民先生》，《全集》，第1533—1534页。

② 《警钟日报》，罗家伦编《中华民国史料丛编》册三，第146号。

③ 《警钟日报》，1904年6月19日第一版。

国女学讲法国革命史、俄国虚无党历史①，惜其效果未易速成，但爱国女校仍为秘密革命机关。对辛亥革命有相当贡献的光复会，起初就设在此校中。

光复会的酝酿、密商、策划、组织，是在一九〇三年前后，肇始于东京，由军国民教育会流衍而成，初名暗杀团②。一九〇四年九月，中国教育会会长蔡元培探知龚宝铨（章炳麟女婿）之暗杀团来沪，他乃自动要求加入。于是更将规章详加修订，定名曰光复会，并推举蔡元培为会长，秘密结纳各地会党，壁垒为之一新。章炳麟、陶成章、徐锡麟、吴春旸、熊成基、吴樾、秋瑾等相继入会，极力联络江浙会党，从事革命③。光复会总部以办学为名来掩护革命运动，徐锡麟初办大通学堂，蔡先生常去讲演。因筹款困难，其弟元康来绍兴时，曾主张抢劫钱庄的运款来办学，陶成章反对，未实行。到各处奔跑，去运动会党。非蔡元培先生所长，而陶成章、徐锡麟等优于为之。如一九〇五年二月，锡麟自东阳至缙云，昼行百里，夜止丛社，多交其地奇才力士④。此种艰苦，非文质彬彬之蔡翰林所能受，他长于劳心，但不惯于劳力。

自一九〇五年八月二十日，同盟会在东京正式成立后，九月八日，以光复会会员吴春旸之推荐⑤，派蔡元培为上海同盟分会会长，从事于更切实有效的“反满”工作，秘密赁屋，学制炸弹。与其事者，必须采取传统秘密会社仪式，以免泄露消息。

> 开会时，设黄帝位，写誓书若干纸，如人数，各签名纸上。宰一鸡洒血于纸，跪而宣誓，并和鸡血于酒而饮之。其誓言，则每人

---

① 《我在教育界的经验》，《全集》，第 678 页。

② 冯自由：《中华民国开国前革命史》第二册第三十五章，台北：世界书局，1954 年影印，第 19—33 页。又参见小野川秀美：《光覆會の成立)（京都）《东方学报》四一，1970 年 3 月，第 531—544 页。

③ 吕复之：《革命策源地之绍兴大通学堂》，《浙江月刊》一卷七期，1969 年 3 月，第 15 页。

④ 罗耀九：《光复会性质探讨》，《厦门大学学报》（哲学社会科学版）一期，1960 年，第 69—70 页；冯自由：《革命逸史》册五，第 61—62 页，台北：商务印书馆，1965 年；陈魏：《光复会前期的活动断片》，《辛亥革命回忆录》册四，第 127—129 页。

⑤ 《国父年谱》，第 201 页。一说介绍孑民入同盟会者为何海樵，今从《年谱》。

各藏一纸，乃教授制（炸）药法，若干日而毕……未久而中国第一炸弹，发于考察宪政五大臣车上，孑民等知发者为吴（樾）君，则弹必出自杨（笃生）君手。①

以上引文是蔡先生口述，黄世晖笔记，并为“国国民党党史委员会”出版之《革命之倡导与发展》所采用，似足为据。其守秘之严，“虽父子兄弟，也闭口不谈”②。此外尚有三旁证：

（一）时光复会的干部人才，如徐锡麟、秋瑾、敖嘉熊等，多为秘密社会分子，光复会的誓词为：“黄河溯源浙江潮. 卫我中华汉族豪。莫使满族留片甲，轩辕神胄是天骄。”③ 其他誓词不备引，与旧式会社相同。

（二）一九一七年，北京大学成立国史编纂处，由校长蔡元培兼处长，地理教授张相文为副主任。为编《国史前编》，蔡、张两氏联名致孙中山先生函，略云：

盖以民国成立以来，群言淆乱。是非不明。不有信史，何以昭示来兹？且饮水思源，尤不容忘其本来。故元培与编纂诸君，共同斟酌。拟自南京政府取消之日止，上溯清世秘密诸会党，效司马温公《通鉴外纪》之例，辑为一书，名曰《国史前编》。所以示民国开创如此之难也。唯兹诸会党既属秘密组织，迨今事过情迁，往往不能言其始末。再过数十年，窃恐昔年事迹，不免日益湮没，滋可惧也，所幸先生以开国元勋，不吝教言，征文考献，皆将于是赖之矣。④

---

① 黄世晖：《蔡孑民先生传略》，《全集》，第1310页；《革命之倡导与发展》（台北：党史委员会编，1963年）册十，第367-368页；萧一山：《一代宗师蔡孑民先生》，《学术季刊》二卷一期（1953年9月），第126页。同一饮鸡血酒的故事，而被二三权威著作采用，必非无稽之言。许金城《民国野史》亦云“蔡元培制炸弹，吴樾以之炸出洋考察宪政大臣”，《近代中国史料丛刊》，台北：文海出版社，册九七七，第24页，及小野川秀美（见上引，第535页）亦言及饮雄鸡血酒之盟誓，可见证据充足。

② 沈瓞民：《记光复会二三事》，《辛亥革命回忆录》集四，中华书局，1962年，第141—142页。

③ 罗耀九：《光复会性质探讨》，《厦门大学学报》（哲学社会科学版）一期，1960年，第73页；吕复之：《革命策源地之绍兴大通学堂》，《浙江月刊》一卷七期，1969年，第15页。

④ 蔡元培等：《为〈国史前编〉与孙中山先生通讯》，张子文：《一组书简的集合》，《传记文学》卷十一，期一（1967年7月），第18—19页。

中山先生复函云：“近方从事著述……其中一章所述者为‘革命缘起’……足为尊处编纂国史之干骼。若更求其详，当从海外各地征集材料，乃可汇备采择。……清世秘密诸会党……于共和革命，关系实浅，似宜另编为秘密会党史，而不以杂厕民国史中。”①（一九一九年一月十四日）

民国成立六年后，蔡元培先生饮水思源，不忘本末，请为清世诸会党作《前编》，可见他与会党有特殊之关系或兴趣，把一位地理学家张相文拉出来做陪客，以免孤掌难鸣。

逾七日，蔡、张再函请向海外征文。大概孙先生因公忙，海外搜集秘社资料不易，讫无下文，绝非如朱元璋之对付小明王，否认与白莲、红巾之关系。现在已有《革命之倡导与发展》，可供学人参考。

（三）五四运动前后，林语堂去北大请蔡先生作书序，在会客室中稍候。最使他触目的，是北大校长候客室中玻璃架内，陈列着一些炸弹、手榴弹。林语堂心里想，此人未可以外貌求之。还是个蘧伯玉吧？蘧伯玉名瑗，孔子弟子，“外宽而内直，自设于隐括之中，直己而不直人。汲汲于仁，以善自终”②。盖有古代豪侠之风，他自认制炸弹，饮鸡血酒，是一件荣耀之事，故在玻璃架内陈列之。

在人证方面，台北有一位与孑民有师生及其他职务深切关系的唐嗣尧先生，亦云：“孑民师不惜以翰林学士之尊，而秘密结合义勇豪杰之士。”③

读以上蔡先生在《警钟日报》之社论及以后的言行与证据，他是否

---

① 《国父全集》第三册，1973年6月，第590页。

② 《全集》，第1470—1471页；《史记》卷六七第1页下，有关于蘧伯玉个性的写照。

③ “立法委员”唐嗣尧先生答客问，用中文打字机打出一篇优美的文章，题为《蔡先生生平事略》，其末段云：

> 孑民先生一生好学不倦，读书为乐；生活简朴，毫无官气；气度恢宏，兼容并包；待人诚恳，处事公正；赋性恬淡，不事名利；崇尚气节，力行信义；明辨是非，主张公道；礼贤下士，察纳雅言；奖掖后进，不遗余力。使人尽其才，为国效力。不仅为中国学人之模范，亦为中国近百年来之完人。
>
> 丙辰年春唐嗣尧记述于台北

谨对唐先生致万分谢忱。

为会党分子的假定，似可以证实。蔡先生不以此为侮辱，反以此为荣耀。因为清朝末年，爱国志士热血沸腾，只择目的，不择手段，在巴黎出版的《新世纪》公开号召："去矣，与会党为伍！"① 民国元勋孙总理，早已承认加入了会党。其次如黄兴，据冯自由说："黄先生乃哥老会首领，亦系洪门最大宗派之人物。"黄克强先生回答说："今日兄弟承洪门手足欢迎，无任感激之至。"黄谓与冯自由君共事甚久云云②。可见冯自由的介绍词谓黄兴为哥老会领袖，是有根据的。其他大人物与大学者加入会党者亦不少，出于本文范围，不备列。与会党为伍为一时潮流，不足为奇。

光复会与同盟会之离合

大致来说。同盟会为兴中会、华兴会与光复会的组合或同盟，夷考其实，成立以后，华兴会之名罕用；而光复会与同盟会时合时离，或貌合神离，或明争暗斗。然其总目标，是推翻清朝统治。此文只能说一梗概，因为蔡先生一九〇七年五月至一九一一年十月在欧洲。

蔡先生出国后，光复会之领导人物，为章炳麟及女婿龚宝铨与其至交陶成章、徐锡麟、秋瑾等。他们要组织光复军，欲在浙江、上海等处发难，要求同盟会总部接济款项。同盟会无以应。陶成章乃去南洋，与在南洋教书的李燮和（湘省富翁）以复兴光复会名义筹款，并上书总部，请易孙文，以黄兴代之③。经黄兴与蔡元培等极力调和，至辛亥年共同合作，促成武昌起义，加速光复各省。

共患难易，共安乐难。浙江新政府成立后，浙人初属意于陶成章。谢心尧案。"陶成章为洪门之重要分子"。开会选举。蒋尊簋当选。成章即于一九一二年一月十四日，被人刺杀于上海广慈医院④。

---

① 《去矣，与会党为伍！》，《新世纪》，东京：大安株武会社，1966 年影印。

② 《民国杂志》第六期，1904 年，第 5 页。敬谢黄克强先生女婿薛君度教授，惠赐剪报复印本。

③ 冯自由：《革命逸史》集五，台北：台湾商务印书馆，1965 年，第 64—74 页；《国父年谱》，第 290 页。

④ 谢心尧：《辛亥革命各省光复纪略》，《樾风》半月刊，卷二〇，1936 年 10 月，第 51 页。刺杀陶成章者为谁，现已成为秘密的公开，非本文范围之内，不备述。读者欲知其详，可参考《蒋介石秘录》，台北"《中央日报》"全译本册四，第 58—60 页。

陶死后，光复会一蹶不振，临时大总统孙中山先生急电沪军都督陈其美，谓“陶被人暗刺，不胜骇异。陶君抱革命宗旨十有余年……光复之际。陶君实有巨功……务令凶徒就获，切切”①。凶手虽终未拿获，然亦可见孙中山先生之宽宏大量与公允。且尚不只此，他电陈炯明嘱调解在岭东同盟、光复二会会员之轧轹，电文略云：

同盟、光复二会，在昔同为革命之团体。……同盟会实行革命之历史，粤人知之较详，不待论述。光复会则有徐锡麟之杀恩铭，熊成基之袭安庆，近者攻上海，复浙江，下金陵，则光复会新旧部人，皆与有力，其功表见于天下。②

此种至公无私的精神，令人肃然起敬。而章炳麟《中华民国开国前革命史》序，谓冯自由少阿私之见诚然，但太炎先生为光复会、共进会焦达峰等表功，未提孙文之名，未言同盟会之贡献，犹曰：“夸诞之士乃欲一切笼为己有，亦曷足怪乎?”③ 与孙中山先生之评断相比较，不啻有天渊之别。此亦《尸子》所云：“不痴不狂，其名不扬者乎?”

同盟会之组织，后于兴中会及光复会，而此二者，对于辛亥革命，俱有相当贡献。武昌起义以前，革命失败者至少十五次，由兴中会及同盟会发动者十次，黄兴参与者共六次，光复会、华兴会主持者三分之一，而秘密会党分子，直接间接（以新军名义），几乎无役不与。在清政府眼中，兴中、华兴、同盟等团体，无一不是秘密会党，被禁止、捕杀。然同盟会不免以首功自骄，故蔡元培先生在一九一二年九月一日“对同盟会在粤支部讲词”云：

中华民国是同盟会人所构造而成，此论者所常言者也。但今日希望于诸君者：第一，以后我同志断不要说这句话。盖同盟会之与民国，不过关系甚密切而已，此则天下自有公评，不必我同志以此自诩……至惹起社会上人之反对。④

---

① “中央党史史料委员会”编：《总理全书》册六，台北：“中央文物供应社”，1955—1956年，第23—26页。

② “中央党史史料委员会”编：《总理全书》册六，台北：“中央文物供应社”，1955—1956年，第23—26页。

③ 《太炎文录续编》卷二下，第10—20页。

④ 《蔡元培先生全集》，第707页。

所以，章太炎先生之序革命前史，不表同盟会之功，恐是反感的表现。沈云龙先生说得好：

> 今之治革命史者，徒知炫言同盟会系沿兴中会一脉相承而来，而有意忽略华兴会、光复会与同盟会之渊源，是不免为扬己抑人之成见所拘囿。冯自由谓："国人对辛亥革命前伟业，多数典忘祖，喜谤前辈，此真民国盛衰存亡之大关键。"诚慨乎言之矣。①

按太史公书之所以永垂不朽，是在能包括社会各阶层，兼叙游侠。伯拉图（今译作柏拉图——编者注）云，公平是能予人以应得之份（Plato says，Justice is to render each his due.）。吾人知纂修民国史之专家，必早已谂知史迁之史法、史德，恪遵孙总理廓然大公、宽宏大量之精神，无须愚者之一虑。

蔡元培在思想方面站在时代的前线

蔡先生对中外古今的文化，讲消化，不守旧，不盲从，择其善者而采纳之。故能熔化中西新旧于一炉。他是一贯的左与新，绝不因年龄与地位而改变。从清末至民国。他的思想总是一贯的，而且是一致的。在二十世纪初年，他对虚无主义、无政府主义、社会主义都表示兴趣，做过宣传②。

孑民先生具有智、仁、勇三德。在智的方面，他是一位刻苦用功的学者，在短期内，能学会日、德、法、英文，做过教育总长后，仍能去德国上课，世所罕见。他能容纳异己，目光远大，择人之长而舍其短。他如不长北大数年，恐怕北大师生仍在醉生梦死，为升官发财着想，若干年后，才慢慢讲求改变。他长北大，让教员学生的思想自由发展，自

---

① 沈云龙：《现代政治人物述评》，台北：文海出版社，1966 年，第 27 页。沈氏又云："甚且混国史与党史而为一，功则归己，过则诿诸他人，一咻百和，莫之敢忤。"耘农（沈云龙）：《记同盟会与光复会之党争》，《民主潮》卷五，期十八（1955 年 9 月），第 16—17 页。谢谢 Richard Lynn 教授，从他处代作一复制本。又参邓嗣禹《海内外会党对辛亥革命之贡献》，吴相湘编《中国现代史丛刊》册五（1964 年），第 21—22 页。

② 蒋维乔：《民国教育总长蔡元培》，《全集》，第 133—142 页，及 Chow Tsetsung：*The May Fourth Movement*，Cambridge：Harvard University Press，1960，第 97、216、217 及 243 页注。

由辩论，自由发表，杂志如雨后春笋，思潮如波涛澎湃。老顽固、新洪水与猛兽，皆在他的羽翼下无忧无虑、平平安安地竞争，造成一大批人才，为全国效力，为其他大学做模范。孑民先生之发扬文化，其功不在禹下，他一生任事做官，总是合则留，不合则去，当非大智莫办①。南港“中央研究院”，应当有蔡孑民一铜像，以资学人景仰。（按：南港“中央研究院”有元培馆，馆内有蔡氏铜像）

在仁的方面，蔡先生具备温良恭俭让。对任何人无疾言厉色，为青年谋事，有求必应，令人感动他的帮助。朋友、学生为政治受刑狱之苦楚，他必尽量援助，使之出狱。凡有一技之长者，必使有用武之地，人皆尊之为仁慈和蔼，易于亲近的长者。

在勇的方面，他在翰林掌院学士之前敢公开批评朝政，非勇不可。他终身没有离开思想斗争的阵地：他为破除迷信而斗争②，为推翻清朝专制而斗争。为反对北洋军阀而斗争，为拥护民族自由而斗争，为民主宪政而斗争，他是一位脚踏实地的教育思想的革命家③。最后，蔡孑民为保护人权而斗争，推行无党派、无国家、无善恶的三无主义，此更非勇不可。一九三二年十二月三十日，蔡元培先生用中国民权保障同盟副主席

---

① 参《传记文学》一八三号（1977年8月）专题人物座谈会——蔡元培。其他国内外学者，后者包括日本学人，凡是研究过蔡元培先生者。据浅见所及，几一致予以佳评，恕未能备列长短论文，与各书中的断章叙说。

② 蔡先生破除迷信，是从学理方面入手，上面提到蒋梦麟先生觉悟了有关雷之迷信，此处将附加一叙井上圆了的《妖怪学》。此人此书，很少受到注意，实则蔡先生受了井上圆了一点启发与影响。蔡先生把他的《妖怪学讲义》在1905年以前，就十之六七译成中文。井上自序云：“余之发行《妖怪学讲义》者，实有不得已者在焉。余尝以为吾邦之鸿业：一半既成，一半未成。……是余所以投身于教育海，日夜孜孜，图报国恩于万一。……余独自为妖怪学之研究。于兹十年矣。”故此书材料丰富，组织精密，条分缕析，如剥春笋。译文简明流畅，能引人入胜。若干章段，似非涉猎中国文史数千卷者莫辨，读完此书，将迷信盘根究底，碍难立足。然则作者之背景，岂可不略加考察耶？井上圆了（1859—1919年）是文学、哲学、佛学与汉学家。曾习中国文史，又在长崎学英文。1885年，毕业于东京大学，因不喜时俗，醉心欧化，乃创办一杂志，名《日本人》。1888年游欧，逾年归。1902年再游欧，研究神怪学（mythology），以便矫正普通的迷信。1919年去上海、天津、北京等处游览，在大连讲演时，以脑充血逝世。所著尚有《伦理学讲义》，蔡先生之游欧洲与著作，似受其影响。

③ 蔡尚思：《蔡先生学术思想传记》，上海：棠棣出版社，1950年，第2—9页。

名义招待新闻记者，致辞云：

我等所愿意保障的是人权，我等的对象就是人，既同是人，就有一种共同应受保障的普通人权，所以我等第一无党派的成见：因为各党各派所争持的，已超越普遍人权以上，我等绝无专为一党一派的人效力，而不顾其他的。第二，我等无国家的界限：因为无论甲国人或乙国人，既同是人，就不应因国籍的区别而加以歧视；但因地点接近与否的关系，对本国人效力的机会多，而对外国人效力的机会少一点是有的。但外国人亦自有便于为他效力的同志，照分工条件，并无轩轾。第三，我等对于已定罪或未定罪的人，亦无甚区别：未定罪的人，其人权不应受人蹂躏，是当然的事；已定罪的人，若是冤的，亦当然有救济之必要。至于已定罪而并不冤的人，若依照嫉恶如仇的心理，似可不顾一切了，然人的罪过，在犯罪学家，归之于生理的缺陷；在社会主义，归之于社会的因缘；即在罚当其罪的根据上，本尚有考虑的余地。所以古人有“如得其情，哀矜勿喜”的箴言，又有略迹原情的观察，即使在法律制裁之下，对于当其罪之罚，不能不认为当然，而不应再于当然之罚以上再有所加；苟有所加则亦有保障之必要。例如狱中之私刑虐待等是。所以我等于无罪或有罪之人，亦无所歧视。诸君所主持的新闻，或以爱国之故，而对于本国特别爱护；又或以与一党一派有特别关系之故，而政见上常有拥护甲党攻击乙党之态度；此诚不必免，亦不可免者。然希望诸君对于普遍人权，能超越国家、党派的关系，以下判断，这是鄙人所盼望的。①

文中所提出的，有罪无罪，狱中私刑虐待，在蔡先生可以仁道主义概括之。中国民权保障同盟的会长是宋庆龄，会员包括杨铨（杏佛）、林语堂、鲁迅、邹韬奋等。此会主要工作，是设法营救陈独秀和牛兰，电请释放许德珩及平津被捕之学生与工人，与“五四”时代要求释放学生如出一辙。

中国民权保障同盟的性质和义务是：一、争取释放国内政治犯，工作对象是一大批不知名的囚犯；二、向政治犯提供法律的辩护及其他援

① 上海《申报》，1932年12月31日。

助，调查监狱状况，公布国内剥夺公民权利的事实；三、协助争取出版、言论、集会和结社的自由①。

从一九二八年起，蔡先生长中央研究院，其总干事或行政秘书为杨铨（杏佛，一八九三年至一九三三年）。此人说是干才，能一面谈话，一面对客挥毫写信，曾在康奈尔大学习工程，在哈佛大学习商业管理，回国后，历任东南大学等校行政兼教授工作。一九二五年随孙中山先生北上，任秘书职，后任孙中山先生丧事筹备处干事，并从事北伐军在上海的地下工作。一九二八年任中央研究院总干事，轻于蔡先生的年龄二十多岁，以长辈待之，两三年合作同事无间言②。

不料一九三三年六月十八日晨，杨铨在上海被刺死，南京政府严令缉凶，亦始终未获，是否杀鸡儆猴，不得而知。此后宋、蔡虽仍为社会贤达，但少作要求释放政治犯的言行。蔡先生的健康亦渐衰，一九三七年沪宁失守，隐居香港养病。虽仍遥领中央研究院，但极少公开发表言论。一九四〇年病终，载满令誉，永耀文坛。唯有一事，为人所未言，即蔡、宋数人之人权运动（Human Rights Movement）为四十余年后美国卡特总统人权运动之先声，此亦始料所不及。

一九八一年三月十八日于美国印第安纳大学历史学系撞钟室

原载《传记文学》第三十九卷第三期（一九八一年九月号）

邓之诚先生评传

先生姓邓，名之诚，号明斋，又号五石斋，文如其字。原籍江苏江宁。清光绪十三年十月十五日（公元 1887 年 11 月 29 日）生于成都，

---

① 蔡尚思：《蔡先生学术思想传记》，上海：棠棣出版社，1950 年，第 163—166 页。

② 杨小佛（杨铨之子）：《杨杏佛与中国民权同盟会》，《历史研究》十二期（1978 年），第 68—74 页，及 Howard L. Boorman and Richard C. Howard（eds），*Biographical Dictionary of Republican China*，New York：Columbia University Press，1971，Vol. iv. pp. 5-6.

1960 年 1 月 6 日卒于北京，享年七十有三。清道光年间闽浙总督邓廷桢是其曾祖。祖名文基，字竹芗；父名栻，字小竹。同、光之际，先生之祖与父均游宦川、滇。先生于光绪二十四年（1898 年），侍母自川入滇，自后随宦小竹公，遍历滇中。比遭孤露，久滞昆明。先后客滇十有八载。

先生儿时就傅，喜读书，耽文辞，曾毕业于成都外国语专门学校法文科。稍长抵滇，随小竹公赴东川、蒙化、腾越、开化、广南、云南诸府任所，略习六代书史，得自庭训居多。继而考入云南两级师范学堂，中分文武两科，同时考入者，有李印泉（根源）先生。李身材魁梧，体力过人，专习军事；而先生文弱书生，禀赋岐嶷，专攻文史。俱各年少气盛，豪迈不羁，咸抱经世致用之志，虽一文一武，而最称莫逆，至老而弥笃。先生在校，品学兼优，试辄冠曹。

先生既毕业，以弱冠之年，担任《滇报》社编辑，主笔政者数年，时值戊戌变法失败之后，故对国内外政局以及地方应兴应革事宜，多有论述，辄为时贤所赞许。年二十三，受聘于昆明第一中学，教授史地课程者又数年，不特于历代史地之学，博闻强识，如数家珍；而且对当时朝野政局及世界各国形势亦莫不洞悉其得失利弊。但先生所最瞩目而又最感切于怀者，厥为清政府政治之腐败，完全被当时昏朽无能的满洲宗室王公亲贵所把持，成为爱新觉罗氏一家的封建专制独裁；而环视四邻，列强虎视眈眈，得寸进尺，势在垂涎瓜分，深恐我行将有亡国灭种之祸。故对其时从事推翻清政府的革命党人的地下活动，先生均解囊相助，有时还为掩护革命志士逃脱虎口，而甘冒风险。辛亥革命前夕，先生亦挺身而出，与同班学友李印泉、邵次明、李西原等多人，为加速推翻清朝政府的革命活动，不辞辛苦，四处奔波，几达一年之久。即在武昌起义以后，先生仍兼报社工作，撰写过多篇政治性文章，高声欢呼辛亥革命，热忱不懈。

自袁世凯窃国，先生于 1916 年自滇入蜀，又积极参与护国军运动，并谒见了革命领袖孙中山（文）、黄克强（兴），以及护国军统帅蔡松坡（锷），同时会见了倒袁督军唐蓂赓（继尧）、陆干卿（荣廷）、陈二庵（宧）、汤住心（芗铭）等人。其中与二庵先生为忘年交，意气相投，嗣后又同寓北京二十余年，论学谈艺，知人论世，始终过从甚密。

先生与江阴缪筱珊（荃孙）先生同婚于成都庄氏，为姑侄辈（先生夫人庄宛如女士卒于1955年)。1917年先生自蜀出鄂,沿江东下,始返吴中。同年秋,贽见缪先生于上海虹口联珠楼寓所,倍觉亲切。适以叶浩吾(瀚)先生之介,应聘于北京大学,先生乃浮海北上,缪先生亦为议清史事抵京,同寓都中者数月,得时相过从,深蒙奖许。当时国史馆初改为国史编纂处,隶教育部,以北京大学校长蔡孑民(元培)先生兼任处长,礼聘屠敬山(寄)、刘申叔(师培)、叶浩吾(瀚)、童亦韩(学琦)、蒯耕崖(寿田)、孙季芃(诒棫)诸先生为国史纂辑,而张蔚西(相文)与先生任民国史纂辑。是时,先生尝欲编纂民国以来诸大事,成一专书,自以为廿年间祸乱相寻,泰半身亲目睹,或且预知隐秘,应易于属笔,终以其时当事人大都健在,个中曲折,是非恩怨,言人人殊,迄未克以一人一手之力成之。

稍后,先生又出任北平《新晨报》社总编辑者几一年,曾一度逐日撰写社论,大抵为斥责当时柄国者独夫专制祸国殃民之篇。事后剪贴裒辑,成两巨册,题名曰《千金簿》,先生对之,意颇自矜。从1917年至1928年十余年间,先生亦尝往来南北,得交章太炎(炳麟)、杨沧白(庶堪)、李仲公(以字行)、龚镇洲(振鹏)、叶誉虎(恭绰)、陈公穆(庆稣)、张孟劬(原名采田,后改尔田)、费闰生(行简)、尹石公(炎武)诸先生,诗文酬应,鱼雁时通。

先生于民国十年(1921年)前后,专任北京大学史学系教授,后兼任北平师范大学、北平大学女子文理学院史学教授。1928年先生之所以就教于燕京大学,乃由于国史编纂处同人叶浩吾先生为之转介于燕大文科学长洪煨莲(业)先生,而洪先生之识叶先生,又由于燕大法律系主任郭云观(闵畴)与洪先生为在美同学挚友,郭、叶又为至交之故。从1930年秋起,先生就聘于燕京大学历史系讲学,敛锷藏锋,潜心书史,专以授徒著述为职志,直到1952年院系调整为止,前后教授燕京大学二十有三年。其始,先生兼任北平师范大学和辅仁大学史学课程,专任燕大以后,遂于1931年秋,从城内迁居西郊,初住原燕京大学(今北京大学)三号。与邻居张孟劬先生及洪煨莲先生时以诗词相投赠,稍后择其佳者,印有《槐居唱和集》,得诗四十一首、词一首;而以先生得诗二十四首为最,其中殊多兴怀感时之佳作。初只单印一百册,流传不广;后应清华大学吴雨僧(宓)教授之请,以《槐居唱和》为题,刊布于《学衡》杂志第七十九期。随于1933年秋，先生再迁居于燕京大学南门外冰窖十七号（因今北京大学新建校医院，原房已拆除）。

1937年卢沟桥事变后，四郊多垒，抢劫时闻。同年秋，先生迁入校内南宿舍勺园四号（原在燕京大学南门附近汽车房后面，今已拆除），一直住到1941年冬太平洋战争爆发，燕京大学被日军占领。先生与洪煨莲、陆志韦先生等同被日军逮捕入狱，先生家口仓皇迁至燕京大学东门外桑树园四号。翌年夏，先生出狱后，即暂寓桑树园。此后数年是先生一生中生活最窘迫的时期，家无隔宿之粮，惟靠卖书及木具、典当、借贷以及戚友学生的接济，偶而刻印鬻字以得微资，维持十余口之家，仅免于冻馁。就是在这样艰窘万状、局促于斗室的情况下，先生一直拒绝替日伪工作，衣粗食粝，泰然处之，仍日以诵书自遣，不废吟哦，坚贞不屈，见重士林。1942年出狱后，先写出囚居一百四十一日中默记于心之所咏各体诗一百零五首，题为《闭关吟》。后仿陆游《剑南集》例，将出狱后几年中续有所赋的二十余首，一并附录于书后，单本印行。又追忆狱中所受非人待遇的真实情状，纪述备极详尽，凡二万余言，题为《辛壬纪事》，即指1941年冬至1942年夏半年内被囚而言。四年后，复将原稿删去三分之一，改为《南冠纪事》于1946年刊于《现代知识》半月刊上。这一《纪事》，正是日本帝国主义侵华战争中严重摧残迫害中国文化学术界罪行的一个历史见证。抗日战争胜利后，1945年10月燕京大学复校，先生仍回校任教，并迁居今北京大学东门外蒋家胡同二号。1949年1月北平解放，直到1952年秋大专院系调整，先生得到党和政府的深切关怀和照顾，特准作为调整后的北京大学历史系教授，唯不授课，仍任明清史研究生导师。后先生亦曾应中央高级党校之请，为党校三四位学员来家开讲明清史一课两三年，但大部分时间在家从事著述，以迄于1960年1月谢世为止。

先生从事教学工作，前后整五十年，先在昆明，后到北京，单就执教燕京大学而言，就有二十三年之久。中经囚禁几近半载，出狱后赋闲三年，生活艰窘，莫此为甚。而先生当时《口占桑园》二首："老去耽书兴味长，陈编相对发幽香。人间万事书应备，只少仙人辟谷方。""忧患多从识字始，著书亦只误苍生。如何午夜犹探索，和墨研朱直到明。"又寄怀洪煨莲先生一首，中云："衣粗食淡平生愿，力果思精几卷书。

老去心情怜我拙，年来愁困赖君舒。”足以想见先生处于最艰苦时犹孜孜不倦地埋头著述的高尚情操。晚年家居，不授课近十年，但旧日门人之登门请益、质疑问难者颇不乏人。先生教学的一生，为社会主义祖国培养了一大批文史方面的研究工作者，其中不少人成为海内外知名的专家。

先生博闻强识，治学谨严，对自己对学生都同样要求。先生讲课，条理清晰，娓娓动听，对每一历史事件，都能源源本本，究其消息盈虚，明其因果得失，剖析透彻，释疑解惑，发人深省之处尤多。每次讲课先生是不带讲稿的，只带笔记本上课，但在上课前不见客，不理事，一人静坐半小时至一小时，聚精会神作为上课的准备。既上课，口若悬河，一泻不止，遇到必须引用史书时，则随讲随写，拿粉笔在黑板上用端正行书写出，而且是一大段一大段地写出，既快又准确，一丝不苟，很少出错。学生在课堂听讲外，如果到先生家去问问题，那是最受先生欢迎的。

先生认为在课堂讲课，必须照顾全面，每个学生程度不一，要求不同，接受能力也因人而异，所以，有机会和学生个别谈话讨论，因材施教，最便于解决每个学生提出的疑难问题，接触多了，彼此了解深了，也更便于引导学生向深广方面钻研。实践证明，先生这种不单靠课堂讲授，通过师生间的经常接触，耳提面命，是行之有效的一种教学方法。

记得卢沟桥事变发生之后不久，先生十分有感慨地说：“庚子（1900年）以后迄民国成立，北洋派争权，可谓不生不死。北伐成功以后，竞为大言，专骛高远，不切事势，以致灾民数省，逾数千万人，外祸陡起，可谓生中求死。今后只有死中求生，万不可再从一线之生以求死。”于日常说：“做学问要老老实实，要脚踏实地地去做，不要弄虚作假，自欺欺人。要熟读几部最基本的书，每读一部，要从头到尾地读，不要见难而退，更不要半途而废。读完一部，再读第二部。先求懂，再求记。不但要写读书心得，更要记下那些不懂的和疑难的问题，以便随时向师友请教。如果这样做下去，日积月累，持之以恒，自然由不懂到懂，由少到多，学问就会大有长进了。”

先生记忆力特好。每当学生问到某书，先生能马上告诉你在哪一卷哪一页。一次谈到如何记忆的问题，先生曾这样说过：“这并不难。一个人的脑子就像一个储藏室，各色各样的问题和资料先得审查一下，然后分门别类，各归各类地把它们储藏起来。待要需用时再到各门各类去找就是了。”这是说学历史讲究有系统的归纳、演绎是非常重要的方法。先生又常说：“作为一个搞史学的人，必须具备两个条件：能读懂古书和能写好文章，两者缺一不可；多读和多写又是准备这两个条件的基本功。舍此而外，别无其他捷径可言。现在人往往看书得到一点心得，就喜欢轻易下笔，写文章发表，而且爱‘是我非人，是今非古’，是其通病。别人、古人不是不可以批评的，但要多读些书，经过反复深思熟虑之后，再写文章也不为迟。”每当我们感到自己学识谫陋、功力浅薄时，先生虚怀若谷地教导我们说：“做学问哪有止境的时候？我教了好几十年的书，今天不懂的东西还多着呢！每年都要继续地学习，多看几本书，总要有点进步才成；如果不继续学习，一年之中没有一点点进步，那就糟了！你们自己知道自己不足，正是你们要求进步的表现。”先生逝世二十多年了，今天怀念先生的言传身教，宛然如昨，益增景仰爱慕之忱。

今就先生的一生治学，教授著述，辑佚印书，举其荦荦大者数端，分述如下。

北京旧为学术渊薮，人文荟萃治史学者尤众。先生之初来北京，周旋于名宿新进之间，并时有诗酒酬和。然先生性狷介，不轻许人，既不随声附和于主张一切复古的国粹派；对于主张全盘西化的革新派，亦不敢苟同。但有时感于忧患，喜抨击，多所触犯，更不为新文学运动改革论者所容，终受其排挤。当时学术界喜谈考据，蔚然成风，而先生游燕之暇，多读乙部书，兼及前人别集、笔记，凡二百余种，随手摘录，于1925年夏间，排比纂辑，成《骨董琐记》八卷。所辑举凡金石、书画、陶瓷、雕绣，尤详于明清两代的朝章国故，遗闻佚事，莫不兼综条贯，都七百余条，附有旁证，别加按语，印行于1926年；以后又成《骨董续记》二卷，摘录三百余条，再印于1933年；而《骨董三记》六卷，不下四五百条，则在1941年即已脱稿，迄未付印，直至1955年，连同正续两记合为《骨董琐记全编》，交由三联书店出版。遗稿《松堪小记》亦与三记体例略同，于1982年始刊布于《文史》杂志第十四、十五两期中。《琐记》全书范围广博，对于考释古物，记述前朝史事，提供了不少资料。先生当时浏览所及，每毕一书，辄札记数条，但注所引书于某一条之首或末，后经分类编排，一书数条分置各类，不相连贯，错简脱漏亦在所难免，因而征引出处遂多不完备。《中华二千年史》一书，都二百余万言。先生在国史编纂处于负责民国史纂辑之公暇，即已开始着手进行，先成《南北朝风俗志》一篇。后因在北京大学史学系开设中国通史一课，为教学需要，乃并力撰写，作为教本印行，名之为《中国通史讲义》。既至燕京大学后，先生复大力扩充补辑。乃仿司马光作《资治通鉴》前编之旨，断自秦始。从秦以后，约分：秦汉三国为一时代，两晋南北朝为一时代，隋唐五代为一时代，宋辽金夏元为一时代，明清为一时代，厘为五卷。凡历六七寒暑，前后修改不下六七次。直至 1933 年秋，才完成宋元部分，明清部分迄未完编。先生《叙录》有云："世无司马光之才，二千年之事，正史、杂史，次及史事记载、考证之书，浩如烟海，当如何纠集，而后不致贻误来学。"又云："所采原书，遍加雠对，并细检书名、卷数、著者姓名，其他又小有是正。""敢云实事求是，不欲自误误人，则可自信者也。"当时国事日亟，浅薄者废史，不观不讲，先生尝谓"靖康之祸，昔人以为其原在于宋人之不读史"，用是苦心孤诣地提倡读史，读史必先读正史，旨在欲使青年学子通观历代兴亡史实始末，识其成败得失与诒谋臧否，庶几不至有负"国家兴亡，匹夫有责"之训。章太炎先生复书所云："鄙人提倡读史之志，本为忧患而作。顷世学校授课于史最疏，学者讳其伧陋，转作妄谈，以史为不足读。"又云："总由史部繁富，躁人不及审观，而又耻其不知，故不惮多为妄论以摧破之；今欲使学校中历史一课得以稍稍振起其事，益不可视以史书只宜于阅读，不宜于演讲也"，与先生提倡读史讲史之旨正复符合，足以互相发明。抗战前，先生这部《通史讲义》被商务印书馆选为"大学丛书"之一种，易为今名《中华二千年史》，先付排上、中两册，交由上海该馆出版，公开发行。中经太平洋战争，罢讲中辍者又数年。

直到 1955 年，先生重理旧业，始将下册明清史部分补纂编成完书。先生初意明清史部分三十余万言足以了之，不意编成后，清史部分即逾六十万言，而所删削者已十余万言，尚未计在内，仍增多一倍，已无法再减。全书求明历代封建王朝治乱兴亡之迹，倡经世致用之学，总结封建统治者政绩谠论，借供后人各取所需。善读者得产先生之以生民来世为怀，不善读者仅视为西洋式资料书之范本，近似推崇而实不悟先生述作之旨趣所在也。

先生于书无所不窥，尤喜钞书、印书；在执教燕京大学二十余年中，为燕大图书馆和哈佛燕京学社审核鉴定的善本、孤本、稿本或传钞本，不下数十百种。先后选出校印的有：《佳梦轩丛著》，手稿本，凡十一种，经先生考定，知为道光年间宗室奕赓所著。此稿初无总名，因其中偶署有“佳梦轩”字样，先生为题今名。我们知道，有清一代文网綦严，清人讳言当代事，于满洲习俗尤讳莫如深，并一代朝章国故亦甚少过问，有之亦语焉不详，更谈不上写成专书，公之于世了。像宗室昭连所著《啸亭杂录》和震钧（后更名唐晏）所著《天咫偶闻》两书，最为諏清故者所称道，然比起奕赓亲身经历、闻见真切而写成的这部书来，似乎有好些地方又不止稍逊一筹而已。又如《万历三大征考》，传钞本，不分卷，一册，明末茅瑞征著。先生据《明史·艺文志》只著录《三大征考》而不及《东夷考略》，推断二书实为一书。时人有怀疑先生所推断为妄谈者，后来访知上海南洋中学所藏明天启刻本《万历三大征考》附《东夷考略》共二册，正是一书，得到了原书证实。又如《汪悔翁乙丙日记》，手稿本，系江宁人汪士铎于太平军既破南京后，留居城中，身亲目击，所记咸丰五、六两年的日录。字迹行草细密，讹夺杂出，殊不易辨认。先生躬身手订校正，并为之付印刊布。虽书中有不少诋毁太平天国的字句，如称“贼”或“洪贼”等，为了保持原书本来面目，不复代为删改。其中所记多为官书所不详，远比耳食余闻为可佐证，不失为研究太平天国历史的一部较有史料价值的参考书；而且该书洞彻世情，类多灼见，其论致乱之原，谓由于“应办不办之事，应杀不杀之人，充塞乎山林郡邑之间”，诚切中道咸间之时弊。又如《神庙留中奏疏汇要》，四十一卷，明传钞本，董其昌撰。董以书法擅名，又有民抄董宦之事，后世鲜知其尝留心朝政大事。先生认为《汇要》一书万历一朝之事粲然具备，尤以所录兵事最详，吏、户次之，显然董所注目者东事之外，当为三大征之役，每事首尾胪列，议论亦较持平。

1937年燕京大学图书馆为之校定刊布，供明清史研究工作者参考。他如明末人张萱所著《西园闻见录》，一〇七卷，三山陈氏居敬堂抄本，先生亲嘱门人陈矩孙（絜）从闽中负载抵京，转让于燕京大学图书馆者。这次整理付印，先生又据顺德李氏光绪年间传钞本加以一一对校，于

1940 年由哈佛燕京学社出赀付排，从而使这部只有少量几部钞本的书得以大量流传于世，而书中所纪多为今所罕见之书，不但可以和沈德符所著的《万历野获编》相媲美，其参考价值也许还要更大一些。至于先生自己印行的清末人胡延《长安宫词》和王闿运《祺祥故事》，均系当时人纪。当时在解放后五十年代，中华书局出版的明末清初人谈迁著的《北游录》以及康乾人萧奭龄著的《永宪录》，也都是由先生提供自己所藏的五石斋钞本。此外，中国社会科学院近代史研究所于 1958 年排印的《锡良奏议遗稿》（手稿本），北京出版社于 1982 年出版的崇彝所著的《道咸以来朝野杂记》（传钞本）亦都是由先生提供的。先生一生与钞书、印书为缘，先后印书大小十数种，又屡为人校雠，且代之作序作跋，自己所藏钞本秘籍，也多付之排印，不稍吝惜。此事最足为法，不特表章往哲，彰阐幽微；更重要的是，保存了孤本，流通了古籍，为祖国文化学术事业做出了贡献。

先生治史，认为史学以纪载为先，纪载以近事为急，及今不述，后将无征。民国以来，事之湮没不彰与夫浮夸失实的太多了；而一般史学工作者，明于察古，有昧知今，直笔不存，是非淆混，实不足以昭示来兹。先生生长川、滇，又足迹殆遍，熟悉西南各省军政界内幕错综复杂的情形，离滇入川之后，乃师王闿运《湘军志》所谓“不在表战功而在叙治乱得失之由”的宗旨，早年著有《西南纪事》，后改名《护国军纪实》，凡二万余言。先生以当时当地人的亲身经历，耳闻目睹，纪当时当地之人之事，故能详其发难原委及其彼此因果关系，并认为护国军运动这一历史事件是关系到民初北洋政府治乱升降之枢纽。此作实堪与《湘军志》相颉颃。写成后，先生自认其中事实仍有不完全符合之处，乃检民国初年《东方杂志》中《大事记》，以订正纪事中年月之伪。先发表于 1935 年《史学年报》第二卷第二期，后于 1941 年又收入为《旧闻零拾》中的一种。《纪实》外，又有专纪滇事之书，是为《滇语》。《滇语》撰写于抗战前燕居之暇，述其幼年遍历滇中各地所见所闻与所传闻其人其事，尤详于滇边诸少数民族的派支、分布及其生活、生产和习俗、信仰。先生于 1942 年出狱后又重新删定，颇自矜此作有独到之处，人物中亦颇有抑扬，唯文字摹六朝，去今太远，一时无从出版，乃亲自用端正小楷誊清一过，藏之于家。另有《至性集》一编，选自古迄清末至性至情之诗，亲笔写定四本，录数百家，都数千首，选择甚严，皆可诵之什。此选发轫于1934年至1935年间，先生以为事功出自性情，易俗在敦至性，欲事提倡真性情，藉匡时俗之始。此为未刊稿，系先生行楷亲笔写定，无第二本，后佚于闽中。

《桑园读书记》作于出狱后的1942年至1944年两年间，记中仅择录两年中所读的四五十种书，集为一卷，都六七万言。体例殆合提要、札记而为一，每一书必贯彻首尾，有可供参稽的，间附己见。十余年后，又重勘一过，复有增省，于1955年交由三联书店出版发行，为文史研究者细心读书提供了一个良好的范例。书中评论清代学术，每有独到之见，如论包（世臣）、龚（自珍）、魏（源），推重世臣，谓“魏、龚非其匹也。三人学术，各有门庭，亦以世臣较为质直，盖由多见通人，无惊世骇俗之见。至若宅心和厚，龚不如魏，魏不如包。文亦如此”。此所言学术质直，无惊世骇俗之词，又言宅心和厚，文亦如此，实即先生平日立身治学之准绳，不啻先师自道。

《东京梦华录注》写定于1958年，于1959年由商务印书馆出版。早在二十年前，先生即着手作注，录于书眉及别纸，凡一二百条。书实未成，而世人多知先生有此注，每来怂恿付印，乃排纂成书，新注又得四五百条，引书一百五十余种，校出误字一百数十条，视前增三分之二。取材以宋人杂记为断；一、证闻，二、补遗，三、纠误。即以校勘误字而论，除本证外，也采用旁证。本注既以原刻为主，后此《秘册》、《津逮》、唐宋、《学津》各本不以后证前，况多臆改，故皆不取。孟元老这部书最不好读，断句以伎艺、饮食为最难，其他讹夺亦复不少，注释就更不容易了。此书出版后，引起国内外学者十分重视。当年日本学人有撰文作评，略谓校订失多于得，句读误至五十余处，注释亦有当注未注、注而不切且注错者不少。但日本人所评亦有说可两存者。

前几年，国内亦仍有人写小文，有所指摘。其实此书注成后，先生自云：“能释者未及十之三四。”“亦以志恶。其一事两传则取其较为详确者，展转负贩则取其纪录较早者，世人或不免诋为支蔓，而不知摈而不取者多矣。”足见先生对著书的实事求是和认真态度，是谦抑为怀，非常矜慎的。

先生临终的前一年，还写成了一部书，也是先生最后的一部书，稿已交中华书局上海编辑部付排，尚未出版，先生已不及待而与世长辞了。这就是1965年才出版的《清诗纪事初编》。众所熟知，自唐以下，各朝诗都有《纪事》之作，先生此编正好填补了清代的这一空白。全书八卷，系先生根据三四十年中访求的七百余种顺、康人诗文集所写成的。以明遗民列为前编，顺、康两朝则按作者地区又分甲、乙、丙、丁四编，共收作者六百人，录诗二千余首。本黄梨洲（宗羲）以诗证史之说，所录诗都属有“事”的篇什，不限于名家，而贵乎诗能记史外之事，故本书与以前各朝《纪事》之作名同而实异了。先生忘年知交杨子勤（钟羲）所著《雪桥诗话》正、续、余三编，刊于民国初年；郭啸麓（则沄）所著《十朝诗乘》梓行于抗战胜利之顷。两者均以诗存人，亦未始非为佳构，然皆不过遗老对胜朝眷恋之言。郭书在后，辑佚为劳，而吏识不逮杨著。今若以两者视《清诗纪事初编》，相形之下，先生史家之作与杨、郭遗老之篇，迥乎有别。至于徐竹村（世昌）所纂的《晚晴簃诗汇》，二百卷，所录六千余人，可谓洋洋大观。《诗汇》以《明诗综》为法，惜诗多泛采，又编次凌杂。徐所见专集虽不多，然亦有先生所无者。先生锐意搜罗，亦自认不易通观一代，即顺、康时诗文集之泯没无闻者何限？今《初编》的六百篇小传，都六十余万言，皆为先生中岁以后精力贯注之作；所记各书均由目验，辨别审慎，间加纠正，于清初文献的考订帮助极大。至于先生就清初作者和著述所作评述，虽为文长短不一，对于清初八十年间的社会政治、学术思想和文学风尚所提供的丰富而又经过整理的资料，是有很大贡献的。先生即在交稿付印之后，又翻阅过王培荪的《目录》，发现王所藏清初人集部，为先生所未见者有一百五十种，但切要者不过十余种而已。先生认为，如能合之上海复旦大学所得刘翰怡（承幹）旧藏百余种，北京图书馆所得伦哲如（明）旧藏百六十种，加以中国科学院图书馆所藏五十种，中国社会科学院文学研究所所藏三十种，假以时日，使得从容采撰，则《清诗纪事初编》立可增至千人。惜各书分散各地，纠集不易，而先生自知年事日高，精力日减，故又认为，缥缃奇秘，分布南北，伏处荒郊，望洋兴叹，此事还须待之后人耳！

先生一生之治史讲史，要其大旨，端在昭示生民来世、消息盈虚之旨，盖兼史与子二者而皆有之。其所最服膺者，厥为顾亭林（炎武），亦每以“行已有耻，博学于文”教人；治生则“不耻恶衣恶食”；求学则“知类通达”，“温故而知新”；合群则“出入相友，守望相助，疾病相扶持”；教诫则“内作色荒，外作禽荒。甘酒嗜音，峻宇雕墙。有一于此，未或不亡。”先生素主述作，又深以亭林深自矜秘，不轻示人为法；且不乐于惟事考订，非不擅于考订也，无非以考订为平日读书之半，兼为随时写作之准备而已。所以于讲课与燕谈之际，屡屡以《日知录》为例，谓《日知录》每一条短的虽只有数十字，皆可供今人一二万言的长篇之作。又谓温公之于《通鉴》，许多考据，并《考异》亦不得羼入。世之称道先生者，谓先生熟于史事，兼知掌故；或谓先生博而杂，可称为杂家之学者：是岂真知先生者？其诋毁先生者，又谓先生清高自居，好批评人，尤其瞧不起今人。其实，先生不但瞧不起今人，连清代乾嘉学派也很少放在眼里。先生常说：“宋明人纪载之作，千载难继，不独赏其钻研功深，即翦裁之功何易企及?”“昔人志在今古，故重史事，明典章，知沿革。”是知先生之为人治学，先求其大者远者，务使所学能有裨益于国家兴旺、长治久安，民族生存、发扬光大。盖取法乎宋明人之上，贵在志切国计民生，验诸事功，而有似杜工部“致君尧舜上，再使风俗淳”之咏也。

先生早年于书无所不窥，金石、书画、陶瓷、雕绣、印刻、板本、校勘、目录之学亦无不求精；平日讲课著书之外，尤喜买书、钞书、印书，得薪大半以偿书债。中岁以后，先生于1936年8月27日日记记云：“买书负累甚众，而无读书之益。今后决将由少买以至于不买。然后择版本稍佳可以悦怡者而买之，不在多也，多则累矣。即现有者亦将以渐廓清，庶乎博而反约。应力以书多装架为戒，或问学稍有进益乎？勉之勉之!”可见先生此时治学已由博返约，前此先生亦尝以南北朝史见长，自时厥后，则专致力于明清两代，而尤注意清初的研究，买书亦以顺康人诗文集为限。以先生所著书而言，《骨董琐记》特详于明清两代无论矣，即就《中华二千年史》考察之，全书二百万言，明清史部分七八十万字，几占全书一少半，而清史部分六十余万言，又占明清史部分四之三，占全书亦几三之一，其重视清史可知。再说钞书、印书，钞而已印者，已不下十数种，其中除董其昌、茅瑞徵、张萱三种为明人外，其余均为清人手稿本或传钞本，即董、茅、张三人亦均为明末之人；钞而未印者，尚有乾隆初年弘旺所著的《皇清通志纲要》《元功名臣录》和《松月堂目下旧见》等书。今《松月堂目下旧见》已列入1982年至1990年全国古籍整理出版规划中，则专纪清初重要史事和人物的传记《通志纲要》和《名臣录》两书似亦应列入出版规划之中。至若《清诗纪事初编》一书的出版，虽在先生逝世六七年以后，而其搜罗七百余种的顺康间诗文集之勤，历四十余年之久；六百人小传的撰写时间，虽大部分写定于最后一二年，但合前后时作时辍计之，亦几三十年。其中有早有成稿而又重撰者，如《叶燮传》，先生昔年所作初刻本《已畦集跋》，颇得意，以为不须重作；后又新作一传，乃尽易之，先生所谓“不知孰胜也”。又如补撰的《张兆骞小传》，撰成之后，乃忆旧有此稿，只因旧稿贬多于褒，仍用新撰者。他如顾（炎武）、孙（奇逢）、王（夫之）、黄（宗羲）四传，先生畏难久未草撰，后始成之。今人或有疑《清诗纪事初编》中的前编所录明末人多至二百余人，冠于全书之首，系先生录以自况，颇有不满现实之嫌。实则此编历时三四十年，陆续写成，当卢沟桥事变之秋，先生序中明言：“遭逢变乱，念明清之际，先民处境，有同于我者，不识何以应变，乃取其诗时时观之，钦其节操，忧患中赖以自壮焉。”是先生以明人入清自况，乃是四十年以前之事，岂可移以比之于今日？先生序中亦明言：“是集之作，端资纪事。沧桑诸老，若概以清人目之，彼不任受也。然入清已三四十年，其诗皆作于清时，今采清事，自不能以其明人也而屏之，因别为前编，以示微意。”然则先生之著此编，旨在实事求是，还历史以本来面目。解放后的十年中，先生深得党和政府的关怀和照顾，又何尝再以明人入清自况乎？

总之，先生一生治学由博返约，中岁以后，专心致志于清史，而堪称为先生代表作者，首推《清诗纪事初编》一书。先生于诗最为当行，六百篇小传中虽有不少人无事可纪，但记姓名、籍贯；然绝大多数小传，言之有物，字字贯行，疏密有致，先生亦颇自矜许，置之古人著作中，亦足称独到之作，无多让也。

我等忝列门墙，垂三十年，学识殊少长进，实有愧于先师之诲诱。今追忆所及，敢以质正于世之深知先生者。

原载邓珂编《邓之诚学术纪念文集》，北京大学出版社，1991年版

纪念裘开明先生①

——一位毕生为学术界服务的中国图书馆专家

哈佛燕京东亚图书馆退休馆长裘开明博士，于一九七七年十一月十三日，在剑桥病逝，享年七十九岁。

在美国汉学界无人不知的裘开明博士，民国十一年毕业于武昌文华大学（后改称华中大学），即在厦门大学图书馆服务两年。旋去美国纽约公众图书馆学校（New York Public Library School，此校后改名哥伦比亚大学图书馆学院）深造。不久转入哈佛大学，主修经济，于一九二七年获硕士学位，一九三三年获博士学位。

在他的求学期间，哈佛大学的图书馆长，已委任裘开明先生管理中日文书并兼任中文教职（Custodian of Chinese and Japanese Books，Harvard College Library and Instructor in Chinese，Harvard University，1927—1930）。从一九二七年起至一九六五年，裘开明先生服务哈佛燕京东亚图书馆，将近四十年，中日文书籍，从七千册增至四十万册，为西方世界大学图书馆中之最大、最佳与管理最善者。

裘开明博士，中英文皆有根底，故善于选择书籍。又精研目录学与罕见书籍，创立哈佛燕京中日文书分类法，融合中西目录学之优点，为欧美澳洲各国所采用，介绍中日文拼音，排列书名及著者卡片，供东方图书馆之参考。在第二次世界大战时，他提倡编纂美国各图书馆所藏中日韩文联合目录，并校印哈佛燕京中日文书籍目录，以供世界学林之参考。惜太平洋战事发生，仅印出三册而止。

裘博士之精明能干，为他校争相礼聘为顾问。受其指导者，书籍大增，寻捡便利，数年之后，皆成为著名收藏处。如胡佛大学及柏克立加州大学图书馆，皆在美国名列前茅。他退休以后，荣任明尼苏答大学中日图书馆顾问。从无到有，不逾十年，收藏之富，即可与美中十大学并驾齐驱。一九六六年至一九七〇年，受聘为香港中文大学三学院之图书馆长，成绩斐然。

---

① 原载《传记文学》第卌二卷第六期（一九七八年六月），第83—86页。

裘博士曾任波斯顿美术馆之中文部顾问，垂三十三年，对名贵珍品之收藏，贡献尤多。临终以前，曾校雠数年来亲手编选哈佛燕京图书馆之中文善本书目，惜未校毕，便与世长辞。然裘博士之未完工作，继任得人，可永垂不朽。

兹先将其生平事业，略加铺陈，然后分析其成功之秘诀。

袭开明字闇辉（一八九八——九七七），生于浙江商家，家近宁波。一八七九年，宁波人戈公化，为国人在美任中文教师之先导。某年夏天，名诗哲爱默生（R. W. Emerson）去戈先生寓所拜访，见其枯坐三楼顶，挥汗如雨。其一楼仆人住，二楼妻子用，三楼为彼之书房及客厅。爱默生询其故，彼答“中国老爷必在妻仆之上”。爱默生沉思默想，更莫名其妙，支吾片刻，肃然起敬辞别。两宁波老在哈佛大学之轶闻与成就，可谓先后辉映。

裘博士幼从秀才叔父读四书五经多年，稍长其父遣至汉口文明书店为学徒。书店主人杜君，为其叔父之友，故由学转商，不离宁波习俗。文明书店即日后之中华书局。一年半之学徒生涯，对于中国古籍及生意经，获得基本知识，成为日后专攻图书馆及经济学之主要动机。

目睹武昌辛亥革命，年方十四之青年，得一永生难忘之印象。其家长令入长沙教会学校习西学。时毛泽东在第一师范学院肄业，萧瑜著《我与毛泽东行乞记》（*Mao Tse-tung and I were Beggars*），其所述情形及背景，裘博士皆深知之；据他自述，有往事如在目前之感。在此教会学校内，有曾国藩、左宗棠之后裔多人，后有入哈佛大学及麻省理工学院（M. I. T.）深造者，成为裘博士时相过从的莫逆之交。

从长沙教会学校入武昌文华大学（Boone College）获一奖学金。此校与上海圣约翰大学，同为美国美以美会所创办。而在两校任教者，有不少英国教会及其他欧洲各国人士，如牛津、剑桥、普林斯顿大学之毕业生。一九二〇年文华大学在国内创办图书馆学系，共收学生六人，裘开明为第一班学生之一。暑期去上海涵芬楼实习，此楼后为商务印书馆附属之东方文库，主库政者为张元济（一八七一—一九六五）及高梦旦（一八六九—一九三六）二先进。在其领导之下，影印不少名贵古籍。当时四角号码发明家王云五先生，尚未入商务印书馆，仅为自由投稿者兼在各大学授课。

一九二二年正月，裘开明毕业于文华大学（后改称华中大学）。毕业后，就厦门大学第一任图书馆长。此校为星加坡实业家陈嘉庚（一八七二——一九五九）投资创办。在此城，裘开明始与日本文化相接触。时厦门几成为日本殖民地，日人与台湾人往来厦门街市，川流不息。也有日本学者在厦大讲学，裘开明在此时期习日文。同时与广雅书局局长徐信符相友善，获得许多中国版本目录学之知识，与从前北平图书馆赵万里等，可说是科班出身。在厦门，裘又认识欧洲汉学家 Gustav Ecke 及 Paul Demiéville，后者主《通报》笔政多年，现已退休；与人交，谆谆有礼，君子人也。该校又有周作人、鲁迅、林语堂、顾颉刚诸先生，可说是世界学者济济一堂，极一时之盛。

然裘先生上进心切，厦门大学于一九二四年遣送其入美国深造。

裘以张之洞之《书目答问》为选购书籍之标准。其分类及编目方法，则采取孙星衍（一八三七——一九〇九）、缪荃孙（一八四四——一九一九）及杜威十进法，坚守四库经史子集四大类，驾驭古书；以杜威十进法，处理新书。哈佛燕京图书之分类，即融贯古今新旧于一炉，使旧学者用之，不觉离经叛道；新学人检查，不致于格格不入，此种编目法确实用过一番心思，故能放诸四海而皆准，其他图书馆，多采用之。

哈佛燕京中日文之细目，一九四四年为美国学术协会（American Council of Learned Societies）所印行，供众参考。其卡片目录，亦再三修改。初用永宇八划法，继用四角号码法，现用 Wade-Giles 拼音法；日文用 Hepburn 拼法。又初分著者、书名、分类三种卡片目录，中、日、韩文混合，以四角号码驾驭之。继因方便检查，将三国文字分开，分类卡片目录单独在一处，并附其他美国图书馆之联合目录，凡哈佛燕京所无之书，即可查出哪家图书馆藏有。总为使用者着想。但目前之卡片排列方法，当归功于吴文津馆长，裘老恐仅应谘询而已。

至其成功之秘诀，可用个人亲身经验，分析阐明。笔者与裘先生交往，自一九三八年入哈佛求学开始，垂四十年。因不善于琴棋书画，又乏其他嗜好，故以坐拥书城为乐。世界著名图书馆，造访颇多，若所求之书不能获，或馆规森严不能入书库，辄闷郁形于色。参考书馆员间有不称职者，指东划西了事，亦觉不快。但与裘先生相处多年，因他以助人为乐，绝难有上述情形发生。窃以为裘先生成功之秘诀有三：一生矢志为使用图书馆者之公仆；二为方便学者之编目专家；三为公私分明，对己薄待人厚之忠实友人。

一九四一年，笔者在美中获得一枝栖，其职务为教中国史学史及目录学，兼编中日文书籍。对于图书馆为门外汉，乃请教于裘先生。他说你知道一般书籍的内容及四角号码，用他的编目方法，很容易学。讲解三刻钟，即令试编书籍二种，查核无误，他再说编目之难在分类，其他皆为机械工作。彼介绍一本英文书，可译为《图书编目及分类法之门径》（*Introduction to Cataloging and the Classification of Books*，by Margaret Mann，Chicago：The Library Association，1930），其序言中即谓编目者当为文籍公仆之公仆（“Servants of the servants of literature”）。我即默识此为裘先生成功的秘诀之一。

裘开明馆长为使用图书馆之公仆；笔者仅为一研究院的学生，毫无仕宦门阀背景，然对寻找书籍有困难时，即请裘先生帮忙。彼即代查此书，是否别人借出，然后入书库，将书取出，“邓先生，现在请将此书借出。”我说：“这本书我自己找不着，为什么您找着了？”他说：“我们的书库公开，诚如 Mann 女士说：‘Books in a library are tools collected for public use.’故学人皆可进书库。有人不小心，将书误置，故须仔细寻找。找着后，心中愉快，急奔下楼，交予读者。”旧的中文图书馆因地方狭小，楼梯为螺丝形，上楼如直升机。青年人每日上下数次，尚觉疲劳，裘先生每日上下，恐不计其数。我们知道他曾患肺痨，常再三道谢。他说：“不谢，这是我的职务。”曾记得有一两种书，哈佛未入藏，裘先生道歉说：“对不起，我打海底电报，去东京、北平购买。”他对其他同学，也是同样的尽职，凡是找他的，他停止一切，尽量帮忙，事毕即恢复办公。当时他并没有私人秘书，常常晚上在办公室工作。

甚至在一九七六年，他退休已十余年，为哈佛燕京图书馆编善本书目，日作四小时，必准时上班，但常晚退，因仍然保持公仆的精神。常在书籍出纳处桌上沉思，问他“有何贵干？”他说：“校外图书馆借书，书名著者，或杂志卷页，常有错误，馆员无法寻找，故为他们解决难题。”有一天，我想查一种书的版本，百寻不获，请他给我一点指教。他即从在三楼的公事房走到地下层，找出十余本关于漕运的书籍，涉猎一过，即用梯子，爬上书架最高层，取出四大函书。我很怕他跌倒，“裘先生，小心!”他说：“不要紧，请你去看别的书，等我翻展一过，再查其他版本目录，然后告知。”约逾一小时，他很抱歉跟失望地告知：“美国似乎没有你所要的版本。”裘先生为图书馆公仆的精神，数十年如一日。

裘开明学者式编目方法：严守章学诚“触类旁通，同条共贯”的准则，使入书库寻书者，收左右逢源之效。他坚持每一著者之名、别名、字号、生卒年代，列入卡片。用笔名及假名者，在可能范围内将真名查出列入方括符内，并作附见卡片。虽有人批评他为著者作传记，他亦不改变。他编西文讲汉学的书籍时，将封面纸内关于著者履历及书中要旨剪下，贴在原书前后页。他知道，读一本新书，必略知著者为内行或外行，以免白费功夫。有许多西方学者，一生仅出一两本书，除封面纸内之简介外，不见经传。这又可见裘先生编目，是处处为读者着想、谋便利、收时效。这是他为著名图书学专家成功的第二秘诀。

最后，裘开明先生为公私分明、以身作则、对己薄、待人厚的忠实朋友。在馆内工作者，虽内亲迟到或犯小错误，曾见严词批评，逾数月，内亲离职。他自己谨小慎微，汲汲孜孜，终身不变，希望他的同僚，同具此精神。有一高级资深馆员，购一楼房出租，房客偶因房间毛病，打电话至图书馆请其修理，裘先生获知，劝告其同事云：“或在图书馆服务，或作房东老爷，二者不可得兼。”结果这位馆员将楼房售出。哈佛燕京图书馆，馆员少，效果大，用书人多，是裘先生的精神促成。

笔者常去哈佛找资料，有一二次，裘先生给我钥匙，以便晚间及周末，至书库工作，夜以继日。他知中等收入之舌耕者，返母校一次不易，附近“吃瓦片”之房东太太，取费昂，而斗室如囚牢，故尽量使我早完工返家。这又是他对于用书者体贴入微之处。而且每次去剑桥时，他必坚持请客，无法拒绝。或在家，或去饭馆，或去夏天海滨避暑之家，每次请客，皆极丰富。可是他所着衣履，非物尽其用不舍，破旧失时样，在所不惜。我回敬，虽极忙，亦欣然接受。无论在美国、香港或别处，我们必饱餐畅谈。彼对书籍目录、经济时事，皆有一定的见解，不随流俗。然不自矜伐，绝无目空一切之气焰。一生忠于职，忠于友。与之相处日久，日益佩服，能予人一深刻永难磨灭的印象。他对借阅图书者，无论校友、旅客，皆一视同仁。今虽作古，对于中国图书馆之贡献及其影响之广大，可谓前无古人。

夫人曾女士亦为图书馆专家，早退休，以便随夫移动。裘先生夫妇，有数女一子，皆学成业就。今虽永离尘世，可谓无忧无虑。惟身受其惠之友人，惜失一无可再得之图书馆专家朋友。

以上皆"实录"，根据材料，为吴文津继任馆长之纪念文章（Editorial Note：A. Kai-ming Chiu，1898-1977，A MemoriaL），登在哈佛大学校报。裘先生自传，登在 *Harvard Journal of Asiatic Studies*，Vol. 25，1964-1965，pp. 5-18。

悼远东史权威麦克尼亚[①]

麦克尼亚（Harley F. MacNair，1891—1947），世界上治远东史的最高权威之一，今年六月在芝加哥以心脏病逝世，享寿只有五十六岁。麦氏到过中国好些次，在上海圣约翰大学教过十几年书。自从一九二八年以后，他在芝加哥大学教日本史、中国史及远东史，以至于殁亡。

麦氏不但是一个大学者、大著作家、编辑家，而且也是一个最忠实的丈夫、最孝顺的儿子，与最尽责任的教授。他的学行，值得我们纪念。

麦氏是一个学者，未入宦途，故一生的经历很简单。一九二二年他在加里佛尼亚大学得博士学位，在母校教过一年书。在他得博士学位以前与以后，他在圣约翰大学教过英文政治学与历史。在西雅图华盛顿大学教过一年书，以后就在芝加哥大学当教授。在抗战期间（一九四三）他在美京参谋部（Office of Strategic Service）做过一个短时期的研究与分析工作。其后辞官不做，以教授终身。

他得过很多荣誉的金钥匙，做过很多荣誉学会的会员，博闻强记，堪称聪明才智之士，然在四十三岁以前，麦氏沉寂寡言，一见生人，便面红耳赤，见女人尤甚。他做事认真，读书发愤，而不喜交游，不苟言笑，颇有几分书呆气。一九三五年他跟一位英国富孀艾夫人（Florence Wheelock Ayscough），由恋爱而结婚。艾夫人为一名作家，好文学美术，搜罗中国很多的古董玩器。艾夫人长于麦氏十余岁，对麦氏妻爱与母爱兼施，差不多改变他的人生态度。结婚以后，麦氏由死板板的书呆气变

① 原载《建国知识》月刊第一期（一九四七年九月），第56—57页。

为谈笑风生幽默天成的名士。选词练句，纯带苏格兰绅士派头气味。两人旅行中日二国及全世界，拜访朝野名人，讨论文哲美术，搜集中日名作，其乐也融融，其乐也洩洩，为麦氏一生最快活的时期。可惜好事多磨，结婚之后仅数年，其妻于一九四二年四月以癌病不治而死。麦氏喜其早归西土，免受疾病缠绵之苦；而本人则愁肠百结，为之戴孝三年。其妻在卧室中的布置，三年无改。在缝纫机上未完成的女红，麦氏以玻璃龛保存之。近数年来，有数位年龄相若兴趣相同之女作家，与麦氏交游，本文作者亦常设法使彼此多有接近机会，而麦氏除讨论学术或交换时事意见外，绝不及其他。密询有无计划续弦，他说走遍天下，实无一人能与前妻伦比，故绝不愿再娶，而戴孝纪念之。黑衣黑领带，终年不改。后遇无可避免之喜事应酬，仅换一素灰色衣服，然仍不失戴孝意味。如麦克尼亚，可说是世界上最难得的丈夫。

麦氏一面戴妻孝，一面须伺候其母。病似疯癫，常失理性，打碗盘，骂人。麦氏之妹伺候生厌，惟麦氏独坐床前，服侍唯仅，每日除教一二小时书及接客外，自朝至夕，皆在母亲床前，终年无间，如是者三四年。每遇其母生气摔毁东西时，麦氏执其手，甜甜蜜蜜，叫：“母亲，母亲，我是你唯一的儿子，你不认得我了吗？你不要生气，不要打东西。”其母恢复理性时，又后悔流泪。麦氏过此种生活三四年，从无倦容。一九四五年母逝，麦氏又服孝两三年。我自一九四二年获识麦氏，邻居一街，见麦氏每年皆在服孝之中。如此丈夫，如此孝子，我们中国人要礼失而求诸野了。

麦氏编著的书籍十余种，最早出版者是一九二二年的《华侨中的基督教工作》（*Christian Work among Chinese Abroad*）、《西史发凡》（*Introduction to Western History*）。最重要的是《远东国际关系史》（*Far Eastern International Relations*，with H. B. Morse 1928，1931）。此书如有好事者译成中文，材料之繁简得宜，可作中国大学课本。《近代中国史选读》（*Modern Chinese History；Selected Readings*，1923，1927），搜集不少重要的英文材料。《中国之革命》（*China in Revolution*，1931）为著者亲身目睹之事，也是英文书中讲中国革命最详细之作。其他如《中日冲突之真正理由》（*The Real Conflict Between China and Japan*）、《中国志》（*China*，1945）皆不失为重要的编著。他最后的著作，恐怕是《莫与伦比的夫人：对麦克尼亚艾福伦致敬》（*The Incomparable Lady: Tribute to Florence MacNair* 1945）。他对他的前妻，可说是鞠躬尽瘁，死而后已了。

麦克尼亚作学问最得力之处，不是在他知道语言文字之多，实际说来，他的中日文都不能看书说话。他的长处，在博闻强记，小心谨慎。他对于远东史的事实，知道得很多，记得很熟，而讲书时，却是上下古今，讲个大概，不大死述史事。他可以说是一个大编辑家，常将硬铅笔，削得很尖，写最小的字，务使文字简明流畅，事实详实足凭。他编辑书籍时，往往将别人的文章改得一塌糊涂，使成一家之言，遇有疑问，必查考书籍或请教专家解决之。故他作学问的秘诀，也不过是小心谨慎而已。

他教书与做人的秘诀，是受基督教的影响。虽然他是一个苏格兰人，有点吝啬，自奉亦极薄，而对别人非常表同情。凡是拜访他的朋友与学生，不管他是怎样的忙迫，最初静听他们的陈述，最后极力设法解决他们的困难。学生作的论文，他都逐字逐句，自首至尾，仔细批解。凡是我认为不堪造就的学生，他总是收留起来，或与他自己同住，或让一个反常（Abnormal）的学生与一个过于正常的学生同住一室，使他们互相影响，互相调和。学生去找他，可以跟他谈学理，也可以跟他谈做人处世的问题。他有中国书院老师或宋儒的风度。所以我认为他是一个循循善诱、最尽责任的教授。

麦氏对于中国政府不免间有微词，而对中国私人则一概友好。抗战期间，他在芝加哥圆桌讨论会电台及别的地方，替中国作了不少的义务宣传。他所编的《中国后方之呼声》（*Voices From Unoccupied China*, 1944）也是给中国宣传一个良好的机会。以教远东史的资格之老，著述之富，与门弟子之多而论，麦氏可说是远东史中最高的权威之一。他以基督教的精神、学问家的态度，致力于世界和平，努力于人类了解，壮志未成，不幸于五十六岁的年龄辞世，这在远东史学术上，是一个大损失；在我个人的生活上，差不多朝夕过从已五年，死了麦氏这位同事，对于我在美国的生活兴趣，是一个极大的打击。

民国卅六年七月廿一夜书于太平洋舟中

附　　录

《清代名人传略》谱写中美两代史学家交谊佳话

恒慕义

邓嗣禹

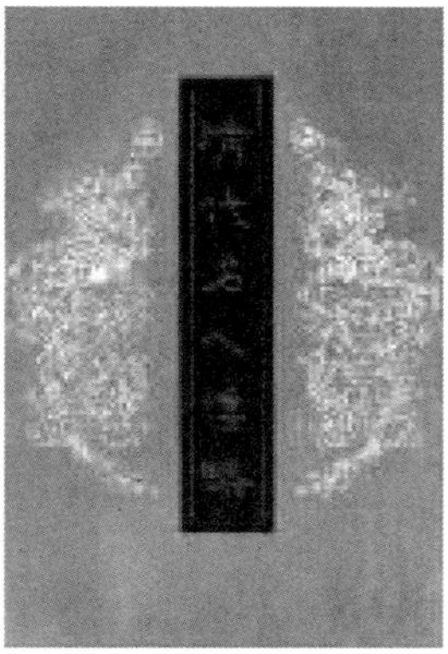
清代名人传略

1945年，两卷本《清代名人传略》由美国官方机构政府印刷局出版并首先在华盛顿发行，由此填补了美国汉学研究的空白。这本书最早是在1937年由美国汉学家恒慕义主编，由中美两国汉学家共同完成，是一部在世界上影响很大的汉学著作。胡适曾为这本著作撰写序言："至少在目前来说，没有任何语言包括中文在内的著作可与之相匹，无论在对概念的理解方面，还是在陈述的客观性和其应用上。""它是今天可以看到的一部最翔实、最好的近三百年中国史，是研究现代中国早期历史的一个重要里程碑。"费正清在《费正清对华回忆录》中，也称这本著作是"按照恒慕义博士的编辑宗旨，编纂出版了独一无二的最重要的外国论述近代中国的著作……这既是中外合作的产物，又是美国汉学研究的胜利。"

一

《清代名人传略》收录了中国这一时期800个人物的传记，反映了美国早期的汉学特色，20 世纪 30 年代开始分两卷出版。主编恒慕义组织了费正清等 50 位东西方学者参加编写工作，为编写好这部著作，工作人员查阅了 1100 多卷正史，做了数百卷笔记。该传略行文严谨，每位传主都有姓名、字号、出生年月、籍贯、主要经历和事迹，篇末有注释。恒慕义在指导编写《清代名人传略》时，曾邀请邓嗣禹负责编写 33 位太平天国时期人物传记，其中有 3 位人物（徐广缙、怡良、穆彰阿）就是他与费正清两人共同完成的。

恒慕义（Arthur William Hummel，1884—1975）生于美国密苏里州沃伦顿，1915 年被公理会派到中国山西汾州（今汾阳）明义中学教英文，任汾阳中学首任校长。1928 年，恒慕义回到华盛顿任美国国会图书馆东方部主任，1957 年与郭秉文创办中美文化协会并任首任主席。

《清代名人传略》能获得巨大成功，首先得益于美国国会图书馆丰富的藏书资源。该馆是美国最早收藏中国图书的图书馆，也是中国之外最大中文书籍收藏馆之一。该馆最初在 1869 年收到清朝政府所送书籍 10 种（共计 933 册），于 1928 年成立东方部，恒慕义为第一任主任。在他任职的 27 年间，该馆中文藏书由 10 万册增至 29 万多册，成为在海外从事中国历史研究的重要基地。

现在该馆藏书总量为 90 万册，除汉文外，还有满文、蒙文、纳西族和其他民族文字著作，藏书主要涉及人文科学和社会科学领域，其中相当部分是清代档案资料，而明清的方志、家谱、各类抄本和稿本也颇丰。国会图书馆还珍藏有一批藏文的木刻版画和手稿，其中的一部分是柔克义（William W. Rockhill）1888 年至 1892 年间在蒙古和西藏旅游时所获得。此后，1901 年至 1928 年间，柔克义、劳费尔等学者又获得 920 件木刻版画和手稿。现在，国会图书馆也是西方世界最大的藏文文献馆之一，所藏藏文文献涉及佛学、历史、地理、医学、乐谱、占星术、解说词、肖像学等诸多领域，这些都与恒慕义早年所做出的贡献分不开。

早在 1918—1928 年间，美国农业部的一名植物学家施永格（1871—1952）就曾多次到中国，为国会图书馆收集中国各地的方志。恒慕义担任东方部主任之后的第二年即派人再次来到中国，着力收集补充该馆所缺中国方志。

抗日战争初期，中国国内形势动荡不安，各地藏书散出，恒慕义抓往这一机会，派人来华设立专门机构大量收集中文图书，出于对日本侵略者的愤恨，有的藏书家甚至分文不要，将珍藏赠与美国国会图书馆。一时间，我国的图书文献资料大量流向大洋彼岸，包括当时国立北平图书馆的一些善本藏书。为安全考虑，恒慕义用船将这些藏书运载至美国，存放在华盛顿，国会图书馆将其全部排摄成缩微胶卷珍藏。他曾这样描述道："中国珍贵图书，现正源源流入美国，举凡稀世孤本，珍藏秘稿，文史遗著，品类皆备，国会图书馆暨全国各大学图书馆中均有发现，凡此善本，转入美国者，月以千计，大多要价不昂，且有赠予美国图书馆者，不甘为日本所攫，流放东土也。即以国会图书馆而论，所藏中国图书，已有二十万册，为数与日俱增。"截至 1942 年，国会图书馆收藏的中文善本已达 1622 种，其中仅《永乐大典》残卷就有 41 册之多。15 年后，中国学者王重民编纂的《美国国会图书馆收藏的中文善本书录》中收录各种善本图书多达 1777 种。

早在中国时，恒慕义就决心编纂一部近三百年间的中国人物传记辞典。1937 年初，在具备如此多的藏书量之后，他开始着手组织人马来完成多年心愿。1937 年 7 月，邓嗣禹接受燕大同学房兆楹邀请，辞去燕大教职前往华盛顿，参加《清代名人传略》的编纂工作。

1928 年邓嗣禹考入燕京大学史学系，1932 年当选燕京大学历史学会主席，同年获得学士学位，师从邓之诚、洪业等著名史学家。大学毕业后，他考入燕大史学研究所，1935 年获得硕士学位并留校任讲师。在此期间，他结识了正在燕大做博士后研究的美国第一代汉学家毕乃德(Knight Biggerstaff，1906—2001)，1936 年两人合作编写了《中国参考著作叙录》。1939 年在完成了《清代名人传略》之后，他到哈佛大学师从费正清攻读博士学位。

50 年后，邓嗣禹于 1986 年发表的《太平天国研究之过去、现在与前瞻》一文回忆道：他在参与编写《清代名人传略》时，"负责撰写太平天国时两方面的人物，在十个月内，共草成三十三篇传记，包括洪秀全、洪仁玕、李秀成、杨秀清、石达开、林凤祥。虽然冯云山、韦昌辉、洪大全、李开芳传已草就，因可据的材料少，太单薄，将前三者并入洪秀全传，李开芳与林凤祥合传。官方的材料多，写了曾国藩、曾国荃、胡林翼等篇。……为看远景，写要冲破网罗的谭嗣同传，其中附点孙中山事迹”。组织编写《清代名人传略》，也为恒慕义在世界汉学界奠定了坚实的基础，使他日后成为一名卓越的汉学家。

二

长期以来，西方学者对中国许多历史事件和人物的叙述和评价与我国学术界观点存在较大分歧。我国历史学者大多是从无产阶级立场出发对清代人物进行评价与定性，《清代名人传略》在论述鸦片战争有关历史人物时，引用了大量十九世纪中叶西方出版的历史著作，诸如阿瑟·坎宁安的《鸦片战争》（1845 年）、郭士立的《道光皇帝传》（1852 年）和德庇时的《交战时期及媾和以来的中国》（1853 年），依据这些史料，该书对清代历史人物作出了客观、公正的评价，这些史料都是我国学者不易见到的珍贵资料。

太平天国起义是中国近代史上一场重要运动，《清代名人传略》下卷中有较多篇幅论述这场历时十五年之久，波及十七省的农民起义战争。由邓嗣禹撰写的《洪秀全》一篇中，作者概述了太平天国运动的全部过程，并论及太平天国革命失败的教训，对其定都南京后所做出的若干改革也有详细的叙述，诸如改历法、制定土地制度等。除洪秀全之外，太平天国时期正反两方面的主要人物均分别立传。

《李鸿章》一篇是《清代名人传略》中最长的一篇，约有一万字，从该文中可以较为全面地了解到晚清时期的政治脉络。该文称赞李鸿章一贯倡导改革，倡议修建铁路、架设电报线路，在 1870—1894 年间引进西方科学技术。该文同时对他的亲俄政策、接受俄国人的贿赂、在招商局等大企业中拥有大量个人股份等问题都作出了客观的评判。

1840 年之后，以魏源为代表的中国有识之士提倡向西方学习，最初是要以西方之长来制止其对我国的侵略。镇压太平天国之后，曾国藩、左宗棠等人大力引进西方科学技术，两人曾向清政府建议选派学童赴美国留学。但是，向西方学习的运动以及在此影响下的各种改革不断遭到朝野保守派势力的阻挠，甚至于 1881 年一度停止选派留学生赴美。到了 1893 年，光绪皇帝也有了改革意图。上述内容在邓嗣禹撰写的曾国藩、左宗棠传记中均有论述。

辛亥革命所建立起来的共和制度是中国人民在 1840 年之后历经艰险

向西方寻求救国富民之道路的历史成果，康有为、孙中山等人是清末政治风云中的关键人物。《传略》对于这方面人物的事迹介绍尤为详尽。从此书中可看到自鸦片战争至辛亥革命时期外国人在中国的政治生活中所起到的作用，统治阶级内部的腐败，以及中国人民反抗侵略压迫，向西方学习、探求救国富民之道的详细脉络。

在恒慕义领导下，参与编写《清代名人传略》让邓嗣禹开始涉足太平天国研究，这为他日后从事太平天国历史的系列研究工作打下良好基础。之后若干年，在恒慕义、费正清等人的大力支持下，他先后出版了《太平天国新论》(哈佛大学出版社 1950 年出版，1966 年再版)、《捻军及其游击战》(法国巴黎 Mouton 出版社 1961 年出版，1984 年再版)、《太平天国史学》(哈佛大学出版社 1962 年出版，1972 年再版，费正清作序)、《太平天国与西方列强》(牛津大学出版社 1971 年出版，1978 年再版)。

《清代名人传略》英文版 2002 年在台湾再版。邓嗣禹回忆说："最初两册售价仅数元，故销路甚广，学习中国文史的研究生，几可人手一编。"可见这本书对于中国清史研究起到了重要的作用。1990 年，中国人民大学清史研究所将《清代名人传略》翻译成中文版，并由青海人民出版社出版，1995 年再版。全书共分上、中、下三册，约 130 万字。出版者在前言中写道："本书以丰富的史料为基础，通过对清代八百余名人物活动情况的详尽具体介绍，把上起明末下至清亡 300 年间历史的各个方面——政治、经济、军事、外交、社会、民族、宗教、文化思想、文学艺术、科学技术等领域的历史概貌展现出来，勾画出了整个清代历史的基本轮廓，构成了一部完美的中国清史专著。本书具有较高的学术和史料价值，对研究我国清代的历史具有重要的参考价值。"

恒慕义在此之后曾先后出版过《超国家的国家主义》《近百年来中国史学与古史辨》等著作。1948 年美国亚洲研究会成立，恒慕义被推选为第一任会长，费正清任副会长。邓嗣禹当时作为青年历史学者和唯一的亚裔董事会成员，被提名为理事，兼任研究会秘书，直接参与和协助恒慕义的工作。

邓嗣禹在哈佛大学就读与任教期间，先后与费正清合著《中国对西方的反应》(1954 年)、《清代管理制度：三种研究》(1960 年)，这些都曾被哈佛大学用作教材，并多次再版。1967 年，邓嗣禹增补《中国考试制度史》第二版，为了向西方学者尽快推荐这部有国际影响力的著作，恒慕义为此书撰写了长篇英文摘要，再版时附在书后。

邓嗣禹致力于历史学教育与研究前后超过半个世纪。他于20世纪30—40年代分别在国内外发表的《中国考试制度史》《中国科举制度起源考》《中国考试制度对西方的影响》等论著先后在国际上引发争论，在学术界产生强烈反响。在太平天国史研究方面，他曾出版过四部著作和发表多篇有影响的论文，并应邀参加过《大英百科全书》《科利尔百科全书》关于此部分的编写工作，是美国太平天国研究领域的领军人物。

彭靖著，原文发表于《中华读书报》2013年11月27日第14版

《明代名人传》续写中美史学家合作佳话

1976年，美国哥伦比亚大学出版了由富路特、房兆楹分别担任正、副主编，两卷本的《明代名人传》。该传记以丰富的史料为基础，通过对明朝650名人物活动情况的具体介绍，把上起元末下至明亡的300年间历史的各个方面全景式地展现出来，勾画出了整个明代历史的基本轮廓。出版后的第二年，即1977年，它曾获得西方汉学领域的最高奖项——法国儒莲奖。颁奖时，主办方对于该书的评价是，本书是“关于中国的最佳作品”，对于研究中国明朝历史有重要参考价值。这一评价是对其学术价值和史料价值的高度肯定。

2015年4月，中文版的《明代名人传》由北京时代华文书局出版。中文版由南开大学明史专家李小林教授领衔，组织众多明史学者与专家参与翻译工作，并经过数年的修订与校对，为国人详细了解明代的历史与人物提供了诸多便利。值得一提的是，《明代名人传》的编者中，有近半数为留美华裔汉学家，125位编者中，有65位是华人，而且许多都是当时十分知名的汉学家，其创作过程再现了中美史学家联手合作的又一段佳话。

一

《明代名人传》英文版的创作计划始于20世纪50年代末期，源于美

国亚洲研究会在哥伦比亚大学组织的“明代传记历史计划”。1958年美国著名汉学家费正清在美国亚洲研究会年会上第一次提出编撰这套书的建议，1962年秋在哥伦比亚大学正式启动，由美国著名汉学家富路特（L. C. Goodrich）担任主编。该项目从开始筹划到1976年书籍出版，前后经历了14年的时间，耗费了巨大人力、物力，而此时的《明代名人传》已经是被学界期待许久的一部书。

在本书出版之前，国际汉学界已经有了关于清朝和民国时期的中国历史人物英文辞典，即恒慕义（Arthur. W. Hummel）主编，1943—1944年出版的《清代名人传略》，包华德（Howard L. Boorman）主编，1966—1971年出版的《民国名人传记辞典》。这些名人传记辞典，以其为学术研究提供巨大便利而得到西方学界的广泛赞誉。从20世纪中叶开始，西方学界对中国古代历史的研究都有这种需求：“希望有一部明朝人名辞典，将可循的历史名人的时间范围从清朝拓展到明朝。”《明代名人传》的出版填补了这一领域的空白。

富路特（也有译名傅路德，1894—1986）系美国传教士富善之子，1894年出生于北京通州，义和团事变后回到美国上学，大学毕业后以学生海外传教人员身份返回中国；1926年之后又回到美国，进入哥伦比亚大学东方语言学系攻读硕士学位，1927年获硕士学位后任教于哥伦比亚大学长达35年之久。1934年富路特获得哥伦比亚大学博士学位。他曾先后担任哥伦比亚大学中文系主任及东方语言文化系主任，还曾出任美国东方学会会长、亚洲学会会长等职。富路特是美国著名的汉学家，他一生致力于中国历史与文化研究，著有《乾隆时期的文字狱》《中华民族简史》等多部汉学专著，还曾译注陈垣的《元西域人华化考》一文。

在组织编写《明代名人传》之前，富路特曾多次与中国学者开展学术交流与合作：1943年，他同韩寿萱合作撰写了《明实录》一文；1946年，他与冯家升合作撰写《中国火枪的早期发展》；1949年，他与翟同祖合作撰写了《隋文帝时期宫廷中的外来音乐》，在明史研究方面早有非凡的业绩。费正清在他的晚年回忆录中对富路特评价道：“当我在北京华文学校向富路特请教时，他总是以非常诚恳的态度仔细听我说。从他童年时代在华北的传教士家庭背景来看，他的确可以说已使自己成为汉学家中的佼佼者了。仅凭他的博士论文《乾隆时期的文字狱》，就已使他成为美国中国问题研究中崛起的一颗新星，何况在以后的四十年中他还有更多的研究成果涌现。”

副主编房兆楹（1908—1985）是国际知名的中国史专家，研究领域侧重于明清史和中国近代史。他早年毕业于燕京大学数学系，与该校历史系杜联喆女士结为伉俪。二人自19世纪30年代即参加哈佛燕京学社引得编纂处的工作。房兆楹夫妇曾于1934年参加恒慕义主编的《清代名人传略》项目，并在其中担任重要的角色。在829位人物传记中，二人分别撰写了276位和146位人物传记，是其中贡献最多的二位。富路特当年也曾参加了编写工作，并撰写了十余篇人物传记。1963年房兆楹和杜联喆应富路特邀请，分别加入“明代传记历史计划”，房兆楹协助富路特的工作，并担任副主编。

《明代名人传》出版之后，学者们大多将其与《清代名人传略》《民国名人传记辞典》相比较。从编写者的构成而言，他们来自美国、加拿大、澳大利亚、英国、斯里兰卡、中国台湾、中国香港等17个国家和地区，共有125位学者参加了工作，其中恒慕义、萧公权、邓嗣禹、李田意、房兆楹、杜维明、钱存训、孙任以都、黄仁宇等分别参加过《清代名人传略》《中华民国人物传记辞典》的编撰工作，他们当时已经是国际知名的专家学者。不少学者还提供了他们自己的最新研究成果。他们在编写《明代名人传》时，借鉴《清代名人传略》的体例并取长补短。这些努力使得《明代名人传》比《清代名人传略》的体例更加完善，更加便于读者阅读。

在内容方面，《明代名人传》共计732个词条，650个传记，所涉及的人物多达5396个，所载人物涉及政治、经济、军事、外交、社会、民族、宗教、文化思想、文学艺术、科学技术等多领域。传记中除了包括明代皇帝13个（从太祖朱元璋至神宗朱翊钧）、皇家贵族、各级官员、文化精英（文学家、思想家）等上层人物外，也出现了对制漆工匠、运河工人等下层人物的记载；不仅包括中国人，也包括当时来到中国的外国人，对西方传教士（利玛窦、汤若望等）、宗教人物（日本僧人绝海中津、印度僧人班的达等）也有研究。

在时间跨度上，本书收录人物以1368年明朝建立为起点，以清朝建立为终点；但出生于元末，活动于明朝的人物也被囊括其中，一些生活于明清之际但未被收入《清代名人传略》中的人物也被收录其中。从这个角度而言，本书也是对于《清代名人传略》的补充与完善。

美国汉学家艾特威尔（W. S. Atwell）于1977年首先发表书评文章指出，富路特主编的《明代名人传》“是自恒慕义出版《清代名人传略》以来，关于传统中国最为重要的西方参考工具书，它对于明代中国研究领域所作的贡献值得永远感激，其编者也值得被高度称赞”。美国汉学家普林斯顿大学彼得生（Willard J. Peterson）也曾于1979年在《亚洲研究杂志》第3期上发表书评文章指出：“这部书不仅解决了明代历史的研究工具问题，还解决了近代社会与古代社会研究联结的空缺。”在书籍的条目选择上，他认为“总体来说，本书在条目筛选上开始更多地关注下层民众，以及过去往往被忽视的群体”，当时美国学术界对此项目高度重视，包括美国亚洲协会、美国学术团体理事会等重要学术团体都给予了资助，其出版也引起了国际学术界的高度关注。

二

长期以来，西方学者对中国许多历史人物的叙述和评价与我国学术界观点存在较大分歧。我国历史学者大多是从无产阶级以及时代化的立场出发，对明代人物进行评价与定性。明太祖朱元璋是明代时期最为重要的人物，国内对于这位出身微贱、非豪门世家的皇帝人物进行研究的学者众多，最有名的学者莫过于明史专家吴晗，最有名的成果是他多次修改的《朱元璋传》。在吴晗的笔下，朱元璋雄才大略、性格复杂，尤其是对他猜忌性重、残忍狠毒的一面揭露得十分充分。这与吴晗生活的时代有关，因为该传记在1949年初版发行时，正值国民党专制统治、特务横行、暗杀行为最为严重的时期，故而作者对朱元璋类似的行为着墨尤多，一些学者认为吴晗当时出版《朱元璋传》是讽喻时政、影射蒋介石。

1954年，吴晗又撰写了《朱元璋传》的第二稿，油印一百多册散发给朋友征求意见；在第二稿的基础上，最终写成了《朱元璋传》的第三稿，于1965年由三联书店出版。一部传记，前后近二十年，几易其稿，这不仅表现了吴晗先生不断自我完善的学术追求和扎实求真的治学方法，而且体现了他的学术思想与当时社会现实、学术现状之间相吻合的发展历程。

《明代名人传》中的朱元璋，是该传记人物中篇幅最长的一位，长达13页之多，约有1.2万字，由留美学者——国际著名汉学家邓嗣禹撰写。

邓嗣禹早年毕业于燕京大学历史系，后留学美国哈佛大学，师从费正清，获得博士学位后，先后在燕京大学、芝加哥大学、北京大学、哈佛大学、印地安那大学任教。曾任芝加哥大学东方研究院院长、印地安那大学东亚研究中心主任等职。邓嗣禹作为费正清的得力助手，两人曾合作出版了多部有影响的著作，如《中国对西方的反应》《清代管理制度：三种研究》，这些著作长期被哈佛、牛津大学用作研究生教材。1937—1967年间，他还曾参与编写《清代名人传略》《民国名人传记辞典》《宋代名人传》的工作，撰写了许多重要人物的传记。

在《朱元璋》传记中，邓嗣禹从国际视野出发，站在客观、公正的角度，参考了大量中国学者不易看到的历史文献，并结合个人对于朱元璋的研究成果，既用肯定的语气阐述了朱元璋极不平凡的奋斗历程，即推翻元朝的腐朽统治、统一全国、安定百姓及发展生产等积极的一面；又用谴责、批判的语气揭露了他巩固朱家王朝的种种手段，特别是对他大肆诛杀功臣和大兴文字狱的专制统治等进行了有力的挞伐，该文对朱元璋的一生进行了全面的评论，该肯定的予以肯定，该否定的就予以否定，既不以其善而隐其恶，也不以其恶而隐其善，竭力描写朱元璋的真实品格，使读者看到了一个比较真实的朱元璋。

在传记之后的参考文献栏目中，我们可以清楚地看到，当时他在写作时不仅参考了《明实录》《太祖实录》等基本史料，还参考了西方著名汉学家，如富路特、贺凯（C. O. Hucker）、高友工（Kao Yu-Kung）等人用英文发表在《哈佛亚洲研究》期刊上的明史研究的最新成果，吴晗1949年出版的《朱元璋传》，还参考了《明史纪事本末》《平汉录》《平吴录》等大量方志与至今仍未出版的私人抄本，以及他个人对朱元璋的研究成果，如在《燕京学报》上发表的论文《明大诰与明初之政治》，在《中国文化》上发表的英文论文《明太祖的创造与毁灭性工作》，所参考的文献多达五六十余种。

正如中文译本主编李小林、冯金朋在出版前言中指出的，除了中国学者很难具有的国际视野外，《明代名人传》还有另外一大优点，即将学术性和通俗性融为一体。他们在撰写过程中吸收了当时国际汉学界的最新研究成果，包括各种西文写成的论文和专著，以及大量方志与至今仍未出版的私人抄本。这些努力从每个词条结尾所列出的参考文献中可感受到。

三

关于这些人物传记资料收集的细密程度，还可以从富路特的演讲活动中看出一些细节。1965年，他在美国东方学会于芝加哥召开的一次学术会议的演讲中说，他非常关心自己正“颇费心力”的《明代人物传记》项目。在主持编撰的过程中，他注意了中国古代典籍中名人传记的情况，也注意到《古今图书集成》的影印本，这本1728年问世的百科全书式著作有30000个明代人物传记的索引，还有明代人物传索引的草稿，囊括明代问世的大约300种地方志中的近36000个。他还提及哥伦比亚大学图书馆所收藏的《皇明文海》缩微胶卷，称这部1700年前后汇集的著作中的175卷包括近3600位人物的传记。哥伦比亚大学图书馆经常会搜集来自北京珍稀图书的缩微胶卷。

1976年出版的《明代名人传》能够获得极高的赞誉，显然与众多中国留美学者的参与有着密不可分的关系。1963年，房兆楹夫妇在狄百瑞（William T. de Bary）的劝说下，离开澳大利亚，全职加入编撰组，并担任了重要的角色。两人废寝忘食，全力以赴，撰写的稿件多达总数的一半左右，为该传记的成功策划与创作起到了不可替代的作用。1977年富路特因出版《明代名人传》而荣获法国儒莲奖时，房兆楹与杜联喆则因此获得哥伦比亚大学荣誉文学博士学位。《洪业传》作者陈毓贤回忆说：“我还记得洪业穿戴整齐高高兴兴地飞到纽约观礼，颇以这两位学生的成就为荣。”作为同是洪业在燕大早年的弟子之一，传记中最重要人物——朱元璋的撰写人邓嗣禹，在此之前与毕乃德、恒慕义、费正清、顾立雅、包华德都先后进行过合作，在费正清看来，“这些人从他的能力与博学学识中受益极大”（J. K. Fairbank，“Obituary：S. Y. Teng（1906-1988）”，*The Journal of Asian Studies*，Vol. 47，No. 3. pp. 723-724）在《明代名人传》的编写过程中，再次体现出这一点。

1981年，富路特终于再有机会与他的妻子来到久违的中国进行访问。1986年，富路特在92岁去世时，美国亚洲研究协会东亚图书馆曾登载了一篇悼文，称赞他虽然不是图书馆员，但对美国东亚图书馆的发展有很大贡献，还称赞他不但自己有许多著作，还乐意成人之美，譬如李约瑟（Joseph Needham）的《中国科学技术史》《纸和印刷》分册请钱存训撰写，富路特帮了他很多忙，所以钱存训把书送给三个人，头一个就是富路特；富路特 1949 年开始和钱星海翻译陈垣的《元西域人华化考》，两年后钱星海无法继续，富路德孤军奋斗把它完成。《明代名人传》的创作与出版，再次谱写了中美史学家的合作佳话。

彭靖著，原文摘要发表于《中华读书报》第 14 版，2015 年 11 月 4 日

富路特

邓嗣禹

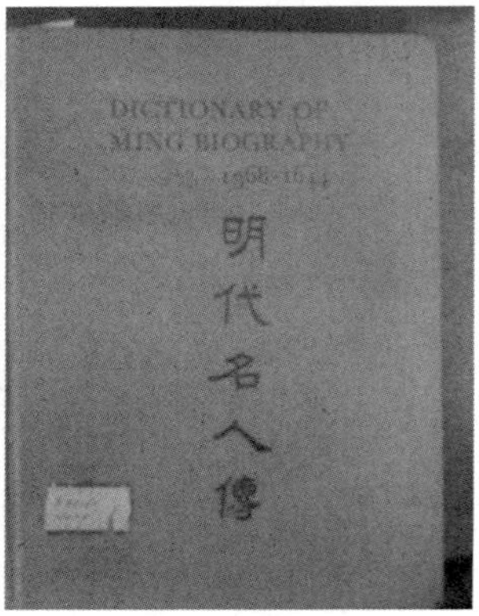

1976 年出版的英文版《明代名人传》书影

邓嗣禹年谱初编

（彭靖　著）

1905 年　出生

邓嗣禹，字持宇，7 月 25 日（阴历六月二十三日）出生于湖南省常宁县黄洞乡，父亲杰卿公是县内童生，母亲吴太夫人生有一男四女，邓嗣禹排行第三。

1910 年　5 岁

五岁起，在私塾学校，他就开始学习《诗经》《尚书》《论语》、唐诗等。因为他的名字出自《洪范》，父亲和族长一再对老师要求，要注重对《洪范》的学习。五岁的时候，就能背诵李白的诗《梦游天姥吟留别》，是黄洞乡远近闻名的才子。

1922 年　17 岁

邓嗣禹与欧阳红玉结婚。

1923 年　18 岁

18 岁的时候，以优异的成绩考入衡阳县立中学。

1926 年　21 岁

考入北平燕京大学历史系，读两年预科。

是年，与同乡彭廷珪一起参加“三一八”纪念活动。

1928 年　23 岁

是年，读完预科，正式进入燕京大学一年级学习。

1929 年　24 岁

与同乡一起为彭廷珪等烈士悼念，并呼吁各方为他们立碑，积极参加“三一八”烈士纪念会，并为彭廷珪撰写碑文。

1931 年　26 岁

4 月 2 日，据《顾颉刚日记》记载，顾颉刚曾为邓嗣禹写信给蒋廷黻。

8 月 14 日，据《顾颉刚日记》记载，当日顾颉刚曾写给邓嗣禹信。从《顾颉刚日记》（中华书局 2011 年版）中可以了解到，顾颉刚曾多次写给邓嗣禹信。邓也应该有回信，但这些信件并没有收入到已经出版的《顾颉刚书信集》（中华书局 2011 年版），估计在多次动荡中已经丢失，这是十分可惜的，否则我们可以知道两人交往的更多细节。

9 月 30 日，本日与冯家昇、俞大纲等 22 人，选修本学期顾颉刚课程。

本年度发表的论文

1. 《周公史演考变》，发表在《女师大学术季刊》第 2 卷第 2 期（1931 年）

2. 《儒家之社会政策》，发表在《北平晨报——学园》（1931 年 4 月 1 日）。该文经译成日文后，登于日本学术刊物：《支那问题》第 11 期（1931 年），110—115 页。

1932 年　27 岁

当选燕大历史学会主席，同年毕业于燕京大学，获学士学位。

毕业论文以中国历来考试制度为重心。以该论文为基础，补充、完善的学术专著《中国考试制度史》一书，1936 年由国民政府考试院出版。

同年，继续攻读历史学系硕士研究生，指导导师为洪业（洪煨莲，时任燕大教务长兼历史系主任）、顾颉刚，学号：32452。

1933 年　28 岁

邓嗣禹与张维华共同负责燕京大学历史学会工作，兼任研究与出版股负责人。

6 月 19 日，邓嗣禹与冯家昇、顾廷龙、张维华、翁独健等 12 人，获得下年度历史系硕士研究生奖学金。

10 月 19 日，邓嗣禹与翁独健一同来到顾颉刚办公室，商讨《史学年报》事宜。

11月27日，介绍美国哥伦比亚大学讲师毕格博士①与顾颉刚见面。据《顾颉刚日记》1933年11月27日记载："到哈燕社，（邓）嗣禹偕毕格来。毕格博士，美国哥伦比亚大学讲师，戴闻达之子，来中国研究中国法律史，来询此方面材料。"

1934年　29岁

任《史学年报》主编，仍与张维华共同负责燕大历史学会工作。

2月4日晚间，邓嗣禹约请顾颉刚、谭季龙、周一良在海淀区斌泰酒店吃饭。席中商定《禹贡》半月刊出版计划。饭后，顾颉刚到邓嗣禹宿舍探望。

3月24日，邓嗣禹与顾颉刚到圣经会购书。

5月27日，为写宋香舟②信之事，找顾颉刚商议。

10月8日，顾颉刚写信给邓嗣禹。

12月2日，邓嗣禹偕周一良来到顾颉刚住处共同协商《禹贡》第二卷七期稿件初校之事。

12月4日，为邀请陈大齐③先生撰写《中国考试制度史》序言之事，邓嗣禹到顾颉刚处协商。

任《史学年报》主编，仍与张维华共同负责燕京大学历史学会。

本年度出版的著作与发表的论文

1. 编纂《太平广记篇目及引得》，由燕京大学引得编纂处出版。该

---

① 毕格（Cyrus H. Peake，1900—1983），1927年获得美国哥伦比亚大学博士学位后，留校任教。1933—1934年到北京进修，与中国学者多有交往。1937年后服务于美国国务院，长期从事对日本外交。他的代表作是《近代中国的民族主义与教育》。

② 宋香舟，又名宋湜，1899年出生于广汉县城内，幼年曾在梓潼街文昌宫读私塾，后赴蓉考入四川法政专门学校，参加广汉旅省同乡会，为该会负责人之一。1930年，宋香舟到国民政府考试院工作，历任铨叙部参事、甄核司司长兼育才司司长、登记司司长、铨叙部主任秘书、考试院主任秘书等职。1949年2月—11月，宋香舟任川康考铨处处长。

③ 陈大齐（1886—1983），字百年，海盐人，著名心理学家。曾任浙江高等学校校长，北京大学教授、系主任、代理校长，民国考选委员会委员长。去台后，任台湾大学校长、国民党中央评议委员。著有《心理学大纲》《现代心理学》等。见《民国人物小传》第6册、《当代中国人物志》。1983年1月8日卒于台湾。

书影印本由台北古亭书局出版，1966 年。同年日文版在日本出版。上海古籍出版社出版该书（精装本），1990 年 12 月。

2. 发表长篇书评文章：《中国印刷术之发明及其西传》，载《图书评论》第 2 卷第 11 期（1934 年 7 月），第 35—56 页。本文是对托玛斯·弗朗西斯·卡特（Thomas Francis Carter）《中国印刷术之发明及其西传》一书的评论。此文虽系书评，和专论无疑。作为一篇经典书评文章，后被收入到多种文集之中。

3. 发表《唐代矿物产地表》，载《禹贡》第 1 卷第 11 期（1934 年 8 月），第 22—29 页。

4. 发表《中国科举制度起源考》，载《史学年报》第 2 卷第 1 期（1934 年 9 月），第 275—284 页。

1935 年　30 岁

一、继续担任《史学年报》主编。

二、顺利通过硕士论文答辩，并留校任讲师。

三、协助燕大哲学系主任、美国汉学家博晨光讲授中英翻译课程。

四、获得司徒雷登研究项目资助基金。

2 月 20 日，邀请顾颉刚为《中国考试制度史》一书作序。

4 月 29 日，将其所撰写的论文《河间献王生卒年代考及其与中国文化的关系》交给顾颉刚审阅，后于 1936 年 4 月发表在《新民月刊》第 2 卷 2 期，第 55—87 页。

6 月 1 日下午，顾颉刚组织，邓嗣禹参加欢迎伯希和[①]茶话会。同时参加的人还有：伯希和、Mecloud、陆志伟、雷登、魏楷、博晨光、洪煨莲、邓文如、容媛、傅崇岐、翁独健等人。

6 月 15 日，下午二时，参加燕大历史系硕士毕业答辩会。论文题目

① 保罗·伯希和（Paul Pelliot，1878 年 5 月 28 日—1945 年 10 月 26 日），世界著名的法国汉学家、探险家。就学于巴黎大学，主修英语，后入法国汉学中心学习汉语，继入国立东方语言学校，专攻东方各国语文历史。曾从师法国汉学家 E. E. 沙婉（1865—1918）等人学习，致力于中国学研究。1908 年往中国敦煌石窟探险，购买了大批敦煌文物，带回法国，今藏法国国家图书馆博物馆。伯希和是欧美公认的中国学领袖，其影响遍及欧美、日本及中国。然而伯希和与中国学者交往，开始却并非友谊佳话，而是以让炎黄子孙愤慨痛惜，也令他本人蒙羞的敦煌盗宝为开端。

为《唐宋元明清中枢官制研究》。当日一同答辩的人员还有：王育伊（上午八时）、翁独健（上午九时半）、李子魁（上午十一时）、李延增（下午五时）。

参加答辩的导师有顾颉刚、洪业、邓文如、许地山、张亮丞、赵紫宸、徐叔希、马季明。

7月6日，顾颉刚修改邓嗣禹的《唐宋元明清中枢官制研究》硕士论文。

7月7日，为欢迎齐思和从美国留学归来，顾颉刚在家设宴。邓嗣禹、翁独健、邓文如、容希白夫妇、田洪都夫妇等人参加。

9月，毕业于燕大历史系史学研究所，获得硕士学位，留校担任历史学系讲师，协助燕大哲学系主任、美国汉学家博晨光①教授讲授中英翻译课程，同时经常与外教进行团队教学。

9月7日，为校对《禹贡》第四卷第二期稿件之事，邓嗣禹、朱士嘉找顾颉刚协商。

12月29日，邓嗣禹与顾颉刚、起潜叔、吴子藏、朱实昌商讨《禹贡》第四卷第九期结稿、出版事宜，事后邀请上述人员到东来顺饭店吃饭，8时许结束。

同年，邓嗣禹与博晨光以《颜氏家训》英译本作为课题，申请到燕京大学司徒雷登研究项目资助基金，这是当年燕大仅获批准的两个项目之一。在讲课之余，两人开始着手翻译《颜氏家训》，共同讨论翻译技巧与修辞方法。在《颜氏家训》英译本出版时，邓嗣禹在封页上写着“这本书专为怀念博晨光，1880—1958”。

本年度出版的著作与发表的论文

1. 出版《燕京大学图书馆目录初稿——类书之部》（北平，1935年）；本书之影印本题名：《中国类书目录初稿》（台北进学书局，1970

① 博晨光（Lucius Chapin Porter，1880—1958），1880年出生于中国天津，父母是美国公理会的传教士。他在中国度过童年后，返回美国接受高等教育，先后就读于伯洛伊特学院（Beloit College）、耶鲁大学神学院等高校，毕业后返回中国，曾任燕京大学哲学系教授、系主任，他还曾兼任哈佛燕京学社北平办事处干事，燕大的校务委员会、图书馆委员会和古物展览委员会委员，男生部体育促进委员会主席等职务，为燕京大学的发展做出过重要贡献，直到解放前期才离开中国。

年）；台湾大立出版社出版（1982 年）；中国知识产权出版社（2007 年、2012 年）；国家图书馆出版社（2015 年），畅销 80 多年不衰。

2. 发表《跋学海君道部》，载《图书季刊》第 2 卷第 2 期（1935 年 6 月），第 95—100 页。

3. 发表《行省的意义与演变》，载《禹贡》第 3 卷第 10 期（1935 年 7 月），第 7—10 页。

4. 发表《城隍考》，载《史学年报》第 2 卷第 2 期（1935 年 9 月），第 246—249 页。

5. 发表《城隍史略》，载［天津］大公报《史地周刊》，第 64 期（1935 年 12 月 13 日），第 9 版。后被《广播周报》第 134 期，“古今谈荟”栏目转载，变更标题为《城隍爷的历史》，1937 年。

1936 年　31 岁

一、继续担任上年度各种职务。

二、再次获得司徒雷登研究项目资助。

三、继续翻译《颜氏家训》。

四、合著出版英文本《中国参考著作叙录》。

五、《中国考试制度史》由南京国民政府考试院出版。

3 月 21 日，顾颉刚起草邓嗣禹《中国考试制度史》序言，该日完毕，共计 1800 余字。

3 月 22 日，顾颉刚修改《中国考试制度史》序言，抄清后寄出。

5 月 30 日，邀请朱士嘉、聂崇岐到东兴楼饭店吃饭。当日同席的人还有顾颉刚、洪煨莲、毕乃德、田洪都、张星烺、李瑞德等人。饭后，邓嗣禹与顾颉刚同乘二时车返回燕京大学，完成校对《禹贡》五卷七期稿件。

5 月 31 日，为欢送起潜叔夫妇，邓嗣禹当日中午邀请以下人员到东兴楼饭店吃饭：顾颉刚、毕乃德夫妇、博晨光、卜德、海松芬、容八嫒、谢强、李瑞德夫妇（先行）、薛赢伯、朱士嘉。

另担任燕大历史学会稿件审查委员会委员。委员中如顾颉刚、邓之城、洪煨莲等都是当时知名学者。洪煨莲先生后来前往美国麻省理工学院、英国剑桥大学，继续研究学问。

本年度出版的著作与发表的论文

1. 英文本《中国参考著作叙录》，由燕京大学出版社出版。这是邓嗣禹首次与美国著名汉学家毕乃得[1]合作出版的著作。

邓嗣禹与毕乃得编写这本的目的，正如前言中所述“是为了向西方学者初步介绍中国研究领域最为重要的参考书”。该书将中文参考书分为八大类（书目、类书、辞书、地理著作、传记著作、表格、年度报告、其他索引），每一类下又分为若干小类。在这八大类中编者共介绍了近300种参考书目，每一种书目都是先介绍作者、主要版本，然后对其内容与价值进行简要评述。这是邓嗣禹首次与美国汉学家合作的作品。

此书在1936年出版后，由于“众多学者的迫切需求，以及书商发现初版已绝版很多年”，因而于1950年修订后再次出版。对于此书的分工情况，虽然在1936年初版的导言中没有介绍，但在1950年的修订版本中明确做了说明：新增加的130部著作，由邓嗣禹负责挑选，并撰写了这些著作的注释，而毕乃得通读了这些新材料，并就版本的变化提出了一些建议。由此我们亦可想见，此书在初版时的分工情况亦大致如此。

哈佛大学先后于1950年、1969年、1971年三次再版此书。1972年，韩文版以《中国参考图书解题》为名，由韩国图书馆协会出版此书。费正清曾在《费正清中国回忆录》书中评价此书为：“一部不朽的近代著作。”

2. 以本科学士论文为基础，增补后出版《中国考试制度史》（南京：国民政府考试院，1936年），由陈大齐、顾颉刚、邓之诚三人作序言，台北学生书局于1967年、1977再版；1982年出版第四版；第五版由上海书店出版社出版（1996年）；第六版由国家图书馆出版社出版（2010年）；第七版由吉林出版集团出版（2011年）；第八版由上海书店出版社出版（2018年）；2020年华中师范大学出版社出版增补版。

3. 发表《河间献王生卒年代考及其中国文化之关系》，载《新民月刊》第2卷第2期（1936年4月），第55—87页，也登载于《学海书院季刊》第2卷第2期（1936年），第58—91页。

---

① 毕乃得（Knight Biggerstaff，1906—2001），美国著名汉学家、康奈尔大学东亚系领军人物。1929—1931年期间，曾以哈佛燕京学社研究生身份到燕京大学访学；1934年获得哈佛大学博士学位后，在社会科学研究联合会的资助下，再次到燕京大学做为期两年的博士后研究工作。1965—1966年曾当选为美国亚洲学会主席。

4. 发表《明大诰与明之初政治社会》，载《燕京学报》第20期（1936年12月），第455—483页，修改后列入《朱元璋》，《明朝开国文献》，第一册序言（台北，学生书局，1966年）。

1937年　32岁

一、再次获司徒雷登研究项目资助。

二、仍任燕大历史学系讲师。

三、继续翻译《颜氏家训》。

7月7日，卢沟桥事变爆发，全面抗战开始。夏季，应同学房兆楹之邀请，辞去燕大教职，前往美国华府，参加由国会图书馆东方部主任恒慕义（Arthur W. Hummrel）博士主编《清代名人传略》的工作，任助理编纂。

7月7日，午后至晚六时，乘车去天津办理出国护照事宜，夜宿青年会馆。

7月8日，早八时到天津市公安局，请发护照，因需要公安局长签字未果。下午三时，再次去领取护照。

7月9日，晨起，到天津图书馆阅报室，浏览《字林西报》《庸报》及天津《益世报》等。

7月10日，由于卢沟桥事变，丰台及平津沿途亦发生冲突。待恢复通车后返回北平。

7月中旬，邓嗣禹在翻译《颜氏家训》第二十章的“终制篇”时，日本的飞机轰炸了距离燕京大学大约一英里外的中国军营。在燕大工作人员居住的地方，窗户被炸弹余波震得严重摇晃，房子似乎马上就要倒塌的感觉。在迫不得已的情况下，邓嗣禹在手稿的空余处标注道，他完全同意作者颜之推提出的葬礼从简的想法，匆忙结束了翻译工作。在匆匆收拾行李后，他动身前往美国，把不完整的手稿交给了博晨光，这项翻译工作不得不搁浅。

7月27日，时局日趋紧张，邓嗣禹欲进城置行装，中途遇兵折回，时西苑墙头，满布哨兵，探询所遇人士，方知日本人已提出最后通牒，限二十九路军于28日午前退出北平，29日午前退出西苑，时城门已闭，故车辆不通。

7月28日，清晨五时余，闻飞机声，自远至近。邓嗣禹起床如厕，听到声更洪壮，行至中途，忽砰然一声，窗户震荡，急叩廖君之门，入内藏匿，局促于墙壁之下，齿震震有声，廖君变色曰："愿同死一处。"他仍佯作惨笑也。

7月29日，邓嗣禹夜卧图书馆二层书桌上。不甚舒适，故黎明即醒，倾耳静听，不闻枪声，私自窃喜，闭目养神，以补睡眠之不足。至七时许，工作人员陈报，说西苑兵士皆退，日本人未来，故四围沉寂，暂显太平之象。

7月30日，由昨日午后六时起，城门皆闭，交通断绝。燕大与北平城内，电话不通，无线电亦听不清楚。校园之外，日本兵时而开往卢沟桥，时而退回洪山口，时而返青龙桥，时而开至南苑，屡进屡退，日夜不息。以战线宽广，人数不敷也。向使二十九军，同心协力，一致抵抗，则平津之失，决不致如此之速。

午前九时，邓嗣禹至校医处检验身体，忽闻机关枪声、步枪声、飞机炸弹声，连珠怒发，近若咫尺，校医惶恐，不能用听诊器，即草草签字，至十一时许，枪声渐稀，多方探听，方知通州保安队反正，诛杀日寇汉奸，死伤极众。

7月31日，飞机在西苑一带，低飞侦察，时去时来，终日不息。日本兵愈来愈多，过海甸（即海淀区）者亦终日不绝。邓嗣禹急需购木箱，藏装书籍，乃与同学王钟翰君，骑脚踏车至海甸，海甸南端系石板街道，凹凸不平，推车步行，见满街日旗，悬挂门前，远远望之，联成一线，触目惊心。

8月2日，闻红十字会欲出城救护伤兵，日本人不允许，恐通消息。自前月29日以后，一切交通断绝，音信全无，校园之中，三五成群，打听消息，皆无所获。人皆焦虑，度日如年，晚见校务长司徒雷登，适逢召集学生代表谈话，劝不必过于懊丧，宜略事运动，训练身体；宜信任政府，集中力量，来日方长，救国有日云。

散会之后，邓嗣禹请其设法带至城中，司徒校长欣然允诺。曾忆飞机投弹之时，邓嗣禹至校长办公室，欲请其写介绍信，从窗隙窃视，校长中英文秘书皆不在，惟有司徒校长精神奕奕，坐于办公桌前。闻其自叫电话，探询战情，颇有与燕大共存亡之慨。

8月3日，下午一时半，司徒校长送邓嗣禹进城，车过黄村，见棺材二具，存于古庙廊下，即前被刺之警察也。闻前共十具，多陆续抬埋矣。再前行，不时闻死尸臭，殆为沿途被日兵残杀之人，投于高粱地内者。

8月4日，邓嗣禹见大商店未开门营业，无法购置行装。仅取出洗织衣服，理发及遍询各旅行机关，筹备出境办法。

8月5日，邓嗣禹早五时起，见大雨倾盆，即雇汽车至西四牌楼见周一良君，取问代购书籍、留声机片等物。并请求介绍，暂寓其津宅，因在北平风闻天津已成焦土，周君家住英租界，当可幸免。九时开行，各站停留。丰台、廊坊，停之尤久。廊坊建筑物，毁坏甚巨，日本兵警备森严，屋顶亦置哨兵，殆防中国飞机。

当时因中日战争关系，对外交通中断，邓嗣禹绕道东北、韩国至日本搭船到美国，沿途备受日本宪兵刁难，并目睹东北同胞遭日军凌虐之苦，一切经过在他撰写并在台湾《传记文学》上发表的《去国记》中有详细记载（详见1963年著作）。

8月23日，邓嗣禹发电报与毕乃德教授，请求接船。

8月31日，早八时，船已抵西雅图，美国登陆之埠。八时验身体，邓嗣禹颇怀危惧，然医生略翻右眼皮下部，微按右脉搏，共约半分钟，即算告毕。此后一帆风顺，乘坐火车，安抵美国华盛顿，从无一人盘问护照，回想在日情形，不啻天渊之别。

9月初—12月底，邓嗣禹到华盛顿美国国会图书馆工作，在《清代名人传略》编纂处任职。负责太平天国时期33位人物传记的写作，其中有三位人物徐广缙、怡良、穆彰阿则是与费正清共同完成。

本年度发表的论文

发表《杜甫诗中之宗教》，载《逸经》第28期（1937年4月），第215—231页。

1938年　33岁

一、继续编撰太平天国时期33位人物传记。

二、获得哈佛燕京学社第二批奖学金。

三、前往哈佛大学攻读博士学位。

美国国会图书馆是美国最早收集中国图书的图书馆，也是中国之外最大中文书籍收藏馆之一。该馆最初是在同治八年（1869 年）收到清朝政府赠送书籍 10 种，共计 933 册，这是应美国政府要求回赠的图书。该馆于 1928 年正式成立东方部，恒慕义为第一任主任。在他任职 27 年期间，中文藏书由 10 万册，增至 29 万多册，使之成为在海外从事中国历史研究的重要基地。

在清代名人传记编纂处任职期间，邓嗣禹利用各种清代史料，完成了 33 位清代人物传记的编写工作。他曾在 1986 年发表的《太平天国研究之过去、现在与前瞻》一文中回忆道，他在参与编写清代名人传记时："负责撰写太平天国时两方面的人物，在十个月内，共草成三十三篇传记，包括洪秀全、洪仁玕、李秀成、杨秀清、石达开、林凤祥。虽然冯云山、韦昌辉、洪大全、李开芳传已草就。因可据的材料少，太单薄。将前三者并入洪秀全传，李开芳与林凤祥合传。官方的材料多，写了曾国藩、曾国荃、胡林翼等篇。……写要冲破网罗的谭嗣同传，其中附点孙中山事迹。"

在恒慕义博士的领导下，参与编写《清代名人传略》的工作，让邓嗣禹与费正清有了第一次合作的机会，进一步加深了两人的友谊，同时也让邓嗣禹开始涉足太平天国的研究领域，这为他日后从事太平天国历史的系列研究工作打下了良好的开端。

秋季，邓嗣禹因获得哈佛燕京学社第二批奖学金，乃辞去国会图书馆的编撰工作，前往哈佛大学，师从费正清攻读博士学位。

其实，早在 1935 年，邓嗣禹即与费正清相识。当时，费正清正在北平访学、搜集材料以完成其博士学位论文。一方面基于他们之间已建立的友谊和合作经历。1937 年，邓嗣禹到美后，其所完成的 33 位清代名人传记中徐广缙、怡良、穆彰阿这三位便是同费正清合作编写的。

另一方面，自 20 世纪以来大量清代档案文献的相继出版，为海外汉学界提供了大量的研究材料。费正清虽然曾运用英国档案完成了题为《中国海关的起源》的学位论文，但中国档案的结构完全不同于英国档案，对于外国人来说，它们似乎杂乱无章。

费正清曾坦言道："档案文献资料中充满着技术程序名称，五花八门，令人眼花缭乱。"然而，如果不理解清代文献中的这些专门术语，不了解清代行政方面的主要制度及其运作程序，就不可能真正探讨 19 世纪中国历史或对这段历史进行任何社会科学分析。费正清明确指出："我们需要知道这些公文是如何产生和处理的，传送这些公文需要多长时间。"

加之，费正清对于中国古代汉语并不精通。费正清曾回忆起其 20 世纪 30 年代，他在北京时的汉语能力时，说道："我的汉语口语即将登上有能力同仆役、零售商人和宾客处理生活上紧要事务而交谈的高原，但还远远没有走近为理解某一专业术语，而必须攀登的连绵不断的山峰，更不用说学者之间，在旧式交谈中那些文学典故和不计其数的比兴语句了。"正是基于此，邓嗣禹到哈佛大学后，费正清即就此同他展开合作研究。

1938 年下学期，费正清在哈佛大学首次开设了使用清朝文献资料的研究生讨论班，他还与邓嗣禹共同编写了教材，并亲自向学生讲解清朝文献的意义及使用方法。

8 月，恒慕义为邓嗣禹出版的新书撰写评论文章《邓嗣禹的〈中国考试制度史〉》，发表在美国期刊 *Report of the Librarian* 上，向美国学术界大力推荐该书。

11—12 月，为了支援中国的抗日战争，费正清在哈佛大学曾多次组织过"为中国捐书"活动，邓嗣禹均积极参加。

1939 年　34 岁

一、再次获哈佛燕京学社奖学金，为完成哈佛大学学业奠定了基础。

二、学习哈佛大学基础课程，顺利通过考试。

三、与导师费正清合作发表第一篇论文。

从 1939 年到 1941 年间，在学习哈佛大学课程之余，邓嗣禹与费正清利用《筹办夷务始末》和《大清会典》作为主要参考书，合作撰写了三篇文章，分别论述清代公文的传递、清代公文的不同类型和用途，以及清代朝贡体制的规则与施行办法。

加拿大约克大学东亚研究中心主任保罗·埃文斯在其传记著作《费正清看中国》一书中有这样真实的记载："由于讨论会缺乏合适的教科书，编写教材就再一次成为必须做的事了。费正清与邓嗣禹在博伊尔顿宿舍辛勤工作，并以一起撰写的 3 篇文章作为编写教材的起点，于 1940

年写成了《清朝文献介绍提要》一书，先是油印供学生使用，1952年由哈佛大学正式出版。”

美国汉学家普理查德（Earl H. Pritchard）认为，邓嗣禹与费正清合写的《清代朝贡体系》是“对传统中国人的观念及很长一段时间来的夷务实践所作的最为透彻的研究”。美国档案学家波斯纳（Ernst Posner）称，这三篇文章是“关于清代官僚行政体系的开创性研究”。其中第三篇文章“向西方读者打开了一个关于中国人行政程序及满族人管理记录的奇怪但迷人的世界”。此外，“博学的作者向中国近代史学生提供这一时期初步外交之基本目的毫无疑问已实现，这对于要正确理解和解释其史料来说是必不可少的”。从那时起，这三篇论文成为了美国汉学研究生的基本参考资料。

本年度发表的论文

虽课业繁重，仍和导师费正清合作发表：《清代公文传递》（*On the Transmission of Ch'ing Documents*），载《哈佛亚洲研究学报》第4卷第1期（1939年），第12—46页。

1940年　35岁

一、继续获得哈佛燕京学社奖学金。

二、继续学习哈佛大学课程。

三、担任哈佛大学中国留学生会负责人。

费正清是美国汉学界的“太上皇”，此乃举世公认。哈佛大学的学生们也因此私下常用他的英文名字中间的字“King（国王）”作为他的绰号。他在哈佛大学为研究生们开设的两门课最为叫座，一门课为“近代东亚文化”，另一门课为“中国近代史”。第一门课程被学生俗称为“稻田课”。

有史料记载，他第一次开设“近代东亚文化”大班课的时候，为了能吸引学生的注意力，他时常辅以幻灯片，而第一张幻灯片就是一张中国稻的图片，然后他不动声色地说：“女士们、先生们，这是一块稻田，这是一头水牛……”学生们因此把此课程比做“稻田课”，这门课程是哈佛大学持续最久的课程之一。

当时哈佛大学的教授大多难以接近，令学生们敬而远之。费正清却十分平易近人，学生们向他求教或商讨问题，他从不拒绝。他甚至慷慨地让他的研究生们使用他的书房，只要求用过的书必须放回原处。许多人就是在他的书房中开阔了眼界，了解到中国研究的楼外青山。同时，他对学生也十分负责，学生们交给他的学术论文，他常常是在 48 小时之内，批改好之后返回，并附上整整一页或两页批语。这些批语中有的很具体，比如“不要什么事情都说两遍”，有的则相当严厉，比如“这不是写给家庭妇女看的”。

本学期，邓嗣禹当选为哈佛大学中国留学生会负责人，并开始用英文撰写《哈佛大学中国留学生史》。

本学期，邓嗣禹又开始与费正清合作撰写第二篇论文《清代公文的方式与应用》。

本年度发表的论文

邓嗣禹又与费正清合作撰写的论文《清代公文的方式与应用》，载《哈佛亚洲研究》第 5 卷第 1 期，第 1—71 页。

1941 年　36 岁

一、为声援中国的抗日战争，举办“中国思想”演讲会。

二、开展收集资料，撰写博士论文。

三、完成《哈佛大学中国留学生史》。

四、8 月，应芝加哥大学之聘，任讲师之职。

1 月 2 日，因邀请赵元任前来哈佛大学中国留学生会演讲之事，邓嗣禹和留学生会另一负责人周一良，共同致信赵元任：

> 这次哈佛中国学生会的讲演，听说您过于谦让，辞谢不来。我们因在学生会里负一点责任，所以另外写这封信有所解释。这回的演讲主办目的与其说是学术的，不如说是宣传的。我们想在这个不被注意中国的校园里，引起大家的兴趣与了解，不外乎宣传国光。题目大致为中国思想一类，内容还可有出入。我们想，您何妨来讨论中国语言的特性与中国思想之关系一类题目，即使讲纯粹语言方面问题也无不可。“名者实之实”，我们只要把讲题转换就行了。假如这个讲演会里全是洋人主讲，没有一位中国学者参加，似乎就不合适。所以我们十二分地希望您再考虑考虑，惠然允诺！

1月11日，以“哈佛大学中国学生会”抬头的公函，后签名的方式，用英文将讲座日程安排致函赵元任。此时，赵元任在耶鲁大学任职，居住在康涅狄格州纽黑文市橙街644号。公函内容如下：

亲爱的赵教授：

我荣幸地宣布，定于晚上8:00在爱默生大楼D厅，举行的中国思想系列讲座的日程安排如下：

叶理绥（Elisseeff）教授	2月5日
Richards 教授	2月12日
赵教授	2月19日
Holcombe 教授	2月26日
Pound 教授	3月5日
林教授	3月12日
Hocking 教授	3月19日
胡教授	3月26日

因为离第一堂讲座的日子不远了，所以必须尽快进行必要的宣传。请允许我在此表示，我们希望在1月20日之前收到你演讲的题目。由于我们计划在讲座结束后出版这些书籍，这些书籍的销售收入将用于中国的救济，我们希望您将手稿在讲座结束后提供给我们。

感谢您的友好合作，并向您保证，您的贡献将得到许多人的赞赏。

2月14日，赵元任用英文回信，表示同意前来演讲，现翻译如下：

请原谅我这么晚才回答您对我演讲题目的询问。我真的没有什么适合这个系列的东西，你和周先生很好地让我把这个话题转换了一下，使任何事情都符合我的意愿，我觉得我应该为这个事业做点什么，所以我大胆地接受了邀请。我有一篇论文，是去年12月在美国语言协会的普罗维登斯会议上读到的，这篇论文有点技术性和枯燥，而且是用期刊语言写的。不过，我想稍微转换一下，把标题改成“汉语词义的节奏和结构”，如果你觉得应该改变，请告诉我。

在2001年，由赵新那、黄培云编写，商务印书馆出版的《赵元任年谱》，我们可以了解到：1940年12月30—31日，赵元任夫妇到Providence，参加美国语言学会（LSA），会上宣读的论文题目为“Word Conception”（《字的概念》）。从论文《字的概念》到演讲《汉语词义的节奏和结构》，这种转换方式确实是比较大的。

2月5日到3月26日，组织哈佛大学中国留学生会同仁，按照上述八人的演讲日程，在哈佛大学爱默生大楼D厅，开展以“中国思想”为主题的演讲活动。

5月份，在费正清的要求与指导下，邓嗣禹开始撰写博士论文《张喜[①]与1842年南京条约》。

费正清对于中国的鸦片战争研究思想由来已久。他认为，张喜撰写的《抚夷日记》内容十分重要，翻译成英文的价值更高，对于西方学者研究鸦片战争的意义重大。正如他后来在为邓嗣禹博士论文撰写序言中所表述的那样：“这本书是对谈判的研究，这次谈判是一个世纪的不平等条约的开端。它通过中国方面一位次要的谈判官员的眼睛来观察这次谈判。他缜密地论述了这个文件，尽管这个文件仅包括几个月的时间，然而却能使我们对这个阶段的认识，比许多卷本的考察还要多。”

5月14日，关于邓嗣禹询问张喜《抚夷日记》的真实性问题，燕京大学洪煨莲教授来信回答了这方面的问题。他写道：“我看不出有任何理由怀疑这个原文的真实性。特别是因为它的叙述和英文记载完全一致。”

7月，用英文完成《哈佛大学中国留学生史》，现存哈佛大学燕京图书馆。

8月，因研究生课程告一段落，应芝加哥大学之聘，任讲师之职。

9月14日，因写作博士论文期间，需要翻译张喜《抚夷日记》，有一词语不明，曾致信赵元任询问此事。

12月7日，珍珠港事件之后，太平洋战争爆发。在日本人偷袭珍珠港几个小时之后，邓嗣禹、顾立雅组织正在上高级汉语课的学生在一起讨论“ 我们能做什么?”，他们决定抽出时间，帮助大学编写阅读中文报纸的教科书。他们把精选出来的报纸上的文章照原文排印出来，一个字对一个字、一个词对一个词、一个句子对一个句子，做出非常详细的解

---

① 张喜：北直隶天津县（今天津市）人，名士淳，字小沧，出身于没落地主家庭，曾为两江总督伊里布的心腹。1840年定海（今浙江省舟山岛西岸定海县）初陷，伊里布受命为钦差大臣赴浙江督师时，他数次被差遣至定海，交涉以英方俘虏交换定海事宜。作为伊里布心腹，他在中英谈判中扮演了重要角色，负责与英国代表直接交涉的工作，并与英国人有大量接触。

释，1943 年由邓嗣禹、顾立雅负责编辑出版成书《中文报刊归纳法》，以及配套教材《中文报刊归纳法翻译与选择练习》。

本年度发表的论文

再次与费正清在《哈佛亚洲研究》1941 年第 6 卷第 2 期上合作发表《清代的朝贡体系》(*On the Ch'ing Tributary System*)，第 135—246 页。

1942 年　37 岁

一、任芝加哥大学东方研究院院长，兼远东图书馆馆长。

二、负责"中国语言文史特别训练班"工作，并兼任主任。

三、通过论文答辩，荣获哈佛大学博士学位。

太平洋战争爆发后，校内美国同事先后调任到华盛顿政府机关工作。

是月，任芝加哥大学东方研究院院长，兼远东图书馆馆长（东亚图书馆前身），并负责美国陆军委托该校所办"中国语言文史特别训练班"(Army Specialized Training Program，ASTP)，兼任主任。

太平洋战争爆发后，美国陆军为了对外战争的需要，在哈佛大学、斯坦福大学、芝加哥大学等 25 所知名大学都开办有"陆军特别训练班"课程，其目的是训练将要被派到诸如中国、日本等地区任职的指挥军官，教他们学习各国的语言、历史地理与社会情形，培训的时间由 6 个星期至 9 个月不等。接受过训练的美国学生，就能被派到所学语言的区域去工作。此外，美国政府在哥伦比亚大学和普林斯顿大学设立海军语言学校，在弗吉尼亚的夏洛特尔设立陆军语言学校等。

芝加哥大学是较早接受美国陆军委托，在大学开办 ASTP 课程的学校，培训时间从 1942 年 8 月开始，到 1944 年 4 月结束，比哈佛大学开办的时间要早半年以上。芝加哥大学于 1942 年成立东方研究院，创始人和第一任院长是邓嗣禹（兼任远东图书馆馆长）。

6 月 6 月，因远东图书馆编目工作需要，邓嗣禹致函哈佛大学燕京学社图书馆馆长裘开明：

> 你赠送的有关四角号码字典的书已收到，我谨代表芝加哥大学图书馆向你表示衷心的感谢。请问哈佛对已故 Harre M. G. Labatt-Simon 的藏书出价多少，我希望芝加哥图书馆最终能买到这批书。请问汉和图书馆印刷的书目卡片已经从中国寄来多少，分类法是否

已经印毕，我们想购买以辅助本馆编目工作。另外，我已经给你邮寄了我当年在剑桥借的图书，请注意查收。

6月9日，裘开明馆长回复邓嗣禹：

非常感谢你在6月6日的来信中谈及故去的H. M. G. Labatt-Simon的藏书之事。我知道那批书主要是日文书籍。叶理绥①（Serge Elisseeff）教授和赖肖尔②（Edwin Oldfather Reischauer）博士负责与Simon先生谈判，你可以请顾立雅③（H. G. Creel）教授给他们写信询问详细情况。我馆的分类法大概印制了200页，已到中国哲学。如果你需要，我馆可以将印毕部分装订成套，作为第一部分寄给你，以后将其他的再寄过去。

7月14日，邓嗣禹致函裘开明馆长，为撰写博士论文借阅张喜的《抚夷日记》：

很抱歉，没有及时回复你的来信。我认为你们决定先行出版分类法第一部分十分明智。因为装订需要花费的时间较长，我馆仅在这方面有点困难。梁启超先生的女儿梁思懿女士即将作为兼职馆员和教师来我馆工作，其聘期自8月1日起。8月我必须开始进行图书编目工作。你认为分类法8月能出版吗？如果不能，能否尽可能将已印好的部分先寄给我们？另因我正在修改我即将发表的论文，可否通过馆际互借，借阅贵馆所藏《抚夷日记》？若可，将感激不尽。

7月16日，裘开明回复邓嗣禹：

我已经通过馆际互借把《抚夷日记》寄往芝加哥大学图书馆。

---

① 叶理绥（S. Elisseeff，1889—1975），法国籍俄国人，汉学家，美国哈佛燕京学社首任社长。1957年返回法国，1975年逝世。

② 赖肖尔（E. O. Reischauer，又译作赖世和，1910—1990），美国历史学家和外交家，1932年取得哈佛大学硕士学位，1933—1938年获得哈佛燕京学社奖学金，1939年取得哈佛大学哲学博士学位，其导师是叶理绥。后在哈佛大学任教，并与美国的汉学家费正清一起开设东亚文明课程。1961年至1966年任美国驻日本大使，是美国公认的日本问题专家。

③ 顾立雅（H. G. Creel，1905—1994），曾任芝加哥大学东方语文系主任、美国东方学会会长、亚洲学会会员等，是西方著名的汉学家，同时也是西方孔子研究的权威人士。曾著有《孔子与中国之道》《孔子真面目》《从孔夫子到毛泽东的中国思想》《传说中之孔子》等多本书籍。

我随时可以先将没有装订好的分类目录寄给你一份，待项目完成后再寄给你装订好的分类目录，那时请你把没有装订好的分类目录归还给我。

8月7日，邓嗣禹致函裘开明：

因我馆《四部丛刊》缺少函套，烦请告知贵馆中文书函套的制作机构和成本。此外，因为我们希望尽快开始芝加哥大学远东图书馆的编目工作，请你寄来汉和图书馆迄今已印制完毕的分类目录。

8月18日，裘开明回复邓嗣禹：

我已经以铁路快递到货付款方式给你寄来了两个中国古籍函套样板，这是我们的装订商特别为你们制作的函套。如果需求达到一定数量（至少每次订购50个），则成本为每个60美分，此函套适用于《丛书集成》。还有一种每个约110美分，是每本需要量身定做的书籍函套。订购量越大，成本稍为便宜，与芝加哥的价格差不多。此外，汉和图书馆目录已经印刷至中国文学类，约有230页，我将尽快整套寄给你。

12月23日，邓嗣禹致函裘开明：

因芝加哥大学校方希望在芝加哥制作中国书籍函套一事，以便量身定做，所以我们不订购你们的中国书籍函套。芝大远东图书馆书库已大致按照汉和图书馆分类体系排架，大部分书籍仅需要5—10分钟即可找到。祝圣诞节快乐、新年快乐！

12月30日，裘开明回复邓嗣禹：

已经收到12日寄来的3份书目。分类目录主体已出版，即经、哲学与宗教、历史、社会学、语言文字艺术等类。很多有远东文献馆藏的美国图书馆可能会感兴趣。我们将会把未装订的228页分类目录以铁路快递到货付款的方式寄给芝大远东图书馆。先借给你们使用，待到分类目录开始销售后，请你将此散页目录归还。

是月，邓嗣禹通过论文答辩，荣获哈佛大学博士学位。毕业论文：《张喜与1842年南京条约》（*Chang Hsi and the Treaty of Nanking, 1842*），以鸦片战争现状、南京条约签订为讨论中心，修改后由芝加哥大学出版（详见1944年著作）。

这篇博士论文分为七个部分：一、费正清撰写的序言；二、致谢函；

三、正文：1. 引言：A. 《抚夷日记》作者张喜和1842年的事态背景；B. 日记的真实性和它的突出之处；2. 《抚夷日记》的翻译和注释；四、附录：A. 1842年谈判进程年表；B. 浙江与江苏海防地图；五、参考书目提要；六、相关注释；七、索引。

邓嗣禹在引言部分评论道："张喜在日记中提供了1842年5月20日第一份官方通讯和以后谈判的详细记录。虽然他没有能力改变这一次外交历史的进程，但这些记录确实为我们描述了一幅新的画面。因为他在日记中直接披露了这次秘密谈判的内情，而这个谈判的结果通常只有1—2页纸概括地提到。"

1943年　38岁

一、升任芝加哥大学助理教授。

二、除身兼上述三职外，并讲授五门课程。

三、接待第一批到美国考察的中国著名学者。

年初，邓嗣禹升任芝加哥大学助理教授。除身兼上述三职外，并讲授五门课程：中国目录学、中国史学方法、中国近代史、中国历史研究方法、中文会话。

1月7日，邓嗣禹致函裘开明：

> 已经收到你寄来的分类法，这对我馆编目工作十分有帮助，亦非常感谢答应帮助我馆为寄去的书单上的丛书等补充索书号。实际上，因为哈佛与芝加哥的书籍不一样，贵馆目录卡片中有很大一部分是我馆没有的，而我馆馆藏的许多书在你出版的目录及印制的卡片里也没有。对此，希望能得到你的建议。

2月1日，裘开明回复邓嗣禹：

> 对于你1月7日来函中提及在贵馆使用我馆印刷卡片时遇到的困难，在此，我对我馆遇到此类问题时采用的方法作简要说明如下：
>
> 1. 同一著作的不同版本，出版项（日期、地点、出版者，或者印刷人、版本）和校勘（书籍的页、卷、不同辑录、其他物理特征）不同，去除我馆卡片上的印刷信息并写上经研究确定后贵馆的版本和相关信息。
>
> 2. 同一标题的不同作者。在这种情况下，有可能它们是真正不

同的作品，或者两个人同名；或者我们卡片上的作者是错误的。如果是后者，非常感谢你向我指出错误，我们可能将作者搞错了。

3. 贵馆如果没有我馆卡片所对应的书籍，或者贵馆书籍没有找到相应的我馆的目录卡片。前者可以把这部分卡片置于一边，以供将来买到书籍时使用；后者可以选择等待我馆卡片刊印或者贵馆自己编目。我馆库存中还有很多重复的丛书分析卡片，其中大部分具备不同检索入口，只有简单的信息，我想贵馆一定能增加必要项目，自行完成其他工作。也就是说，这些卡片比空白卡片还是好用些，有一些也一定是贵馆所需要的。如果贵馆希望获得这些重复的分析卡片，并支付邮资，我馆愿意将其与相同数量的空白卡片交换，或者贵馆直接付款购买。我们把分类表借给贵馆，还有一份《图书杂志》（*Library Journal*），其中有篇文章是关于其他图书馆如何使用汉和图书馆印刷卡片标引图书的介绍。下周我们将会寄回你的丛书书单。

2 月 25 日，邓嗣禹致函裘开明：

已经收到 2 月 1 日来函。非常感谢你的建议及其后所寄分类表和资料。因我的课程很紧，很抱歉未能及早回函。因我馆图书都经过了严格编目上架，故尽管我们计划使用贵馆的分类法，但目前并不急于进行编目调整工作。关于你提出的用空白卡片交换贵馆目录卡片的建议，我们认为贵馆十分慷慨，请尽可能把贵馆有的卡片寄给我馆一份，我们将空白卡片寄去，并付邮资。我们将完好无损地保存并还回贵馆寄来的分类表，目前我们正在检查贵馆印刷的卡片和分类表，如果发现有错误，会马上向你报告。但我们迄今为止未发现有任何错误。

3 月 10 日，邓嗣禹寄还分类表，并函询汉和图书馆对《四部丛刊》的著录方法，是集中著录还是分类著录？

4 月 6 日，裘开明回复邓嗣禹：

非常感谢你 3 月 10 日的来信和寄来的 3 页分类表。函寄我馆分类表简表的索引（英文字母顺序和王氏四角号码索引）赠与贵馆，因完整详细的索引现仍未能出版，我希望此简表索引能对贵馆图书目录有所帮助。如果图书馆有两套《四部丛书》，当然可以一套集中存放，一套则按不同分类方法分别存放。现有一美国汉学家想购买一套《四部丛书》，因贵馆有六套，能否卖给他一套呢？详情询问顾立雅教授。我馆已查过你寄来书单上大部分的丛书，并按书单给了索书号。现在正在核查我馆是否有对应的卡片。因此前两个有经验的学生助理离开了，新的助理要花费一点时间来熟悉工作，因此工作进展将会有点缓慢，请耐心等待。

4月22日，邓嗣禹回复裘开明：

你在4月5日的来信中提到有一位美国杰出的汉学家想买一套《四部丛书》，让我问一下远东图书馆能否卖给他一套，我已问过顾立雅教授，很抱歉答案是否定的。除非战争结束，不然很难得到整套。如不介意请告诉我这位学者的姓名，或者我可以和他交流一下。希望能收到贵馆协助补充的丛书索书号和答应给我们的卡片。感谢你寄来的贵馆分类法简表和索引。

6月，邓嗣禹接待第一批到美国考察的中国著名学者，并同费孝通、金岳霖合影留念。

当年，美国有一项称为“国际教育和文化交流计划”的援助项目，它始于1940年，最初只是针对拉美国家。珍珠港事件爆发后，美国加强了对中国抗战的援助，首次在西半球之外增添了对华关系项目，邀请中国在教育、农业、工程、社会学等诸多领域的学术精英去美国进行学术交流。从1943年到1947年，中国共有26位有名望的知识分子，分四批应邀访美。第一批的人员中，除了费孝通，还有金岳霖、蔡翘、刘乃诚、张其昀和萧作梁等6人。

在《费正清中国回忆录》中记载道：“到1943年底，美国国务院文化关系司邀请6位教授前往美国，在我的督促下，哈佛燕京学社为6位教授每人赞助1000美元，其他8位教授每人500美元，共计1万美元。美国学术团体委员会也按同一方针组织了类似的援助活动。”

8月5—7日，来到美国两个月之后，金岳霖与费孝通一行被邀请到芝加哥大学，参加了题为“不可征服的中国”的论坛，到会的有美国学者40多人。6位华人教授从自己熟悉的领域，向听众介绍了中国抗战以来的情况，并与参加论坛的美国学者、学生展开讨论。这些演讲和讨论文稿经过整理之后，结集为《来自自由中国的声音》（*Voices from Unoccupied*

China）一书，1944 年由芝加哥大学出版社出版。

8 月 19 日，因编写汉语口语教材遇到一些问题，邓嗣禹曾致信赵元任，现翻译如下：

> 您出版的关于中国语法的书籍，在我们图书馆没有收藏，希望您能够借给我们几本相关书籍的复印件，或者是再推荐几本用西方语言来教授汉语的教材。
>
> 我现呈寄上中国共产党人使用的汉字罗马化系统的小册子，谢谢您的慷慨，允许我借阅很长时间，很抱歉我们迟迟没有归还。
>
> 目前，我正在为 45 名（美军）服务人员开设一门汉语会话强化课程。我发现很难清楚地解释汉语口语的语法结构。不幸的是，您的中文语法作品没有被收藏在这个图书馆里。您愿意借给我们，或卖给我们您关于这个主题书的副本，还是向我们推荐一些其他用西文写成的类似的书？
>
> 另外，您能坦率地告诉我，您对 C. H. 肯尼迪教授使用的罗马化系统和教学方法的看法吗？显然，他一直努力在全国推广他的制度。我知道您有多忙，问您真的很惭愧。不过，我们非常需要您的帮助，我们一定会非常感谢您的帮助。

本年度出版的著作与发表的论文

1. 在著名的《哈佛亚州研究》1943 年第 7 卷第 4 期上，发表长篇论文《中国考试制度对西方的影响》（*Chinese Influence on the Western Examination System*），第 267—312 页。本文后被收入 *Studies of Governmental Institutions in Chinese History* 一书中，由 John L. Bishop 等人编写，哈佛大学出版社出版，1968 年，第 195—242 页。

1953 年，本文经王汉中译成中文单行本，由中央文物供应社出版（见下 1953 年发表论著）。1988 年，李明欢、黄鸣奋将该论文再次翻译，恢复原名《中国考试制度对西方的影响》，由上海译文出版社出版。目前，该论文现已成为西方汉学界的经典论文，被收入到多种文集中，至今仍被国内外学者广泛引用与评论。

2. 发表书评《中国汉朝前期的奴隶制》，载《远东季刊》第 2 卷第 3 期，1943 年 8 月。这是对韦慕庭（Martin Wilbur）《亚洲的人类学者》一书的评论。

3. 与顾立雅合著出版《中文报刊归纳法》（*Newspaper Chinese by the Inductive Method*），芝加哥大学出版社出版。这本书从六种报刊《纽约商报》、《新华日报》（多论多）、《大公报》、《新闻报》（上海）、《国民日报》（香港）、《扫荡报》（桂林）中，挑选四十篇文章，并增加了英文翻译、词汇和练习。

4. 与顾立雅合著出版配套教材《 中文报刊归纳法翻译与选择练习册》（*Translations of Text Selections and Exercises in Newspaper Chinese by the Inductive Method*），芝加哥大学出版社出版，1943 年。

这两本书的快速出炉，当然是许多人合作的成果。但无论是这两本书本身的编排，还是翻译都是主要由邓嗣禹负责，至于书的体例与结构，则是遵循顾立雅的《汉语文言进阶法》。后来，邓嗣禹在这两本书的基础上，编写出版了《社交汉语与语法注解》（1947 年）、《高级社交汉语》（1965 年）。

1944 年　39 岁

一、继续负责“美国陆军特训班”课程事宜。

二、邀请胡适到芝大讲授“中国思想史”课程。

三、博士论文修改后，由芝加哥大学出版。

3 月 29 日，邓嗣禹以芝加哥大学东方研究院院长的名义，邀请胡适到芝加哥大学，为“美国陆军特训班”讲授“中国思想史”课程十余日，具体时间安排在 ASTP 课程中的地域研究阶段，第二学期的中国历史部分。每日讲演一次，每周五次，截止到 4 月 13 日。

这是胡适首次公开讲授“中国思想史”课程，后来在 1944 年 11 月到 1946 年 6 月期间，胡适又应邀到哈佛大学讲授“中国思想史”八个月。

芝加哥大学特训班讲授的地域研究课程，当时每学期有 10 个小时。第一期学习地理，教师为芝加哥大学地理学系各教授，程序是先讲远东地理，然后相当详细地讲中国地理。第二期讲中国历史，从北京猿人讲起，到最近的时事为止。凡是中国文化、美术、政治、哲学等内容皆需要讲述。第三期讲是有关中国社会组织活动内容，注重近百年来的情景，并增加讨论课的内容。第四期是地域学习的课程，整合前三期所学内容为一体，请人类学专家将中国文化做综合介绍。

除此之外，在这一年当中，他们每周还有两小时的时间，学习欧洲历史、地理与政治的内容，使学生不仅了解中国的知识，而且对于世界也有一个大致的了解。

这期间，胡适居住在芝加哥大学的教职员俱乐部，业余时间他喜欢有人陪同他聊天，而且古今中外无所不谈。胡适之前曾长期在北京大学任教，1938—1942 年期间又出任过战时中华民国驻美国大使，所以关于民国初年的事，他知道幕后背景与个人底细，这些内容在普通书中是不易看到的。胡适由于当大使期间多次在美国演讲，所以口才相当好，他可以从早谈到晚，而且滔滔不绝、娓娓动听，所讲的故事大多使人久闻不厌，毕生难忘。后来，胡适在收到讲课费的支票后，曾回信表示感谢，并多次称邓嗣禹为“邓老板”。

4 月 26 日，胡适致函邓嗣禹表示感谢：

邓老板：谢谢你的信和 cheque（支票）。

这一次的芝城之游，给了我很多的愉快，其中最大的愉快是认识了你和许多新朋友（邹谠君、邹夫人、何女士、王熙君）。马祖望君夫妇虽是旧相识，这次才得认识他们。你若见到这些朋友，乞代致意问候。

关于《水经注》，我已有详考，稍暇当写清本送给芝校图书馆。

你的考试制度英文论文，我很得益。此是我久想做的一个题目，此次得读大作，其结论多如我的推想，其证据比我想象的更丰富！多谢！多谢！匆匆问好，并谢你的种种厚待。

5 月 10 日，回复胡适信函，告知在芝大讲学的照片已经洗出，并在《张喜与 1842 年鸦片战争》出版前，再次就张喜《抚夷日记》中的一句语话请教胡适（1941 年曾问过赵元任）：

谢谢您四月二十六日来信，同（收到）水经注版本的消息。希望将来能够把水经注的题跋寄给我们，以便存在善本书库，作为永久性纪念。

前记独秀文存中有“刀与笔”一则，谨三四行字。若先生有此书，便乞托人抄寄，麻烦之处，无限感谢。

拙译张喜《抚夷日记》中，有一名话意义不明。文曰“英嘣嘣好，英嘣嘣平安”大概传译江浙土语，或有 you are very well，you are very safe ? 之意，然不敢断定。此句与上下文无关。先生看书独具慧眼，从指出夏竦错误，益增钦佩。不知对于此问题有以见示否?先生在芝在讲学时屡承教益，真是“胜读十年书”，觉得非常荣幸。以及常希赐教。

玉照今日洗出，的确不错。从相片来看，老前辈几变为小弟弟了，自怜亦堪自笑。匆匆敬叩。著安。

7 月初，兼任加州大学麦尔斯（Mills）分校中国学园主任（系主任）。

在暑假期间，邓嗣禹及夫人邀请杨联陞等人到加州大学麦尔斯（Mills）分校，讲授中国文化史、国语课程。

7 月 6 日，邓嗣禹致信胡适，除介绍暑期到加州大学麦尔斯分校教学情况之外，着重向胡适讨教写作英文《中国通史》体例及其注意点。信函主要内容如下：

久未通信，非常抱歉。因为先生忙碌，非有要事，不敢打搅，结果变成一种“取消派”不写信。这又大不客气了。吴文藻先生离开芝加哥时候，托寄一本书给先生，翻开一看，觉得颇有意思。于是打定主意，“偷阅”一阅。临到来 Mills 大学前一天，才把它包好邮寄。迟延之罪，敬请原谅。

在 Mills 大学，每日教国语一小时，讲中国文化史一小时，还不算忙。不过因当系主任，应酬事务，社交节目，令人头痛。好在只有六个礼拜。八月初再回芝加哥。

此后拟写一文，《Herodutus（希罗多德）与司马迁之比较》。再后拟专心写英文《中国通史》，期限于两年内完成，决心驾凌目前一切英法文之上，不然无出版价值。关于英文《中国通史》体例，及其注意点，先生若有所指教，当非常感谢、欢迎。

8 月初，结束在加州大学麦尔斯分校讲学，返回芝加哥大学。

10 月 14 日，致函裘开明，询问小说 *Ma Wei Slope* 的中文译名，以及小说的原始出处。

10 月 16 日，裘开明回复，告知 *Ma Wei Slope* 应该是“马嵬坡”的译名，并告知记载该故事的文献。

本年度出版的著作与发表的论文

1. 博士论文《 张喜与 1842 年南京条约》，经过两年的修改、完善，由芝加哥大学成书出版，书名为 *Chang Hsi and the Treaty of Nanking, 1842*，1962 年哈佛大学出版英文版，1969 年芝加哥大学重版印刷英文版。中文节译本由杨卫东翻译，刊载于《国外中国近代史研究》第 10 辑，1988 年 4 月由中国社会科学出版社出版。部分内容由彭靖重译，刊载于《尘封的历史：邓嗣禹和他的师友们》附录部分，中国财富出版社出版，2019 年。

费正清为此书的出版撰写了长篇序言，高度评价了从事鸦片战争研究的意义，以及对邓嗣禹的研究成果的评价：

> 这本书是对于签订《南京条约》谈判过程的研究，这次谈判是一个世纪不平等条约的开端。书中通过中国方面一位次要谈判官员的眼睛，来观察这次谈判的细节，并缜密地论述了谈判文件。尽管这个文件仅涉及几个月的时间，然而它却使我们对于这个阶段的认识，比许多大部头的考察报告还要深刻……
>
> 邓博士在书中详尽地运用中西双方的资料，还提出了到目前为止最有效的证明，即中国的外交关系可以，而且必须通过双方面的材料进行对照研究。尽管在同一时期，中国皇帝极频繁发出的敕令和英国的快信似乎讨论的是两种完全不同的情况。然而在这本书中，它们被相互对照着收集在一起，在背景相同的情况下进行分析。令人信服的研究结论，正如我们发现的一样：中国那些签订条约的高级官员们，对于西方侵略者的法律条文竟如此漠不关心，他们几乎没有认真看一眼有重大影响的条约条款，而只是对英国关于撤退军舰的承诺感兴趣。
>
> 邓博士同时详尽地收集了当年的各类资料，他所列出的注释内容和参考书目，将拓展这项研究工作的深入进行。

2. 恒慕义主编《清代名人传略》，二卷本出版，邓嗣禹在 1937—1938 年期间，任助理编纂时所写的 33 人传记，如陈玉成、胡林翼、洪秀全、李秀成、沈葆桢、曾国藩等传记都收入其中。

3. 在《宗教杂志》上发表书评文章《评富路德〈中华民族简史〉》，第 24 卷，第 4 期，第 294 页。

1945 年　40 岁

一、继续担任前二年中的所任各项职务。

二、开展芝大东亚图书馆编目事宜。

5月3日，时任芝加哥大学图书馆装备部主任谢拉代表邓嗣禹致函裘开明：

经与邓嗣禹讨论，我们认为你们的中文图书目录卡片价格合适，格式完全适合我馆的需要，兹奉上我馆需要的目录卡片及中文图书目录，每种图书订购6张目录卡片。

8月27日，致函裘开明：

毫无疑问，我们都为战争如此快地结束，并以此令人愉快的方式结束而感到高兴。战争结束后，敝馆慢慢恢复了战前的工作，我开始一天花几个小时编目。我发现，我们并没有贵馆书目里的一些图书卡片。请问贵馆书目中收录的图书是否都有目录卡片，或者是因为战争的原因，已经取消了部分目录卡片的供应？如果你们能够很快地重新供应这些卡片，那么我们就不需要另外编制这些目录卡片了。敝馆采用了贵馆的分类法，我们想了解贵馆有哪些卡片、目录，或者是新的计划，以便我们能够与贵馆保持一致。

9月1日，致函胡适，询问回国讲学之事：

适之先生赐鉴：为省时间，乞恕“开门见山”。战争结束，很想回国效劳，但不愿入教会学校，不知可否惠顾。

先生介绍去北大或武汉大学，作点小小事情，数年教学所获，对于讲授中国通史、西洋通史、远东史、国际关系、中美关系、史学史等课颇有相当把握。加以素性勤谨，做事认真，与人容易相处。所以先生若介绍，想不致过于失望。嗣禹跟芝大及密尔斯大学当局、同事相处皆甚佳。回国之时（明春或明夏），仍用请假方式，将来在国内教二三年书，仍可再至国外讲学一二年，以便求得最近学术之知识并略加沟通。或者可作成一种长期交换教授的办法。事情成败，全看先生能否帮忙在国内找一根据地。嗣禹现撰作《Herodutus（希罗多德）与司马迁之史学比较》一文，深愿获读。先生片言文字，以为荣幸。

9月18日，裘开明回复：

因为我此前离开剑桥外出休假，所以今天才回复你的来函。敝馆所出版的书目中的每一种图书都有印好的卡片。因为战争需要，美国的部分订购机构可能没有获得部分卡片。我希望燕京大学在北平复员后，能够寄来那些丢失的卡片。当然，前提是库存没有被日本人破坏。美国图书馆协会合作采购计划，自重庆购买新书的卡片已经交给哈佛大学出版社付印，但因出版社和图书馆缺少有经验和受过培训的人员，出版过程可能需要较长时间。在本学年，敝馆希望能够完成分类目录的中英文主题词索引。这些卡片将在博伊斯顿堂完成。我希望可从采购《汉和图书分类法》的图书馆中，获得充足的资金，以保证顺利印制和发行这些卡片。

9 月 26 日，胡适在接到回国出任北京大学校长的任命后不久，再次致信邓嗣禹，邀请他随同回北大历史系任教：

邓老板：真是对不住你！你的 9 月 1 日的信，我到今天才得回信！我很盼望你能在明年 7—8 月回国，到北京大学来教历史。我大概 2 月或 3 月回国，正式聘书当在明年春夏间办好。你愿意授的几科，我此时不能预作决定，只盼望在邓老板的拿手好戏之中挑选排演。我盼望你的戏目之中，能把你的英国文官考试起源列入"国际关系"或"中西文化关系"之内，因为太平天国与英国文官考试都是中西文化相互影响的重要例子。你说是吧？

马祖圣先生现在何处？见时请代致意，说我与北大理学院院长饶疏泰先生都有意请他去北大，或在化学系，或在新计划的工学院。此事请他早日考虑，赐一回音。

北大校长事，政府发表，并未征求我的同意。现有傅孟真（即傅斯年）先生扶病暂代，故我可以稍缓回国。

10 月 15 日，邓嗣禹再次致函胡适，对于聘请回北大任教一事表示感谢，并将新出版的英文版《张喜与南京条约》一书寄给胡适：

适之先生赐鉴：九月二十六日手示早已拜读，因正逢学校开学注册之时，种种麻烦无暇早日肃函回答，甚以为愧。承蒙不弃，聘至北大教学，非常感谢。惟详细办法及首途日期，目前尚难完全定规，总以交通略为平安，回国之后能安心教书，并能略作研究工作为转移。

至于英国文官考试起源问题，当然可列入中西文化关系之内，其他课程只可随时请教。在校长指导下，当然万分努力，求作一个好的教书匠。“老板”虽不敢当，保开张鸿发，总不要赔本开门才好。

请马祖圣君讲学事，早经通知，并请直接跟先生通讯。他对先生这番盛意，也很感谢。唯在应允之前，颇愿知北大待遇、地位等级、任期久暂，以及回国川资等问题，知道清楚，然后作具体答复。不知先生目前能否答复上述各问题，以便转达否？

今年新正嗣禹曾出版《张喜与南京条约》一书（英文本），未及寄呈先生一部，以求教正否？如一时疏忽，当即购呈。余容后详，顺叩。道安。

本年度发表的书评文章

3月，发表对饶大卫（David Nelson Rowe）所著《中国的实力》书评文章，载《现代历史期刊》（*The Journal of Modern History*）第17卷，第176—177页，1945年3月。

5月，发表对王际真（Wang Chi-chen）所著《传统中国人的阅读材料》《现代中国人的阅读材料》两本书的书评，载《远东季刊》第4卷第3期，1945年5月。

1946年　41岁

一、接待燕大前校长司徒雷登、前哲学系主任博晨光。

二、去华盛顿，购买国会图书馆善本书影。

三、邀请杨联陞一同到加州大学密尔斯学院，讲授中国哲学史课程。

四、8月20日，由美国乘船途经日本回国。

2月，在芝加哥大学接待燕京大学前校长司徒雷登、前哲学系主任博晨光。

当时，司徒雷登回到美国去的时候，他与博光晨在芝加哥一同为燕京大学奔走了十天，遇见了苏迪、邓嗣禹、高君纯等许多校友。后来，在旧金山又遇到了沈剑虹、胡惠定等燕京大学学生。

3月，邓嗣禹去华盛顿，购买国会图书馆善本书影。

4月11日，致函胡适，介绍最近工作情况：

适之先生赐鉴：日前专程拜谒，因行色匆匆，高朋满座，不克多聆教言，微感美中不足。然看先生公私事务那么忙迫，尚能博览群籍，作了那么好的考据文章，写了那么多的日记，真使后辈末学受了很多鼓励与感动。从此以后，我也打算多写点日记，多看点中国书籍，多作点文章，这是此行意外的收获。

我这次去华盛顿的目的，一为购买国会图书馆善本书影，一为向联合国善后救济总署谋事，求乘飞机回国，以便早日服侍十二年未见面的老父母。不幸救济总署之史学工作事，已委托于林同济。等到他工作，不见得有坐飞机的可能，与学问兴趣亦相差太远，故决心按原定计划，八月中回国，先看父母，再至北大教学。希望在先生领导之下，结结实实作点研究工作。至于专心服务的精神，邓嗣禹可说是养之有素了。先生送芝大图书馆的《水经注》跋，已拜读，敬谢，当珍藏善本书室，永久保存。途经芝加哥时，请先生示知，如无课，当进谒。

4月30日，裘开明致函："敝馆于（震寰）先生向你推荐童世纲夫人吴元清女士（Wu Yuenchheng）应聘贵馆助理馆员。对此，我发表一些看法：我从来没有见过吴女士，但是我的太太（曾宪文）很了解她。吴女士是一位安静而尽责的人，曾在桂林师范学院图书馆、华西协和大学图书馆工作长达10年，是一位非常合适的人选 。"

7月初，再次邀请杨联陞一同到加州大学密尔斯学院，讲授中国哲学史课程，目的是一边教学挣得回国经费，一边等待回国的船只。当时由于二战刚刚结束，船位非常紧张，两人一时订不到船票。

7月14日，致函胡适，介绍了他与杨联陞的近况：

适之校长先生赐鉴：六月十日手书早已拜读，托转马祖圣君函件，也已转到，均请勿念。《水经注释书题》及"卷二第一页的前半页"跟大作《水经注跋》皆遵示照相，同梁士诒先生年谱二册一并挂号邮寄。较之本人携带或为妥。区区费用当然无足挂齿。

现在邓嗣禹及内人与杨联陞先生，同在密尔斯女校讲学，多半可搭八月二十三号的船回国，预定九月七日到上海。杨联陞及内人俱欲乘船直抵大沽，苦不可得，然总以早日返国为上策。北大新教员回国补助费，先想邓嗣禹系美国舌耕阶级，不便领取。现以结婚之时，用费不少，回国略备行装，内人又不甚强壮，能耐劳苦，旅行之时，需用头二等车船，小小积蓄，流出极速。恐抵上海之时已所余无几。再加坐飞机回湘去平，慰问亲戚友朋等项费用。因此种种，如北大能帮助旅费四百元，或电汇至密尔斯女校，或留在上海徐大春先生待取，当拜赐多矣。时局不宁，归心似箭，心中不免有点纳闷，唯盼同人自觉，国事日趋好转。敬叩。

8 月 19 日，北京大学教务长汤用彤签发了国立北京大学文学院史学系 1946 年度聘任人员清单，聘任本年度新返国人员邓嗣禹为教授、杨联陞为副教授：

教授：姚从吾、傅斯年、郑天挺、毛准、向达（以上人员系上年度在职者）

沈则伯、张政烺、△邓嗣禹、余逊

副教授：△杨联陞、韩寿萱、邓广铭（以上均系新聘者）

助教：杨翼（以上系上年度在职者）

说明：本年度新返国人员，姓名前均加“△”号。姚从吾为史学系主任。

8 月 20 日，由美国乘船途经日本，有一天停留时间，由横滨港登陆，再到东京联合国总部，拜会中国驻日本代表团成员吴文藻、谢冰心、王信忠、徐中约等师友。吴文藻曾有意聘请邓嗣禹任中国代表团高等顾问，月薪 800 美元，享受联合国官员待遇，允许邓嗣禹再考虑一下。

9 月 7 日，回到上海住青年会旅馆。后去南京中央研究院，拜会史语所所长傅斯年，征询去北大任教，还是去中国代表团任高等顾问。傅斯年拍着胸膛说：“听我傅斯年的，你一定要去北大，毫无犹豫的余地。外交工作有啥意义。去北大，去北大!”

9 月下旬，先回湖南家乡省亲之后，赴北京大学历史系任教授。当时，北大由郑天挺（字毅生）秘书长接待，邓嗣禹手持胡适的名片，上写“郑毅生秘书长，介绍我的朋友邓嗣禹先生”。郑天挺随后介绍了代理教务长杨振声（教务长汤用彤正在美国）、史学系主任姚从吾见面。安排邓嗣禹讲授中国近代史、西洋史名著选读两门课。主要学生有漆侠、田庆、罗荣渠、赵思训、周昭贤等人。

10 月，邓嗣禹到北大之后，不久就将自己在学校的所见所闻，北大的优势与劣势均在信中一一向杨联陞做了详细的介绍，他说：“北大的优势是气象大，自由，劣势则是学生不用功，爱捣乱。”“北大图书馆虽然四壁琳琅，西文参考书还不够多”等等。杨联陞也将这些问题于 1947 年

2月22日写信转告于胡适，并建议他："如果您有甚么买书的计划，我们在美国的学生都愿意帮忙，不过让书店打折扣，恐怕得有图书馆正式的信。"

这时，杨联陞仍有随同邓嗣禹回国，一起在北大任教的意愿。在1947年2月22日的信中，他告诉胡适："我的情形比他（邓嗣禹）复杂一点儿，要待着就想把太太接来，那不知要费多少事。我告诉哈佛，如果胡先生叫我秋间回去，我一定遵命，如果让我自便，我看看三月份的大局再定。"

11月期间，有美国学者来访，胡适邀请邓嗣禹等从美国回国的教授作陪，到南池子欧美同学会吃西餐。饭后胡适说："敝校长月薪34美元，邓正教授29美元，其他一二位不言而喻。来来来，我们大家掏腰包，把钞票拿出来付饭费。"

12月11日，陪同美国哥伦比亚大学教授、著名汉学家富路特在燕京大学临湖轩发表演讲。

据《燕大双周刊》1946年第28期报道：1946年富路特在华文学校做访问学者，被燕京大学邀请到临湖轩内，演讲"美国对汉学之研究"。……富氏讲毕，由本校三二级历史系校友邓嗣禹讲述"芝加哥大学对汉学之研究"。邓氏现任北大教授，新自美国归来。

本年度发表的论文

1. 二篇专论：《从周朝的灭亡到唐朝的兴起》《中国科举制度与西方》作为第4章和第30章内容，收入麦克尼尔（H. F. MacNair）主编的《中国》一书。该书共有34章。（*China*，ed. by Harley MacNair，（Berkeley，University of California Press，1946）."*From the Fall of Chou to the Fall of T'ang*（*221B. C-A. D.* 906）" in ch. 4. "*China's Examination System and the West*" in ch. 30）。

该书在1954年曾被翻译成日文，由东京每日通讯社出版，1956年再版，译者为冲野亦南。其中《中国科举制度与西方》中译文发表于《中国考试》，第6期（2014年），蔡培瑜译，郑若玲、彭靖审校。

2. 发表《美国研究汉学之现状》，载《天津益世报·史地周刊29》，18期（1946年12月4日）。

1947 年　42 岁

一、指导北大史学系 1946 年度毕业论文九人次。

二、参与胡适在北大举办《历史研究法》系列学术讲座。

三、应邀赴燕京大学讲授“太平天国”课程。

四、推荐钱存训到芝加哥大学任教。

1 月，董作宾①来到芝加哥大学后，顾立雅为他做了精心的安排，租住在离学校不远的一位美国学生家中。这是一幢两层楼的住宅，楼上有卧室一间，平时则在楼下会客。

4 月，胡适在北大举办《历史研究法》系列学术讲座，决定由该校史学系各位教授分别讲述，共分十二讲，每星期四晚七时至九时，在北楼大礼堂授课。邓嗣禹应邀在 5 月 8 日讲述“重要工具书之应用”讲座，作为该讲座的第三讲。

其他人讲述的日期为：第一讲（4 月 24 日），胡适主讲“史学与证据”；第二讲（5 月 1 日），金逊主讲“历代史籍”；第三讲（5 月 8 日），邓嗣禹主讲“重要工具书之应用”；第四讲（5 月 15），杨人便主讲“历史如何写出”；第五讲（5 月 22 日），邓广铭主讲“历史与传记”；第六讲（5 月 29 日），向达主讲“考古学与史学”；第七讲（6 月 5 日），韩寿萱主讲“博物馆与史学”；第八讲（6 月 12 日），张政烺主讲“近五十年中国史学上之新发现”；第九讲（6 月 19 日），郑天挺主讲“整理档案的方法”；第十讲（6 月 26 日），汤用彤主讲“研究思想史的文法”；第十一讲（7 月 3 日），邵循正主讲“元史的研究方法”；第十二讲（7 月 10 日），毛准，讲题临时公布。

据北平《益世报》1947 年 4 月 25 日报道：胡适昨晚在北大北楼大礼堂授课，未选该课之学生前往听课，挤满大礼堂，胡氏讲述史学证据的重要性，达两小时始毕。

---

① 董作宾：字彦堂，是我国现代甲骨学与考古学的奠基人之一。在考古学方面，他曾首次主持殷墟发掘，开启了中国现代田野考古的新时代，对我国近现代考古学的诞生有着重大的贡献。鉴于董作宾对甲骨学的贡献，学界把他与罗振玉（字雪堂）、王国维（字观堂）、郭沫若（字鼎堂）一起合称为“甲骨四堂”，是甲骨学史上划时代的一代宗师。

5 月 3 日，应翁独健邀请，作为交换讲学事项，赴燕京大学讲授“太平天国”课程。

5 月 8 日，在北楼大礼堂授课，成功开讲“重要工具书之应用”讲座。

5 月 17 日，再次赴燕京大学，结束讲授“太平天国”课程。

燕京大学出版的《燕大双周刊》1947 年第 38 期，曾以“交换讲学：邓嗣禹先生来讲太平天国”为题目，报道了“交换讲学”的具体内容：

翁独健所授之东亚近代史一课，现正讲至太平天国阶段，翁先生特请本校校友、现任北大教授邓嗣禹先生，于五月三日来校讲授该节，邓先生将于十七日再度来校结束该节。翁先生最近亦将赴北大代邓先生授课二小时，以为答报。此交换讲学，尚为复校后之初次。

6 月，长期在芝加哥大学东方语言文学系讲授远东史的麦克尼亚（H. F. MacNair）教授突发心脏病去世，年仅 56 岁。他曾是芝大日本史、远东史方面的权威，1946 年主编、出版过《中国》一书，与邓嗣禹交往颇深。邓嗣禹曾撰写纪念文章《悼远东史权威麦克尼亚》，发表在 9 月份《建国知识月刊》第 1 期上。

本年度内作为导师，指导北大史学系 1946 年度毕业论文九人次。

具体学生与课题明细如下：

张彤书，九一八事变；张润英，戊戌变法之始末；瞿明秀，慈禧太后年谱略稿；郝浮茫，袁世凯在洪宪前后；曹延湘，为美国着想的一个现代外交政策（翻译）；杨绍禹，日本古今史选择；王希龄，康有为的学术思想；刘俊英，清末革新运动；邓锐龄，捻匪之研究。

本年夏季，暑假前夕，邓嗣禹向胡适校长提出辞职申请。胡适曾再三挽留，未果。

7 月，离开北平，途经上海，再次返回湖南，与家人团聚。

在上海期间，会见了钱存训，并去钱家拜访了他的家人，同时邀请他到芝加哥大学远东图书馆任职。邓嗣禹后向顾立雅推荐钱存训，顾同意钱存训到芝大任职。

8 月底，从湖南长沙到日本东京。在此期间，由中国驻日代表团苗专员陪伴下，拜访了东京帝国大学嘉治真三教授。再由嘉治教授介绍，首先参观了校图书馆，然后去拜会南原校长，并了解目前东京大学教授、学生们的学习、生活情况，以及南原对于学校改革的设想。

临行时，南原校长送给邓嗣禹一本英文小册子《创造新的日本文化》。书中开宗明义承认日本的战败与与崩溃，怀疑日本历史的传统观念，而要求日本来一次文艺复兴与宗教改革，造成一种新文化。而此种伟大的事业，应该由日本人自己创造。

在由东京返回美国的途中，邓嗣禹将这一段经历，总结与撰写成《日本教育一瞥》一文，发表在《中苏日报》1947 年 9 月 18 日，第三版。后被收录在《独立时论》第一集，第 139—141 页，1947 年。

本年秋季，回到芝加哥大学，不再担任东方研究院院长，仅讲授“中国历史与语言学”课程。

10 月初，钱存训来到东方学院报到后，董作宾和他合租在一个住宅。两人在东方研究院的办公室也是相邻。

10 月 5 日，钱存训日记中有这样的记载：

> 这是一个星期天，当我到达芝加哥时，我在日记上写着：“我在邓博士家吃了午饭（这是我在芝加哥吃的第一顿饭）”，那个周末，“我和邓博士一起去购物，买了一件上衣（40 美元）、一顶帽子（10 美元）和一件箭牌衬衫（3.95 美元）”，然后“我又在邓博士家吃了一顿晚餐”。除了是一位学者，大家都知道，邓博士还是一位出色的厨师。当我作为一个陌生人，第一次来芝加哥的时候，我非常感谢你的帮助和款待。

为欢迎钱存训的到来，邓嗣禹曾在学校宴请过钱存训，并邀请董作宾作陪。餐后三人在校园内合影留念。

10 月 14 日，钱存训根据邓嗣禹的要求，主动致函联系裘开明：“久慕盛誉，未获识荆，至深抱憾。训今秋应芝大之约，来此整理中文藏书，得邓嗣禹兄指示，略知梗概。此间订有 HY（哈佛燕京学社）卡片五套，分类编目拟全部随尊著方法，以期一律。兹有数教，仍求指教，应祈拨冗赐示为幸。”

本年度出版的著作和发表的文章

2 月，发表《西沙群岛的主权问题与重要性》，《天津民国日报》，2 月

7—8 日。

3 月，发表《中国学术世界化》，［天津］《大公报》（1947 年 3 月 17 号），第 3 版。

4 月，发表《鸦片战争期间英国人的军纪问题》，［天津］《大公报·文史周刊》25 期（1947 年 4 月 11 日），第 2 版。后收入包遵彭、李定一、吴相湘等主编《中国近代史论丛》第 1 辑（台北，正中书局，1956 年），第 3 册，第 240—244 页。

4 月，发表新书评介《太平天国史事日志》，《世界日报》（1947 年 4 月 19 日），第 7 版。

4 月，发表《由美国局势看整个世界》，《世界日报》（1947 年 4 月 20 日），专论。

4 月，发表《订立南京条约时之要价还价》，《天津益世报·史地周刊》第 39 期（1947 年 4 月 29 日）。

5 月，发表《美国陆军特训班给予吾人学习西语的教训》，《东方杂志》34 卷 8 期（1947 年 5 月），第 37—41 页。

5 月，发表《日本的将来有复兴希望》，《现代知识》第 1 卷第 1 期，（1947 年 5 月），第 507—509 页。

6 月，发表《什么是中国社会真正的病根——不在政治制度与主义的问题而在贪污自私的劣根性》，《世界日报》（1947 年 6 月 29 日），专论版。

8 月，发表《谁说中国人没有自由?》，《观察》第 2 卷第 19 期（1947 年 8 月），第 26—27 页。

9 月，发表《悼远东史权威麦克尼亚》，《建国知识月刊》第 1 期（1947 年 9 月），第 56—57 页。

9 月，发表《日本教育一瞥》，《中苏日报》，1947 年 9 月 18 日，第三版。后被收入《独立时评》第一集，第 139—141 页。

10 月，发表《美国房东太太的面孔》，《世纪评论》第 14 期（1947 年 10 月），第 14—18 页。

汉语教程专著：《交际汉语及语法注解》（*Conversational Chinese with Grammatical Notes*），芝加哥大学出版社出版。该书由杨联陞作序，在美国流行很广，第 11 版已于 1980 年发行。

1948年　43岁

一、继续在芝加哥大学讲授中国近代史、中国史学方法、中国目录学课程。

二、参加了王济远在芝大举办的个人画展。

三、美国亚洲研究会成立，作为唯一的亚洲学者，被选为理事。

当时芝加哥大学东方系的中文课程由顾立雅、柯睿格、邓嗣禹三位教授主讲，每人除担任语文课外，另有其他专题讲授课程。汉语课程从文言开始，采用顾立雅自编的《归纳法中文读本》（*Literary Chinese by Inductive Method*），包括中国传统启蒙的《孝经》《论语》和《孟子》三册。学生读完这三册，不仅可了解中国传统文化的精义，也可掌握汉字单词约三千，再阅读其他古籍，就没有太大的困难。再有访问教授董作宾，曾开设中国考古学、金文及古文学等课程。

东方系的三位教授各有分工，顾立雅担任第一年汉语、古代史和思想史课程主讲外，柯睿格担任第二年中文、中古史和政治制度等课程主讲。柯睿格专攻宋史，著有《宋初文官制度》（1953年）、《宋代职官衔名英译》（1957年）等书，也是国际宋史研究计划的创始人。邓嗣禹讲授中国近代史、中国目录学、中国史学方法和现代中文课程，他将自著的《报刊中文》和《中文会话》作为课本。

1949年秋，邓嗣禹应邀去哈佛大学任教之后，他所讲授的课程中国史学方法、中国目录学由钱存训接任。

3月6日，致函裘开明：

> 《逸经》26（1937年3月）第22页有胡怀琛《木牛流马考》一文，如不十分麻烦，可否惠恳拨冗作一照片或软片能读即可，因敝馆无《逸经》杂志也。久违雅教，希望能有机会稍事团聚，借聆教益。于震寰先生不知何时来美，途径芝城，无希驻足一谈，若便乞转达，专此致叩。道安。

3月15日，裘开明回复：

> 感谢你3月6日来函，非常抱歉我馆所藏《逸经》通过燕京大学订购尚未寄来。我将致函燕京，要求他们在方便时尽早寻找一份复本。书一旦寄来我会告知你。费正清博士告诉我，当你还在哈佛做

他的助理的时候，你发现一部《点石斋画报》（上海，1884，配插图）的复本。我无法回忆曾收藏有此书。也许你可能是在怀德纳善本部发现的。你可否来函介绍一下此书的情况，非常感谢！

3月31日，回复裘开明询问内容：

我尽力去回忆我是否曾在博伊斯顿堂或怀德纳（Widener）曾经见到过《点石斋画报》，但结果是我一点也不记得关于本书的任何信息。

6月22日，致函胡适，表示道歉：

适之校长先生赐鉴：前年在北大执教，深感校长及一切前辈先生对于邓嗣禹之仁厚及作育本国青年之愉快。以政局动荡，讲授近代及民国史微感不便，故重返美国，履行三年合约义务。近以严君辞世，请奔丧返国，芝加哥大学盛情挽留，谓邓嗣禹在此服务已多年，总希圆满结束合约时期，然后归国。因此之故，不知可否惠恕。校长先生及毅生主任多让邓嗣禹在国外教学一年，明年暑期然后返校继续服务。如蒙俯允，敬希赐复，以便购买应用书籍，早做回国准备，以此敬叩。道安。

11月1日，再次致函胡适，表示感谢：

适之校长先生赐鉴：离开和气一团的北大同事，温仁诚笃的校长前辈，使人时常想念，仿佛若有所思。希望时局不致大乱，使同事、同学可以安心教学，希望先生身体健康，可以多出几种伟人的著作，为国际争体面，为未来学术界放光辉。邓嗣禹此次返美国，已不再负行政工作责任。除教书外，埋首研究，期于一年以内，发表一点学术文章，或作一部近代远东史。先用英文发表，然后译成中文。现在旁听近东上古史，以便比较研究。西洋史需用德法日俄文，日在温习。因此之故，生活颇为紧张。

从前离开北平时，郑毅生先生托带美元千元，交与孟治君作为北大存款。此款已如数交清，将详告毅生先生以免挂念。离平匆匆，误将《辛丑日记》带至美国，今另包寄还。敬谢，并请原谅。

汤锡予先生现为邓嗣禹旁助，或有来芝大主讲 Haskell Lecture 的希望。杨西孟教授现在芝大研究，已代借得寓所。董作宾先生在此写殷代文化概论。敬叩，道安。诸同事均此致敬。

是月，在芝加哥大学斯玛特美术馆，邓嗣禹与顾立雅夫妇、柯睿格①夫妇、麦克尼尔②、钱存训等人，共同参加了王济远③举办的个人画展，一行人参观结束后，曾在斯玛特美术馆大厅前合影留念。

是年，美国亚洲研究会成立，《清代名人传略》主编恒慕义被选为第一任主席，费正清为副主席。邓嗣禹作为唯一的亚洲学者，被选为理事，兼研究会秘书，任期三年。1958 年兼任亚洲学会研究考察委员会主席。

1949 年　44 岁

一、继续讲授中国近代史、中国史学方法、中国目录学课程。

二、6 月，经费正清推荐到哈佛大学任教。

三、杨联陞邀请邓嗣禹到家中做客。

四、与费正清合作编写《中国对西方的反应》一书。

6 月，应费正清邀请，回母校哈佛大学任教，担任客座讲师，讲授中国近代史以及现代中国问题研究课程。这是费正清在哈佛大学最早为研究生开设的一门课程。

为了使美国学生对于中国历史人物有直观、深入的了解，他在讲课时将清代的曾国藩，形象地比喻为中国的乔治·华盛顿。后来王钟翰在《燕京学报》发表书评说："为使彼邦学子易于了解起见，似此轻松著笔，实具语言之妙。"正是这次重回哈佛，也有了他与杨联陞再次共事的

---

① 柯睿格（Edward Kracke，1908—1976），美国著名宋史研究专家，学士（1931 年）、硕士（1935 年）、博士（1941 年）都是在哈佛大学获得的，毕业后长期任教于芝加哥大学历史系。早年曾受哈佛燕京学社资助，曾来华进行过考察。

② 麦克尼尔（W. H. McNeill，1917—2016），当代著名历史学家，擅长宏观世界史研究。麦氏本科、硕士都是在芝加哥大学完成。1947 年获得康奈尔大学博士学位后，曾长期执教于芝加哥大学历史系，从事历史教学与研究工作，1961—1967 年任历史系主任。1985—1986 年期间，曾担任美国历史学会主席。至今，国内翻译出版麦氏的著作有 9 部之多，如《西方文明史纲》《西方的兴起》《人类之网》等。

③ 王济远（1893—1975），1920 年于上海参加西洋画社团"天马会"，后任上海美术专科学校教授、教务长。1926 年赴欧洲旅行，考察西洋美术，1927 年创办"艺苑绘画研究所"，数次赴日考察。1941 年赴美国，创办华美画学院，传授中国画和书法。1975 年 1 月病逝于纽约。擅长中国画、西洋画，尤其以水彩画闻名，曾多次举办个人画展，20 世纪 30 年代出版过《王济远画集》《水彩画临本》，对于当时的水彩画普及起到了相当大的推动作用。

经历。

6月25日，在重返哈佛大学不久，杨联陞就邀请邓嗣禹到家中做客，两人开怀畅饮，再叙往事。离开杨家时，他曾在纪念册留言。据杨家纪念册记载，邓嗣禹曾在留言簿中写道：“第一次在杨公馆吃炸酱面，好极了。以后尚不知有若干次口福，仅此致谢，以便常来。”

1949年杨联陞在康桥购房后，每星期总有一两次请友人到他家吃饭。但每次请客，除了吃饭、打牌、唱戏、聊天之外，还有一个必不可少的内容，那就是要在纪念册上留下一点真实的、有特色的记录。

是年，在获得了太平洋国际学会和洛克菲勒基金会的赞助后，与费正清等人合作共同编写著名的《中国对西方的反应》一书。

1982年，费正清在他出版的回忆录《费正清中国回忆录》中，详细记载了这段经历：

> 由于我在1938年至1941年间的合作者邓嗣禹回到哈佛，准备进行为期一年的战后进修，因此我们决定合作开展重要中文史料和著作的英译工作，记录着那段经常被提到的，且被误称的中国“门户开放”历史。我们成立了一个顾问委员会，获得了太平洋国际学会和洛克菲勒基金会的赞助，征集了大约30名学者的意见，最终在1950年搞出了一部厚厚的油印初稿，这就是《中国对西方的反应，1839—1923年》（*China's Response to the West*, *1839-1923*）。两位非常有实力的学者房兆楹和任以都，也作为第二作者共同参与了本书的撰写工作，我们最终在1954年将此书出版。在收录的65部重要文献中，邓嗣禹完成了大部分译文工作，并负责编制我编辑过的大量有关文献作者的资料。之后，我又写了书的最后广文本，并把这些文献材料连成一体，最终由同事们依次进行核实、校对。这个过程再一次让我受益良多（2013年中信版《费正清中国回忆录》，第326页）。

7月26日，在哈佛大学与玛格丽特结婚，杨联陞作为证婚人。

本年度发表的论文

在《远东评论》发表长篇论文《近五十年的中国历史编纂学》（*Chinese Historiography in the Last Fifty Years*），*Far Eastern Quarterly*，Vol. 8，No. 2（February 1949），pp. 131-156。该论文后被

收录在多种论文集中。

邓嗣禹在这篇论文的开篇中指出："中国历史编纂学有一个辉煌的过去。不论就质量还是数量而言，只有现代欧洲历史编纂学堪相媲美。而在其他古老的国度，如印度就远为逊色了。其他民族或许可以为他们的哲学、科学和艺术成就自豪，但就历史编纂学而言，没有一个国家能够具有中国这样悠久而值得称道的传统。"

2004 年，《山东社会科学》杂志第 4 期，在发表这篇论文译文时（李扬眉、周国栋译），特别增加了长篇编者按语：

> 邓嗣禹的《近五十年的中国历史编纂学》一文是五十年前的旧作，在半个世纪的时间内，此文与周予同先生的《五十年来中国之新史学》（1941 年）及齐思和先生的《近百年来中国史学的发展》（1949 年）一起被归列为研治 20 世纪史学史、学术史的基本文献，素为海内外学人所敬重。但是此文在大陆并不广为人知。在此文中，作者全面而细致地总览和分析了 20 世纪前半期中国历史编纂学的图景；他重视史料派，但是忽略史观派，还比较分析了两派的长短，提出了建立史实与思想于一体的理想学形态的设想。时间证明了作者的远见卓识。有鉴于此，本刊特将此文登载于此，以飨学界。

2008 年，华东师范大学历史系研究生刘艳艳重译了这篇论文（胡志宏校对），发表在朱政惠主编的《海外中国学研究》（第 3 册），上海辞书出版社出版；2010 年，王学典、陈峰编的《二十世纪中国史学史》，北京大学出版社出版，也将这篇论文收录。

1950 年　45 岁

一、为哈佛大学研究生班开设"太平天国历史"课程。

二、秋季，应邀到印第安纳大学任副教授。

三、出版《太平天国史新论》。

本年度在哈佛大学，为研究生班开设"太平天国历史"课程，并担任主讲教师。

继续与费正清等人通力合作，共同编写《中国对西方的反应，1839—1923》，以及《中国对西方的反应：文献指南》等书。该书后来于 1954 年由哈佛大学出版社出版。

其中，《中国对西方的反应，1839—1923》曾长期作为哈佛大学、剑桥大学中国近代史研究生必读的教材之一，并多次再版，1971年在加拿大发行。最新版本是1994年哈佛大学的再版，在世界各地畅销40多年。

秋季，印第安纳大学赫尔曼·韦尔斯[①]（Herman B. Wells）校长向邓嗣禹发出邀请，希望他能帮助印大创建东亚研究体系，并任副教授，主讲中国史、日本史及远东史。

来到印大之后，他所做的第一件事就是为东亚系开设了中国语言和中国近代历史的课程，同时计划筹建大学东亚语言与文学系，以及印大图书馆的东亚部。

是月，因教学工作的需要，在教授中国近代史时，面临教材缺乏等问题，开始翻译李剑农《中国近百年政治史》，后由在芝加哥大学指导的硕士研究生、时任罗克福德学院讲师英格尔斯（Jeremy Ingalls）参与润色，于1956年在美国斯坦福大学出版，其后又多次再版（详见1956年著作）。

本年度出版的著作与发表的论文

1. 发表对李剑农所著《中国近百年的政治史》一书的书评，《远东季刊》第9卷，第3期，1950年5月。

2. 发表对侯外庐《中国古代社会史》一书的评论，《太平洋事务》第23卷第3期，第329—330页，1950年9月。

3. 他将在哈佛大学的讲稿整理成书，出版《太平天国史新论》（*New Light on the Taiping Rebellion*），1950年由哈佛大学出版社出版，1966年再版。

王钟翰在《燕京学报》第三十九期曾对此书发表评论文章，着重论述道："著者于1937年应美国国会图书馆编纂《清代名人传略》之聘，即担任太平天国人物最多。故于此段史实研究有素，了解自然深切；加

---

① 赫尔曼·韦尔斯（Herman B. Wells）曾任以印第安纳大学第11任校长。他的校长任期为1938—1962年，长达24年，是在印大任期最长的校长，他为学校的发展与建设做出了许多开拓性的工作。

1950年，随着中国人民共和国的成立，美国各类大学开始重视和研究亚洲区域问题。韦尔斯校长本身就是美国研究区域问题的专家和开拓者，他认为应该尽快改革大学课程，以适应国际形势的发展，因此他决定聘请亚洲问题研究的学者和专家参与印第安纳大学的区域研究工作。

以文笔流畅，引证详明。……此书虽在美国出版，为彼邦近十年来治中国近代史者不可多得之作；即在国内最近出版界中关于太平天国之著作，亦系难能可贵之书。”

1951年　46岁

一、在印第安纳大学历史系，讲授远东史与中国史。

二、到哈佛燕京图书馆收集资料。

三、参加在纽约召开的“美国历史学会（AHA）年会”。

6月，为了编写《中国对西方的反应》一书收集资料，从6月份开始长期在哈佛燕京图书馆工作，并受到裘开明馆长的热情接待。

8月8日，邓嗣禹致函裘开明：

> 请允许我全心全意地向您致谢！
>
> 感谢您特别照顾我，把贵馆所有的钥匙都交给了我，允许我在任何时候使用它们。如果没有这样的特权，即使我再呆上三个月也不能完成工作。虽然我离开得很匆忙，但是我相信我所使用过的所有书都保持着原样。如果贵馆的复本完整的话，印第安纳大学图书馆希望购买贵馆的复本，还想购买商务印书馆出版的、含一卷索引的十通。如果方便的话，麻烦你告诉我们你打算出售的书籍的价格。

9月12日，致函钱存训，询问捻军与游击战方面的书籍：

> 弟现在写《捻匪与流动战》一文，亟需各种图书，以作参考之用。哈佛图书籍，每周借2—3次，已经寄来一大堆，不大好意思打搅裘先生了。有几种文件，不知可否先查一查。

10月24日，致函裘开明，询问正在出售的二十四史的情况。

10月28日，致函钱存训，介绍在印大工作与写作情况：

> 公垂兄：写好信封，贴上邮票，终未动笔写信，谢谢您为我找材料，甚是罪恶。要朋友帮助的时候，马上就发信，否则杳无文字，实大不对。
>
> 关于太平天国的最近出品，我都有。香港的 Willing Book Co. Room 7 No. 20 Ice Home St. 常替我们买中国新旧书籍，相当可靠。印第安纳大学现已有一部《清实录》、二十四史、十通、《东华录》及数十部零星书籍，可说是聊甚于无。学校每年给我一千元买中文

书、一千元买西文书，过了十年二十年以后，也许有一个可观的远东馆。

弟今年仍教远东史与中国史，学生较去年大为增加。也有几个人非常聪明。捻军（书籍）写了近二百页，仍未完。十二月底去纽约，将在美国史学会读一篇小文章。内子已不作事，在家念中文，我们希望您们到这儿来看红乙。在此独居无偶，孤陋寡闻。没有好的中国饭馆，更扫兴。芝城不知尚有多少老朋友，董先生有信否？钱太太及公子相安好否？顾立雅先生及二小姐希代致意。

10月31日，裘开明回复邓嗣禹：

你问道的二十四史是上海影印的710卷乾隆内府本。这套书是麻省理工学院的一名中国学生的，我完全不认识该学生，他告诉我此套书是完整的，他愿意以350美元出售，因为他非常需要经济资助，以完成学业。正如你所知，我馆已藏有一套该书，因此我把此事转告你。

12月底，参加在纽约召开的“美国历史学会（AHA）年会”，并在会上宣读《欧美中国史中的基督教僭妄》的论文。

12月31日，邓嗣禹致函贝德士①（信函摘要）：

亲爱的贝德士教授：我于1951年11月15日给您写信说：“我希望通过您的评论获益良多。”您确实给我上了一课。

我虽然经常欢迎批评，但迄今未看到一个评论者对于主要发言人像您这样粗暴。您简直视我为宿敌。您认为我是反传教士工作，事实上我是教会学校的产物，极为尊重传教士的工作。不幸，我的

---

① 贝德士（M. S. Bates，1897—1978）是一位学者型的美国传教士和社会活动家，他1920年以优异的成绩获得牛津大学历史学硕士学位，回到美国后接受教会派遣，前往中国南京在金陵大学任教，直到1950年离开中国返美，前后整整三十年。其间曾一度赴美深造，1935年在耶鲁大学完成《公元前221—前88年的中国历史》的学术论文，并获得博士学位。

邓嗣禹与贝德士交往始于1951年在芝加哥召开的亚洲历史学会上。1951年12月28日，邓嗣禹在此次会议上宣读论文，题为《欧美中国史中的基督教僭妄》。贝德士此时已在纽约和神学院任教，也应邀参加了此次年会，并按照会议主办者预先安排，担任会议的评论员。评论员与论文作者之间出现分歧与争论本来是正常现象，但是由于两人事先互不相识而产生误解，邓嗣禹在12月31日给贝德士写了一封措辞相当尖锐的信。

文章没有空间可容列颂扬教会办的学校、医院、平民教育，如此等等。

我不愿意在会上与您辩论，因为多少还记得《圣经》的训诫，当别人打你的左脸，你应该也迎上右脸。会后，有些朋友对我没有回击感到不解。我本想当晚拜望您，以便就若干要点交换意见，但被告知“贝德士已经离去”。

在信的结尾部分，邓嗣禹以反驳的语气列举自己回应要点，并且坦率地表白：“由于我不是一个专业的基督徒，所以匆匆给您写这封私人函件以表达我的感情。希望您能抽出时间，就同一题目写出比我更好的文章，以便显示某些建设性的批评。”

本年度发表的书评文章

2月，发表对卡瑞果仁（Bernhard Karlgren）所著《汉语：杂文和它的自然与历史属性》一书的书评，载《远东季刊》第10卷第2期，第205—207页。

1952年　47岁

一、担任印第安纳大学历史系主任。

二、除继续讲授远东史与中国史外，新增加了日本史课程。

1月4日，贝德士致函邓嗣禹（信函摘要）：

亲爱的邓教授：很抱歉，12月28日（上星期五）在会上引起您的不快，并且意识到我在态度与表情方面应更加谨慎。谢谢您坦率而友好的来信使我获得教益。原本打算周六与您再次会晤，但受阻于其他会议而我又无法推脱……

不过实质性的问题依然存在。就这个题目而言，恕我直言，就我或他人的意见，均想知道您是用什么作为评判诸种著作的基础观念（concepts）。不知意下如何？您是有意或无意、明确或模糊地使用“僭妄”一词。评判相关著作，必须首先限定该词的内涵，并以此为标准贯彻始终。也许是处于人生迟暮之年，我试图朝这个方向充实自己，并且对这类问题特别感兴趣。

今年6月份，我可能访问印第安纳波利斯（Indianapolis），如果成行则将到布鲁明（Bloominton，印大所在地）与您会晤，希望求教并消除任何遗留的误会……

然而，我不想为我的态度辩解，我只想让您确知我并无敌意，前此我曾在您有关太平天国大作中获益匪浅，此后曾两次向他人推荐。还有您在《远东季刊》上发表的文章。……我的错误在于，对于一个身在异国的华人的文章，发言如此没有人情味。我诚挚地为因此而引起的不快请求宽恕。

贝德士的这封回信语言真挚、用词恳切、和而不同，表现出一位受过良好教育的年长学者应有的大家风范。邓嗣禹为此也表示理解，并同意握手言和并消除误会，同时也对这位年长学者的学术品德心悦诚服。真可谓是“不打不相识”。相比于当今学术界学术批评的困境，或者是相互吹捧、圆滑世故的现状，贝德士与邓嗣禹这样充满理性与包容的良好风范，确实弥足珍贵，非常值得当今学者们认真学习与借鉴。

9月17日，邓嗣禹致函裘开明：

阐辉前辈先生赐鉴：

久未上函请安，不知近况如何，合宅清泰否？拙作《捻匪与游击战》一文共280余页，夏已告竣。关于共产党领袖讨论游击战问题，两月以前已请哥伦比亚大学一位先生代为搜罗寄来，早承允诺但久无回信。昨从间接询问知在病中，久未到馆视事，故一切外来文件皆搁置未理，乃转从贵图书馆借用。数日前已请敝校图书馆处通知哈佛。信到之时敬恳请特别帮助为寿。又北京人文图书馆目录及国学论文索引，不知贵处有重本转售否。有此二书，半球书籍杂志之出版时地问题，可得不少帮助。

9月23日，裘开明回复邓嗣禹：

9月17日来函收悉，兹附上2张你需要的中文图书目录卡片，卡片包含关于版本和版记在内的所有信息。很抱歉我馆没有多余的《国学论文索引》以及北京人文图书目录出售。你可以函东京的文久堂（Bunkyudo）或香港的Willing书局（Willing Book Co.），有可能买得到。关于你申请外借我馆所藏有关共产党游击战文献一事，我们尚未收到申请书，但我们现正在为你搜集相关文献，一旦馆际互借单从怀德纳图书馆转到我馆，我们立刻将书寄给贵校图书馆。

10月9日，因专题讲座，寻找参考书目事宜，致函钱存训：

承寄东方文化书目，大可供参考，甚谢谢。因忙未能及早函告，甚以为愧。四库序跋目录，我已收到，已嘱装订成册。

光清兄寄来一篇文章，公忙之余，仍有时间撰述，可（敬）佩。

兹有著作：Asakawa K. *The Early Institutional Life of Gapan, a study in reform of 645 A.D.* Tokyo 1903，遍寻书目不获，估计近年已经绝版。因芝大有此书，不知可否惠恳借出一阅，两三日内即可寄还。下礼拜四讲此专题：*a study in reform of 645 A.D.*（公元645年的改革研究），主要的一部分书未能见到，心觉不安，故特（寄）上信函麻烦。兼致。

10月中旬，开设“公元645年的改革”专题讲座。

12月30日，在《中国对西方的反应》一书即将出版时，对于钱存训指出书中的个别错误，致函表示感谢：

前接惠书，指出《中国对西方文明之反应》若干错误，非常感谢。现在校稿有期，乃作一最后修改。吾兄指出之点，皆已采纳，唯有一节：查1861年总理衙门奏设同文馆似非冯桂芬之建议。冯之建议被李鸿章采纳（见1.4节），于1863年至上海及广州“仿同文馆例”，设“东方言馆”云云。不知同文馆之设，系李鸿章本人之主张，抑系别人条呈。手头无书，不敢妄断。

夏季，《捻军及其游击战，1851—1868》一书撰写完毕，共280余页，经过多次修改后，于1960年由法国巴黎Mouton出版社出版；1961年法文版由Mouton出版社出版。

1953年　48岁

一、筹办印大“东方文化宣传期”活动。

二、为印大设立了东亚语言与文学系。

三、应邀参加美国亚洲研究会成立大会。

为印大设立了东亚语言与文学系，并培养出了能够讲授中文和日文的老师。学校除东亚文学系和历史系之外，在人类学、艺术、政府公共管理系也相继开设了有关亚洲问题的课程。

是月，应邀参加费正清创立的美国亚洲研究会（Association for Asian Studies），并受费正清之聘，任执行董事，为期三年。

2月3日，邓嗣禹致函裘开明：

我已经翻译了3篇袁昶[1]的回忆录，并阅读了在《清代名人传略》中你所写的关于他的传记，其中你写道："他们现在已为外国人所了解。"但是有关义和团的四卷新资料中，这3篇资料是根据袁昶本人早期所写的译文重印而成，编者没有就其真实性做任何评价。你能否详细地告诉我这方面的情况，以便于我们决定是否将其收录到即将出版的《中国对西方的反应》一书中？你能否寄给我本函所列一些书的缩微胶卷？

崔书琴[2]（Tsui Shu-chin）请我代为订购其博士论文的缩微胶卷，他还想买一本收录了1934年博士论文摘要的书。因为我不知道书的确切名字，所以无法帮他订购。你能否请贵馆工作人员把上述提到的书和博士论文的缩微卷寄到以下地址：中国台湾台北中山南路11-A崔书琴博士。而上述资料的账单请寄给我……

2月13日，裘开明致函邓嗣禹：

我们已经把崔书琴博士1934年在哈佛大学的博士论文制成了缩微胶卷，怀德纳图书馆照相复制部将会把两种缩微胶卷和账单寄给你。我还请哈佛大学出版社与发票一起寄给你一份《哈佛大学1934年博士论文摘要》。

至于袁昶关于义和团的3篇回忆录，我认为最终还是应由你自己决定是否把3篇回忆录的译文收录到你即将出版的《中国对西方的反应》一书中。尽管共产主义作者新出版的四卷本义和团资料汇

---

① 袁昶（1846—1900）原名振蟾，字爽秋，一字重黎，号渐西村人，浙江桐庐人。清末官吏、学者。光绪二年进士，历官户部主事、总理衙门章京，办理外交事务，后任江宁布政使，迁光禄寺卿，官至太常寺卿。光绪二十六年，直谏反对用义和团而被清廷处死。袁昶一生著作很多，已刊行的有《渐西村人初集》13卷，《安般簃诗续钞》10卷，《春闱杂咏》1卷，《水明楼集》1卷，《于湖小集》6卷，《参军蛮语止斋杂著》若干卷。

② 崔书琴（1906—1957），南开大学毕业，1934年获美国哈佛政治学博士学位。历任东北外交委员会研究主任，中央政治学校、北京大学、西南联大教授，任教于台湾大学政治大学。1950年任国民党中央改造委员兼设计委员会主任委员，参与设计推行国民党改造运动。1953年任中央委员会设计考核委员会主任委员。1957年病逝台北。著有《国际法》《条约论》《三民主义新论》《思想斗争的分际》，译有《叛国的种子》等。

编中收录了这些回忆录，但我怀疑这些编者并未真正对这些回忆录解读清楚。这部新的资料汇编还收录了Chin-shan的日记，该日记被后来的学者证明是假的。……因此，被收录在新出版的资料汇编中的袁昶的回忆录并不一定是权威资料。

另一方面，我们对于这些资料的怀疑会随着义和团资料汇编者的注释而加重，这些注释附在第一篇回忆录（第四卷，159页）之前。注释说回忆录原稿丢失……书中收录的则比原稿的影印件更完整。遗憾的是，我馆没有1905年的影印版《太常袁公行略》，该书藏于国立北京图书馆。但是我馆藏有其他文集，如《暴匪纪略》《清季外交史料》以及时1951年出版的义和团资料汇编，其中收录了回忆录。

你何不写信给斯坦福大学袁同礼①（Yuan Tung-li）博士，询问他对这3篇回忆录的看法？我自己的意见是3篇回忆录非常值得怀疑，因为似乎被曲改过。事实上，袁昶可能亲笔为该回忆录写了草稿，但是主要问题在于他是否把回忆录提供给了许景澄（Hsu ching-ch'eng），并且许景澄是否对第一稿做了修改，并联合署名。

3月4日，关于在印第安纳大学举办“东方文化宣传期”一事，致函裘开明：

印第安（纳）大学现在筹备东方文化宣传期，有名人演讲、美术展览、中国书籍展览等。关于中国书籍，此校正在萌芽期间，展览的目的在于使人注意，以便阔人捐钱，学生选课。美术品方面，此校美术史教授已从各博物馆借来一大批。关于书籍，不知先生可否惠借若干，不必注重宋元孤本而在趣味方面注意。如《织耕图》《三才图会》，等等，不知可否？请先生拨冗挑选七八种，由馆际互借，慎重保险寄来。因为不知书名，故本校图书馆仅云（展示）中

① 袁同礼（1895—1965），字守和，华裔美国图书馆学家，目录学家。1916年毕业于北京大学，先后入哥伦比亚大学历史系与纽约州立图书馆专科学校学习，获美国纽约州立图书馆学校学士学位，1924年归国，任广东岭南大学图书馆馆长。1942年任北平图书馆馆长。1949年再次赴美，先后在美国国会图书馆和斯坦福大学研究所工作。著有《永乐大典考》《宋代私家藏书概略》《明代私家藏书概略》《清代私家藏书概略》《中国音乐书举要》《西文汉学书目》（英文本）等。

文书。展览地方在图书馆善本书室，有玻璃柜，有锁，可保险无损失。寄还时，亦必慎重保险寄回。展览时间是3月23日至4月3日，但希望早日接到，因编说明书及印制目录，颇需时日也。可否惠允，乞示。又贵校《古今图书集成》不知有重本出让否？

3月23日至4月3日期间，亲自筹划、邀请著名学者到印第安纳大学，成功举办“东方文化宣传期”活动。经此展览，使该大学在东亚区域研究方面引起国际汉学界的重视。

9月23日，邓嗣禹致函裘开明，询问汉和图书馆是否藏有两套《古今图书集成》，如果有，那么能否出售一套？

10月2日，裘开明致函邓嗣禹：

汉和图书馆没有多余的《古今图书集成》可用于出售或交换。原本去年政府打算赠送给汉和图书馆一套上海出版的小印本《古今图书集成》，但汉和图书馆未接受。建议你询问芝加哥图书馆是否有售。

11月，发表对简欧·巴拉迪（Joseph W. Ballantine）所炮制的涉台问题的评论，载《远东季刊》第13卷第1期，1953年11月。

所著《中国考试制度对西方的影响》获美国哲学研究社（American Philosophical Society）研究奖。该书1953年在台湾，经王汉中译成中文单行本：《中国考试制度西传考》（台北，“中央”文物供应社，1953年）；1968年哈佛大学出版社出版英文单行本；1988年由李明欢、黄鸣奋合译，译名为《中国科举制在西方的影响》，收录于《中外关系译丛》（第四辑），上海译文出版社出版。

1954年　49岁

一、4月初，赴纽约参加美国历史学会远东分会年会。

二、8月初，赴英国伦敦大学查询太平天国资料。

三、8月底，赴哈佛大学参加世界东方历史学会会议。

3月31日，写信给女儿邓同兰，通过香港朋友转交到国内湖南师范学院：

这一学期来，我简直忙得更不得了。有一个学生跟我学习写硕士论文，……几百页的论文，我得反复修改。四月中旬，我又要去纽约，参加远东学会会议。……此地中国学生只剩下三四人，觉得很孤单，我希望能有回国的机会。

4 月中旬，赴纽约，参加美国历史学会远东分会年会。

8 月初，赴英国伦敦大学，查阅太平天国的外交史料，后游历欧洲。

8 月 4 日，到达英国伦敦之后，在伦敦大学宿舍给女儿邓同兰写信，告知这次旅行的目的是要查找太平天国的外交史料。一个人独行，毫无趣味。坐三等车，也挤得很。晚上不能入睡，上下车都是自己提行李，很累。“八月底，我将去康桥，参加世界东方历史学会会议，可以看到许多熟悉的老朋友。”

8 月底，赴美国康桥哈佛大学，参加世界东方历史学会会议。同时参加会议的还有胡适、何炳棣等人。

9 月，开始修改《捻军与游击战》一书，晚上在家中书房工作，大加充实书中的内容。

10 月 6 日，家信中告知，十月初一，第二个女儿出生，颇失望。年近五十，不愿再有孩子了。

10 月 22 日，致函裘开明，询问从日本购买中日文书籍最好的代理公司是哪些公司，以及印第安纳大学历史系可否向汉和图书馆借阅《剿平捻匪方略》一书。

11 月 3 日，裘开明回复：

> 10 月 22 日来函收悉，在日本没有所谓最好的中日书籍代理商，但是考虑实际情况，我向你推荐日本出版贸易株式会社（Japan Publication Trading Company），其地址为“No.1 Sarugakucho i-chome，Kanda，Chiyoda-ku，Tokyo，Japan”。该公司每月出版中日文新旧书籍的书目，并出版、发行东京地区其他中日文书商的书目。他们可以从任何一家书店寻找任何中文、日文或西文图书，从中收取目录上所标书价格 15%的服务费。
>
> 关于《剿平捻匪方略》一书，建议你通过日本出版贸易株式会社在日本购买，此书目前已经很难见到，书籍也相当厚重，共计 320 卷，16 册。我们通常不允许馆际互借如此宏富的著作，但是考虑到你的困境——如果你不到华盛顿或剑桥来查阅此书，你将无法完成你的著作，如果贵馆愿意支付此书来回的铁路保价快递费用，我们

可以把书借给你，但是请按程序向哈佛大学怀德图书馆提出互借申请。

11月24日，写信给女儿邓同兰：

我近两个月来，天天晚上，为着《捻军及其游击战》一书，在公事房修改。进步（展）极慢，而内容大加充实，自己觉得很有意思。可惜精力欠佳，每晚九点钟以后，就呵欠起来，流眼泪，流鼻涕，真是不行。曾记得二十年前，一夜不睡，也不觉得疲倦，和现在实有天壤之别。

明天起，学校放四天假，叫感恩节。感恩的那一天，家家吃火鸡、吃栗子、吃南瓜饼。从前，我总是被人请吃饭。现在自己家中有小孩，不能接收请帖了。

12月6日，因筹建中国博物馆、郭大维画展①等事项致函钱存训：

致谢快函，花费太多。上次仓猝（促）上书，未言及大函讲到赠书事，甚以不愧。此处邮政局不时刁难，差不多每次寄书必问书上写没有，如写有字句或签名，不能作为书寄，故未能题赠。来日补签，或可打搅钱太太一顿好中国饭，可不必如上次在上海时之大规模请客。Chinese Repository（中国博物馆）事，已即（经）写信去日本，弟之购书费，必在本期用完，否则无效。

郭大维先生画展，刚才与美术系东方美术教授商量，似可办到。书展室一年（前）早已预订，惟四月十七日至五月七日，预订陈列中日花鸟画，大概当中一星期的下午，也许四月十七日下午，可以请郭先生来此挥毫。美术系可酌酬五十元旅费，弟再想请 Dean（系主任）要50元（成败不敢预定），因为弟买书及请求津贴，国内来此游学的学生花费太多，或许可以办到。郭先生如不嫌屈就，或可睡在舍下小沙发上。舍下四壁肃然，或可请他赏光一幅小画，以资纪念。书展时，据询问可以卖书，想必总有生意也。请将画册及所写信寄来，以便与各方面接洽。

12月7日，时任芝加哥大学历史系讲师威廉·麦克尼尔曾一度因为

---

① 郭大维，浙江人，美籍华人，齐白石及门弟子。作品因意似吴昌硕风格，其画全以大写意出之。其作品多以画家所不屑为者，如猫、鼠之类，写来栩栩如生，神趣别具，著有《郭大维画册》等。

担心不能在芝加哥大学历史系长期任教，有意到印第安纳大学谋求教职，将简历投递印大历史系。这年 12 月 7 日，时任历史系主任的邓嗣禹曾写信给钱存训，委托他对麦克尼尔在芝大情况进行了解：

敝系现在考虑 William H. Mc-Neill（威廉·麦克尼尔）来此教书之事。此人前在芝加哥大学教书，但不相识。不知吾兄能否从旁打听：

1. 他是一个好的学者吗？
2. 他是一个好的讲师吗？
3. 他是一个容易和同事相处的人吗？等等。

在不十分麻烦的条件下，请顺便跟您的同事与学生们打听打听，如何？

12 月 19 日，家信中告知，今年寒假不去参加历史学会的年会了，因为旅行太多，不愿意再多跑路了。

本年度出版的著作与发表的论文

1. 与费正清合著《中国对西方的反应》（*China's Response to the West，1839-1923*）一书，在哈佛大学出版社出版，并获得美国社会科学评议会研究奖。自出版后，该书几乎成为各校所开中国近代史课程必备之书，自 1963 年，及 1965 年起，有两种软封面版本问世，1971 年加拿大版本出版，第 5 版于 1980 年出版。该书在美国流行了三十多年。

2. 与费正清合著《中国对西方的反应：研究指南》（*Research Guide for China's Response to the West*）一书，由哈佛大学出版社出版，1979 年再版。

3. 发表对波西（C. R. Boxer）所著《十六世纪的中国南方》一书的评论，《美国历史评论》第 60 卷，第 1 期，1954 年 10 月。

4. 发表对《捻军起义和 1898 年的改革运动》一书的评论，《远东季刊》第 14 卷，第 1 期，1954 年 11 月。此书由中国历史协会春歌等人汇编。

1955 年　50 岁

一、修改、补充《捻军与其游击战》一书。

二、校对《中国对西方的反应》一书。

三、筹备校内的“郭大维画展”。

1—4 月，与美术系教授协商，共同筹备“郭大维画展”。

5 月，在《捻军与其游击战》正要出版时，接到北京出版的《捻军》大册，每天抽空阅读，后将其中的重要内容翻译成英文，加入原稿书中。

6 月，撰写《外国人对中国历史文化的偏见》论文，共 30 页，后于 1957 年发表在 *Historian* 期刊，第六期。

10 月，对哈佛大学出版社出版的《中国对西方的反应》一书中部分内容进行校对。

是月，费正清在哈佛大学设立东亚研究中心，邓嗣禹出任执行委员会委员。

费正清东亚研究中心设立的执行委员会，是费正清东亚研究中心重要的权力机构。执行委员会成员由哈佛大学和波士顿地区最具权威的汉学家和东亚地区研究专家组成，他们是费正清东亚研究中心的学术骨干和核心成员。主要成员还有孔飞力、柯文、杜维明等十余人。哈佛有这样的传统，他们的学者，除本校的教授外，还建立有研究合伙人（Research associate），这些人可能不属于本校教授，但可以是中心的核心成员。

本年度发表的书评文章

1. 发表对蒋祥哲（Chiang Siang-tseh）所著《捻军起义》一书的评论，《远东季刊》第 14 卷第 3 期，P412—413，1955 年 5 月号。

2. 发表对玛锐亚·岩（Maria Yan）等人所著《伞形花园：在红色中国学生生活的图景》一书的评论，《远东季刊》第 61 卷第 3 期，P413，1955 年 5 月号。

3. 发表对博纳尼尔·史密斯（D. Bonner-Smith）等人所著《第二次世界大战》一书的评论，《美国历史评论》第 61 卷第 1 期，1955 年度 10 月号。

1956 年　51 岁

一、到日本从事研究工作一年。

二、筹备编写《日本学者对于日本及远东的研究》。

三、12 月中旬，在香港与女儿邓同兰团聚。

2月，获傅尔布莱法案（Fulbright-Hays Act）教研及交换基金支持，到日本从事研究工作一年。在此期间，广泛走访了日本的各类大学、研究机构。在日本几位学者帮助下，进一步收集日本学者对于近代中国、日本、韩国和印度研究方面所发表的论著资料。其间，美国夫人玛格丽特与两个女儿陪同邓嗣禹到日本居住。

3月，为撰写《日本东洋学者与中国学者名鉴及其著述》一书，聘请两位日本助手收集资料。

1962年8月，美国学者麦瑞斯·琼森于在《亚洲研究期刊》第21卷第4期上发表书评文章，描述了撰写这本书的经历："为了更好地完成这本书的创作，邓嗣禹几乎对所有亚洲问题专家，发出了近千封问卷调查函，咨询了在各个领域的日本著作者的意见。然后再将这些反馈意见，结合他本人对这一领域的研究成果，将两者的观点进行比较，最后充实在本书中。邓嗣禹对于创作工作的敬业精神，赢得了同行的广泛敬重！……只有专业人士才能了解他在这个项目上所付出的辛勤劳动。"

5月8日，在日本写信给女儿邓同兰告知："初来日本天气很冷。图书馆无暖气，手脚指都冻坏了。""我们是坐飞机来日本的。五个大箱子，从船上寄来。可惜在路上丢了三个。大概是船在日本或高丽靠岸时，被小偷把锁打开，把里面的东西都取走了，可算是不幸得很。"

"在日本做研究工作也不是很满意，设备不完备，助手懒惰只希望拿钱不做事。好些很普通的中国书籍，日本竟找不到。……在日本生活住不惯，生活程度也相当高。我希望今年年底去香港一游。"另外告知，将李剑农所著《中国近百年政治史》翻译成英文，并且快要出版了。询问长沙有无蔡锷（蔡松坡）先生的遗著？

8月21日，收到5月2日周一良为了动员在美国大学任教的杨联陞、邓嗣禹、王伊同能够回国工作，由组织方面委托，所写一封长信。信中除了介绍北京大学、燕京大学合并之后，建国之前回国的，以及原在北大任教的历史学家工作安排情况之外，特别希望洪煨莲、赵元任、李方桂等人也能一同回国工作，全文如下：

莲生、嗣禹、伊同，兄：

多年不通信了，去年在莱登开会听到一些你们的近况。这封信设法从别处寄出，希望它不至于付诸东流。如果你们看到这信，希望慎重考虑我所提出的问题。这是你们在国内的老朋友们（不只是我们夫妇而已）的共同愿望。我们常常想到你们，谈到你们，诚恳地盼望大家都能平安归国，贡献所学，为人民服务。

解放六年以来，我们的国家起了根本的变化。多少新鲜事物真是更难历数，不是我这短短的信所能书其万一。如果你们有机会看到《人民日报》的话，我想一定也能够了解一些。我们常说“旧社会把人变成鬼，新社会把鬼变成人”，这句话大可概括一切。由于社会制度的改变和殖民奴役的摆脱，中国国际地位也空前提高了。近年来，我们在国际事务上所起到的作用和取得的胜利姑且不谈，仅以个人而言，我去年到西欧开会便深切感到，过去在外国读书的人吐出了一口气。我们每个人都以作为站起来了的新中国人民而自傲！

再谈谈我们的情况吧。五二年院系调整，清华成为工科大学，北大、清华、燕京的文理法工院合并为新的北京大学，我们都到了北大，邓懿（周一良夫人）教外国学生中文，我先教中国史，后改教亚洲国家史。今后在相当长的时期内，这将是我教学和研究的范围。我的白发增多了，但感觉比以前更年轻起来。工作紧张，但极愉快，有意义。解放以来也写了不少文章，不过在你们那里恐怕看不见（顺便提到，你们在通报、哈佛亚洲等杂志的文章，我都拜读到了）。我们回国以后又生男女孩各一。现在最大的男孩暑假要考大学了，最小的女孩两岁半。

你们一定关心很多老同学和史学界的人物，让我简单介绍一下。为了发展历史学，科学院在这方面有三个所，第一所管上古到南北朝；第二所管隋唐到鸦片战争；第三所管近现代史。各地大学和师范大学、师范学院设有历史系。……陈寅恪先生在广州中山大学待遇极为优厚，因眼睛不好，在中山主要为高年级的同学开课，仍不断写文章，最近还在中大学报上发表了《论王导之功业》。向达先生在北大历史系，兼北大图书馆长同时，又是历史第二所所长，很忙碌。北大历史系里你们认识有张政烺、余逊、邓广铭、邵循正、杨人楩、齐思和、张芝联。齐思和因为世界史方面的需要，现在主要是教外国历史了。为了加强南开的历史系，所以从 52 年起，郑天挺、雷海宗都到了南开教书，分别主持中国史和世界史方面。莲生认识的丁则良，他现任东北人大历史系副主任。侯仁之专搞地理去了，现任北大地质地理系主任。

聂崇岐在科学院第二研究所专门搞史料编辑工作，最近我们标点重印《通鉴》，他担任了总校阅，这都是他最擅长的工作。傅乐焕继续搞辽金元史，王钟翰继续搞清史，冯家昇搞维吾尔史，都在中央民族学院研究部。朱士嘉在历史第三研究所，也继续他的方志工作和中美关系史的研究。邓之诚先生已经退休，仍住在中老胡同的北大宿舍，领全薪。最近《骨董琐记》由三联书店再版。他还出版了一本《桑园读书记》。孙毓棠在科学院经济研究所，专门搞他所擅长的中国经济史。从上面名单的报告，你们可以看到，过去的专家们今天不但继续在岗位上工作，而且是比以前安排得更恰当，更能发挥了他们的长处。

北京史学界有两个人没有完全回到本职岗位，因为实际需要，继续做政府工作，他们就是副市长吴晗和教育局长翁独健。但是吴晗同时是科学院学部委员，公余之际还写文章，修改《朱元璋传》已经快要出版。翁也兼着民族学院研究部主任。还有谭其骧是你们熟悉的。他原来在上海复旦历史系，前年因改绘杨守敬历史地图，把他调来北京。搞一套历史地图是老谭多年来的愿望，只有到今天才实现。他现在指导着一些人在工作，这部地图出版后，对于研究中国历史将有很大帮助，远比箭内①的书要详细可靠的多。

再报告一下剑桥的朋友们的情况吧（这里的剑桥，用哈佛大学所在地指代）。吴保安担任武汉大学历史系主任，已经好多年了。高振衡任南开大学化学系副主任，冯秉铨任华南工学院教务长。陈新民、黄培云任华东冶金学院的副院长，陈标生在清华，陈振汉、任华都在北大。严仁庆在北大经济系，同时是我们的副教务长，张培刚在武汉的华中工学院当总务长，史国衡在清华当总务长。总之，这些人所学的，有用的东西都发挥了作用。

以上所谈的（事）可能都是你们想知道的事，从这些情况你们可以了解历史科学工作也正如祖国其他事业一样蓬勃开展中。无论

① 指日本学者箭内亘，著有《中国历代疆域读史地图》。

什么人都在发挥潜能，剑桥的老朋友们都没有辜负所学，他们的工作成绩也都得到了人民的认可。

我们非常盼望你们，以及尚在美国的其他一些朋友们好好考虑一下回国问题。如果旅费有困难，特别像你们这种全家在外的，可以到华盛顿印度驻美国大使馆领取路费——这是我们政府和印度政府协商好的。如果图书仪器之类怕国内没有，影响工作，也可以由印度领款购回到国内再报账。人民政府说到哪里做到哪里，你们完全可以放心。回国工作无问题，找到恰当工作以前的一切生活费用，政府也负担。钱学森回国后政府如何对待他，你们或许听到了吧？洪煨莲、赵元任、李方桂诸先生，我们也都欢迎他们回来。请将此信先给洪先生一阅，将来我还要给他写信。因不知嗣禹兄地址，故一并寄到剑桥，请杨、王助力转达。卞学璜兄夫妇，陈观胜兄夫妇，如尚在剑桥，也希望给他们看看。

一良　五六年五月二日

懿附笔问好

1955年，在周恩来总理亲自关怀下，钱学森冲破重重阻力从美国回国之后，国家开始运用各方面的力量，积极动员在国外，特别是在美国各大学工作的知名学者回国工作。邓嗣禹曾在1972、1978与1985年先后三次回国访问。

9月初，抽出空余时间，到东京、北海道等地游览。

9月10日，印第安纳大学因急需寻找中日文图书编目人员，邓嗣禹在日本仍然为此事操心，故致函钱存训：

讲学荣归，理当接风。敝图（书馆）中日文编目员，时到现在，仍未能获得合适人选。袁守和先生曾介绍蒲友书君（附原函），蒲君文翰最佳，满望可以来此就职，无需面谈。但因从未习日文，婉辞。吾兄可以与蒲君接洽。

吴光清介绍一人，中英文皆不通（请守秘）。在台大专修政历史，来美改习化学，后又改习图书馆学。敝处因为找不到人，嗣禹又不愿此职位为日本人夺去，故在无办法中，仍请此君来此试作1—2年，但尚未回信。有一日本人，现在东京，愿重返美国工作，曾在哈佛工作1—2年。裘先生表示移民局手续麻烦特甚，费尽九牛二虎之力终于被迫返国。

梅贻宝先生云，有一女士在芝城 City Library 工作，可否请兄电询。否则，编目部现任（老处女）将要自杀矣。因为找了数月未能成功。一笑即清。

9 月 28 日，在给女儿邓同兰的家信中，再次提到聘请的两个日本助手工作效率低下："日本助手工作了七八个月，然京都大学的东方学者尚未做完。……只好大小粗细事，皆由自己动手。""日本的图书馆管理不善，书籍杂志散布各处，我得从楼上跑到楼下，从史学系跑到文学系、哲学系等等，到处找书籍杂志。每天从早上八时以前出门，晚六时才回家，东跑西找，累得不堪。希望能够将《日本东洋学者与中国学者名鉴及其著述》一书，在圣诞节之前编成。"

12 月初，在东京飞机场，写信给女儿邓同兰（应该是在购买机票之后）：

我临时决定，飞游南洋各国。十二月二十四日飞抵香港，停 23 小时；飞至泰国，停九日；飞新加坡又停九日；飞西贡，正月十五日；返香港，住至正月十九日。你如能来香港，父女团聚甚佳。但不必过于勉强。如不能来，请告知需用物品，如能寄，皆当寄来。我常照有颜色照片，所以无黑白照片相赠。一年前，抵达东京时，朋友摄一全家福，虽小聊甚于无。即祝。

父嗣禹匆匆书于东京飞机场

12 月 24 日，抵达香港，拜会香港书店老板徐炳麟等朋友，后至泰国（停九日）、新加坡（又停九日）、正月十五日到越南西贡，及东南亚等地考察后，再由香港返回日本。

时年，女儿邓同兰正在湖南师范学院生物系就读二年级。接到此信时，正值期末考试前期，由学校特批（校方希望她能动员父亲回国工作），去香港与父亲会面，并一同游览澳门景点，拜会培正中学校长夫妇，约一周时间，并留有香港、澳门等地的留念合影。

本年度出版的著作与发表的论文

1. 编译、出版《中国政治史，1840—1928》（*The Political History of China, 1840-1928*）。

该书是英译李剑农所著《中国近百年政治史》（上海商务印书馆，

1948年），译成后由其诗人学生Jeremy Ingalls加以润色。以书名《中国政治史，1840—1928》在普林斯顿大学出版社、Nostrand出版社同时出版；1964年印度版本在新德里问世。1967年、1968年由斯坦福大学出版社、Nostrand出版社再版；1967年斯坦福大学还曾出版多语种版本；1972年普林斯顿、斯坦福大学曾再版。2011年9、10月，美国Literary Licensing，LLC出版社在两个月内，出版第4版并重印（封面注明由李剑农、邓嗣禹合著）；2013年10月武汉大学出版社出版第5版（中国首次英文版），并被列入武汉大学“百年名典”系列丛书。

2. 发表论文《司马迁与希罗多德（Herodotus）之比较》，载台北“中央研究院”《历史语言研究所集刊》，28期（1956年12期），445—443，英文版本见 *Herodotus and Ssu-ma Ch'ien: Two Fathers of History* East and West，NS 12. 4 (December 1961)，pp. 233-240.

1957年 52岁

一、升任印第安纳大学历史系正教授。

二、策划蒋彝到印大演讲之事。

1月15日，由新加坡到达越南西贡。

1月18日，由西贡返回香港。

1月19日，由香港回到日本东京。

1月25日，在日本东京写信给女儿邓同兰，告知：“别后去香港，又忙了一天，累得利害，睡眠也不足。好在飞机按时开，一天就回到了东京。来京后天气冷，因劳累太甚，第二天即着凉、咳嗽、头痛，直到现在还未能完全好。预计要在29日，或者是31日才能成行（回到美国）。”

2月初，结束在日本一年的访问，完成学术研究项目，返回印第安纳大学任教。

2月25日，写信给女儿邓同兰，告知公事已经上轨道了，家中仍然在打扫中。出门一年，将房租给一单身教授，大概全未打扫厨房，墙壁皆油腻不堪，非辗转洗刷无数次，不会干净。屋前后的草地，也因一年未能施肥，未能除野草，荒废不堪。

3月8日，关于邀请蒋彝到印大演讲，以及查阅捻军书籍之事，致函钱存训：

美西根别后[1]，忽已数月，遥想。

起居迪吉为念。交换图书馆书籍事，半月前特与馆长谈到。措云，必须校董批准，方能出馆，但批准不成问题。彼谓先行获得芝大交换书单，如未损坏，可以办理。此处重复大部头书，仅大陆顾颉刚等人标点《资治通鉴》，共 11 卷，大概价值三十余元，极便宜（未编号，未盖图章）。《热河日记》一部，数元而已。请告知交换出书单为何？

蒋彝在芝大讲演成功程度如何？乞详示。弟为此公款事，为东方美术教授（此人属玩票出身，非正式美术专家，但很能搞“学校政治”。）暗中反对，如弟坚持由历史系请蒋讲演，而结果若不甚佳，即得罪一同事，又将遗后悔，故宜慎之于始。

今早请图（书馆）由芝大中文图（书馆）代借汪梅村（《汪悔翁乙丙日记》）及 1954 年《历史教学》中有朱契及他人文章，讲捻匪事，如芝大有此书，乞惠借，数日之内即可奉还。麻烦裘开明先生太多，转来打扰一下。四月初不知能有暇去纽约开会否？

蒋彝到印大演讲之事，后于 1974 年 10 月才成行，演讲题目为《中国诗画同源及原理》。

秋天，升任印第安纳大学历史系正教授。

11 月 18 日，应钱存训邀请，本周六赴芝加哥聚会一事致函钱存训：

宠邀盛宴，谊当应命。原搭乘飞机于星期六下午 5:45 离机场，八时许可到家。飞机往返 31.20，火车来回 19.18，若加上两晚旅馆费用，与两天火车时间，故坐飞机反倒合算。星期日在芝城匆留，亦不能购买物品。因此种种谨请原谅。留至下次来芝，再行打搅。

12 月 1 日，写信给女儿邓同兰：“我急需一本罗尔纲的《太平天国新军的运动战》，商务印书馆出版。请去长沙分馆询问，如有寄来一本。需要费用不甚多，航邮亦可。”

本年度发表的论文

1. 发表论文《西方人对中国历史与文化的偏见》*The Predisposition of Westerners in Treating Chinese History and Civilization*, *The Historian*

---

① 指密歇根州别后。

(Phi Alpha Theta)，19.3 (June 1957)，pp. 307-327.

2. 发表论文《现代中国历史的公文记载》*Documentary Collection on Modern Chinese History*，*Journal of Asian Studies*，17.1 (November 1957)，pp. 76-80.

1958年　53岁

一、印大东亚研究中心成立。

二、翻译话剧剧本。

三、筹办美国亚洲研究委员会的分支机构。

四、自建住房完毕，开始入住。

1月，印第安纳大学东亚研究中心、东亚图书馆相继成立，邓嗣禹兼任第一任东亚研究中心主任。该中心是由学校各系和涉及亚洲问题的部门联合组建。

1月，在美国印第安纳州自建住房完毕，开始入住。

1月28日，致函女儿邓同兰：

> 新建住房共有七间房，一间厨房兼饭厅、三间睡房、一间书房、一间客厅，全屋是石头的，屋前有草地，屋后有小茶场，在美国一般说来也算是中等以上家庭。因为工人很贵，好些工作都要自己动手才能节省费用。
>
> 上一次信，我请你给我买一本罗尔纲的《太平天国新军的运动战》，我已经从伦敦借到了一本。我们现在正是放假的时间，为期仅是十来天，大概2月3日又开学了。

2月21日，致函钱存训，告知印图书馆近期情况，并转告顾立雅：

> 手示敬悉。在日本所购书籍，已经到者尚未开箱，未到尚有数箱之多。因为图书馆地方不够，好几个学系都到图书馆主任（那里）争地盘，争得太利害。主任拖延说，组织委员会（讨论）决定。地盘不定，书籍就无法开箱摆列，大函未能即复，原因在此。
>
> 日本书店手续迟缓，一因外汇关系，一因海关麻烦。差不多不愿意与外国图书馆对接做买卖。即做亦是迟缓得很。弟有不少友人，已寄航邮托买一部，大概四五周后可以接到。请转达顾（立雅）先生，匆匆即询。

7月22日，致函钱存训，寻求推荐话剧剧本：

从前在芝大练兵翻译了三篇独幕剧，后来在康桥又译出《赛金花》。这些旧东西，曾丢在家中纸篓中一次，回想可惜，又拿出来。近日写了几页序言，想寄出找出版家。总数仅一百五十余页，不能成书。还需再译一篇几小页的剧本，以便凑成一格。图（书馆）中只有《洪深选集》，其中《赵阎王》一篇，曾在国内享盛名。但译成英文不成东西。且七幕一人独白，满嘴大兵土话，非常难译，此外则无米可炊。

芝大如有《郭沫若选集》《田汉选集》，或魏如晦的《明末遗恨》，不知能否借出？如吾兄能代选一篇（悲剧最佳，但不一定是独幕，以便凑成一格。当拜赐多矣）。原书当挂号寄到府上。

暑假弟有一打字员，男性，英文系博士代位生，每小时可打出七页，且少错误。若得此人帮助，一周内可以译成一篇。但此人只能做到八月初，此后暑期学校结束，必须回家。故为求速记，特来麻烦吾兄。去东部借，至少要十天方能有回信，已经太晚。但如有大困难，亦不必勉强。

邹谠夫妇返芝，您们又多了一个老朋友。

10月2日，关于中文会话留声机片一事，致函钱存训：

印大今年惨败，图（书馆）终于未找到人。陈平任君经弟力为，已获成功。但此君来信，骂编目部主任，说未早回信。老小姐发火气，说他教训她一次。吾兄任用此君，非常感谢，三方面（吴光清方面、陈君本人及印大处女）都可成全。承示三位候补人不甚欢迎，即转编目部主任考虑。但闻重男轻女，因阴气太重也（五年前编目部无一男人，现在尽先用男士）。

蒲友书君，闻贵处已录用，不知从何处获得巨款？乞示秘诀。

中文会话留声机片，如钱太太介绍，仍以最低价格出售，此语故有“堂堂教授，兼营副业”之气（吴士昌骂郑振铎语），但代售者索手续费20%，作留声片时，一次付款。零零碎碎，两三年售完。故不得不为此也。再者现在备有留声机片二张，包括25课，并此奉闻，致询，庆安。

9—10月，在时任亚洲研究协会理事邓嗣禹的领导下，印第安纳大学开始筹办美国亚洲研究委员会的分支机构——研究考察委员会。经过多次会议之后，完成报告，给大学管理当局参考，并催生了次年的亚洲研究委员会成立。

10 月 21 日，关于筹备亚洲研究考察委员会成立一事，以及中文会话留声机片之事，再次致函钱存训：

大函照顾国语留声机片，从纽约运来时，曾拜读。近来因筹备亚洲研究系大会，每日来往函件甚多，一时误置，遍寻不获恐延误应用时间，特冒昧寄呈四张，以资应用。至于价目，去年以一次购买九张之多，又想无包装邮寄之劳，故概允以三元一张出售。后来 RCA 开账单，要求寄费与手续费（两元多），一言既出，当不愿改变。

卖留声机片，是一赔本买卖。无留声机片时，常有人询问，应答麻烦。做出机片以后，一次付四百余元，卖时零零碎碎纸，随收随做零用。途中破坏时，赔寄一张。曾请学校书局代卖，索手续费 25%，收转请 Electronic office 代售，每片索包裹邮费 0.85，故当时买 5 元一张。现在自费，不胜有包装邮寄之烦（每次需呈邮局保险）。请每张算 3.25 美元，不帮可能否？谊我们是至交，故敢掬诚相谈也。即叩，庆安。

10 月 31 日，致函钱存训，向其推荐一位日本汉学书籍收藏家，英国、日本通人士：

前函虽仍未发现，而内容大致尚能记忆。贵处有钱买书，曷胜羡慕。弟在此介绍一部丛书集成，我无法清账。每动手研究，顿感图书缺乏，外借抵校时费时六七周，问题已遗忘。弟至日本时，获识一英国、日本通，藏书甚丰，关于汉学杂志，多有全部，欧洲文杂志也有不少。关于琉球书籍充满一室，因此下女为琉球人，后已升为内人矣。此人之姓名住址如下：

Mr. Frank Hawley 东山区山科路 陵平林 町一 Kyoto，[phone：Yamashina 2882]

此君貌其甚老，而年龄在 60 岁以下，因曾被日本人毒打也，与 Rudelb 最熟。是否有意将全部图书出售，不得而知。住宅极宏大，而无固定收入。仅替日本教授改英文，人极豪侠、好客，颇有鲁仲连之风。或求善价而沽，亦未可知，兄不妨一试。

唱片五张，另包邮寄。多承照顾，感谢莫名。治繁理巨，固难情形，可以想见。

11 月 28—29 日，赴芝加哥大学，参加由顾立雅教授主办的“中国文明与图书教育”学术研讨会。参加此次会议的还有哈佛大学费正清、华盛顿大学梅谷等二十余位美国著名汉学家。会后由顾立雅出版了此次会议专题论文集。

12 月 21 日，致函女儿邓同兰，告知兹值圣诞年假，未去参加历史学会年会，留在学校，想把二十年前翻译的《颜氏家训》书籍整理出版。

英译《颜氏家训》一书，后于 1966 年在英国出版（详见 1966 年著作），1968 年、1969 年再版。

本年度发表的论文与书评文章

1. 发表论文：《中国起义与革命的政治转变》，台湾《清华学报》。*A Political Interpretation of Chinese Rebellions and Revolutions*，*Tsing Hua Journal of China Studies*，NS 1. 3（September 1958），91-119.

2. 发表对于韦慕庭（Martin Wilbur）所著《关于共产主义、民族主义和苏联人》评论，《远东观察》（*Far Eastern Survey*）第 27 卷第 2 期，第 31 页，1958 年 2 月。

3. 发表对侯服五（Franklin W. Houn）所著《中国的中央政府，1912—1928：制度研究》的评论，《远东观察》第 27 卷第 3 期，第 45 页，1958 年 3 月。

4. 发表对施坚雅（G. William Skinner）所著《在泰国的华人协会：一种历史分析》一书的评论，《美国历史评论》第 63 卷第 3 期，第 686—687 页，1958 年 4 月号。

1959 年　54 岁

一、继续担任历史系主任，兼任东亚研究中心主任。

二、讲授远东史、中国史和日本史三门课程。

三、10 月，赴纽约参加亚洲学术会议。

四、11 月，主办“亚洲研究与州立大学”为主题的学术大会。

1 月 27 日，关于订购《大清会典》一事，致函钱存训：

大清会典及事例，敝图书馆已购到一部，故对陈先生无法帮助，非常抱歉。

在芝加哥开会时（指去年 11 月底的会议），白天不便不参加。晚上，头晚参加印大史学会例会，兼物色新人；第二晚另有约会，以至于无法往芝大拜访朋友，很觉得惭愧，以后再来拜访。即颂，春禧。

2 月 5 日，致函钱存训，告知图书馆编目人员暂时确定：

敝校图书馆编目人员已聘定一林太太，台湾人，曾在上海读书数年，中日文俱通顺，定于三月一日来此履新，但月薪从二月十五日算起。因在米西根指导下，试编中日文书半月，作为练习，以辅普通图书馆学（M. A.）之不足。风闻其夫在密大攻物理博士学位，其母与其夫同居。林太太同一 Baby 来此地工作，请一位日本太太长期看小孩，八小时一天。似此情形，能否久于此位，不得而知。故 Mr. T. S. Wang 可保存为明年，作为后备人之一，静待来日变化决定。

3 月 4 日，致函女儿邓同兰，信中谈道："父早想返国，且想往俄国一游。因各种困难，最近二三年恐怕难以如愿。过数年后，将近六十，体力脑力渐形衰弱，能对祖国有多少贡献，实成问题。然总需努力前进而已。"

4 月 21 日，关于钱存训撰写的《美国的亚洲研究》一文，打印、修改一事致函钱存训：

大作重新打印之后，仍有错误，万分抱歉！即去印刷局更正。关于大名与 P. 114，Line 5，已经修正。与 P. 111，Line 6，"……can universities，some of these men"，吾兄所指出者与缮正本无异，不知从何处修改……大概是分 Americano 两年，不合兄意，不知然否？印刷局限定每一页之固定框栏，不能逾越，所以有强行分离之字。

略去 W. A. P. Martin 一书名，为弟妄作主张，加入 Martin 君为印大校友一点意见，使印第安纳州人阅之生趣。Martin 作书近十来种，当然想略去一种，无大妨碍。现在要加入此书，必须将此页重打，不容易 Match，故只好请兄原谅。如觉得不妥，即单行本时，或可以加几行字说明。

大概照相手续似需三四天方能告竣，预订于五月六日出书，若有指定，仍当请印刷局在可能范围内修改。即叩，庆安。

5月23日，将《美国的亚洲研究》单行本寄给钱存训，并对钱的论文汇编在会议论文集《亚洲研究与州立大学》一书中表示感谢：

最后来示，即再去印刷局校对，似无大误。谊当函告，因一周以内，即将印出，故想偷懒。不料一再延期，迟至今日，始将单行本寄呈，全书需至明后日请到书记（籍），再行一一邮寄。吾兄若需加印，不可办理。因钢板保存需另加费用，因已超过预算也。

此次承兄惠赐大作（《美国的亚洲研究》），以光篇幅，感激万分！感激万分！今年仍教三门课，另加行政工作，将有七八个礼拜更加忙碌的时间。特此鸣谢，顺叩，庆安。

6月9日，邓嗣禹致函裘开明：

我们正打算编制一部汉和文献的目录。去年荒川哲郎（Tetsuro Arakawa）来函表示对此项工作有兴趣，如果他仍在你手下工作，能否请你把随函所附函件转交给荒川先生？虽然印第安纳大学希望编制一部出色的东方文献目录，但不经你允许就动用你的员工是不合适的。另外，作为一名东方图书馆学专家，我们非常信任你对个人能力的判断以及你的推荐。

7月12日，致函钱存训，告知大作加印价目表：

手书久未复，因等候亚洲协会来信加印（消息），又因忙之故（开新课，每日两讲，兼行政工作）。请原谅。

大作加印价目表附呈，供参考。弟已经加了最大压力（假口附校长批评之），然仍无法减低（价格）。印大事务人员为终身职，常敢与校长抗衡也。今日授课四小时，劳累不堪，乞恕忙草。

7月15日，国会图书馆吴光清就推荐图书馆编目人员致函邓嗣禹：

尊敬的嗣禹：

自从收到你7月7日的来信以来，我就印第安纳大学中日图书编目员一职的可能人选提出了许多建议，很抱歉我没能尽快答复。

现在我很高兴向你报告，我可能找到了适合你的人选，天主教大学图书馆学系推荐了他，那里有很多中国学生，他的名字叫陈平任，我见过他几次，发现他是一个非常愉快、充满活力的年轻人。他说的国语很好，他是江苏南通人，我刚和他通了电话，他已经表示愿意考虑这个职位，虽然他现在在天主教大学图书馆有一个编目的职位，但是报酬和升迁的前景不如印第安纳州吸引人。

关于陈先生的下列情况如下：

出生日期：1931 年

出生地：江苏

学历：台湾大学历史专业毕业，1954

圣文森特学院，拉特罗布芬西瓦尼亚，1955—1956 年

M、S. L. S 天主教大学 1959 年

现住址：东北第七街 3421 号，华盛顿特区 18 号

7 月 17 日，裘开明致荒川哲郎信函，谈到印大需要此人，并寄出邀请函：

随函寄上印第安纳大学的一个岗位的邀请函。我希望你对此感兴趣，愿意放弃纽约联合国图书馆的工作。邓嗣禹教授确实非常需要人手帮助其从事科研和教学工作。以后除了在图书馆工作以外，他们完全有可能让你在那里教授基础日文课程。因此到印第安纳大学工作对于你未来在美国的发展而言是个好机会。在联合国，你只是大机器上的一颗小螺丝钉，很难发挥出自己杰出的才能。

9 月 22 日，致函钱存训，告知家中内人遵医嘱入医院开刀，发现为乳瘤，但仍决定克服困难，和费正清一行，去俄罗斯参加东方学者大会。并通知钱，可再赠 50 本单行本：

久疏问候，非因懒散，盖因人事变动太多。在此（学）期中，曾决定去俄参加东方学者大会，忽然内人遵医嘱入医院开刀，发现为乳瘤，并云："She can not be expected to live too long." 乃临时停止旅俄计划。在医院住二周，返家三日，一切家务坚持操作。赴俄之邀，得来不易，故又决定去俄国与费正清一行。家中小孩，请（孩子）祖母飞来帮助，往返旅费至二百元。在 Indianapolis 医院用 Radiam 治疗五周，割口不能收口，需费用甚巨。因此之故，吾兄所指募捐运动，成爱莫能助之势，惭愧万分。美中学生会刊物，一切名字除一二位外，皆陌生人，与弟已无关系，故订阅刊物，仅看作杯水车薪之助而已。本城教堂，三年前曾 pledge（承诺）捐款 250 美元，未能付一文，现在已不付函催，又汗颜之事。

阁下大作，已决定仿从前样式，再赠50本，但封面无存稿，恳再开列，以免出借，匆匆即叩。

10月6日，致函钱存训，通知今晨邮寄大作五十本，兑现承诺，并询问下周去纽约开会，顾立雅及阁下能否参加：

今晨邮寄大作五十本，以答前言。当时以手头有数百元公款，又想单行本费用有限，故敢放言。此后亏空210元，除暑假学校下发公款后节省150元左右，尚差六七十元。此次大作单行本，全由小弟掏腰包，占用交际费用。

吾兄喜爱之封面，但50本费用，30余元（前将价目单呈阅，不能减少）实在太贵。方命之处，敬请原谅。下周去纽约开会，不知顾（顾立雅）君及阁下前往参加否？

10月10—13日，赴纽约参加亚洲学术会议。

10月13日，以亚洲学会研究委员会筹备负责人，以及会议主席的身份，向钱存训发出正式会议的签名邀请信函，译文如下：

亲爱的钱教授：

印第安纳大学将于11月11日、12日和13日举行亚洲研究会议，会议的总议程如下。

我们希望您有兴趣参加。同时我们希望向您保证，计划中讨论的非正式性质问题将给您充分的机会自由发表意见，您应该积极地参与其中。我们感谢您能尽早表明您的意图，以便能做出适当的预订。

如老兄能来，请在舍下休息，拘促二晚。委员会中，密西更（根）人势力大，故密大占两位，非常抱歉。

10月29日，致函女儿邓同兰，介绍近日工作与身体情况：

我这学期特忙，十一月份筹备开亚洲学术大会。上周走路时跌倒，后足血管破裂，现在仍是跛行者，但不久必愈。

11月11—13日，以亚洲研究考察委员会的名义，并以“亚洲研究与州立大学”为主题，召开了由他负责召集，印第安纳大学主办，为期3天的学术会议。

美国各大学负责亚洲研究中心的领导人都参加了此次会议，他们相互交流研究成果，分享成功的经验。会后在邓嗣禹的主持下，将与会代表在会议上发表的论文汇编成《亚洲研究与州立大学》一书，并由印第安纳大学于1960年出版。后来钱存训的文章《美国的亚洲研究》，中译单行本由冼丽环翻译，书名为《美国对亚洲研究的启蒙》。

会议期间，作为创始人之一，邓嗣禹召开了美国亚洲协会分支机构研究考察委员会成立大会。

11月27日，致函钱存训，询问中国古代印制本刻珍品真伪：

> 钱太太买国语唱片，不能收费。特附支票一张将原价退还（昨日中国研究协会一次购买唱片15套，皆照原价无折扣，现在已经收回成本三分之一以上，故不必忧虑了）。本当早日退钱，因忙未早（办理），乞谅。
>
> 阁下前函，在西服口袋中发现，承介绍夏威夷（讲课）事，虽未能成行，非常感谢，可见吾兄为热衷人也！印大近日买一《丛书集成》，共花费2301元（邮费在内），不知被敲竹杠否？又敝校善本图书馆收到中国古代印制本刻珍品，说为1101 A. D. 福建进呈本，为徽宗祝寿之用。此为英文说明，不知出自何人手笔。原文仅二页（经卷折本），首尾残缺，无法断定出自何种经典。善本图书馆编目员请审定真伪，（他们）两手空空，不敢臆测。吾兄学识丰富，不知有何见教否（请不必太费时间）？即叩，庆安。

本年度发表的书评文章

1月，发表对威施坚雅（G. William Sknner）所著《泰国华人社区的领导与权力》一书的评论，《美国历史评论》第64卷第2期，1959年1月号。

7月，发表对怀特·威兰（Walter F. Valla）所著《在罗马三世统制下的泰国，1824—1851》一书的评论，《美国历史评论》第64卷第2期，1959年1月号。

10月，发表文章《台湾之于中国大陆》，载《纽约时报》1959年10月14日。

是月，获美国学术社团评议会（American Council of Learned Societies）研究辅助费，为期一年。

1960 年　55 岁

一、上半年，继续担任上述各项职务与教学工作。

二、邓嗣禹与费正清一行共同赴苏联，参加在莫斯科召开的“国际东方学者代表大会”，并宣读论文一篇。会后参观了俄罗斯圣彼得堡等城市。

三、本年三月份，三女儿爱美在美国出生。

2 月 13 日，写家信给邓同兰：

> 今日看母亲与两姐妹相片，非常想家，随笔写几个字问安，希望可以回信。
>
> 愚父一切顺安，中美、华美皆乖巧健康，大概三月底将再生一小孩，是男或是女，容再转告。第一年教书，常感到忙乱，希望努力教学，为国家造就人才。

3 月 17 日，因编辑、出版亚洲学会论文集《亚洲研究与州立大学》一事，致函钱存训，询问钱宣读的论文《美国对于亚洲的研究》可否转载：

> 去年十一月，印大开亚洲研究会，也想仿芝大例，把论文及讨论要点登出来。书的印法与形式，也与芝大所印者相差不多。吾兄大作 *Asian Studies in American*，*A Historied Survey* 不知能否惠予转载否?
>
> 数年前，弟曾作数次美国东方研究与发展史之演讲，然偏重中日方面，若改作，不免偷窃吾兄研究之嫌，且无重点改编。若允许转载，有光篇幅，拜赐多矣。致后，福音。

4 月 14 日，因钱存训《美国亚洲研究》一书寄呈之事，致函钱存训：

> 大作用快递寄来，早已收到，感谢万分。可惜忙中增加许多不测之事。如电子打字机出毛病，刘君考博士不及格大捣乱等等，时至今日，方将大作打出寄呈。
>
> 审查大作打了一半时，才记起须用重复本，故又再打重复本。因书本（内容）太长，超过预算，只好割爱。原来这本大会报告书，预计 100 页，到六七十页时觉得材料不够，因单行（本）需要相当多的材料，所以惠求大作，又增加研讨文章。现在已经有 140 多

页了。

大作非常精辟，万分感谢。因太忙，失眠太甚，恕草草不恭之罪。即叩，庆安。

5月30日，因国语唱片一事，致函钱存训：

公垂兄，台湾请帖婉辞拒谢国语唱片，转 Tape recorder 事曾接受外来建议。……RAC之作 Tape recorder，工钱15美元一小时！Tape八元，贵得可怕，因此作罢。贵处如愿意和（他）人转换，弟绝对不反对。

Dr. Duner 又拒绝夏威夷（大学）之聘，想来印大，又（他在）National Science in Washington D. C. 有更高之红人也，即叩，庆安。

5月30日—9月10日，因获得美国学术社团评议会研究辅助费，作为客座教授，暑假期间赴哈佛大学从事研究工作。

7月20日，致函徐炳麟，告知将参加苏俄世界东方学者大会：

炳麟兄，示悉。汇票收到，可免挂念。因未挂号，恐失遗也。

同兰无信，暑假中，恐已他住。待秋季开学后，嗣禹再写信。或已结婚，尚未可知。

自八月八日起，嗣禹将去苏俄游历一月，并经中央亚细亚，九月十日左右，将返校。目前忙不可耐，因开新课兼种种校对工作，与预备工作，故食眠时间皆需要节省缩短。

7月24日，致函女儿邓同兰，告知："八月八日，父接受苏俄世界东方学者大会之聘，请将去莫斯科宣读论文一篇，并在苏俄与中央亚细亚一带游历一月，九月底或十月初回来。"

8月8日，接受大会邀请，与费正清一行共同赴苏联，参加在莫斯科召开的"国际东方学者代表大会"，并宣读论文一篇。此次会议在莫斯科大学的大礼堂举办，共有全世界2000名专家、学者参加。会后参观了俄罗斯圣彼得堡等城市。

10月14日，阅读《汉代书刀考》体会，以及明年召开东西文学大会等事，致函钱存训：

公垂兄：宠赐《汉代书刀考》，已经拜读，精深可佩，获益良多。彭燮琛《太平天国初占江南事实录》，如芝大有此书，不知可否惠恳告知出版年代、地方及页数，并略述组织内容，大概数十百字即足。图书馆借书，至少需时三周，至多六七周，迟延可畏。

从前的 Allen Capiy 不知至芝大得到博士学位否？抑或考试失败。此人异想天开，想至敝校谋教远东史之职，正式请求书尚未寄到。然吾兄若告知在芝大情形，可有绝大参考价值。明年敝校又将举行东西文学大会，吾兄、顾（立雅）先生参加否？

10 月 19 日，致函钱存训，祝贺乔迁之喜：

公垂兄：乔迁大事想倍觉忙碌，然处高堂大厦，较之以前局促情形，当不可同日而语矣。

美国历史学会请批评 E-Tu Sun，*Ch'ing Administration Times*，弟一因太忙；二因与著编人太熟悉，不愿意评论。不知吾兄欣作此书评否？如愿意，请即告，以便转告美国历史协会，将书寄予吾兄。

印大图书馆太简陋，每一动笔作文，均感无米炊之苦。暑假至哈佛作研究工作，离家索居，精神物质两受影响。即询，庆安。

本年度发表的论文与出版的著作

1. 应邀为《大英百科全书》1960 年版，写专论两篇：《太平天国》《捻军游击战》（*The Taiping Rebellion* 及 *The Nien Movement*）.

2. 以前在 1939 年、1940 年及 1941 年，在 *Harvard Journal of Asiatic Studies* 与费正清合作发表三篇论文，汇编成书《清代管理：三种研究》（*Ch'ing Administration*：*Three Studies*），由哈佛大学出版社出版。

3. 发表对皮特·福利明（Peter Fleming）所著《北京的围城》一书的评论，《美国历史评论》第 66 卷第 1 期，1960 年 10 月号。

4. 发表对徐中约（Immanuel C. Y. Hsu）所著《进入中国自然家庭的入场券：外交阶层，1858—1880》一书的评论，《亚洲研究期刊》，第 20 卷，第 1 期，1960 年 11 月号。

5. 主编《亚洲研究与国际大学》一书，由印第安纳大学出版社出版。

1961 年　56 岁

一、本年在印大历史系新开设并讲授日本历史的课程。

二、接收陶晋生作为博士研究生。

三、六月初，作为访问研究教授，赴母校哈佛大学从事研究工作。

5月1日，给女儿邓同兰信，告知六月初，将去哈佛大学写书一事：

接来信，甚为安慰。即请徐炳麟伯寄点零钱与药品，为母亲跟你们服用。收到以后，请告知徐伯并致谢意。母亲与同桂承你照顾，非常感谢。

此处小妹三人皆健康，活泼。父亦身体强壮，惟患牙痛，想无大碍。六月初，我将去哈佛大学写一本书，大概要九月底才能返校，你如果忙，不写信也可。十月间，请给我写一封信如何。祝你们健康快乐。

6月初，应费正清邀请，来到哈佛大学东亚研究中心，承担“哈佛东亚丛书系列”资助项目，开始收集资料，撰写《太平天国历史学》。费正清为此书再次撰写了热情洋溢的前言，高度评价了这本书的价值，并提到了25年前（1937年）在国会图书馆，两人初次合作，编写《清代名人传略》有关太平天国时期三位人物的愉快经历。该书后于1962年出版，列入“哈佛东亚丛书系列”第14本。详见1962年出版的书籍。

6月9日，杨联陞在家中再次宴请了邓嗣禹。晚餐后，邓嗣禹在杨家纪念册中写道：“久别重逢吃烤鸭，其味无穷。”杨联陞在哈佛大学从教三十余年，交友面极广，也很好客。1948年他夫人缪婉君抵美，1949年他在康桥购房后，每星期总有一两次请友人到他家吃饭。他每次请客，除了吃饭、打牌、唱戏、聊天之外，还有一个必不可少的内容，那就是要在纪念册上留一点真实的、有特色的记录。

杨联陞家的留言簿，三十年共积累十六册师友留言，上面有从大陆、台湾到美国的许多知名历史学者，如胡适、陶希圣、傅斯年、梅贻琦等；还有不少著名艺术家，如国画家张大千，作家老舍、曹禺等人，另外也有不少外国学者，如日本学者吉川幸次郎、宫崎市定等人。

9月底，结束在哈佛大学的研究工作，返回印第安纳大学。

10月20日，致函钱存训，询问梁方仲《易知由单的研究》论文：

公垂兄：梁方仲《易知由单的研究》（岭南学报，11.2）恐不甚长，如贵馆处有Xerox或其他复印机，敬乞作一份，告知价目，当即奉销。避免将杂志借出，为简便妥还。如贵馆无此卷，请不必回信，以节省时间 。此叩，教安。

本年度，接收台湾大学历史学硕士陶晋生为博士生。有关指导、培养情况内幕，在陶晋生的回忆中有以下真实的记载：

邓师为学严谨，极为用功，每天都在学校研究室里工作，时常晚上也在。他对学生的要求和督促极严格，虽然他专精近代史，对我的研究却非常注意和督导，要求我遍读我研究工作必须精读和参考的史料，和现代学者的有关书籍，如拉铁摩尔和卫特福格等的著作。

在撰写论文的过程中，也时时督导，并且注意和我论文有关的论著与史料。读历史博士必须于主修的中国史和东亚史外，另有两个主要范围和一门系外学科。我的两个范围是美国外交史和欧洲近代史和近代外交史。系外选文化人类学。我对这个学科特别有兴趣，一共选修了十二个学分。教美国外交史的法勒尔（Robert Ferrell）教授著作等身，他传授外交史上的知识，对我后来的工作颇有启发。

此外，在我的英文写作方面，他指点我文笔简要平顺，给我很大的鼓励。于一九六七年获博士学位。在印大的几年，可说非常用功，每天必定在图书馆看书到午夜，周末也不例外。因为读英文速度比美国人差，唯有这样才能赶得上他们。而且想超越他们，就自己多看规定之外的书。到了学期快结束时，更是紧张，为了赶写学期报告，或研究论文，或预备大考，有时两天不睡觉。有一阵子每晚打字到天亮，鸟鸣然后睡觉。博士论文以《金代女真的汉化》为题。

本年度出版的著作与发表的论文

1.《捻军及其游击战，1851—1868》（*The Nien Army and Their Guerrilla Warfare，1851-1868*），由法国 Pairs · Mouton 出版社出版，1984 年再版。

2.《日本学者对于日本及远东的研究：传略及著述》（*Japanese Studies on Japan and the Far East：A Short Bibliographical and Biographical Introduction*），由香港大学出版社、牛津大学出版社同时出版，日文版也于同年出版。

3. 参与《柯立尔百科全书》（1961—1962 年版）：中华人民共和国总

论部分，及9位人物传记的编写工作，其中包括：太平天国人物、乾隆皇帝、慈禧、李鸿章、孙中山等。

4. *11 publication listed in the American Historical Association's Guide to Historical Literature*（1961edition）.

5. 为简又文《太平天国全史》一书撰写前言。

1962年　57岁

一、在印大韦尔斯校长的多方努力下，学校获得了福特基金会2300万美元的资助，用于发展中国、日本、韩国语言的课程，并持续10年。这样，1962年，东亚语言和文学系在印大正式诞生了。在印第安纳校史第三卷中，作者记录了东亚系的建立是包括韦尔斯、邓嗣禹和其他同事共同努力的结果。

二、为英译出版《颜氏家训》之事，与赵元任多次通信交流。

三、六月初，赴明尼苏达大学，教授暑期学校课程，后于7月至9月到东京、台湾、香港、南洋、印度，近东埃及、欧洲伦敦等地，进行学术考察与交流活动，共计两个月时间。

四、九月，长外孙彭靖出生。

1月23日，邓嗣禹给女儿邓同兰写信，告知最近生活与天气情况：

> 12月23日寄来的贺年片收到，谢谢。家事承照顾，更加感谢。今年美国天气寒冷，一月以来温度常在零度上下，外面行动颇不舒服，贱躯及家人算是幸运。
>
> 黑龙江不知冷的程度如何？你们生活保暖安适否？需要钱时，请告知，当尽力接济。信封托徐炳麟代寄即可。祝你们夫妇快乐，彭实姑爷均此问好。

3月23日，因翻译《颜氏家训》英译本之事，邓嗣禹用英文致函伯克力大学赵元任：

> 尊敬的赵教授：我记得大约二十年前，您很好地审阅了（我寄给您的）会话汉语的发音部分，对此我仍然心存感激。
>
> 现在我再麻烦您看一下，我翻译的《颜氏家训》的（教子篇）一章。如果您有时间，欢迎您看一下整章，否则，只需检查页边空白处的段落。为了您的方便，本章附寄给您一份，这样您就不必从

图书馆借阅这本书了。我修订本章的目的，是要将其提交给香港大学出版，（该校的）纪念论文集正在征求论文①，但截止日期为三月底。为此，我将深深感谢您抽出一些时间，在您最方便的时候审阅一下这几页，以便我能在不延误时间的情况下把它们寄到香港。

向您致以最诚挚的问候，赵教授。

收信地址为：1059 Cragmont Avenue，为赵元任家庭住址。此时，在伯克力大学任教的赵元任，居住在 1948 年购买的楼房中，许多路过旧金山的中国朋友经常到这里看望赵元任。

3 月 24 日，致信同兰女儿、彭实姑爷：

来书诵悉，黑龙江天气奇寒，若有煤炭、柴火取暖，则不无小补。能接航空信，想交通有相当方便。不知贵处离大城市多远？同兰有意接母亲同居，若能办到，当然甚佳。一切费用，我负完全责任，上月已托徐炳麟寄 250 美元，能接到无困难，可再寄 150 或 200 美元，这样往返盘费，想已足够。接此信后，请即拨冗回信，以便再寄款项。

我们一切均佳，惟忙碌如故。今冬此处天气也奇冷，现在春至解冻矣。你们夫妇努力健康。

3 月 27 日，赵元任就相关问题，以及他个人的建议，用英文回信，全文翻译如下：

我开始检查你翻译的《颜氏家训》“教子”篇的读音，但当我读到第 4 页和第 5 页时，我就不能继续读下去了，因为用现代发音来翻译是毫无意义的，而且为了理解这些段落（其中有很多声音被引用）似乎评论和他们的评价是以重建的价值观为基础的，例如那些比直译的要多得多的工作。但是为了保护你自己，我强烈建议你按照我上面建议的方式修改，或者如果你不打算这样做的话，你自己来找

---

① 香港大学成立于 1911 年。当 1961 年成立 50 周年时，该校曾向全球发出征文启示，作为纪念活动的一部分，意将出版一本《香港大学成立五十周年纪念论文集》。邓嗣禹原希望将已经翻译好的《颜氏家训》第二章“教子”篇作为征文寄给香港大学，后来听从赵元任的意见，改将他的另外一篇论文《捻军游击战的新观点以及对清王朝覆灭的影响》一文寄出，被收录于 1968 年出版的论文集中，详见 1968 年年谱内容。

个人来和你合作吧。我意识到这将使香港大学纪念论文集的截止日期缩短，但这是无济于事的，因为在此之前没有时间去做必要的改变。我在确认，我帮助的部分上标记了“删除”，因为我对此一无所知。这不仅是出于出版，而且是为了免责。

很抱歉，我没有时间做更多的事情，除了提出这些消极的建议。因为这些天我的时间非常紧迫。但我希望你能重新考虑这篇文章的出版，这样你就不会因为没有哈姆雷特而冒着被批评扮演哈姆雷特的风险。

附言：我意识到，没有人征求我的意见，我就给他们提建议。但作为一个老人，我忍不住说出我真心认为会有帮助的话。

赵元任负责任的回信，改变了邓嗣禹原来的想法。于是，他将另外一篇论文投寄给香港大学。

5月7日，致函钱存训，告知夏天到明尼苏达大学教暑期学校讲课，以及出国考察事宜：

公垂兄：刚才填表格，向贵馆借四种杂志，如有可能，一周内可以奉还。如不可能，将购买 microfilm 需时更久。

今年夏天，我在明尼苏达大学教暑期学校。7月15日—9月15日，将周游世界一次。敬叩，庆安。

5月21日，关于学生黄培到芝大图书馆任职之事，致函钱存训：

公垂兄：惠承迅速借书，感谢之至。辅仁学志已于星期六上午寄还。《东方杂志》及胶片（microfilm）已于同日看完，按照敝校借书要求于礼拜一寄至芝大，不得拖延。一切一切，非常感谢。

另有恳者，学生黄培君，考过普考，仅博士论文未能写完，此人中文极有根底，曾习满文三年，日文已略能阅读。能打字，英文写作欠佳，而口音甚坏，不能至美国教书。One of his fields 是图书馆学，曾习十八个学分。在印大，已经介绍（黄培给）柳无忌太太，在本校图书馆任编目事，柳太太直接先告知馆长，事已将成，惜未能告知编目部主任，此人大为不悦，坚持另外找人。嗣禹可从各方面疏通。然若贵馆需要人，则可免此一举。黄君人勤勉用功，外交非所长，若能成助理阁下一年，则可完成论文矣。如有可能，请即复数字，否则不必回信，过三四日，再为他进行疏通，有六七成成功把握。

5月23日，邓嗣禹用英文回信，对于赵元任的修改建议表示衷心的感谢，全文翻译如下：

尊敬的赵教授：非常感谢您对于《颜氏家训》相关章节的坦率建议。我真的很感激，只有一位可敬的中国学者愿意给我这样的建议。

很久以前我就打算给您写信，但不知怎么的，这个国家每个人的生活都很忙，直到今天我才有机会给您写这封感谢信。

这份手稿现在正由怀尔特·西蒙检查，他检查完后，我将重新打印，今年夏天在台湾停留时，我将请周法高再复查一遍。无论如何，在我提交出版之前，我会尽我最大的努力仔细翻译。我仍然向您致以崇高的敬意。

5月23日晚，邓嗣禹给女儿邓同兰写信，告知将周游全世界一次：

四月二十八日来函及相片均已接到。看你们夫妇健康欢乐，可喜之至。暑假彭姑爷若能远道接母亲，同叙天伦之乐，当然感谢不已。十日前，已托徐炳麟转寄250元，如不足，十月初再寄一点罐头东西，你们夫妇可先吃，以后托朋友再寄。

今年七八月间，我将周游全世界一次，路过香港有一二天逗留时间，但是不打算见你们，因为见时容易，别时难。九月十八日，我方能返校，接此信时，请不必往美国寄信，因为收不到。但可以写信给徐炳麟转。要什么东西，请不客气告知，我必尽力办到。报载逃港难民如水涌，恐言过其实。希望你们努力建设，然至怀孕期中，不宜过累，总之尽其可能，尽心力而为之。祝你们夫妇健康。

6月9日，应邀赴明尼苏达大学历史系，教授暑期课程，一个月后返回。

6月26日，邓嗣禹在明尼苏达大学，致函钱存训：

公垂兄：由敝校来此，已十七日。路过芝城时，以为在近郊，可以通电话闲谈。不料离芝城相当远，Mntil公事房不欢迎旅客打长途电话，因此未能赏顾。

七月十五日即从此城飞东京，然后经台湾、南洋、印度，近东埃及、欧洲返校，希望在芝加哥有半小时停留。

去年夏季在哈佛工作，决定目录部分单行发表，在此写引得中文字，无书可查，倍觉困难。前蒙告知吴宗慈《太平天国封爵考》，附录中有“Ssu-t'ung”二字，即记不清中文字如何写法，敬乞示知为何？Ronneyn Taylor 人很好，不知学问如何？

6月29日，邓嗣禹在明尼苏达大学，再次致函钱存训，告知生活情况：

公垂兄：吴宗慈《太平天国封爵考》，在江西文献丛书中，此书年前承吾兄告知，去年从贵馆借出，作一简单摘要，来函未能清楚，白费几多时间，甚为歉疚。此间冬冷夏热，物价昂贵，非久居之地。

在东京、台北、香港、伦敦各地，如有可以效劳之处，或带小物品，当乐于效劳。即问，俪安。

7月15日，从印第安纳大学，经芝加哥乘飞机，飞往东京，然后经台湾、南洋、印度，近东埃及、欧洲伦敦等地进行学术考察与交流活动。在台湾期间，将翻译《颜氏家训》书稿交给周法高教授，再次听取他的修改意见。

9月15日，出国考察结束，返回印第安纳大学。

9月25日，邓嗣禹在印第安纳大学致函钱存训：

公垂兄：倦游归来，忽接大作，受宠若惊，精神为之一振，拙作著作者十部，早已分送完毕，已向原出版处订购五部，到时当各寄吾兄一部。环游一周，接受学者书籍不少，已当择要报答。

近十日来，屡接长途电话，其中之一为请小弟至美中亚洲学会，读一小论文，固辞不获，已应允作《孙中山与中国秘密社会之关系》一文，主旨在澄明辛亥革命以前，孙中山受秘密社会中人之帮助甚大。文稿必须在 Oct. 13 以前交卷，以便寄与委员会阅读。此处书籍不足，作考据文章非常困难。外借至少需要三四周，或者五六周。不知可否敬烦吾兄嘱一贵同事，代查下列各书，直接寄到弟处，数日之后当慎重寄还。黄兴为秘密社会中人，我在香港见到黄兴女婿，谓其不敢说其不是，或者是。不知尊兄有材料证明否？谨此请教，其他未必想到之书籍，文报，乞一并见示，感谢之至。

10月，写作《孙中山与中国秘密社会之关系》论文。作为参会论文，当月提交给美国中亚洲学会。论文英文本后于 1963 年发表在《亚洲研究》第4期。

12月8日，邓嗣禹得知第一个外孙出生，非常高兴地给女儿邓同兰写信：

> 11月23日来函，12月6日收到。知举一男，甚为欢悦，恭喜，恭喜，恭喜！
>
> 闻母病，小儿缺乳，同兰的身体欠佳，非常挂念，即请徐炳麟多寄药品食物，他一定会照办。……全家拜年，祝你们万福均安。

本年度出版的著作与发表的论文

1. 在哈佛大学出版社出版《太平天国历史学》(*Historiography of the Taiping Rebellion*，Cambridge，Massachusetts，Harvard University Press，1962). Second edition in 1972。该书被列入哈佛大学东亚研究中心研究专著系列丛书第14部，由费正清撰写前言；第2版于1972年出版。

2. 发表对费维恺等人(Albert Feuerwerker and S. Cheng)所著《中国近代史论著选目》一书的评论。《亚洲研究杂志》第21卷第3期，1962年5月号。

1963年　58岁

一、继续翻译、修订英文版《颜氏家训》。

二、8月底，利用第二次休假之便，赴华盛顿美利坚大学执教十个月。

三、指导博士生黄培顺利通过论文答辩。

7月21日，邓嗣禹写信给女儿邓同兰夫妇，告知8月底全家搬至华盛顿：

> 上次接同兰来书，即寄人民币并托徐炳麟寄红花油，为治风湿病之用，不知好转否？今年黑龙江是否丰收？小孩乖巧玲珑、可爱也。希望继续乖健。
>
> 今年八月底起，我将全家搬至华盛顿，即美国国都。我将在美国大学讲学十个月，以后托徐炳麟给你们寄信封。你们现在如有空写信，请随便写几行，告知身体及生活情形，寄到现在的通信处，可以收到。

8月，因第二次休假之便，赴华盛顿美利坚大学（American University）执教十个月。

9月9日，邓嗣禹从华盛顿美利坚大学，致函钱存训：

公垂兄：伍振疏《颜之推之人生哲学及教育思想》台湾省立师范大学教育研究所集刊二期，页113—119，如贵馆有此杂志，请作一 yerox copy 掷下，费用即补交。

去年闻吴光清言，令女公子在华盛顿，即邀请来舍下小住，……已离开。春假曾在此等候，未见与会。有人谓钱太太生病，盼早点用药。如贵馆无此杂志，请不必回信。

10月9日，邓嗣禹从华盛顿美利坚大学，再次致函钱存训：

公垂兄：中华民国开国五十年文献，如列强侵略、开国规模、革命之倡导与发展等共计14大册，万一贵馆尚未入藏，弟可售予以或赠送一部，私人已接到二部之多，皆台湾友人寄赠者。如已入藏书，请免复信之烦。敬叩，教安。

10月，钱存训回复："尚未入藏，请赠送一部。"

11月17日，邓嗣禹从华盛顿美利坚大学写信给女儿邓同兰，告知生活情况：

上次来信，即请徐炳麟寄西藏红药水二瓶，钱若干，想均已经收到。此处有一位孙太太，北平人，患风湿痛，西药多方治疗，如烤电、温泉水等等，皆无效。近学画画，将全部注意力在画上，则暂时忘记痛苦。另一太太，经美英医生，皆未能痊愈，然百药无效，置之不理，让其痛苦。半年以前，霍然止痛，亦无事也。我亦接到两瓶红药水，分送一瓶与孙太太，要她将痛处用热水洗擦后，涂点红药水，□皮肤温热，觉得舒服。

夏清、文秀也想寄点钱给她们，希望他们可以收到。他们若能直接给我写信，更好。信封上不必写中文名字，反正邮政局中，无人认识中文。

彭外孙想早已有乳名，学名或可用彭吉林三字，不知以为如何？来华盛顿，交通太拥挤，不敢开车，来往坐公交车，每次至国会图书馆一次，往返花费三小时，因此工作效率迟缓。家中大小人口粗安，虽间有小伤风，总算幸运。即询，合宅清泰，农产丰收。

本年度内，指导博士生黄培通过《雍正研究（1723—1735）》为题目的博士论文答辩。1974 年，英文版《专制：雍正研究（1723—1735）》，由印第安纳大学出版社出版。

黄培毕业之后，先后任教于爱荷华大学、威斯康星州立大学、杨斯敦州立大学历史系，1969 年任副教授，1978 年任教授，是邓嗣禹培养出的最为亲密的博士生。邓嗣禹去世之后，他曾多年负责关照邓氏家族后代，并与其女儿邓同兰保持过近十年的通讯往来。

本年度出版的著作与发表的论文、纪实文章

1. 在《亚洲研究》第 4 期上，发表论文《孙中山先生与中国的秘密集社》（*Dr. Sun Yat-sen and Chinese Secret Societies*，*Studies on Asian*，4 (1963). 81—99）.

2. 在台湾《传记文学》发表《去国记：七七战起自平津绕道日本赴美日记》，3 卷 4 期（1963 年 10 月），28—31 页；3 卷 5 期（1963 年 11 月），35—38 页，及 4 卷 1 期（1964 年 1 月），43—47 页。

3. 研究专著《孙中山和他的秘密集社》，由美国内布拉斯加州立大学出版。

1964 年　59 岁

一、在美利坚大学查阅太平天国史料，继续修改《颜氏家训》。

二、6 月份，返校后教暑假学校，每日讲演两次，兼管系内研究工作。

三、邓嗣禹与费正清再次合作发表论文《中国的外交传统》。

1 月 21 日，关于《高级中文会话》一书出版之事，邓嗣禹从华盛顿美利坚大学致函钱存训：

> 公垂兄：顷请敝图向贵馆借《太平天国史料丛编简辑》2875/4116.1，请东亚馆通融，早日寄下。否则从芝大借书，普通以需要二三周。
>
> 刚才芝大出版社打长途电话，说《高级中文会话》中，有一字颠倒，无法放回原处，弟要他们请吾兄、钱太太，或工（宫）其月小姐帮助，以免往返邮寄之。乞吾兄惠助，感谢之至。敬叩。俪安。

1 月 30 日，邓嗣禹从华盛顿美利坚大学，再次致函钱存训：

公垂兄：今日早上，给远东图（书馆）与贵府打电话，皆过逢外出。《太平天国史料》三大册，只能在图书馆看，不能携至公事房。敝校园极杂乱，不安静，近日下雪，天气奇寒，非三日三夜之功看不完。故如可以通融，取至公事房，则方便多矣。弟现有一日本女打字员，如有抄写之处，此女人可以抄出，颇为省事。

如不妨碍馆章，乞惠予以通融，写一便签，与 Mr. E. L. Ciaig, Inter library of office，也许礼拜一在。兄打电话请示。

此书《太平天国史料简篇》贵馆从何处买来，乞示。

5月19日，邓嗣禹从华盛顿美利坚大学，写信给女儿邓同兰：

闻在湖大进修，可见国内教育大有改进之处。从前教中学者，绝难得此机会。张申绅博士非常客气，宜慎重致谢。并请告知，如需要重要科学书籍，告知书名与出版社，当即购买，以供参考。今年大概风调雨顺，在海外未闻有天灾或多雨的消息，秋收必转佳。你在湖南，当知道清楚。

数月前，曾托徐炳麟寄卫寒衣服，彼谓在港中寄包裹，困难重重，限制甚多。若在美国寄到香港，再由彼转寄，可省许多麻烦。包裹大小，亦不受限制。家中有多毛线衣、绒毯，不知你们或同桂用得着否？如希望从美国寄来东西，请开一单来，并略告知大小。

你在进修期间，必有大进步。我们全家大小均安，希望勿念。我日见衰老，偶然也有风湿病痛，然大体尚算强健，十余年来未生大病，总算幸运。再者六月十三日离开美利坚大学，返至印第安纳大学。

6月13日，邓嗣禹结束在美利坚大学执教，从华盛顿返回印第安纳大学。

8月26日，邓嗣禹写信给女儿邓同兰：

自从华盛顿返校，即教暑假学校，每日讲演两次，兼管研究工作，颇形忙碌。因此之故，未能早日给你写信，非常抱歉，恐已经从常宁返回东北矣。

今早从邮局给你们寄一条棉被，另一套棉衣，很暖和，希望你能接到，而付税不多。包裹从徐炳麟转，不能挂号及保险，沿途各处检查，所以能否寄到，及何时可到，均难预告。

上周去纽约，见一在联合国做事之老同学，彼曾在五六月间，回国内地观光月余，见到一切情形良好，甚为兴奋。在联合国做事的好处，就是每年暑假可以到各处去旅行两个月，任何国家都可以去，不受限制。我们就无此幸运了。

家乡亲戚朋友情形如何？今年丰收程度如何？盼示。闻国内物价低廉，蔬菜一斤不到一分钱，曷胜羡慕。你们夫妇月薪若近百五十元，也就可以过日。不足之处，我来补牢。转告国内友人云，寄东西不如寄钱，因为有侨汇者，可得优惠待遇。

三日前，脚转筋，奇痛，后来有人告知，每晚睡前洗一热水澡，居然脚不转筋，而风湿病也不降临，容易之药方也。家中大小粗安，盼你们一切皆好。

秋季，由美利坚大学回印地安纳大学。

11 月 13 日，邓嗣禹写信给邓同兰：

久未见来函，不知近况如何，甚以为念。八月初曾写了一封信，寄至湖南师范学院生物系办公室，亦不知接到否？回到老家一次，不知道亲戚朋友的状况如何？同兰的风湿病好转否？寄来一条旧棉被和一套新棉衣，不知接到否？家中的毛绒毯已经用了十余年，不能再寄给你们用，新的不知要付税若干。等同兰来信，老没有见到，希望一切平安。

两者，我早已回到印第安纳大学，信件不要寄到华盛顿。

本年度发表论文和书评文章

1. 发表书评，对邹谠所著《美国在中国的失败，1941—1950》一书进行评议，《美国历史评论》第 69 卷第 2 期，1964 年 1 月。

2. 与费正清合作发表论文《中国的外交传统》，发表在《世界比较政治》论文集中。

3. 发表论文《海内外会党对辛亥革命的贡献》，吴相湘主编《中国现代史丛刊》，第 5 期（台北，文星书店，1964 年），第 1—22 页。

1965 年　60 岁

一、作为七本汉语教材之一，《高级交际汉语》在芝加哥大学出版。

二、继续收集资料，完善《颜氏家训》英译本。

三、准备参加明史研讨会论文。

1月21日，写家信：

母亲、彭姑爷、同兰、同桂钧鉴：

拜年，拜年！希望此信在旧历年时可以接到。另托徐炳麟寄去225元，为你们购过年东西，并为吉林买点礼物。因为税太重，我们不能寄东西。上次付的税，跟此处原价差不多，一样多。

同兰12月2日长函已经收到，甚谢。未能接到那封信，又闹失眠的痛苦。回到老家去一次，看看亲戚朋友，总是好事。能去西湖游玩一次，更是幸运。终年忙碌，加风湿病痛，应该稍为休养休息。风湿病最顽固，在此地也无法根治。同兰信写得很好，可是仍不如先祖父写得详尽。他每次写信，要把全家大小点名一次，言简意赅。我的风湿病已经极少，因为现在睡眠不开窗户，每晚睡觉前，洗一热水澡，脚转筋痛也免除了。家中大小皆安，乞勿念。祝你们一年四季大吉大利。

6月11日，邓嗣禹致函钱存训：

公垂兄：《明开国以后之制度》孟森著，文史杂志第七、八（民国33年4月份），如贵馆有此期可惠恳代作一 Xerod Copy，并请代付款，当即奉还。敝校今日始订购，赶上七月一日交卷之定期，为参加 Huda 主持的明史研讨会之用。令女公子结婚，谨此预贺，惜因教暑假学校，不能参加盛典，为愧即叩。

9月16日，邓嗣禹用英文致函钱存训，现翻译如下：

亲爱的钱教授：你们有《颜氏家训》的注释版本吗？如果有的话，印第安纳大学图书馆想买一套。这个图书馆有一本《颜氏家训》，但在这个庞大的藏书中很难找到这本书。

11月29日，邓嗣禹致函钱存训：

公垂兄：刘盼遂《颜氏家训校笺》（女师大）学术季刊，一卷二期，页 T21，又二卷一期 P1—10，然烦作一 Copy 并恳垫款。洪亮吉《晓读书斋四录》下（《洪北江全集》）、王念孙《苍颉篇校本》（小学钩沉或翠琅馆丛书），如有可乞借阅。今从校际图办理手续，实则听令人欲知者为二氏讲“淯”字条之卷叶而已。芝大如有寒士代查，筹二元一小时。惠图新书目录，甚谢致叩。

12月1日，裘开明致函邓嗣禹：

你需要的书已交给怀德纳图书馆照相复制部制作复本，制作完毕后将同账单一起寄到印第安纳大学。你需要的另一篇 Chiang Ti 撰，刊登于《山西师范学报》上的文章，汉和图书馆没有收藏。

12月18日，邓嗣禹致函钱存训：

公垂兄：大作单行本二篇，非常有用，拜赐良多。刘盼遂《颜氏家训校笺》尚未能见到。尊信信封上，打字员打成 Bloomington, Bll，邮局改正寄到此处。若 Xerox Copy 用印剧品四等邮件，据云不转寄，可否再烦作一复制，奉上支票一张。为复印本及上次找材料助手费用，一切多承帮忙，感谢万分。即叩，不足当再补寄。

12月22日，邓嗣禹致函钱存训：

钱公：今天下午接到芝大寄来之胶卷顷检阅，即刘盼遂《颜氏家训校笺》一文，大概杂志太旧，装成厚册，不适宜于 Xerodx 胶卷当以甚佳，因弟工作室有一大胶卷阅览，非常方便。价值二元，请从寄呈支票清为寿。麻烦太多，感谢万分。拜年，拜年！

本年度出版的著作与发表的论文

1. 汉语教材：《高级交际汉语》(*Advanced Conversational Chinese*) 由芝加哥大学出版社出版。该书到1980年已出版第8版，1986年又见到有再版。

2. 发表论文《劝世良言与太平天国革命之关系》，吴相湘编《中国史学丛书》第14本《劝世良言》(台北，学生书局) 第1—24页。

1966年　61岁

一、经过30年不断修改完善，英译、注释《颜氏家训》出版。

二、荣任印第安纳大学讲座教授。

2月4日，致函钱存训：

钱公：大函及退回支票不知搁于何口袋。因大考阅卷忙，未能及时回复，甚以为愧。查原书卷页在书写时，前书支票不够，现再书一纸，乞交贵同事。此后重修太平天国史，烦繁可减少。

《明大诰》(一编、二编、三编) 不知有原本或 microfilm，弟请光清兄帮忙，费洋39美元，皆误寄至台湾。如贵馆有 microfilm，可否乞借用三四日，以便写一篇导言。台湾版重印《明大诰》，即叩。请在此纸上随便写数字足矣。

2月4日，写家信给女儿邓同兰：

同兰上次来信，告知生活近况，甚为得益，非常感谢。出国日久，对于国内情况常感到隔阂，虽读《人民日报》，然报纸寄到时，已过近两月，也无大帮助。

手臂早已全好，现在一点不觉得痛痒，完全与从前一样，务请放心，不必挂念，尤其不必寄中药来，因为收不到。总之，手臂早已全好，无需任何药品。

零下二三十度之间，确是严寒，不易对付，此城温度常在零上三四十度（华氏温度）。去年未下大雪，今年二月一日始降雪八九寸，温度降至10至20度之间，行动感觉不方便。明后日希望好转。全家大小平安，乞勿念。

三月间，挂寄一点钱，如有可能，请为母亲制作一羊皮衣御寒。此款容后由我寄钱。此祝全家大小平安。再者你们如需要任何东西，不怕上税，我可以购寄。

7月8日，写信给女儿邓同兰：

同兰来信已经收到，祖国年丰物茂，昌盛欢慰。希望天气和好，风调雨顺，来一次大收成！你们身体均欠佳，患风湿病，非常讨厌。我也偶患此病，但涂点药膏，洗过热水澡，逾热逾好，过一两天也就好了。从前常患脚转筋痛，后被人告知，洗热水澡，用热水上下擦腿，脚转筋毛病也减少了。所以我们全家大小的身体，差堪告慰。三个小孩每天游水晒得奇黑，穿的衣服也随随便便。惟礼拜天去教堂时，穿得整齐一点，有一张颜色照片，即月底前去教堂时照片。我很少照相，故乏相片寄上，今托徐炳麟寄来相片一张，看来头发已经脱光了。

同桂一定要上好大学，一切费用由我全部负担，如能进北京大学更佳。需要什么东西，请随便告知。托徐炳麟寄一点钱，此后要到11月，才能再寄。祝你们健康快乐。

本年度出版的著作：

经过30余年的精心打磨，英译本《颜氏家训》由英国E. J. Brill出版社出版，1968年、1969年增补后再版。

1967年　62岁

一、参与编写由包华德主编《民国名人传记辞典》中“赵恒惕”部分。

二、接待钱存训来印大作讲演。

三、指导博士生陶晋生顺利通过博士论文答辩。

10月5日，邓嗣禹致函钱存训：

公垂兄嫂：十一月十六日来敝校讲演时，请在舍下便饭。最好夫妇同来，走动散心，有益健康。务祈勿却。

11月13日，钱存训致函邓嗣禹：

持宇吾兄：周四晚间，承宠台晚饭，昌盛咸幸。如开车则文舒同来拜候。如乘飞机则坐四等舱。唯日来芝城汽油罢工，迄未能解决，各处油站均已关闭，到时尚不知能否驾车出城也。

兹有荐者，弟向ACLS申请一奖金，似于明年去欧洲及远东作短期旅行，籍（即）能收集资料，主要为应尼登（笔者注：李约瑟Joseph Needham的英文简称）之邀，为其《中国科学技术史》写作一章《纸墨及印刷》（125页，六万字左右）。附呈简单计划与提纲一份，拟请我公代作一书，加以吹嘘。其他三位拟请Joseph Needham（李约瑟）、Goodrich（富路特）及E. A. Kracke（柯睿格）。我公对卡特一书之书评，至今仍属权威之作，一言九鼎，必为裁判所重也。

先此笔陈，余容面谢。专此即请。

11月16日，钱存训来到印第安纳大学作演讲，邓嗣禹接待并宴请。

本年度内，指导博士生陶晋生顺利通过博士论文答辩，博士论文以《金代女真的汉化》为题。1976年《金代女真的汉化》一书英文版在美国问世。

陶晋生毕业之后，长期与邓嗣禹保持通讯往来与交往，后任台湾“中央研究院”院士。

陶晋生先后任台湾大学历史系副教授、教授，“中央研究院”历史语言研究所副研究员、研究员，美国亚里桑那大学教授（1976—1988年），香港中文大学讲座教授（1988—1990年），《食货月刊》执行编辑。曾获得的学术荣誉：中山学术著作奖二次，“中央研究院”院士（1990年），美国华人职业协会杰出奖（1991 年），美国亚里桑那大学亚裔教授协会教学奖。

陶晋生长期致力于宋辽金史和中国史、边疆史、社会史研究，造诣颇深，具有国际影响。著有：《金海陵帝伐宋与采石战役的考实》《边疆史研究集》《女真史论》《宋辽关系史研究》《金世宗的本土运动》《北宋士族：家族·婚姻·生活》《中国政治制度中女真统治的影响》《十二世纪的女真人：汉化研究》等。其中《女真史论》获中山学术文化基金会学术著作奖，《宋辽关系史研究》2008 年 5 月由中华书局出版，比台湾版增加两篇文章。

本年度发表的论文

1. 发表书评，对佛莱兹·米查尔（Franz Michael）《太平天国：历史与公文》一书的评论，《亚洲历史研究》第 1 期，1967 年，第 93-95 页。

2. 参与编写由包华德主编《民国名人传记词典》中“赵恒惕”部分。该书本年度由哥伦比亚大学出版。

3. 在《中国文化》期刊上，发表论文《明太祖的建设性与毁灭性工作》（*Ming T'ai-tsu's Destructive and Constructive Work*，*Chinese Culture*，8. 3（September 1967），pp. 14-38.

1968 年　63 岁

一、开始全面修订《中国参考著作叙录》第三版，并于 1969 年在哈佛大学再版。

二、去香港、台湾等地，收集关于林彪的资料，准备撰写《林彪传》。

三、参加第 27 届远东国际代表大会，并宣读论文。

四、《清代管理制度：三种研究》第 3 版、《中国对西方的反应》第 3 版出版。

1 月 28 日，邓嗣禹写家信给女儿邓同兰：

> 1967 年 12 月 27 日写来的信，已于 68 年 1 月 23 日收到。即寄去二百元为同桂治病及尊舍零用。望你们身体加强努力工作，为国家建设尽力。
>
> 我们在此大小均安，七八月来，我无伤风咳嗽及任何病痛，他

人乃强壮活泼，算是幸运。彭实姑爷近况如何，盼告知。

7月7日，关于申请傅不赖特奖去香港之事，致函钱存训：

公垂兄嫂：久未问候起居，不知近况如何？弟已贪时尚，欲研究中共问题，想携眷去香港、台湾小住十月，使女儿学习中文，苦无资助机会。昨闻 Fulbright-Hays Awards（傅不赖特奖）中，有香港大学一名，帮助学生用新史学方法写作论文。因不揣浅陋，填写履历请求书一纸。规定四位介绍人，弟请吾兄为主著人之一，不知能否拨冗，吹许数词，直接寄予下列地址，若获成功，当感吾兄厚赐。但希望甚微，因逾截止限期月余，前未能注意，谨友人告知，即时填写而已。

7月11日，钱存训回复，告知赴欧洲撰写《中国印刷史之研究》之事，已经批准：

持宇吾兄：大作单行本两种，拜读至佩。我公著作等身，正拟修书道谢。适接七七大函，籍望（届时）将有远东之游，甚感欣慰。嘱书 Full-bright 基金介绍书，已经完就寄出，力为推荐。甚望可加成功也。上月底，吴光清兄于此道赴远东，闻兄将于八月底赴台宣读论文，想必是参加张晓峰①先生召开国际汉学会议，至为欣慰。年前弟曾接其“文凭”聘为该“院士”，弟因未探望其中底细，迄再作复。吾兄想必已收到此项聘书，方知其内容情形，乞示知一二。以便有所遵循，是所至幸。

又年前申请之 ACLS-SSRC 补助金，以作中国印刷史之研究，已经批准。多承我公推荐，至深感谢。暑假或秋季我将去欧洲一行，按照约定阅读有关资料，为李约瑟《中国科技史》（第五册）写作《纸墨及印刷》一章节。我兄旅行时如见到有关这方面的资料（如材料、刻工、印刷等等）是为见告是幸。

7月11日，邓嗣禹用“大学讲座教授”的英文信签，致函钱存训，

---

① 张其昀（1901—1985），字晓峰，浙江宁波人，地理学家、历史学家、教育家。1919年考入国立南京高等师范学院，1923年毕业后任商务印书馆编辑。1927年在南京中央大学地理系任教。1935年当选为中央研究院首届评议员。1936年夏，应当时浙江大学竺可桢校长之聘，到浙江大学创办史地系，担任教授兼系主任。1946年任浙江大学文学院院长。1949年赴台。

现翻译如下：

亲爱的钱教授：

我刚收到由华盛顿特区发来的补充资料，详细说明了他们准备好的推荐信表格的用途，现寄上一份给你，希望能麻烦你按他们的要求写信。我提前衷心地感谢你。

诚挚的　邓嗣禹

大学讲座教授

7月16日，邓嗣禹回复钱存训，说明去香港、台湾的原由：

公垂兄：去台湾、香港为贪时髦找中共军事资料，绝非为张其昀之讲演。此公去年六、七月间突然弄来一文凭，即退回去，以后又寄来，均未再理。曾接通知讲演事，未回信。此次先去香港，再去台湾，避免拉关系。一则，无词可说；二则，无时应酬。研究与交际，二者不可都得。吾兄托件，定当留意。但恐香港、台湾难以发现珍品一样，供兄参考。……曾函上海图书馆求作摄影之事，未见回信，不敢写顾起潜之名，恐怕连累。不知此公尚在人间否？

吾兄去英国事，早知必成。因为世界权威者所述各节，必无问题。弟之匆匆忙忙，逾限近两月始写，失败为意中事，不足为外人道也。谢谢一再写介绍信。敬叩，俪安。

8月9日，邓嗣禹写家信给女儿邓同兰：

久未见到来信，甚为挂念。我身体甚佳，一年以来无伤风咳嗽及任何毛病。家中大小皆平安吉庆，乞勿念。接此来信，无论如何忙碌，请随便写几句，由香港徐炳麟转寄。看报，今年祖国天气好，可庆丰收。即询合宅好。

8月13—19日，赴美国密执安州，参加第27届远东国际代表大会，并在会上宣读论文《王夫之的历史观及其历史著述》。

12月12日，邓嗣禹因查询有关研究林彪的资料，致函钱存训：

公垂兄：知去欧洲写书，故数月未打扰。半年以来，为贪时髦，写林彪传书籍缺乏，到处乞湖北《黄冈县志》第四函，园田龟一《新中国分省人物志》，目录湖北之部。其用意，在将林彪出生地黄冈人才，作一段叙述，看其影响。其它关于林彪及红卫兵大字报一类的东西，这些芝大收藏情形如何？

An Annotated Bibliography of Selected Chinese Reference Works（《中国参考著作叙录》）拟大加修订，乞提供意见，盼在二三月内拨冗指教。顾起潜有音信否？

12月24日，钱存训回复：

持宇吾兄：前通所询各书，兹（月）霞查如下：

（1）湖北黄冈县志，24卷，光绪5年本（1879），20册，5函。

其中：卷10—12，系人物志；13—16系列女传（第四函），另有万历刻本。大通所述第四函不知有何所指？

（2）园田龟一《新中国分省人物志》，本馆有此书中译本（R/2259.7/6612）

（3）*Bulletin of the Atomic Scientists*，22（June 1966），80—83，查此期系 *Chicago Chinese Conference* 特刊，已经印成单行本，出名为 *Contemporay China*，贵馆必有此书。另有 Paper back edition。以上如需要制作 microfilm 请通函 photo publication Dept. University of Chicago Library Chicago，手续可较省。如寄敝馆转交亦可。

本年度出版的著作与发表的论文

1. 修订、增补译英译《颜氏家训》（*Family Instructions for the Yen Clan*（Leiden，E. J. Brill，1968），并于英国再版。

2. 发表论文《王夫之的历史观与历史著述》（*Wang Fu-Chih's Views on History and Historical Writing*，*Journal of Asian Studies*，28.1（November 1968），pp. 111-123. 发表在《亚洲研究期刊》第28卷，第1期上。中译文本，详见《社会科学论坛》2013年第8期；《中国学研究》第十七期，2015年。

3. 发表论文《捻军游击战的新观点以及对满族王朝覆灭的影响》，收录在《香港大学五十周年纪念论文集》（第三卷），由香港大学出版社出版。中译文本，详见《汉学研究》第二十三期，2017年。

4. 发表论文《对查理·约翰（Chalmers Johnson）所著〈中国共产主义领导及对群众的影响〉一书的评论》。

5. 与何炳棣、邹谠合著《对于中国危机的评论》一书，由芝加哥大学出版社出版。

6.《清代管理制度：三种研究》第3版、《中国对西方的反应》第3版，由哈佛大学出版社出版。

1969年　64岁

一、修订本《中国参考著作叙录》第3版，由哈佛大学再版。

二、继续收集有关林彪的资料，开始撰写《林彪传》。

三、秋季赴香港，任教于香港中文大学，为期一年。

1月7日，关于借书与修订书籍之事，邓嗣禹致函钱存训：

公垂兄：宠赐*Library Resources on East Asia*，1967（《1967年东亚图书资源》）寄到之后，即被一同事借去，昨天开学后催促始还。未及早日道谢，抱歉之至。借书事，因系中文书，不知其中内容、卷页，难请图书馆复制部办理。承示黄冈县志第四、五函内容，可不必借。园田龟的《新中国分省新人物志》如蒙转，烦贵同事将此书目录，湖北人物作一复本，拜赐多矣。估计面积为一页，谨附邮票，以供费用。如太麻烦不作亦可。

《中国参考书目之修订》，若能成事实，当专函请教。徐家壁三月一日来印大供职。

3月中旬，携夫人一同去芝加哥大学，由钱存训接待，住钱家并为其制做佳点。

3月24日，钱存训致函邓嗣禹：

嗣禹兄：周前在芝匆叙，畅谈为快。临行未及送到机场，反劳我兄亲驾送赠嫂夫人亲制之佳点，至愧至谢。昨日又得大函，得书平安返寓，至为欣慰。

关于明大朱君所编之大作续编，倾承其寄下Xeioy Copy一册共收83种，均系Uiuuesota所著，体例一循原作，虽待增补，但此稿稍加修订，想必可用。为此可省兄等不少精力。伊应谓其可奉赠一册，请邮寄we. chin-his chu，504—10hos Ave.，N. E.，Miuot，N. D. 58701，如可采用，伊已报名参加此间夏令营班，吾兄如附其所作续编有所批评，应乞示之知。

弟周四去波城[1]，住Sheration-Biston，当可再言晤面，容再详

① 波城，指印第安纳大学所在地布鲁明顿附近的印第安纳波利斯。

叙。即颂祺安。

又支票一纸退还，因所费不多，已由馆中付讫已。

6月22日—7月5日，CIC远东语言学暑假班在印第安纳州布鲁明顿举办，由伯克力大学赵元任主讲中国语言结构、中国语言史两门课程。邓嗣禹与刘君若、柳无忌、郅玉汝、王伊同等人共同接待。

7月20日，在学校给女儿邓同兰写信：

徐炳麟告知近况，甚以为慰。身体欠佳，宜多调养，需用药品或其他的东西，尽管写信问徐炳麟要，必得办到。希望你能抽出时间写信，就好了。

我的身体很好，毫无病痛，只是忙得一塌糊涂。写书是不断地写，可惜不如所想的快。家人皆安宜，大女孩高中毕业，快上大学了。二女孩高中二年级，三女孩初中四年级，皆很聪明。祝全家好。

8月，赴香港，任教于香港中文大学，为期一年。

本年度出版的著作与发表的论文

1. 修订与毕乃德合著《中国参考著作叙录》第三版，由哈佛大学出版社再次出版。

2. 发表书评，对德克·波德（Derk Bodde）等人所著《中国皇帝制的法律》一书的评价，《亚洲历史期刊》第3期，第166—168页，1969年。

1970年　65岁

一、继续在香港大学任教。

二、三月份，赴远东和欧洲各国查询资料。

三、八月份，由欧洲返回美国印第安纳大学。

1—3月，逢六年休假期，继续在香港大学任教。结束后赴远东和欧洲各国，在各大图书馆查找有关太平天国的资料，从事研究工作。

3月21日，邓嗣禹写家信给女儿邓同兰，介绍研究与工作近况：

我今年又是六年休假期间，在远东与欧洲各大图书馆查找资料，做点研究工作，终日早出晚归，也有相当辛苦。幸而身体结实，除偶然伤风外，毫无病痛，其算万福。今年65岁，头发半数没有了。你屡次问我要照片，愧对以望，因为照相难，也许不愿意看到自己年老的原因。三年以前，为学校身份证，照过一次相，已经过期无用，至此信中，寄给你们看看，不必寄还。

因为至途中，行踪不定，来往信件，至今年八月以前，都请徐炳麟转交。你们的一切事，他可以代办。此人讲义气，诚实可靠。我平生对人亦厚道。先祖父教我："待人宜厚，对己宜薄，爱人者，人恒爱之，敬人者人恒敬之。"终身奉行不改，很觉有效。

祖国每日在进步途中，在香港输出一切物品，比二十余年前的制造，其有天壤之别！至香港买点祖国出品，吃吃祖国食物，倍觉快乐甜美。可惜不能至此久留，需经欧返美，继续舌耕，否则无以谋生。

希望母亲、彭实、同桂、你自己及两位很可爱的儿童好好保养，为祖国建设努力，我给你们一百二十分的精神上的援助。

8月，休假期满，经欧洲等地，返回美国印第安纳大学。

12月15日，邓嗣禹以图书馆分会东亚研究项目主席的名义，用英文致函钱存训，现翻译如下：

亲爱的钱先生：你能告诉我们你购买用东亚语言出版的书刊的年度预算吗？从正规图书馆资金中得到多少钱，基金资助或其他来源有多少？

你的藏书有两个独立的预算吗：一个用于东亚研究（跨学科），一个用于东亚语言和文学？你的资料将有助于我们图书馆馆长的预算规划和分配。显然，我们希望能为东亚图书获得更多的资金。如能迅速答复，将不胜感激。

提前致谢，并致以节日的问候。因事忙，久未请安，敬祝合宅平安吉庆。

12月21日，钱存训用英文复函，现翻译如下：

兹答复你方12月15日的询问，随函附上1970/71年度美国图书馆远东藏书预算。这是代表CEAL最近进行的一项调查的报告，除此表外，将在1971年2月的AAS通讯上发表。这张列有各机构数字的表格是保密的，不应公开，希望对你的预算规划有所帮助。

我们图书馆的预算只有一个，但福特和NDEA的一部分资金是由远东研究委员会提供的。

去年夏天我们要去新的雷根斯坦图书馆。随函附上我们的简要指南一份，供您参考。

祝你和你的家人节日快乐。

12月23日，邓嗣禹写信给女儿邓同兰：

十二月六日来信，同月二十日接收，可谓喜出望外。几乎一年半来未接到你的来信，心中真是纳闷，不知如何是好。我有一位很好的朋友，在香港住了十一个月。因为不知道气候情形，带去很好很多的毛毯、毛衣等御寒物品。临走时，途经欧洲等国返美，不愿意携带物品，屡询大陆有无亲朋可以寄赠，答以不知住址，后闻此人许多物品，皆给看门的人，可惜。

我本想给你们多寄点钱，徐炳麟说，路途太远，恐怕失遗，以少寄为佳。接到之后，再寄不迟。你无时写信，又恐移居，故无法汇款。全家大小害病，当然需要物品、药方，富余之家仍觉不济。有病而不能工作，国家政府能体贴发薪，当感恩不尽。在资本主义国家的人无此幸福。

去年寄去的药，是为治风湿病之用。今日请徐炳麟寄美金二百元，另寄十元，请他买一瓶止咳药水，另一瓶维他命丸药，全家大小可服用。必须给同桂一些维他命丸，要她好好保养。我们全家大小均安，请问母亲、彭实姑爷好？接到药、钱时，务必写信三四字，收到了后再寄。谨此拜年，祝你们身体强壮。

本年度获奖、出版的著作与发表的论文

1. 获美国学术社团评议会（American Council of Learned Societies）研究资助奖。

2. 发表论文《太平天国宰相洪仁玕和他的现代化计划》，《学院期刊》。"*Hung Jen-kan, Prime Minister of the Taiping Kingdom and His Modernization Plans*," *College Journal*, 8 (1970-1971), pp. 87-95.

3. 发表论文《太平天国的兴亡与美国之关系》，《香港中文大学中国文化研究所学报》第3卷第1期（1970年9月），1—11页。

4.《邓嗣禹与毕乃德在台湾出版的参考书目》，英文版由台北中国资料研究中心出版。

1971年　66岁

一、研究太平天国的专著《太平天国与西方列强》出版。

二、《中国参考书目解题》第四版出版。

三、向中国驻加拿大大使馆递交回国申请。

4月，有关复制资料之事，邓嗣禹致函钱存训：

公垂兄：谁代替贵馆从前的 Mrs. Ch'ien，请告知，以便减少麻烦。

F. F. Liu, *Amilitary History of modern*, p. 290

Chang Tye-sheng: *The War History of the Northen Expedition of the National Revolutionary Army*, *The Far Eastern Miscellancy* {东方杂志} XXV, 15, 16, 17 (aug. -Sept. 1928)

可否烦贵馆同事代作一复制本？但敝馆近一二年闹穷荒，图书经费早已告罄。此文必须自己负担。如五分或一毛，一页……若如国会图书馆或 Sanford 之官样价格，合 4—5 毛一页，则请作别论。

7月25日，写信给女儿邓同兰，告知近期身体工作情况：

六月七号来信久已收到，也是因为忙，未能及早复，想累挂念，深以为愧。家中母亲、彭姑爷、同桂，均感安适。小靖、立立两皆聪明乖巧，承欢膝下，堪称快乐。祖国欣欣向荣，不愁供给。我至此处，可舌耕至七十岁退休。每年有点固定收入，故每年可寄回家至少 500 元，多可至 1000 元。彭实如体病不能工作，我可资助一二年，以便专门调养，期于完全康复。只要青山在，不怕没柴烧。只要身体强壮，将来鼓足干劲，仍可补足病时的缺欠。传说，张飞什么也不怕，只怕有病。病能使精神颓丧，英雄短气。治好了，就有一切希望，有办法了。

我很幸运，二十二年来，从未生过大病，住过医院。家中大小都很强健。惟百物高昂，找事日见困难。竞争利害，非学问好，有真正本能，虽获得博士学位，亦难找到。同兰建议元旦写信，我同意。我也想回国观光，但恐一时办不到。即祝，全家清吉，敬祝母亲福安。

9月，向中国驻加拿大大使馆递交回国申请。

10月11日，因《中国参考书目解题》第四版再版一事，致函钱存训：

公垂兄：与毕乃德合编之中国参考书目，数周内可以出版，已函请哈佛出版社近呈吾兄一部，聊报指教及款待之情于万一。

门生 lanny B. Fiells 为作左宗棠与回乱问题，将来贵馆找材料一二日，乞予方便，感同身受。傅振伦，“郑演仲之史学”中法大学月刊，五卷五期。

《宋元学案补遗》46/17a 在“四明丛书”第五集内，不知可否惠作一复制本，敬询，俪安。

12 月 11 日，写家信告知女儿，近期工作与身体情况：

久没有写信，不知近况如何？你们一家大小的身体怎样？今年三月十九日写的信，因为忘记写中文收信人名姓及中文住址，无法送到，本日早晨将信退回原处，可见祖国邮政局人员办事之佳。

前几天托徐炳麟寄点钱来，盼不久可以收到。冬天来了，天气寒冷，请买一些衣服、被单御寒，或买点药品保持身体健康，以便工作有效率，增加生产力。宣德、彭廷珍等人的住址，如知道请告知。现在有朋友，由美国返国观光半月或一月，若经组织批准，或可见见面。回信时，请由徐炳麟转。你们需要的药物或别的东西，亦可告知他。

我现在确实老矣。在美国一到 65 岁就算老人，医药费、保险加倍，不能开汽车，因为老人的眼花、耳聋，容易出事。虽然有保险公司保老人的险，索价奇昂。所幸我毫无病痛，仅精神较衰。下午晚上打哈欠，流鼻涕，坐至公事房椅子上闭眼休息一会儿才可继续看书或写作。祝你们全家儿女新年纳福！

本年度出版与再版的著作

1. 研究太平天国专著《太平天国与西方列强》在牛津大学出版（*The Taiping Rebellion and the Western Power*，Oxford，Clarendon Press，1971）. 第 2、3 版，由台北艺文出版社出版，1978 年、1979 年。

2 第四版《中国参考书目解题》修改后，由哈佛大学出版社出版。

1972 年　67 岁

一、回国申请获得批准，开始对于中国的访问、观光之旅。

二、利用二个月时间，到达上海、北京、西安、延安、武汉、广州等 13 个城市，进行一系列学术交流和参观活动。

2月，随着《中美联合公报》发表，两国外交关系解冻。

3月6日，邓嗣禹写家信，告知近期情况：

同兰女儿：元旦来信早已转到，知家人大小安适，也算幸事。托买增生性背脊椎病中药，请告知中药名称，否则无从下手。若有确实名称，当即请徐炳麟购寄。

至于返祖国观光事，当然希望，并且从去年九月起，已经竭力筹备。可惜职务牵连，不能在学期当中离职五周。回国以后。能否自由行动，不得而知。最好能回老家黄冈一次，看看二十二年进步情况。体力能否走，允许上山路，又是一个问题。总之，看实际情形决定。尽最大努力，谋与母亲、同桂、彭实及你们全家大小团聚数日，祝福全家安吉。

6月初，回国申请获得批准，开始对于中国的访问、观光之旅。期间到达香港、广州、上海、北京、沈阳、西安、延安、武汉等13个城市，进行一系列学术交流和参观活动。

6月17日，早上启程，由芝加哥乘飞机出发，次日到达香港。

6月份，先后到达广州、上海、杭州、南京等地，参观大学、工厂，会见昔日的燕大同学翁独健、谭其骧、郑德坤、周一良等人，并与其他朋友交流。

7月份，先后到达北京、沈阳和鞍山等地，接受外交部宴请，并与费孝通、张海鹏等历史学家、社会学家交流，并会见国内的亲属。

8月份，先后到达西安、延安、郑州、武汉、长沙等地，

8月21日，邓嗣禹写家信，告知回到美国："同兰：我已平安返校，盼勿念。琐事甚多，急待处理，恕不多写。"

至广州，寄宣得20元；寄你们140元；至香港，向万有图书公司借寄港币1500元，合人民币近600元，盼能收到。即祝合家均安。

1973年　68岁

一、将回国观光的日记译成英文，近四百页。

二、写信告知北京图书馆参观见闻。

1月10日，写信给女儿邓同兰，谈及将回国观光日记翻译成英文之事：

你写来的第二封信，我早已回答，不知为何你未收到？说到忙，祖国大多数的同胞，每日工作八小时，我每日工作十一小时，大年初一至年底从未间断。回国观光的日记，译成英文，近四百页，想整理出版，为祖国宣传一般进步情况。

上周托徐炳麟转寄美金三百余元，折成人民币近六百元，也够普通人工作一年的收入。正想写信，开学注册时忙，未果。今早接徐炳麟函，托买阿胶。阿胶出口在山东，佳木斯恐难买到。另一块手表，徐炳麟已托人带至北京转寄给你们。

4月22日，写信告知家中生活情况：

目前，我的精神已衰，下午晚上打哈欠，流鼻涕，非在公事房椅子上闭目休息二十分钟，不能看书写字。

美元贬值，百物高昂，家中已买不起上等肉类，只好买些骨头、猪脚之类，鱼虾极贵，买不起。去年在沈阳、鞍山倍尝东北人情味。沈阳杂技团来印第安纳省城时，我同另一至此开饭店的湖南人，送他们四十元美金的水果，也算报恩之意。

六月中旬，设法再寄给你们一点钱，祝全家福。

9月19日，致信钱存训，介绍参观北京图书馆情况：

承贵馆惠赠中文新书选目，甚谢，已即检阅一过。其中有书数种，将来或由校际图借阅，曾去北京图书馆参观，接待人刘岐云、丁瑜、严城等，似乎皆不见经传。赵万里、王重民皆有病，未能见面，旧馆址已觉狭小不堪。两年前，谋建新馆，大三四倍，因其他紧要建筑甚多，暂时作罢。据北京图革委会负责人云，已有书九百万册，然否不得而知。向此鸣谢，敬叩，俪安。

11月29日，写信给同兰、彭实，批评无计划生育观念：

接最近来函，知又举一男。一月从前，徐炳麟早已告知。站在旧的立场，当说恭喜。若从新的眼光来看，教生物学的人，不知何为节制生育，实行有计划的家庭，国家是否人口过剩，你们比我知道清楚，用不着多说了。

上次托徐炳麟寄305美元，折合人民币480.56元，此次从中国银行直接寄300美元，合人民币584.05元，可见他每次要赚钱，非如是，无法谋生。曾记得三年前，我至万有图书公司，看见一套中国青年杂志。我说印大图书馆也许有兴趣购买。他不管我们学校有无订货单，马上将杂志寄到美国来，开价三千余美元，平均每本66元。若非我在此校教书二十余年，几乎打破我的饭碗。不管三七二十一，我不会跟他闹翻，你要什么东西仍可写信，请他购寄。

12月10日，致信钱存训，介绍学术研究进展：

惠赐大作《英国剑桥藏本〈橘录〉题记》，因此未及即读为愧，暂因看完学期论文及读书报告，即阅大作，先看照片，已觉有疑洞。再读说明书，知审阅精细，澄明为弘治覆刻宋本，非常恰当，佩服不已。恐李约瑟先生扫兴。印大一穷如洗，参加学术会议，仅津贴飞机票半价，其他一概不管，似此情形，明年拟不去波斯顿开会。白宫出错，殃及池鱼。不景气之情况，笼罩全国，圣诞节点缀，小城已绝迹，即祝节禧并向钱太太请安。

本年度发表的论文和出版的著作

1. 发表论文《文化大革命后的中国教育》。（*Education in China after the Cultural Revolution*，*The Review Indiana University*，15.3（Spying 1973），pp. 20-30.

2. 发表论文《太平天国之兴亡与美国的关系》。*The Rise and Fall of the Taiping Rebellion and the United States*，*Papers of the CIC Far Eastern Language Institute*（Ann Arbor，Michigan，1973），vol.4，pp. 157-169.

3. 出版 *China Revisit by an Overseas Chinese Historian*，印第安纳大学出版社。

1974年　69岁

一、邀请哥伦比亚大学终身教授蒋彝来印大演讲。

二、写信评价钱存训出版书籍与论文。

2月4日，致函钱存训，评论中国史学论文：

评余秉权中国史学论文大作，非常公允恰当，钦佩不已。余氏本人读之，亦当感谢。

久想函谢，因事未果。终日无事忙，极愿早日告老退休。难于儿女教育经费，鸡肋繁人，只好勉为其难，再教两年。印大一穷如洗，参加学术会议之经费减少几等于零，今年不能去波斯顿聚餐见面。敬叩，俪安。

5月22日，致函杨联陞，告知近期工作与生活情况：

连生兄嫂如晤：

彼此忙碌，有疏问候，甚为抱歉。三四年来，屡向东亚语文系与东亚区域研究所建议，请吾兄来此讲演，盼有机会略尽地主之谊。主管行政工作者皆年青人，表面上“当然，当然”，实际上永无消息。区域研究所人，皆小政客，请求讲演者，皆私人师友，如 Philip West 请 Benjmein Schwartz（史华慈）来此讲演，闻报酬甚丰，彼之毕业论文修改交进后，一周之内，即由委员会通过出版，与他主管讲演者，皆彼此互请，如…… 哈佛毕业，在此教比较文学，一学期内，请 Preireton 教授来此三次，彼亦被请去演讲三次，并已决定他去普大任客座教授一年。东亚研究所主管人，也常出外讲演，都是老友，彼此互请。上周弟与东亚语文系主任恳谈，彼谓该系每年演讲费只有 150 元，第一年请一中国人（李田意），第二年请一日本人，第三年请高丽学者，下年甚至 150 元也无希望，因 Ford Foundation 不再捐助，他自己也不作系主任了。继任者多半是日本人，因向日本财阀求钱。似此情形讲演希望极微。

今年七月廿六日，是我们廿五周年的结婚纪念，承您们夫妇作证婚人，永志不忘。来布城后，曾买了一瓶酒，已廿余年，干了约1/5，贤伉俪如有机会途经美中，请来寒舍小住，促膝谈心，无忧无虑，远逾讲演的痛快（弟每讲演后，必失眠，讲坏了更失眠）。又蒋彝兄也很想来此讲演，已再三告知他无希望，他说七月三日飞往檀香山，八月底返纽约，如吾兄伉俪能在七月初或八月底同来更佳，请不必告知结婚纪念，以免送礼之烦。几位老朋友吃一次饭，不一定要在七月廿六，任何日子皆可。

吾兄夫妇近况如何？Tom 近况如何？余英时是否返校？洪老师、裘先生等人情况如何，便乞告知。弟近来运气欠佳，作卖几本书，皆失败。写林彪传，写好已打出了 195 页，作废。写完一本大陆游记，找不到出版者，又作废！内人及弟身体尚佳，惟弟右眼流泪，无法治。今年将教八周暑期学校。两女上大学，二女在 Lawrence Univ.，三女上中学。叩询，俪安。

6月3日，致函钱存训，评价《中国造纸原料》一书：

公垂兄：接赐大作《中国造纸原料》，因别事尽头忙碌，未及早读为愧。今早一气读完，既专且精，钦佩曷已。吾兄主持图务，尚能忙中偷闲，写出许多鸿文，实不容易，说明能干，兼有贤内助，故能集中心力，收到各方面的成就。来日方长，当更有伟大贡献。何人代替Kracke（柯睿格），将来得便乞示。叩询，俪安。

10月，邀请哥伦比亚大学终身教授蒋彝来印大，以《中国诗画同源及原理》为题，举办公开演讲会。

11月4日，致函钱存训，告知寄出在《明报月刊》发表论文：

公垂兄：屡承赏赐大作，愧无以回敬。另包邮呈拙作两篇，乞指教。至《明报月刊》发表一短文，已逾半年。交稿以前，要求单行本25份，以赠朋友。文章发表后，既无稿费，又无单行本，经函询，从月刊上撕下两份“应急”，其余补印，逾两月，仍未到，恐无希望。故从撕下之页敬呈，乞原谅。

弟现在研究中国秘密社会史，贵馆有一microfilm及两种书，不外借有几种参考书，如《学论文索引》第五编，《中国史学论文索引》下册，敝馆缺乏，因此之故，想趁感恩节，或寒假期中，大致日期为十一月26—27日，或29—30日，或十二月16—18日，前往贵馆寻找材料二三日，不知能获允许否？你哪一二天较为方便？乞示，并希望住至Snadrangle Club，又不知能否？如获允许，感恩不尽。但不愿意麻烦朋友请客。

12月7日，致信钱存训，告知推迟芝加哥之行：

公垂兄：芝加哥之行未成，恐累挂念，特来函解释，并致歉意。二女儿至维斯康新Lawrence Univ.上学，学校过节省暖气，感恩节前放假，明年正月中始开学。想趁内人接女儿之便，来芝城作研究一二日。后来知道，女儿已允许载同学四人回布城，不能至芝城久留，故二者不可兼得。

贵馆不能外借microfilm，查从Stanford大学摄像，已请学校从Stanford购买一摄影片，现尚未到。比如《新史学通讯》等杂志文章（包括《国闻周报》），从国际图书馆求作复制本，手续麻烦，常谓information incomplete or inaccurate退回，故想至寒假期间，十二月十八、十九日左右，去贵馆打扰三四天，以便节省外借时间。但来往飞机费六十余元，食住三晚，也需要五十余元。至美国哲学会请求研究助理金，尚在候复中。因此之故，目前难定行址，俟有把握，再用电话联系，请预订房间。敬叩，俪安。

12 月 20 日，致信钱存训，告知芝城之行，暂作罢论：

公垂兄：芝城之行，暂作罢论。寒假期间，开馆时间必大为缩短。图书馆服务员亦多返家过节，特此奉告，以免企念。敬祝贤伉俪及合宅新喜百吉，万事如意。

再者，Stanford 图书馆原书已寄至敝馆，已满足稀奇想法。

本年度发表的论文

1. 发表论文《南中国海诸岛屿的主权问题》，《明报月刊》第 9 卷第 5 期，第 174—182 页，1974 年。

2. 发表书评，对吴元理（Wu Yuan-li）所著《中国手册》一书的评价，《亚洲历史期刊》第 8 期，第 182—184 页，1974 年。

3. 发表书评，对约翰·林德拜克（John M. H. Lindbeck）所著《中国：革命社会的管理》一书的评价，《亚洲历史期刊》第 8 期，第 77—78 页，1974 年。

1975 年　70 岁

一、开始研究中国秘密集社专题项目。

二、到美国东部大学、国会图书馆收集资料。

三、从钱存训来信可得知，当年钱存训来美国的原因，最早是邓嗣禹引荐给顾立雅。

夏季，到纽约、波士顿和华盛顿等地图书馆查阅资料，做相关研究工作。

8 月 18 日，邓嗣禹由华盛顿写信给女儿邓同兰，告知家中情况：

同兰：这次写来的信比较详细，使我知道家中的情形，谢谢。上次寄回 402 元，徐炳麟只告诉我合港币若干，而不说人民币，现在只折 706 元。恐怕他得了一笔小收入。天下无商不奸，不请他寄钱，他绝不给我写信，恐怕以后仍从中国银行寄。

今年夏天，我在外边作研究工作，纽约、波士顿和华盛顿（等地），物价奇昂惊人，两个月来，从未吃过一碗饭，只吃面包、干粮、花生酱、果子酱和水果等物。礼拜天，有时被朋友请吃，有时回敬吃顿好菜。每天在图书馆工作13小时，晚上回来累极了。天将黑，八时半许就得回家，恐怕被打劫，或被人打伤。家中情形：大女儿中美找不到事情，在女童子军队中工作，工资照例甚微。她已经25岁，照例自立，所以不管有工作无工作，有饭吃无饭吃，不要我们的钱，给她也不接受。她住至外边，每次回家，面色惨白，要她拿点水果、腊肉等物回去，强之始受；二女儿大学三年级，在外省名牌大学，每年需要费用甚巨，今夏做家教、游学，兼做救生工作，收入可以自给；三女儿去夏令营四周，早上学法文，下午学打球运动，她所有的功课都是A。

你要买的书[①]，除一本英文外，其它的书，徐炳麟跟我都难得办到。你能看日文书吗？看书名似无中文译本，买日本书最难，我们学校购买日文书，日人图书馆长要写私人支票，付日本钱，因美金贬值，行情不定，英文书也要两三个月才能寄来。一般书店，不卖专门书籍，我回校写信去订购，用学校的公文信纸，才能取信，否则不理。时间已经是8:15 AM，我要去图书馆工作了。二十日返校。

邓嗣禹到华盛顿美国国会图书馆查阅资料时，曾多次与中文部主任王冀接触，并成为好朋友。王冀[②]在他出版的回忆录书籍《从北京到华盛顿》[③] 书中，在此方面有重点介绍。

---

① 此书指英文版《组织胚胎学》（第十版）。邓同兰收到此书后，交由学校牵头向美国引进版权，组织相关教学、研究人员十余人，共同将此书翻译成中文，并于1984年由北京科学出版社出版。

② 王冀，1932年生人，为东北军高级将领王树常之子，他1949年赴美求学，获得马里兰大学农学学士，后在乔治城大学获得历史系博士学位，并留校任教。1957年进入美国国会图书馆工作，1975年担任中文部主任，直至2004年退休。

③ “邓教授脾气很大，在图书馆研究时经常因预订的书晚到大发牢骚。他和我是非常好的朋友，曾经送给我一个礼物，一本几厘米见方的四书五经小抄本，非常细小，是以前科举考场作弊用的，很稀有。这个礼物让我爱不释手，一直收在办公室抽屉里。很可惜的是后来整理办公室时发现怎么也找不到了，非常遗憾。”——译者摘自王冀：《从北京到华盛顿》，华文出版社，2012年，第104页。

8月21日，由华盛顿返回印第安纳大学。

8月28日，致信钱存训，介绍从东部作研究返校，以及近期工作情况：

公垂兄：顷从东部作研究返校，又蒙宠赐大作一部，曷胜欣羡。

吾兄每隔数月，必有一文或一书问世，诚谓多产，而皆慎密，钦佩曷已。董彦老与嫂夫人题字，益精光辉。

弟之研究之事，材料尚未找齐。将来或有几种求借或复制，惠乞核准。近见吴光清兄红光满面，安度退休生活。弟不敢打扰，秘不示知。等待走动有声，即请客。并在图帮助一切，诚所谓世间最难得者友谊。敬询，俪祺。

大作即介绍敝图购买一部。

12月12日，钱存训用英文写一长信，充满感情地叙述他与邓嗣禹相识、相知的全过程。文中介绍的情况，与目前学界认知有所不同。现将全文翻译如下：

在您即将退出现役教职的时刻，我衷心祝贺您在中国和美国多年的教师和学者生涯中取得丰硕成果。随着您在亚洲和其他地方的广泛旅行，您不仅结交了许多朋友，还与世界各地的许多学者建立了联系。您对学术界的杰出贡献为我们大家所钦佩。

我特别为我们近三十年的友谊感到骄傲。我清楚地记得，1947年夏天，我们在上海的第一次会面，当时你正在回中国进行研究工作的旅途中。你拜访了我的家人，告诉我芝加哥大学远东图书馆的位置。在你的鼓励下，通过你的推荐，我决定到芝加哥来，在那里，直到现在，我已经在这份工作上度过将近一半人生的旅途。

1947年10月5日，这是一个星期天，当我到达芝加哥时，我在日记上写着："我在邓博士家吃了午饭（这是我在芝加哥吃的第一顿饭）。"那个周末，"我和邓博士一起去购物，买了一件上衣（40美元）、一顶帽子（10美元）和一件箭牌衬衫（3.95美元）"，然后"我又在邓博士家吃了一顿晚餐"。除了是一位学者，大家都知道，邓博士还是一位出色的厨师。当我作为一个陌生人，第一次来芝加哥的时候，我非常感谢你的帮助和款待。我们已经建立了亲密的友谊，你和玛格丽特的婚姻使我们的友谊更加美好。玛格丽特是我在研究生院图书馆系中一位受人尊敬的同学（同事）。

我跟踪了解到，你在中国目录学和史学、中西交往、中国近现代史等学科的研究进展。在这些领域中，我所知道的，没有其他学者在这些学科中的贡献像你那样卓有成效和广泛。你的名字已成为所有中国留学生家喻户晓的称呼。在祝福你有好的身体和勤勉作风的同时，我相信，当你从教书工作中解脱出来之后，将为学术界做出更大的贡献。

文锦（钱夫人）和我一起向您和玛格丽特致以最良好的祝愿，祝您在今后的岁月里硕果累累，万事如意！

本年度发表的书评文章

5月，发表书评，对吴相湘（Wu Hsiang-hsiang）所著《第二次中日战争》一书的评论，《亚洲研究期刊》第34卷，第3期，第828—829页，1975年5月。

1976年　71岁

一、印第安纳大学为邓嗣禹举办退休盛宴。

二、校长芮安宣读费正清为此发来的贺信。

三、为国内引进《组织胚胎学》（第十版），后由其女儿邓同兰等人翻译出版。

1月1日，邓嗣禹写信给女儿邓同兰，告知《组织胚胎学》（第十版）购买、邮寄事宜：

同兰：接到来函，知教科学已经收到，可以释念。此书跟航空（费用）约八十元人民币，相当贵。美国每一百人当中，有八九个人找不到事。去年夏天至哈佛大学就碰到几个有博士学位，而且做过两三年大学教授的人失业，回到母校图书馆写书，做研究工作，静等机会而已。

我今年六月退休，退休后，无收入，只能靠从前薪金扣除的养老金过活。此后寄钱的机会不会很多了。我身体无大病，但衰老现象严重，眼流泪，发尽脱，双膝不能蹲坐。蹲下就站不起来了。所以去图书馆找书，书架最低一层的书，眼镜看不见书名，两腿蹲不下来取书，只好坐至地上，把衣服弄脏。我的医生说，年过七十岁的人，什么病都有被选择的资格了。祝你们全家大小健康愉快。

4 月 5 日，邓嗣禹致信钱存训，询问参加多伦多会议与身体健康情况：

公垂兄：在多伦多会议，不见尊颜，闻贵体违和，盼早占勿药。离退休期近一年半载，必须让出公事房。十余架书籍，书商不感兴趣，故徐徐大批抛入字纸篓。昨晚在一厚重之目录学讲稿之纸匣中，已多未用，抛出后，发现其中两本目录小书，其中之一即兄多年前所探求而遍寻未获者，谨一并呈，乞笑纳。致询，痊安。

4 月 12 日，印第安纳大学历史系特为邓嗣禹先生设退休盛宴。坐在首席桌上除邓嗣禹夫妇之外，有校长芮安、老校长威尔斯，以及预先要讲话的几位系主任和教授，还有特邀的台湾作家齐邦媛女士。系主任罗郁正致欢迎辞，并介绍远方来宾情况；校长芮安宣读哈佛大学费正清教授的贺信。信上说："他刚到哈佛大学从事汉学研究时，邓教授给他的种种指引，永远感念这位典范的中国学者。"

4 月 13 日，致函陶晋生夫妇，告知昨晚退休盛宴的具体细节：

晋生、家麟教授钧鉴：

约旬日以前，接到华盛顿大学出版广告，见其中有大作即剪下，并道喜。越两日，大作已寄到，甚谢。此书定价公道，想必有销路。上月亚洲学会开会，不知去纽约参加否？贵府大小安定否？

寒舍一切如常，天气突然热至八十余度（华氏），几乎来不及换衣服。今日着黄色夏衣，打您 5 年前赠送的领带。昨晚参加退休教授晚餐 hundun，今年告老，至印大 24 年（编者注：实为 26 年）。副校长至台上说，有一位年青教授，每日早晚皆安步当车，经过寓所门前，此人乃 Ssu-yu Teng 是也，满场鼓掌。五月二十二日，去华府演讲一次，约至国会图书馆一周。

此颂，祝安。向家麟及贵府小姐们均此问好！

4 月 22 日，钱存训曾致信邓嗣禹，谈及并寄来明史传记行本之事，这封通信没有保留下来。查询史料得知：1976 年，由美国著名汉学家富路特主编的《明代名人传》（全 2 册）正式出版。在这部传记中，钱存训撰写了明代铜活字印刷人华燧和安国的两篇传记，邓嗣禹应邀撰写了明太祖朱元璋的传记。

5月初，赴台湾、香港、澳门等地大学，收集资料，为撰写《中国秘密集社》做准备。

5月22日，应邀请赴华盛顿，在国会图书馆演讲，停留一周时间。

5月下旬，邓嗣禹开车赴威斯康星州阿普尔顿市，参加二女儿邓华在劳伦斯大学（Lawrence Univ.）的毕业典礼。

6月初，邓嗣禹正式办理退休手续后，赴哈佛大学七周、国会图书馆半个月，查阅《中国秘密集社》的相关资料。

7月4日，美国国庆日，邓嗣禹在哈佛大学图书馆，至地下车库中取车时遗失钱包，被扒手偷去。扒手将此中的钱取出后，再寄回皮包，因其中有身体证、开车执照。邓嗣禹称：也算是盗亦有道。

8月4日，邓嗣禹由华盛顿返回印第安纳大学。

8月26日，邓嗣禹致信钱存训，介绍近期的学术研究动态：

公垂兄：五月一日退休后，即去台湾、香港、澳门，寻秘密社会资料，兼至 Triad Reform Centers（三合会改革中心）作实地调查工作。返回参加二女 Lawrence Univ.（劳伦斯大学，位于康州）毕业典礼，即去哈佛七周、国会图书馆半月，四日（8月4日）方返校，清理案头。见吾兄四月二十二日大函，及明史传记行本。恐因忙，未及谢领，甚以为愧。据吴光清兄云，贵馆有若干方志，为国会图（书馆）所无，不知有目录否？又康熙乾隆等御制论文集，至哈佛与华府时，皆想将数种地方志查询，故无时看御制论文集。三月余，旅行费用大为可观，无能再去哈佛，不知能恳惠允来贵馆阅读二三日否？九月十日均可成行。敬叩，俪安。

10月中旬，经钱存训认可后，邓嗣禹开始去到芝加哥大学东亚图书馆查询资料，这是他曾主管过的图书馆。在此期间，邓嗣禹每日九时正点去图书馆，晚上十点才离开。

10月下旬，邓嗣禹因处理海关事宜，下午提前离开。

10月29日，邓嗣禹致信钱存训：

公垂兄：昨在贵馆工作十日，诸多关照，感谢莫名。原拟十月二十六日下午四时离馆，因在香港一块小地毯，海关大抽入口（关）税，故提前数日，临行走辞。吾兄正在授课，谨此函谢一切。敬叩，俪安。

此次工作，每日九时正点上班，晚十点下班，无时拜访。贵同事便乞致敬。

1976年，为表彰邓嗣禹对国际汉学研究做出的突出贡献，美国联邦政府卫生、教育及福利部（Department of Health，Education and Welfare）为他本人颁发了国家人文科学研究奖。这是美国政府对人文科学家所颁发的最高级别的综合性大奖。他的著作在西方，以及在台湾地区都十分畅销。

本年度出版的著作与发表的文章

1.《陈桥》（*Cheng Ch'iao*，*1180-1166*），载Franke主编的《宋代名人传记》（Sung Biographies，ed. by Herbert Franke，Wiesbaden，Germany，Steiner，1976）

2.《朱元璋传》，载富路特主编的《明代名人传记词典》（2卷本），哥伦比亚大学出版社出版。"*Chu Yuan-chang*" *in Ming Biographical Dictionary*，ed. by L. Carrington Goodrich and Chaoying Fang，（New York，Columbia University Press，1976，2 vols.），vol. I，pp. 381-392.

2015年，中文版《明代名人传记》由南开大学历史系李小林、冯金朋主编并翻译，北京时代华文书局出版。其中，《朱元璋传》是这两套传记书中最长的一篇，约有1万余字。

3.《对十年挑战的介绍》，收入《二十世纪二十年代的中国：民族主义与革命》一书的引言部分。

1977年　72岁

一、邀请英国著名汉学家李约瑟，来印大做三天的演讲，邓嗣禹全程陪同。

二、三卷本《印第安纳大学校史》出版，其中有一章节专门记载邓嗣禹对于区域研究的贡献。

三、邮寄英文医学辞典回国。

4月4日，邓嗣禹写家信给女儿邓同兰，告知已收到茶叶，并告知近期身体情况：

惠寄茶叶一斤，昨日收到。试饮一次，气味芬芳，与香港所购买者不同，甚谢甚谢。此外，请不必再寄。第一，因费事费手续，如制作木盒；第二，徐炳麟每年寄来茶叶两罐，作为过年礼物，其他中国朋友路过此地，亦有赠送茶叶者。家中茶叶存储，足够三四年之用。我的身体大致来说算是健康，每日仍至工作房，工作约十个小时。今冬奇冷，路上所积冰雪两月余未化，行路开车，倍感困难。故晚上未出门，在家中念书。头昏早晚仍存在，但不严重。两眼流泪，不时擦拭，微碍阅读。美国所在税重，今年返税近四千美元，几至破产。然六月中及十二月底仍适量设法寄钱回家。祝全家福。父字。

6月21日，邓嗣禹写家信给女儿邓同兰：

六月十六日，寄给徐炳麟一点钱，托他一次或二次转寄，以供家用。你有一次来信说良友已经死，上次又来信说良友仍然健在。如果有消息，良友、夏清多多少少分给他们一点。

美国物价日高，万分节省，总无法减少用度。退休之人，无其他收入，故入不敷出，还要动用一点从前的积蓄，方能过去。但接济你们的一点钱，绝对设法继续，不会有问题。

我的身体尚好，头昏未能完全除掉，不能骤然起床行动。必坐定之后，方能起步。看不起医生，也未必有效，白费钱而已。

我的书规范太大，收集材料三年，而未能完笔。从年头至年尾，每日工作十一个小时，从来不知所称假期，这是退而不休。希望家中大小平安。

6月27日，邓嗣禹写信告知钱存训，李约瑟来印大演讲之事：

公垂兄夫妇：

七月七至九日，李约瑟先生将来此演讲。贤伉俪如有时空，请同来一游。中国餐馆晚宴，算是我们的客人。若饭菜不佳，请原谅。能来乞示，以便订房间。否则，不必回信，以节省一点时间。敬叩，俪安。

7月7—9日，英国著名汉学家李约瑟博士，应邀来印第安纳大学做三天的演讲，邓嗣禹全程陪同。之前，因为钱存训曾为其撰写过中国造纸方面的书籍，所以邓嗣禹特别邀请钱存训夫妇参加。

9月30日，致信女儿邓同兰：

医学小辞典接来信后，当日寄出。医学大辞典早至海邮中，无法追回。

现在回国一次，需用人民币15万左右，好些人因为气候骤然改变，不适生病。有人要回国看八九十岁的祖父母，等了七年尚未得到签证。

我们身体都算强健，每月交给政府的医药保健费，合人民币200元，生病时，非大病不理。有一次看医生二三分钟，也要人民币50元。所以只好不看医生。不得已时，当然非去不可。

祖国情况得到好转，这也是好消息，希望有外销品。日本的汽车、钢铁、电视、无线电、钟表等几乎充满美国的市场。每月入超几千万元。祝你们全家来安吉庆，问母亲好。

11月底，因头昏症曾住院四日，后经检查脑、胸部并无毛病。

12月19日，邓嗣禹写信给女儿，告知近期情况：

同兰女儿：数月前来函，文字清顺，可称佳作。人生很少完全满意快乐，我亦不过有衣有食而已。终日忙碌，一生就不知有假期。去年夏天去哈佛作研究工作，七月四日美国国庆日，就至地下车库中失遗钱包，被扒手偷去。（扒手）将此中的钱取去，寄回皮包。因其中有身体证、开车执照，也算是盗亦有道。十一月底忽发头昏症，至今步行仍东斜西倒，住医院四日检查脑胸部无毛病。十日前托徐炳麟由中国银行寄你四百五十元，想不久可以接到。我去年五月已退休，此后无收入。仅能靠养老金度日。然每年必尽量照顾资助。祝新年全家百吉。父字。十二月十九日。

本年度出版的著作与发表的论文

1. 印大编辑、出版了三卷本的《印第安纳大学校史》，详细记录了二战后大学扩建的全面情况。书中有一章内容，专门记载该大学对区域研究进展方面内容。作者着重强调了邓嗣禹教授加入学校的重要性和对印大的杰出贡献。在这本书中，邓嗣禹在印大推动汉学研究体系的建立和在学术上贡献的业绩，已经成为该大学历史的一部分。

2. 发表长篇论文《中国法制体系下家庭的角色》，《亚洲历史研究》。*The Role of the Family in the Chinese Legal System*，*Journal of Asian History*，2.2（Novermber 1977），pp. 121-155.

本文详细地考察了中国家庭制度的历史演变及其同法律的关系，并广泛介绍了西方、日本和中国台湾学者在这方面的研究状况。中译文原载《湖南法学》1986年，第2、3期，译者王合成、王维俭。后收录于北京师范大学出版社2016年出版的《家国万里：中国历史的海外观察》一书中。

1978年　73岁

一、获得美国联邦政府卫生、教育及福利部（NEA）颁发人文科学研究资助金二万元。

二、10月初开始，到上海、北京、天津等地进行为期一个月的学术旅游。

三、退休之后，学校仍为邓嗣禹保留一处办公室，直至1988年去世。

4月30日，致函钱存训：

> 公垂兄如晤：久疏问候，盼一切均佳。昨日接芝加哥大学寄来支票一百元，此款必为吾兄多方设法，累费唇舌，鼎力督促，然后成功。感谢莫名！去年末一期未教书，得全薪。又加NEA（美国联邦政府卫生、教育及福利部人文科学基金）研究金二万元，故今年除扣除外，另交所得税四千二百余元。故芝大支票实喜出望外，不无小补。今附呈拙作二篇，乞指正，顺叩。

10月初，从印第安纳出发，途经日本，再到上海、北京、天津等地，开始对于中国的第二次旅行，这一次是以学术考察为主要目的的旅行。

途经日本时逗留五天，收集相关研究资料。

在上海，邓嗣禹拜访了曾经的燕京大学两位研究生同学。第一位是上海图书馆馆长顾廷龙，并提供给他一些需要复印的书籍和论文目录。顾承诺在邓嗣禹从北京返回时提供全部所需资料。第二位是时任复旦大学历史系主任谭其骧。当时，谭其骧因中风，正在上海市龙华医院住院治疗。据邓嗣禹在回忆录中介绍：谭其骧不能举起左臂，右腿也几乎不能行走，由他在上海的女儿，以及从新疆返回的儿子每人一周，轮流照顾。邓嗣禹在回忆录中，介绍了具体细节：

> 我们开始谈论他的身体现状问题。他目前不能举起左臂，右腿

也几乎不能行走。我问："为什么只有一个病人的房间却有四张床？"他回答说："在中国，为了减轻医院的负担，每个病人都有两、三个家庭成员陪同，这样可以比忙碌的护士更好地照顾病人。"过了一会儿，谭想坐在椅子上和我说话。他的女儿帮他穿上袜子和裤子，扣好衬衫，扶他从床上下来。我说："你很幸运，在美国女儿并不总是能见到住院的父亲。"他说："目前是由最近从新疆被召回上海的儿子，以及女儿日夜轮流为我护理，每人一个星期轮班。但是女儿已婚，还要照顾自己家里的两个孩子。"他的儿子到医院一周后，感到无聊，但却只能在这样一个单调的生活空间里休息。在另一次访问中，我看到他的两个侄子从绍兴赶来医院看他，他的儿子则睡在医院的病房里。我们长时间地谈论的话题，是关于我们以前的教授和校长们的轶事。他们当中的大多数人已经彼此失去了联系，这些人有的已经死亡，或者年纪太大了，无法再出来见面。

从上海出发，乘坐软卧火车去北京，全程需时 19 个小时。

在北京期间，拜访了著名女作家冰心、元史学者翁独健、美国和中国史资深教授崔世浩、图书管理学家陈洪顺，以及梁启超的女儿、北京大学图书馆副馆长梁思庄。

在北大图书馆工作二日，查阅资料时，意外遇到朱士嘉。后由朱士嘉带路，到其家中，看望到了齐思和、陈鸿舜。代转陈鸿舜给钱存训信函一封。

在北京期间，还曾见到红楼梦研究专家吴世昌，清代史研究专家王钟翰，历史学家朱同书、白寿彝等人，以及太平天国史研究专家谢心尧、罗尔刚（谢一直很健康；罗已 80 多岁了，身体不好）。

在吴世昌的陪同下，邓嗣禹曾前往医院拜访了燕大时期的硕士导师顾颉刚。据邓嗣禹在回忆录中介绍当时的情景：

在吴世昌的陪同下，我去他家新楼看望他。他的公寓在一楼，有三四个宽敞的房间，可以供他的两名研究助理和一名职员使用，他们都在那里工作和生活。我们发现顾颉刚没有在家，这种情况对于吴世昌来说并不意外。我们去了医院，在医院找到了他的房间。顾某紧紧地握住我的手有几分钟，兴奋地交谈着。他说："我一直在按照新的历史方法和观点修改我以前的出版物。我可以再工作几年，直到我 90 岁以上，然后我就可以停止写作了。”当他高兴地交谈时，他的妻子轻轻地拍了拍他的肩膀两三次。我以为她是表达感情爱意，但是，顾太太最后说：“请注意你的高血压，你那长时间的、生动的谈话可能会让你发烧。”顾则坚持说：“我们可以自由的交谈吗?”我们表示道歉，并向他道别，他坚持在门口为我们送行。

10 月 18 日早，邓嗣禹在北京期间，曾致函罗尔纲：

尔纲先生：

弟重返祖国，颇欲来尊府拜访请教，时间尚难预定，特先奉闻，免吃一惊。

弟现研究中国秘密社会史，先生如有珍贵史料及高见，希见示一二。

在北京尚有数日勾留，即叩道安。嗣禹拜启。

10 月 20 日，罗尔纲回复邓嗣禹：

纲患高血压神经官能综合症多年，近年加剧，不能说话，不能见客。昨承大驾惠临，未得迎接，今天又奉大教，曷胜抱歉。用特专函奉陈病况。伏乞见谅！

拜读手示，敬悉先生现研究中国近代秘密社会。承下询有何史料。纲所收集天地会史料，已编于三十多年前出版之《天地会文献录》中。近年所见，大都是起义史料，如《上海小刀会起义史料汇编》等。而未见有如贵县修志局发现天地会文件那类拜会用的文件者。前读的近人关于天地会著作，见仍以《近年秘密社会史料》及《天地会文献录》两种为主要根据，知此类拜会用的文件发现很少，而研究者必须以此为依据，殊为有见也。至论中国近代秘密源流著作，则陶成章《教会源流考》可称要作。纲于天地会仅早年偶有涉及，有愧下问，谨遵命奉复。

并致，敬礼。罗尔纲上。

邓嗣禹由北京，乘火车到达天津，拜访南开大学副校长郑天挺。邓嗣禹在回忆录中，介绍了他和郑天挺见面时的细节：

当我到达天津，在火车站给他打电话时，他高兴地说：“欢迎，欢迎！”他的态度是认真的。当我的出租车驶到大学门口时，他紧握双手，冲上去开车门。当我试图支付车费时，我发现他已经给了司机一些钱。一辆大学的小汽车把我们带到了他的住处，室内地上面覆盖着漂亮的天津地毯。当得知我计划在同一天返回北京，只做了三个小时的访问时，他让儿子和我们一同去一家餐馆吃饭。席间，他点了十道有特色的天津菜。在午餐时间，我问了郑某很多学术问题，所有这些问题都像在电视采访中一样，得到了准确的回答。然后，他问我有关美国新史学编年问题。我给了他一个类似简洁的回答。我说，一个关心模式和预测的社会学家，和一个通过研究获得全面数据历史学家，他们很少会达成一致的观点。他要求我提供几本关于中国历史的著名英语书作为参考文献，用于编辑一部关于中国通史的多卷作品，我毫不犹豫地答应了。我了解到，其他几个大学的学者也在试图编纂一本关于中国通史的书。

从天津回到北京后，邓嗣禹得了感冒，回忆录中有相关细节介绍：

酒店医生的治疗对我帮助不大，两天后病情恶化了。我担心自己可能得了肺炎。所以我不得不改变原来设想的，去看风景名胜区，如桂林、广西，再坐火车到我的家乡湖南，然后再坐飞机，从桂林到上海的计划。于是，我改变了计划，安排在苏州待上几天，原来希望与南明史的权威人士谢国桢交谈，再欣赏美丽的风景和美味的食物。不幸的是，到苏州后，我找不到谢某在苏州的临时住所；因为持续的大雨，加上猛烈的风，天气变的突然寒冷，因此我也不能做很多观光活动。同时因为感冒的关系，我还不能吃太多美味的食物。厨师们太忙，不能为我精心准备可口的食品，好像他们还是习惯于过去的生活。

邓嗣禹由北京到苏州三日，后再由苏州返回到上海。原来希望在苏州能够见到明史专家谢国桢，但由于找不到他的住址，失之交臂。

回到上海后的情况，邓嗣禹在回忆录中有相关细节介绍：

来到上海后，我很高兴地得知，在一个为外宾准备的特别房间里，有一堆书在等着我阅读。接下来几天，我收到了大约 100 页影印的资料，这都是从我选择的材料中复制的。顾廷龙亲自给我带来了影印件，并邀请我吃饭。这些从上海和北京收集的资料是在其他地方所没有的，让我这次的研究之旅收获颇丰。吃完饭后，我们租了一辆汽车穿过旅馆，到龙华医院与谭其骧告别。

第二天，我去看了位于上海郊区的一些新建筑和工厂。尽管上海，这座国际大都市的心脏几乎没有改变——只是继承了以前外国人定居点留下的永久建筑，但这些成就还是给人留下了深刻的印象。北京也是在城外不断增加新的住宅，计划将市内所有破旧不堪住宅中的居民进行重新安置，这些旧房屋已经无法修复或改造。同时，市区内的旧房屋将被拆除，为建造宽阔街道和高楼让路。至于这项工程巨大的项目何时启动，以及如何完成，目前还没有看到制定出时间表，或者是详细的计划，我们必须拭目以待。

10 月 31 日，邓嗣禹由上海起飞，途经东京和洛杉矶，用了一天的时间到达布鲁明顿。

12 月 15 日，致函钱存训，详细介绍回中国旅行的细节：

公垂兄：去大陆前，兴致勃勃，一抵北京即伤风咳嗽，逾治逾坏。由沪一天返家，到芝加哥机场时，一夜未眠，已经累得不能抬起头，更无能走动、打电话。在北大时，曾由朱士嘉领导，去陈鸿舜宅间谈一小时，彼询问吾兄近况。在北京图书馆工作两天，皆至善本图书室。赵万里尚在，惟满身体是病，言语行动均感困难。罗尔纲亦然，曾登门拜访，夫人挡驾，翌日来函，转述病苦。北京图书馆现筹建新馆，至西直门外民族学院附近，预计 1981 年完成。旧馆址小得如家祠，不敷应用。现有分馆三四处，其一即从前的国子监，外宾不能去，必将书籍先一二日通知，搬至总馆阅读。也有复印机，价昂，每人日限数页。弟印百余页，未收费，很客气。容当寄书籍、杂志，以报答之。

刘国钧示及见到，在北大仅一二小时，周培元至美国，副校长季羡林、图书馆长梁思庄接见。在图书馆中见到朱士嘉，由彼带路看齐思和和陈鸿舜。历史系主任邓广铭想见面时间来不及。至上海顾起潜（顾廷龙，字起潜）大帮忙，请客，问吾兄好。曾至东交民巷老德国医院，见到顾颉刚，彼极高兴，健谈，夫人阻止一二次。彼生气说“我有言论自由权没有?”大陆之患在人多，小汽车贵，公共汽车挤得不能喘气。

曾住苏州三日，谢国桢①至各图（书馆）看明末清初史料，写笔记，找不到他的住址，失之交臂。苏州日夜赶建旅馆，九层至十一层，街道改宽，菜蔬不如从前，因人口太多无时细作。

为陈写的文章，早已拜读，实至名归，曷胜欣羡。夫人均此请安。

11月28日，邓嗣禹写信给女儿邓同兰，介绍工作、身体情况：

同兰爱女：性急是我们家里的遗传病，自曾祖父、祖母与我及你们，一代比一代加甚。留学生交换事尚在谈判时期。已经来的几打人中，为交换学生，皆已至大学毕业，并做过多年研究工作，或有工厂经验，期间限定一二年。年龄至三四十岁之间，最年轻者为22岁。大学未毕业来美国者，□□、日本及其他各国很少、很少！所以性急无用。如中国政治局面不稳定，中美不能建立国交，希望更微，机会更小。

大学毕业的外国学生，如成绩的确定优良，比美国学生好，可以获得奖学金。大学本科皆需自费。每年需要美金六七千（小大学），哈佛、哥伦比亚等大学，每年需要美金八九千元。即州立大学食住在家，吃住不花钱，光是学费也要三千元以上。本科四年无奖学金制度。

我生于1905年，阴历六月二十三日，今年实龄73，虚龄74。美国七十岁强迫退休之后，即不能赚钱，养老金一年一年减少。退休之人无工会不能罢工，美国大总统最近宣布，明年要减少养老金，及其他政府津贴，以便减少赤字数目，力图收支平衡。

忙是人之常情，几乎无人不忙。我每日早八钻进公事房，晚上十一点回家，从不知有过年过节的假期。但是紧要的信，我必忙中偷闲写好。人家送我一篇文章，我必写信道谢。礼尚往来，谊当如此。方能与人无争，与世少悔。否则，七四之年，可以天不怕，地不怕，死更不怕，要死就死。死了一焚了之，绝不要衣冠、追悼仪式。现在做一日和尚撞一日钟，以此永年为是而已。我明白你们及

① 谢国桢（1901—1982）字刚主，祖籍常州武进，寄籍河南安阳，是我国著名的明清史家、版本目录学家，生前曾任中国社会科学院历史研究所研究员、研究生院教授，兼任国务院古籍整理规划小组顾问。

我自己双方面的情形，当局者迷，旁观者清。知我罪我，非所谓也。1979 年 1 月中，必从中国银行寄回 400 余元。徐炳麟因忙，很少回信。所谓久病无孝子也。

本年度发表的学术论文与传记文章

1. 发表论文《东瀛观光善本汉籍鳞爪》，*Chinese Librarians Association Newsletter*，4.1（March 1978），pp. 2-10.

2. 发表传记文章《纪念裘开明先生》，台湾《传记文学》32 卷第 6 期（1978 年 6 月），第 83—86 页。

1979 年　74 岁

一、本学期接待著名文学家萧乾来印大，考察三天。

二、接待国内一个工商设计与管理团体，来印大参观二天。

三、指导博士生陈润成撰写秘密集社课题博士论文。

四、将 1978 年回国日记译成英文，整理出版《重访中国》一书。

1 月 15 日，致信女儿邓同兰：

同兰，一月五日，托徐炳麟寄给你们美金四百九十五元，想必或不久可以收到。收到时，请在一月以内，给我写三个字“收到了”，或者“未收到”好不好？

徐炳麟多半是因为忙，很少写信。下次我从香港中国银行寄款，不知你们那方面有无收到。

2 月 5 日，邓嗣禹致函钱存训，告知陈鸿舜的住址：

公垂兄：上次电话谈话，可解严寒。弟已正式升为教授（荣誉教授），从健忘方面说，答应供给陈鸿舜的住址，第二天全忘，乞恕补呈如下：

北京海淀区，中关园 14 号。

芝加哥今年比此地冷，今早零下五度（华氏），你们那儿是零下 15 度。冷习惯了，反不觉得难受。今早仍步行至公事房，中午关门吃三文治。天气虽冷，我们的友谊是热情的。敬询。

4 月 4 日，致函钱存训，代转朱士嘉信函：

公垂兄：朱士嘉托转此函，谨代办并询。俪安。

存训兄：惠敷并承览制朱氏地方志综采补订一文均已收到，敬致衷心的感谢！

如能在大力支持下，编写美国各图书馆所藏稀见中国地方志目录，极有参考价值，为出版家将来根据这份目录影印中国方志实属理想。我将拭目以观其成。因地址不详，请代转。

匆复，顺致。撰安！朱士嘉。

8月，邓嗣禹指导的最后一位博士生陈润成，为撰写博士论文收集资料，讲授《20世纪的中国》引言部分时，他收集了1971年以来出版的，美国学者访问中国之后出版的20本参考书籍，为此撰写书目摘要与评论，作为邓嗣禹《重访问中国》书籍的附录部分，一同出版。

9月，应美国爱荷华大学“国际作家写作计划”主持人邀请，中国著名作家萧乾和诗人毕朔望（时任中国作协外事办公室主任），赴美参加“三十年来大陆与台湾，以及中美作家之间首次交流活动”，并在印第安纳大学停留三天，举办讲座与交流活动，这是中国作家代表团30年来第一次访问美国。

12月24日，邓嗣禹致信女儿邓同兰，告知文学家萧乾来印大访问：

同兰及家中亲戚钧鉴：

当中曾函徐炳麟，请寄一点钱给你们，他现在照例不回信。如接到，不要以为惊奇。另外，我还要从中国银行寄回450美元，以美金贬值，故请徐寄一点肉脯。

这学期，有一位祖国的文学家萧乾在印大三天。我问他能否从天津纺织学院转学至南开大学？他说，现在国内不能转学，不知是否属实。

另外，有一工商业设计与管理团体，来本校参观两天。我们忙着招待，学校花了一千多元，算是很客气了。

瞿同祖回信，谓湘雅医院无医学朋友，另外一朋友告知，湖南大学无生物系，武汉大学有，人满为患，即至外国得到生物学博士学位者，亦不容易插进去。

另外一朋友说，你可以到哈尔滨医科大学教书，比佳木斯好多了。不知你的意见如何？今天算是近圣诞节，无忙。即祝母亲及你们全家大小，新年百吉，快乐健康。

12月，致函陶晋生夫妇，谈及《邓嗣禹先生学术论文选集》文章编辑细节：

晋生、家麟教授：

黄培一再建议，拟将从前中文拙作有学术性者，印成专集。嗣禹恐灾梨祸枣，不堪作覆瓿之用，然仍至电话中坚持，不便扫兴，勉强应允。《唐代矿物产地表》《禹贡》编者因缺稿，急于征文，两晚写成，用旧方法，无解释。故决定不可重印。《中国考试西传考》，早经崔书琴助手译成中文，顾立雅感兴趣，又继续研究数年，似可成定论。方毫神铺之反辩，两年前始无意中阅读，觉得无辩驳之必要。中国发明印刷术，远至现在，欧洲学者尚有人不以为然。也有欧洲人仍持中国上古文化，传自近东说，故无争辩之必要。诸君之文，已允许转载，但仍需要翻译成中文。印大只有一邓某，中文不通，索价奇昂。贵校如无高材生，似可转载原文，注脚甚多，且多以法、德文，故注解不能翻译。

总之，请您们几位酌量，翻译费我可负担。黄培每隔数周打长途电话，无法阻止。据云，贤伉俪今年八月返“中央研究院”一年，曷胜欣慰。昨今两年，美国中部特别冷，自圣诞节前起，积雪尺余，从未融解。冰上加雪，雪上加冰，公事房温度限定 50 度（华氏），各自电灯减半，行路开车两难，居亦不易。你们算是天之骄子，近读邰循正文，谓“糠禅”为白莲教之一派。“糠禅”一词，不见元史语汇集成及其它，不知辽金史中用此名词否？特请教专家，但不必费时寻找。印大有金史语汇集成，因路滑尚未专门检查。

本年度出版的著作与发表的论文

1. 写作、出版英文版《一位海外历史学家对中国的评论：1972 年的第一次旅行、1978 年的第二次旅行》一书（*China Revisited by an Overseas Chinese Historian*：*The First Trip*，*1972*，*The Second Trip*，*1978*，Washington，DC：Center for Chinese Research Materials，Association of Research Libraries，1979）

2. 发表论文《唐宋元明清中枢官制之研究叙言》，收入《陶希圣先生八秩荣庆论文集》，台北：食货出版社，1979 年。

3. 发表论文《唐代三省之沿革变迁考》，《清华学报》第 12 卷，1—2 期，第 61—72 页。

1980年　75岁

一、《邓嗣禹先生学术论文选集》在台湾出版。

二、与翁独健、陶晋生等学者探讨学术问题。

2月18日，写信给女儿邓同兰，告知近况，以及燕大老师邓之诚女儿在美国的情况：

同兰女儿：

今年这里的天气比过去两年暖和，但最近十日在零下15至20度，冰雪交加，行路难，写字手发抖。我们1980年的养老金，与1979年的一样。生活费去年物价增长13%，今年要增加16%—20%，所以我们也要十分节省。亲戚朋友太多，爱莫能助。

我在燕大老师邓之诚先生有六个女儿，第三个在美国开餐馆。她的姨妈、兄弟姐妹，托我转信、写信，从无一字回答。祝母亲及你们全家大小万福钧安。

3月28日，致函陶晋生，询问《明实录》台湾“中研所”收藏情况：

晋生教授：

数日前，内子寄来博士礼服一套，临时干洗过，胸前或需烦家麟作一纽扣，然可有可无，因行礼时，教授多半随便，奉行礼事而已。

这点物品费用，不能算作任何礼物，故特选择非过年过节之时，然后邮寄，请笑纳勿却，千万勿再送珍品。我们已受之太多，很觉惭愧。《明实录》，印大入藏者收集至嘉靖时止，91册以后为校勘，不知中研所出全否？

家麟教授均此未另，祝全家福。

10月31日，翁独健来函，询问《清实录引得》书籍在美国印大收藏情况。

11月10日，邓嗣禹回复翁独健：

独健兄：

喜接来函，如同见面。印译成英文，打好备用。因原函太短，不复好看。又因洋公文惯例，只能用一个称谓，不列总裁，乃略如不通。作为半公半私之信，盼勿失愿意，尚待大旨表达。

《清实录引得》等书，仍在多方面进行。美国政府愿意帮忙，但是有条件要求：其一，有 Match-fund，即从其它基金委员得到同样数目的捐款；其二，学校当局必须津贴之一部分。关于学校津贴，印大新副校长已经答应尽量设法解决。然而我要求一年五万元太多，逾数目学校须公布登出，州政府将印大 1981—1982 年预算大为消减，须加学费 11%，方能维持。然无论如何，必可得到学校额外捐款，不可商议，亦不乐观。总之，退休之人，不受薪金，纯为谋学术上的便利。若《清实录引得》能作成，可谓是中国文史研究一永恒大事。其三，提议王钟翰为能胜任之良才。未知高见如何？叩询，俪安。

弟　嗣禹敬礼

本年度出版的著作与发表的论文

1. 黄培、陶晋生两学生编辑、出版《邓嗣禹先生学术论文选集》，台北，食货出版社，1980 年 1 月。

2. 发表论文《万历武功录叙论》，收入瞿九思著《万历武功录》，第 5 册，台北，艺文印书馆，1980 年。

3. 为艾千子著《天傭子集》做序言，台北，艺文印书馆，1980 年。

1981 年　76 岁

一、撰写《蔡元培先生的革命思想与活动》作为参会论文。

二、8 月下旬，赴台湾参加“中华民国建国史”学术会议。

三、9 月，参加二女儿研究生毕业典礼。

3 月 12 日，致函陶晋生，告知将参加本年度 8 月份在台湾举办的“中央研究院”学术会议：

晋生、家麟教授钧鉴：

中国近古史，已拜读，言简意赅，文从字顺，甚为钦佩，已列入拙编书目中，以补篇幅。

亚洲学会开会，国会图书馆 Tsuneishu 要请参加，退休之人，一切自备，已决定不去。

“中央研究院”学术会议，承蒙你们介绍，陈荣捷、De Barry（狄百瑞）等人力劝，同聚数日，已复函参加。钱思亮院长来函，不以信封上写 R. O. C.（中华民国）为然。我们的信，学系书记分开打，无法告知如何打信封，闻有时邮政局人员说，他们分不清楚，易出错，最好将 Taiwan，R. O. C（台湾，中华民国）写至最主要一行。故未能去信道歉，能否有时间预备一篇论文，尚难预言。故请勿向台湾、印大校长道及，雅不愿第二次麻烦他们，祝全家福。

5 月 19 日，写信给女儿邓同兰，

同兰，托李曼卿同志带来的茶叶两罐，她另托友人 C. S. Yang 邮寄，已于三日前收到。今早函谢，并附现钞二元，补助邮费。

我谢谢你的茶叶，请千万不要寄高丽参。二十年前，我有一位高丽学生，送给我一点上等茶叶，其中含有高丽参，因药味太重，终于退还。你若寄高丽参，我必退还，你得付关税。茶叶我已有很多，请勿再寄。

儿科医学大词典第二部，寄出半年，至今未到，甚为怪事。若贺嘉福不能写我的英文地址，他怎能看得懂词典中的内容？我也看不懂他的意思。

8 月 23—28 日，邓嗣禹携夫人及小女儿赴台湾，参加由“中央研究院”举办的，主题为“中华民国建国史”学术会议。在此期间，博士生陶晋生夫妇亲自开车接送、游玩，请客大小十余次，临行又送大批礼物。陶晋生父亲陶希圣参加作陪。

8 月 26 日上午，宣读研究论文《蔡元培先生的革命思想与活动》。

8 月 27 日下午，宣读长篇论文《对中国秘密社会的介绍性研究》。

8 月 29—30 日，途经香港、澳门等地，实地参观香港黑社会分子感化院。在去澳门时，香港派两警官陪同、保护，参观新建成的桥，澳门警察局安排与能说国语的中年人士访谈。然后，从香港飞往加拿大，第二天返回美国家中。

9 月 25 日，致函陶晋生夫妇，对于在台湾的热情招待表示感谢：

晋生、家麟教授钧鉴：

来台承令尊大人及贤伉俪招待，亲自开车游玩，请客大小十余次，临行又送大批礼物，使内人及小女高兴，真是过分客气，感觉万分不安，谨代表全家及本人特别致谢，感谢万分。

去港澳后又是一翻忙碌，与香港警察署交涉，居然也能厚礼相待，警车接送，参加黑社会分子感化院，做一点 field work（实地工作)。去澳门，香港派两警官陪同、保护，参观新建成的桥，与香山接合，谈了“变质”黑礼情形，又叫来一位深知内情，能说国语的中年人士访谈。警厅一个全式之模型台“木立斗世”三军令旗、香长白扇。又将假窗户打开，中间有数百黑社会分子的相片，背面有年龄、籍贯令社名录，初犯重犯等等。警长自鸣得意地说：澳门数千分子，皆如手使臂，故大事不敢犯，小事不足为大害。香港黑社会有手枪，澳门获武器陈列室，多拙陋不堪，如脚踏车、小玩具刀等。

我从港澳当天飞至加拿大，第二天返家。飞机上飞行太久，甚累。家麟如生产后来美，宜于途中休息一日，每当下机前，小孩啼哭，大人不舒服，均以休息一天为必要。我要她为《美国历史评论》作一篇关于妇女运动的书评。晚点交卷，亦无妨碍。

两天至公事房，清理案卷的一半，即去阿普尔顿（威州，劳伦斯大学所在地)，参加二女儿大学（研究生）毕业典礼，又是一番劳顿。来哈佛初拟住 Kinkland lnn，斗室形同监狱，无电话，不能往室内送邮件，每月 240 元，今年增加至 300 元，局促得很。有一位吴太太替我打理，每月只收 85 元。室内有一间厨房及冰箱，可惜无时间做饭。一般人心理，以进母校为乐事，贤伉俪全家若欲回母校观光，当随时欢迎，可惜绝对没有你们那么周到、丰富的招待。然欢迎之心一也。

令尊大人住址已改变，乞示。徐愚斋一书，已海邮寄呈影印。即祝全家福。

本年度出版的著作与发表的论文

1. 在纽约 Garland 出版社出版英文著作《中国的异议与犯罪：秘密集社、民众起义、农民暴动书目》一书（*Protest and Crime in China*：*A Bibliography of Secret Associations*，*Popular Uprisings*，*Peasant Rebellions*，New York：Garland，1981 年。)

2. 发表长篇论文《对中国秘密社会的介绍性研究》，载《“中央研究院”国际汉学会议论文集》，第 1147—1181 页，台北，1981 年。

3. 发表译文。将陶成章《中国秘密派别和社会的演变》一文译成英文，收入《翻译》一书，第 15 卷，第 81—102 页，1981 年（*The Evolution*

of China's Secret Sects and Societies, By T'ao Ch'eng-chang, *Renditions*, 15, pp. 81-102, 1981)

4. 发表论文《蔡元培先生的革命思想与活动》，收录在《中国历史学会论文集》，共计有 16 页，1981 年。台湾《传记文学》第 39 卷第 3 期（1981 年 9 月号）全文发表。2015 年 6 月，岳麓书社出版《民国三大校长》，将此文收录书中，第 58—74 页。

1982 年　77 岁

一、4 月，到芝加哥参加以“辛亥革命”为主题的亚洲历史学会。

二、5 月，在匹兹堡大学接待周一良教授。

4 月初，邓嗣禹赴芝加哥，参加以“辛亥革命”为主题的亚洲历史学会。中国代表团以时任中国社会科学研究院院长胡绳为团长，赵复三、李泽厚、李宗一、章开沅等五位辛亥革命方面的国内著名学者为成员。这是美国学者特意邀请两岸的中国学者在一起研讨辛亥革命，到会人数十分踊跃，共有五六百人，台湾也派出五位史学家参加。

其间，当邓嗣禹得知贝德士当年在金陵大学任教时的学生，国内研究基督教大学和辛亥革命方面的领军学者，章开沅教授也参加这次会议时，他与章开沅彻夜长谈。

2012 年 6 月。章开沅在《学术界》杂志所发表的《学术界争辩更需要理性与包容——从 60 年前贝德士与邓嗣禹的争辩说起》一文中，真实地记录了当时的场景：

> 1982 年 4 月，我随胡绳去芝加哥参加亚洲协会年会，却有幸与邓嗣禹相遇。此次年会最大的亮点，就是美国学者特意邀请两岸中国学者一起讨论辛亥革命。到会者非常踊跃，把棕榈宾馆的最大的宾馆挤得满满的，连所有的阶梯都坐上了人，总数约五六百人。会议开得很好，所以刚刚闭幕，我还来不及回到寝室，就被以唐德刚为首的 30 多位旅美华裔学者“绑架”，一哄而上把我簇拥到附近的一间大房间，把酒言欢，畅所欲言，共同庆祝两岸中国学者首次共同讨论辛亥革命，并且引起举世瞩目的效应。
>
> 良宵苦短，不知不觉已近子夜，我正式准备告别回到自己的卧室，突然闯进一位个头较高的长者。他自报就是邓嗣禹，并且急急

忙忙把我拉进他的房间，满面笑容地说："我终于找到你了，你是金陵大学贝德士博士的学生，所以一定要请你喝酒。"我现在已记不清谈话的内容，也没有提及30年前他与贝德士之间那场误会。我们之间除了畅谈祖国情思外，他对未能见到一年前已故业师贝德士，亦表示极大的同情与遗憾。当谈到贝德士业师时确实流露出真情实意，令人敬佩。

章开沅在文章结尾中特别指出："我非常感谢邓嗣禹的盛情接待与热心提携，同时也联想到自已至今仍沐浴在贝德士的遗爱之中，是他的学风与人品深深地影响了我的一生。"

5月，邓嗣禹与匹兹堡大学王伊同教授一同，接待由国内来访的同学、北京大学周一良教授。"洪门"三大弟子一起，参加了洪业先生向匹兹堡大学捐赠遗书的仪式，并留有合影照片。

8月，致信给学生黄培，邀请他一同研究中国秘密集社的课题："我自觉精力不够，不能完成此书。所以想采用分工合作制，邀请有关学者，各写一重要题目，合成一书。"

据黄培在发表的文章中回忆：

> 当时先生曾命黄培写《少林寺僧征西鲁考》，并寄来一些复印资料，以便着手。黄培再三衡量，没有接受这一任务。黄培的考虑有三：第一，对天地会或其他秘密会社，只可浅谈，不能深入；第二，"西鲁"一名，含意不清，很可能出于口传之误，缺乏根据，但流传已久，写而不察，便同事实，如要加以推翻，非有实据不可，但何来这种有力证据？第三，黄培虽曾受业于先生，因资质较差，未得其学问之万一，年岁徒增，应以藏拙为是。日后回想此事，不免有后悔之感，因为这也是重向先生学习的机会。

黄培在《追思邓嗣禹教授》一文中（《传记文学》第35卷第1期，1988年），对老师的教学生涯还有这样的评价：

> 邓先生举生尽瘁于史学，不汲汲于名利，不屈服于权势，敢于直言，脚踏实地，只以研究和教育为重，虽退休以后，每日必于清晨到达研究室，直到晚上十点始回家，虽风雨无阻，即周末及礼拜天也不例外。有时笔者于星期天打电话到他办公室，除非他去图书馆，否则每次必有回应。正因为他力学，他著作很多。业精于勤而

荒于嬉，邓先生之学术造诣，便是最好的说明。只因自己勤于治学，所以常劝学生用功读书，难免引起一些同学的误解，以为他严于督责，甚或不近人情。

1983 年　78 岁

一、与陶希圣探讨《林彪的阴谋与灭亡》一书。

二、着手撰写《邓之诚先生评传》。

8 月 17 日，邓嗣禹写信给陶晋生，希望通过他向陶希圣询问对《林彪的阴谋与灭亡》一书的看法。

晋生教授：

您现在也许从台湾返校，案头文件高筑，百端待理，本想通电话，双方省事，然个中问题之一，恐匆匆忙忙，一时无法回答。

令尊大人健康如何？

《食货》杂志……如何？美国杂志期满前数月，函催续订，香港、台湾无此纠结。查支票存根 1982 年 4 月 26 日寄《食货》32 元，作为续订二年之用，不知是否足够？此函并非算账，而是关心令尊大人之健康。

最难马上在电话中回答的问题，是一本书《林彪的阴谋与灭亡》，作者是姚明理（Yao Ming-Le），《美国历史评论》要我写书评，明知其伪，而无法证明。不知尊大人看法如何？您至台湾的见闻又如何？得须气畅数行为寿。

嗣禹，一九八三年八月十七日

11 月 30 日，邓嗣禹写信给陶晋生，介绍著作进展情况。

晋生教授史席：

蒙费很多气力，获得“通讯研究员”，感谢莫名！通讯研究员一词，1930 年代曾听说过，谓某人为《通报》通讯研究员，以后寂然无闻，亦不知是何……，得便乞示一二。拙稿经芮逸夫过目，彼一番好意，介绍史语所，若能刊出当算幸事，否则亦无伤大雅。末后结论，或将略加修改。初校时，仍可为之。但不知此文进行至何耳。遵示，已函史语所所长丁邦新先生，接受此钱，附复印纸，以供参考。

拙作仍在徐徐进行中，惟缺乏助手打字，进行迟缓，注脚太多，费力不讨好，能仔细过目者，只著者、接印者、校印者数人而已，身躯幸而无恙，徐徐行之，免受青年人攻击。

今年美国大遇水旱灾，可证科学非万能，贵府未受影响，算是幸运，“人工雨”一词，无人言及。

祝贤伉俪著安，带老伴问候。

嗣禹上，一九八三年十一月三十日

12 月，邓嗣禹将已完成部分《邓之诚先生评传》的草稿寄给王钟翰，后又与周一良联系，邀请他积极参与合作。1987 年是燕大老师邓之诚诞辰 100 周年，作为曾经的三位学生，由邓嗣禹牵头撰写评传，以表达怀念之心。这篇三人合写的《邓之诚先生评传》文章，于 1987 年发表。

本年度发表的文章

1.《胡适之先生为何能与青年人交朋友》，台湾《传记文学》，第 43 卷，第 1 期，第 29—33 页，1983 年 7 月。

2. 发表书评，对吴相湘（Wu Hsiang-hsiang）所著《孙中山先生传记》第 2 卷的评价，台湾《清华学报·中国研究》第 15 卷，第 1—2 期，第 173—176 页。

1984 年　79 岁

一、邀请杨振宁教授来印大演讲。

二、再次获得美国政府资助，出版学术著作。

三、《捻军及其游击战》一书，经过补充若干章节后再版。

四、指导博士生陈润成，开展“中国秘密集社”课题研究。

2 月 25 日，写信给女儿邓同兰，介绍最近生活与身体健康情况：

我的臂部跌伤已愈，照一次 X 光，费用八十元，医药费贵得可怕。我不饮酒，不抽烟。生活有规律。早上六时二十分起床，晚上十一时半就寝，日走三英里，所以少生病能够节省钱，接济你们。若生病，一年半载，全部积蓄一扫光。住院每日二三百元，小手术五百或者一千元以上。去年补牙齿两颗，费用 750 元。

我眼睛恐怕有白内障，下周要去找眼科大夫检查。脑子日见糊涂，记忆力大减。

3月20日，邓嗣禹邀请杨振宁到印第安纳大学，在学校大礼堂演讲，非常受印大师生的欢迎。

4月23日，写信给女儿邓同兰，谈及杨振宁来印大演讲的具体细节：

同兰：此次来函，情真语实，使我高兴。早想回复，因忙未果。今晚文书告一小段落，即写数行。

三月二十日，杨振宁至印大大礼堂演讲，他聪明绝顶，非常叫座。他说近十五六年以来，每年回国一次，所感到美中不足的是，管理经营工作欠佳。最好的香山饭店，坏得一塌糊涂。

我在北京国际书店订阅《光明日报》，每年报费二十元，邮费四十元，皆美金。可是1984年1月1日的报纸，4月12日才收到，读起来，味同嚼蜡，寄来一大包，不按日期排列，乱七八糟，这是小事，尚不能管理好，可怜！

目前，我仍无大病痛，但耳听日渐退化。照规矩，老年人每年要全身检查一次，每次500元，医药保险不给原样的费用。所以我从不检查身体，每年节省500元，用来接济亲戚之用。不旅行，旅行每日需要200元。美国教授，每年可以出外参加学术会议一次，学校补助津贴购买一等飞机票费用，旅馆食物费自理。宣读论文者，略为增加。若路途太远，从东岸到西岸，学校仅提供半价，或2/3乘火车、飞机费用而已。夜已十点半，精疲力倦，祝你们快乐健康。

6月25日，写信给女儿邓同兰，谈到目前著作写作事宜：

同兰：六月十二日，从纽约中国银行，寄给你们美金600余元，折成人民币当合1200余元，想已经收到，请拨冗写上“收到了”三个字为盼。

据一班报告，农民生活大有改进，国家贸易大为增长这是好现象。数年以后，必更有进步。等国家赶上台湾的繁荣，也许我的亲戚朋友能支援返国一次。

据现况，回国一次，需要花费三四千元，很可观。并非出不起，可是在美国，亲戚朋友之间，不通经济来往，生老病死处处需要费用。用完积蓄，危险万分。

我的身体算是健康，每年医药保险费用1200余元美金，因脚跟痛照一次X光，医药保险付费40%，自付25美元，可怕得很！

记忆力锐减，容易出错误，从前两次回国，皆从政府研究资金支付。如书写不成，要退钱。写作甚慢，很觉得急！祝全家老幼健康快乐。

8月28日，邓嗣禹写信给女儿邓同兰，再次谈及《捻军及其游击战》著作的写作事宜：

同兰：按摩治疗既然生效，似宜继续进行，以求根治。如业务缠身，不知能否于周末，去医院住一二天，接受治疗，以期痊愈。或每日下午四五点时，去接受按摩数十分钟，不知能否做到？总之，身体要紧。身体强健，可以努力；不强健，则无能为力。治理一段时间，以后随时可以复旧，再治理，要花更多的时间。

从前，我至哈佛调养院，医生要我多住两天，我坚持出院，预备大考。他说你一定要再来住院。果然，我出去发高烧，再去住院数天。

“九口之家”，甚不合时宜，至明清时代，也算大家庭。主妇不做事，家居管理家事，亦忙不过来。在美国，男女者十岁以上，必须做点小事。如送饭、替人看小孩、自己铺床、扫地等等。

印大校长夫妇，从前至工厂做苦工，他们的儿子，现在每周末去饭店洗碗，……美国有一位大使，每个礼拜天，蹲在大街上，为来往行人擦皮鞋，每人给他五分钱，这是千真万确的事实！

我劝你，雇一个老妈子，至少工作一年，每月工薪四五十元，由我负担。这样，你可能养病。

我年龄太老，记忆力差，容易写错字，有时一句话说到嘴边，咽下去了。所以最近台湾大学请我去讲学半年，我辞了。偶然，美国大学请我去讲演，我也不能接受。

回国一行，固然所愿也。但是我接受美国政府两次奖学金（资助金），共计三万元，此书不成，要将钱退回去，我绝无此意。书一定要写得很好，不能马虎，以免受人批评。所以三四年来，未外出旅行，但是题目太大，需要花时间太长，收集材料太多，不易驾驭。

此函语出至诚，希望你仔细考虑接受，务须把身体弄好。我实在太忙，1984年恐不能再给你写信。祝全家大小快乐、平安。

本年度出版的著作与发表的论文

1.《捻军及其游击战，1851—1868年》一书1961年首次出版。经过修改补充若干章节后，1984年由Greenwood出版社再版（该著作曾接受美国政府两次资助金，共计三万元）。同名书籍曾被翻译成法文，1961年在法国巴黎，Mouton出版社出版。

2. 发表论文《古代中国思维模式中的正统观念与异端》，《"中央研究院"历史语言研究所集刊》，第55卷，第3分册，第1147—1181页，1984年。

3. 发表书评，对姚明理（Yao Ming-Le）所著《林彪的阴谋与灭亡》一书的评价，收入《美国历史评论》第89卷，第2期，第500—501页，1984年4月。

1985年　80岁

8月上旬，邓嗣禹忽然接到中国大使馆电话，邀请他去北京，参加林则徐诞辰二百周年纪念大会。

8月27日，邓嗣禹答应去的时候，已经是来不及办理外交、签证等手续，冒险登上飞机，机票是大使馆寄来的，请去中国十天，一切费用由中国全国政协负担。

8月28日，在芝加哥机场补办签证手续，乘飞机抵达上海。

8月29日，抵达北京，入住北京西苑饭店。

8月30日，参加由全国政协举办的"纪念林则徐诞辰200周年大会"。被邀请的海外历史学家，包括邓嗣禹（美国）、唐德刚（美国）、陈志让（加拿大）、王庚武（澳大利亚）等五人。

8月30日，在《人民日报》第四版，曾以"全国政协宴请林则徐后裔及外籍华人史学家"为题，做了简短的专题报道。时任中共中央政治局委员、书记处书记习仲勋主持会议，全国政协副主席刘澜涛致祝酒词。当日的《人民日报》原文如下：

纪念林则徐诞辰二百周年

全国政协宴请林则徐后裔及外籍华人史学家

全国政协8月29日晚在北京人民大会堂举行宴会，招待林则徐后裔和出席林则徐诞辰二百周年纪念活动的外籍华人史学家。

中共中央政治局委员、书记处书记习仲勋，全国政协副主席杨静仁、刘澜涛、程子华、胡子昂、钱昌照、杨成武、包尔汉、缪云台、费孝通、屈武和有关方面负责人出席了宴会。

全国政协副主席刘澜涛致祝酒词。他说，林则徐是中国近代历史上抵抗外国侵略，维护国家独立的杰出的爱国人物，是中华民族的英雄。他在禁烟抗英斗争中，向全世界表明了中国人民对于鸦片烟毒的深恶痛绝和反抗外国侵略的坚强决心。震惊中外的鸦片战争是睡狮初醒的象征，为中国近代革命史开创了反对外国侵略的新纪元。林则徐的功绩将永垂史册。他还说，当年林则徐所憧憬的民族独立、经济振兴的理想，在中国共产党的领导下，在全国各民族人民的团结奋斗下，已经和正在实现，特别是历史上遗留下来的香港问题已经得到圆满解决。我们要缅怀林则徐的爱国业绩，为实现四化和祖国的统一大业而努力奋斗。

林则徐的后裔、原中国常驻联合国代表凌青（原名林墨青）大使在讲话中代表林则徐后裔对党和政府的关怀表示感谢。他表示要发扬爱国主义传统，为实现八十年代三大任务而努力。林则徐的后代林建恒、林兴、傅秀、林子东，来自美国、加拿大、澳大利亚的外籍华人史学家邓嗣禹、唐德刚、陈志让、王庚武等出席了宴会。

9月1日，在全国政协有关人员陪同下，邓嗣禹和四位历史学家赴福州、厦门、泉州等地，参观林则徐出生地、墓地。

9月9日，从厦门回到北京后，休息一天，去商务印书馆、中华书局、琉璃厂购买点书籍。政协供给一部小汽车，让他随便去看朋友、买东西。

9月10日，邓嗣禹写信给邓同兰，写于北京西苑饭店，时间为邓嗣禹即将返回美国的前一天。

同兰及家人共览：

从前政府只请杨振宁等科学家回国讲学、参观，此次全国政协破天荒请几位史学家，回国参加纪念林则徐二百周年诞辰活动。我为研究鸦片战争的专家之一，故被中国大使馆邀请，实属意想不到的事情。我于八月二十八日抵京，即参加各种纪念会，以后要我们去厦门、福州、泉州等处，参观林则徐的诞生地、墓地，等等。

返京后二日，拜访了几位老朋友，明日即需返美。近一个月来，腰酸背痛，行走需要人扶持，人情还是故乡好。他们对我特别照顾，请来时间限期十日，不便超过。

晚间，王钟翰同北大一教授要请邓嗣禹吃饭，去西苑饭店附近两家饭店，原以为可以吃羊肉，但是已经人满不能进去；另一家饭店，没有外券不准进入。结果，三人又回到西苑饭店，由邓嗣禹请客。

9月11日，早上7点，邓嗣禹与唐德刚教授同车去机场，从北京途经上海，然后返回美国。

11月2日，邓嗣禹返回美国之后，静下心来，写信给女儿邓同兰，仔细介绍此次参加活动的内幕、细节，以及活动之间的花絮：

同兰：谢谢你花了很多工夫，规规矩矩地给我写的一封长信。恭喜你加薪，盼望你加级，以便日后称邓同兰教授。但还要有一部著作，发表一两篇论文，才有希望。

八月上旬，忽然接到中国大使馆电话，要我去北京参加林则徐诞辰二百周年纪念大会。当时我差不多不相信我的耳朵，是听清楚了，还是听错了，只答应考虑一下。对方在电话中说，还请了郭斌佳，他是研究鸦片战争的。我才知道，我的博士论文是《张喜与南京条约研究》，所以才被请。郭先生在医院开刀不能去，所以大使馆后来来函，更写得清楚，非要我去。

我答应去的时候，已经是八月二十几号，来不及办理外交、签证等手续，就冒险登上飞机，机票是大使馆寄来的，请去中国十天，一切费用由政协负担。到了上海，补签证，29日抵达北京，第二天参加庆祝典礼，并在人民大会堂享受宴请，时间仓促，来不及通知任何人。坐飞机约30个小时抵达北京，写信至少要六七天。但是，三十个小时无睡眠，人累得一塌糊涂。汝舟、习应、乔升三人来电报，九月六日接到，说是在报上看到我的名字，由政协请回国，故打电报托政协探望。从海外请回来的五位学者，谁也不便单独行动，谁也未见亲属。

从福州、泉州、厦门回来，唐德刚教授有一位侄女，从长春赶来，在旅馆门口等了三个钟头，才见到唐教授，同去外面吃饭。第二天，原定她一同去东陵（慈禧太后墓地）参观，但是车上只能坐三个人，他们劝我不要去，我因腰酸背痛，也难得在北京休息一天，去商务（印书馆）、中华（书局）、琉璃厂购买点书籍。政协供给一部小汽车，让我随便去看朋友、买东西，这是九月十日，当时政协也买不到返美的机票，我很是着急，因为在九月十五日，我已经约好去医院接受手术。经过多方催促，才说九月十三日或有希望。我发牢骚，说要去找邓大姐，她是政协主席，才于九月十一日接受我的要求，与唐教授同机返美。

十号晚上，王钟翰同北大一教授要请我吃饭，去西苑饭店附近两家饭店，原以为可以吃羊肉，但是已经人满不能进去；另一家饭店，没有外汇券不准进入。结果，回到西苑饭店，我请客。二人正在点菜，服务员把菜单从他手中拿走，说："你们不能在这儿吃饭。"我们三人都很生气，要她叫经理来，结果允许吃客饭。两位客人大叹：从前上海租界公园，中国人与狗不许入内，现在亦然。

十一日，早七点去飞机场，到上海，唐君以我年老且体病为由，替我要求坐头等舱，可以躺下睡觉，比较舒服，但仍约三十小时无睡眠，累极了！在飞机上，唐教授告诉我：他的侄女不能到饭店吃住（每日需要另付房费 170—200 元），也未能坐小汽车去看东陵。

返家后，因为太疲倦，不能接受手术，外科大夫要等到十月七日才有机会。六日命去医院，只能喝水、吊盐水，不能吃东西，还要打一针取血，照过许多 X 光片子。一个老人，经过了许多打击，未能开刀以前，已经成为病人了！开刀以后，血管障塞，医生很着急，注入颜色药水，再照 X 光，以免影响心脏。本来住院五六天即可出院，后以血管毛病为由，住了十天。因为医院还有人要住院，急求出院。出院后第二天，全不能小便，肚子几乎要破裂，又急去医院，再动手术，且住院三天后才出院。脚不能走路，耳朵不能接打电话，老要对方说话大声一点，再大声一点，使人不高兴。今天才到公事房，桌上材料堆积如山。

9 月 13 日，按照事先的预约，去布鲁明顿医院看眼部疾病。但是，因为太疲倦，不能接受手术，外科大夫说要等到 10 月 7 日才有机会。

10 月 7 日，再次去医院接受手术治疗。

10 月 31 日，致函钱存训：

公垂兄：久违，久违。

为赶早班投邮（8:00—8:30 A. M.），请勿麻烦复印，因为调查表已急不可待了。

因为有几个学校回答太广泛，如“Over 500，000 Vol.” or 40，000 Titles，我想知道，1976—1977 以后，不知吾兄有新材料否？现在这用不着了。

大作 *Current Statue of East Asian Collection*，*1974-1975* 很有用。

致谢惠购几种 off prints，由 Julia 带来。敬叩，俪安

再者，印大中文编目员刚离职，不知吾兄有人介绍否？弟欲争取一 Associate Librarian and Chinese Cataloger 的名义，因为 Matsuda 只想教书，对于图书不感兴趣，要省事，要□，中日文书字，只用 transliteration（直译）。

弟　嗣禹上

11 月 4 日，用英文写信，将钱存训的新书 *Current Statue of East Asian Collection*，*1974-1975*，推荐给印大现任图书馆馆长 Elaine F. Sloan。

1986 年　81 岁

一、继续指导博士生完成本学年课程。

二、婉拒提议当选台湾“中央研究院”研究通讯员事宜。

三、刘子健来电话，告知翁独健去世。

5 月 22 日，写信给博士生陈润成，告知本学期选学分事宜。

润成君：

昨晚 Kaplan 告知，谓你已经获得 Leadership，值二百元，可以免学费，至多可选八个学分（第二学期暑假课程），特此告知，以便决定受拒问题。下学期似乎希望不大，我将重教一 Senior（高级）而已，即询。

邓嗣禹手启　五月二十二日

5 月 23 日，写信给女儿邓同兰，告知收到佳木斯侨委会寄来的精美日历：

同兰及全家共览：

寄给你致辞侨委会函副本三四日后，接到你的长函。侨委会尚未函复，不知你有何建议？

佳木斯侨委会寄来的精美日历，我于四月初接到，感谢万分，择日抽空当再函谢。

我右脚有硬血管阻塞病，终日忙不可奈，走路若太多，疲倦不堪。信不再长发，问全家大小平安。

6月10日，致函陶晋生，婉拒提议当选台湾“中央研究院”研究通讯员事宜。

晋生教授：

数日前，刘子健来电话，告知翁独健去世①，又说你的演讲很好。当时在阅读数年前惠赠之《中国近代史》，觉得言简意赅，值得译成英文，供海外通史班用，正想给你写信，因事未果，若写好寄出。我们信简，可不约而同的同时收到。

大函提议“研究通讯员”事，首先当感谢张存武、黄培等教授，想你们几位讲究师道，真是难得，我对你们三位，当举手致敬！（存武兄只是老朋友）

通讯研究员，我已荣任一次，期满之后，又继续接到“中央研究院”好些书籍，如《史记疏证》《殷墟文字丙编通检》《唐代交通图考》《唐代墓志铭汇编附考》等书，一俟新东亚图书馆长聘定后，即移交图书馆。在此期间，尽量在拙作中引用，以资介绍。但因太专门，不容易塞进去。除接受书籍以外，拙作《正统观念与异端》在史语所集刊第35期三分，1984年出版。抽印本，今年五月份接到（此期集刊，尚未见到）。即交Bill Cohen系主任一本，并告知他。他大概是生在法国，常去法国，教授法国与欧洲近代史，对研究通讯员名词毫无所谓。退休人继续用学校公事房十年，每年仍作一简单研究报告。他把抽印本不提，大概是因为1984年的早过期，研究通讯员更不算事，所以我想谢谢你们三位，不必麻烦了。

第一，我想集中精力完成之书，必不能至史语所集刊再登One

---

① 翁独健（1906—1986），1986年5月28日，他正在着手编辑《中国民族史研究集》，准备为他祝贺80岁生日新书时，不幸因心脏病猝发，经抢救无效去世。

charter 英文稿件，以后难找出版商。如抽时间写《蚩尤考》《中国考试制度起源再考》，必影响此书完成，不合算。

第二，如写一篇关于太平天国的文章，或可受欢迎。西安大学出了一本《研究太平天国史著述综目》（1984），搜罗很完备，我算是海外华人写（在这方面专题）书籍、传记、书评最多者，但要写出一篇结实的文章也费时。

因此各种，我得谢谢你们，大函同此函复印本，仍寄黄培处一阅。你如高兴，我可同子健、黄培等人，联合起来，集中选举，请从早告知。令尊大人，乞代致敬。

又及：印大前法学院 geromce hall，现住三藩市，86 号，寄给我一篇 *Paul*，*The hawyer*，*on Law*，写得很好。您们若能重返母校，我们随时欢迎。

7 月中旬，邓嗣禹写信给家乡湖南省常宁县侨办主任李国成，提议由他捐资办一所小学，并将他的代表著《中国考试制度史》一并寄出。

常宁县黄洞乡的邓氏后嗣们经常给邓嗣禹写信联系，邓嗣禹则有求必应，关心和帮助家乡的亲人，并将国内落实侨务政策，退赔邓家的房屋的款项 9000 元，另加部分现金共计 20 万元，分批寄予家乡，建造小学，取名为“遗德小学”。邓嗣禹的女儿邓同兰，曾代表他到常宁县黄洞乡参加了捐赠仪式。

10 月 20 日，湖南省常宁县侨办主任李国成回信：

邓老教授勋鉴：

七月二十七日接教授惠书，使我和全县乡亲深受鼓舞，一致感谢老教授的爱乡之情，趁回信之机，首先让我们代表全县乡亲向您及您全家致以家乡亲人的亲切问候！

我县于今年六月开始落实华侨私房，七月我到您家乡黄洞村调查，见到汝丹、侨昇等人，现在已经省府批准，您房产应该落实给您本人。因原房已倒，决定给您经济补偿 9000 元。

我们正在办理您的房产过程中，喜接您捐资办学的来信，即交县府领导传阅，县长们为此开了一个专题会议，决定将按照您的意愿，县增发部分款交黄洞村办学校。黄洞村虽小，近年年年都有考取的大学生。为了发扬老教授求学办学的精神，以老教授的治学精神激励后人，千秋百世，定名为“嗣禹学校”。郭县长和我到黄洞乡，由黄洞党委书记邓国书陪同，在黄洞村察看了校址，决定把校址建在您原住房前三十米处的山坡上，并成立了以党委书记为主任的“嗣禹学校”筹备委员会。

邓老教授是常宁的第一位博士，这是常宁人的骄傲。在《中国考试制度史》中题书“常宁邓嗣禹纂著”，这真是离乡五十载，情牵故乡人。现在您又是第一个捐资回乡办学的海外华侨（最近周大中从美来信，也提出捐资办学），我们将您的生平和眷恋故乡之情通过《侨务宣传》，介绍给了全县人们，大家都传为美谈。

我们感到过意不去的是，老教授高龄八十有余且退休，无经济来源，还挤出资金回乡办学，您的爱乡之情我们领受了，但您老一定要过好晚年生活，其“另捐上小部分”要量力而行，切不要影响您老的生活所需，恳切祝愿老教授保重福体，幸福安度晚年！

关于教授传记及主要著作，是我办公室为县志提供常宁的华侨资料。因您是第一个博士，又是常宁率先出国的第一个华侨，应该收入《县志》，并将由我执笔写入。所以，请您直寄我办公室，以留作永久资料，流芳千古，激励后人。

以上所云，是初步安排，不知老教授意见如何？因忙于落实华侨私房和处理您老信中所提之事，延至今日回复，望乞原谅！我的文化水平不高，不当之处，乞示赐教！

衷心祝愿老教授健康长寿！

11 月 10 日。邓嗣禹再次复信李国成，谈及筹建学校的具体要求：

湖南省常宁县侨务办公室李国成主任台鉴：

欣接来函，乡情绵绵，礼谊周至，令人有归故乡之感！

政府宽宏，房产落实。然政府既已决定，给予嗣禹本人经济补助 9000 元，嗣禹亦必遵守前言，将此款项全部献给国家，作为发展黄洞小学教育之用。良好的小学教育，为任何现代国家最基本的需要品。国民若无基本知识，四化难以普遍成功，维持久远。因此之故，嗣禹除退还 9000 元外，并另汇捐人民币二十万元，为建此小学费用，以后政府认为有增加的必要，嗣禹亦愿尽所能的量增加，追随政府之后。

学校名称仍以“遗德小学”为优，因先父省衣节食，送子求学。每次往县城寄身，往返步行一百里，途中无饮食，其中苦况，难以言喻，不可以不报。无先父之苦心孤诣，就无今日舌耕海外之嗣禹。

学校地址，拟在屋后山坡上，闻此外已盖好一小学，不知是否加以拓充改造？且嗣禹屋后为汝舟住宅，屋左为仓房、茅房、菜园，均离山坡约二三百步，走至山坡，要沿着一小溪，一井担水人多，路途滑，不适于幼童行走。若天热取井水止渴易生危险。可是事在人为，地址不很紧要，但必须为学生计划安全。

海外小学，多在平地，有校园，为学生运动、打球、体操、游戏之用，校园附近，有修好的路途，安全设计，开车者必减低速度，随时可以停车。幼童活泼跳跃，不知足之所之，更无心顾及安全。故地方教育当局必预为之防。山坡屋宇过山洪暴雨，难免不受影响，儿童行走，无人接送，皆当计划，保获安全，地基水沟，必须坚固，才能适合十年树木、百年树人之用，外国儿童，以上小学为乐园，中国学生多逃学，环境使然，教师亦有关系。

唯一注意之点，我们要求“文文落实”，避免浪费分文，北京费了十六七年的工夫，盖一新图书馆，据最近钱三强面告，尚未完成，已发现设计欠佳，台北盖一新中央图书馆，比原馆大三倍，三年完成，馆长自夸为东亚最新式，最完备者。问何以故？前馆长蒋复聪云：“现在我们做事，层层监督，文文落实，绝不贪污，故收良好的效果。”这是外商与华侨乐于台湾投资的原因，高山仰止，景行行之，虽不能至，然心乐往之，慎之于始，免遗后悔。

所幸贱躯托福，旋过两次外科手术后，行走一如少年。若此小学二三年内完成，如坐飞机，两三天可以抵老家。举清茶一杯，同庆落成典礼，岂不乐欢？敬向贵主任，常宁县长以及其他亲戚朋友致以崇高亲热的敬礼！

本年度发表的书评文章

对贺凯（Charles Hucker）所著《中国皇帝公文称谓词典》一书的评价，载《美国历史评论》，第91卷，第2期，第445—446页，1986年4月。

1987年　82岁

一、指导博士生陈润成完成博士论文答辩。

二、参加印大史学系年会。

三、与陶晋生探讨《资治通鉴的史学》相关问题。

2月17日，致函陶晋生夫妇，交流有关《资治通鉴的史学》的学术问题：

晋生、家麟两教授钧鉴：

二三日前，接到家麟履历，请告知介绍信写给何人，及其通讯住址，为盼，能写出一份职位描述书更佳，以便说法得体，发生效力。

《食货》复刊第十二卷4—6期有陈明銶著、张荣芳译《资治通鉴的史学》，不知陈明銶是中国人还是外国人？如果是中国人，为何要张荣芳译？若是外国人，原名如何？原篇名如何，乞示。若是Pulleybrank，陈明銶音译相差太远，且其中注脚中所引材料，多见于Beashey & Pulley brank，*Historians of China and Japan*，成书之后，敬请晋生教授拨冗赐复。

昨天下大雪，晚上开新车返家，车轮滑转，险成大祸。今早不敢开车，不能去图书馆借*historians of China and Japan*。此书常有人借出，重新借阅，需时二三周，故此烦援，乞谅。

三日前，Leonand hundein教授的奥迪车，因路滑不能至红灯前停止，被另一车碰伤，现至医院隔离间，故驾车成惊弓之鸟。

在南港，看见刘子健否？丁邦新所长不知是否要求人员致函给印大图书馆，订阅史语所集刊之书单否？其余后谈。即叩，祺安。

邓嗣禹 1987年2月17日

3月18日，邓嗣禹在写给邓同兰的家信中，介绍参加印大史学系年会的情况：

数周前，我问你是否需要我给你们学校写信，写给谁？至今未见回答。我写信绝对于你无害的。今从香港银行寄来美金800元，约合人民币3000元。

阳历三月初，史学系开年会，美国人不讲究大吃大喝，每个人带来一点食物，一共十来件。我每件尝了一点，喝了两杯酒，站着同人家谈话，约一小时余。不知何故，忽然昏倒了，假死了半点钟，叫来紧急救护车，急行如航空警报。现在早已恢复了健康。

但是，白内障非开刀不可。脚背血管痛，痔疮流血，下周要去看医生。我能活多少年，不敢说，但是明年仍照常寄钱。你们必须努力，谋求独立，不要存在依赖之心。彩电问题解决否？

是月，指导博士生陈润成顺利完成论文答辩，博士论文题目为：《恐怖主义与革命：中华帝国晚期之政治暗杀研究（1900—1911）》。该论文后被收录于《1971—2006，美国清史研究文献》。陈润成毕业之后，任教于州立穆尔黑德大学历史系，1990 年任副教授。

本年度发表的论文与书评文章

1. 发表书评，对姜秉正（Chang Ping-cheng）所著《研究太平天国史著述综目》给予很高的评价。《亚洲研究期刊》第 46 卷，第 1 期，第 113—114 页，1987 年 2 月。

2. 为邓之城先生诞辰 100 周年学术研讨会撰写两篇论文，收入《邓之城先生学术纪念文集》，北京大学出版社，1991 年。

1988 年　83 岁

1988 年 4 月 5 日，邓嗣禹在美国病逝，享年 83 岁。

2 月，撰写一篇有关中国秘密集社论文《血盟义儿与结拜兄弟杂考》。这是邓嗣禹最后一篇文字，当时尚未发表，打字稿存在陶晋生处，后被刊发在《家国万里：邓嗣禹的学术与人生》书中，第 127—132 页，上海人民出版社，2014 年。

3 月 3 日，在印第安纳州布鲁明顿市，中午返家用饭回程途中，正值当天下濛濛细雨，加上打伞导致视线不佳。邓嗣禹在走过十字路口时，路过马路未能注意到红绿灯，被行车撞倒，立即被送到附近的美国教会医院（Methodist Hospital）。虽然当时伤势不重，但事后因撞伤引发肺炎，即进入医院加护病房，前后有一月之久。

4 月 3 日，时任印大东亚图书馆馆长李明博曾去医院探望。据李明博回忆，当时邓嗣禹躺在病床上，虽然身体有些虚弱，但神智尚好。李明博还清楚记得交谈时，病房温度不高，感觉有些冷。

4 月 5 日，下午三时，邓嗣禹病情突然恶化，终因年老体弱，经抢救无效与世长辞。

在他逝世之后，印第安纳大学为他举办了一系列纪念活动。

4 月 8 日，在邓嗣禹去世后的第三天，费正清为他特地撰写了一篇讣告，后发表在《美国亚洲研究期刊》（1988 年第 8 期）上。在文章的开头，费正清评价邓嗣禹作为美国亚洲研究会的创始人，在美国从事汉学研究 50 多年的经历；文中记叙了邓嗣禹与其他汉学研究先驱者如费正清、毕乃德、顾立雅合作编写、出版著作过程，以及对美国汉学界所做出的杰出贡献，并说他的专著、论文及编纂的中文目录索引对他们的研究工作提供了更多的参考资料。费正清在讣告的结尾部分，还着重称赞："邓嗣禹是一位乐观、谦虚、勤勉不懈的儒者，同时也是一位对我有帮助的老师和有教养的绅士。"

4 月 20 日，印第安纳大学东亚语言文学系举办了一次纪念会议。

5 月 6 日，印第安纳大学历史系也举办了一次同样的会议。除了他的家人、同事、朋友和学生之外，印第安纳大学前校长赫尔曼·威尔斯也特地参加了会议。六名历史系教授和一名东亚语言系教授先后在会上发言，他们回顾了邓嗣禹教授的学术成就、生活轶事、交往经历等多方面内容。

他的学生黄培教授代表他众多弟子，在会上以"追思邓嗣禹教授"为题，做了约 1 万余字的长篇发言。文中除介绍他的导师的学术成就、生平事迹之外，还着重回顾了邓教授多年以来如何在诸多方面，从细微之处培养他的学术素养的感人事例，该文章后来发表在《传记文学》第 53 卷第 1 期上（1988 年）。

邓嗣禹的生前好友、美国匹兹堡大学王伊同教授则以"邓嗣禹先生学术"为题做了发言。他在文中回顾了邓嗣禹与美国汉学家费正清、毕乃德、顾立雅在著作方面合作的成就；与学友周一良、翁独健、吴世昌等人的交往经历和生活轶事，高度赞扬了邓嗣禹对美国汉学界的贡献，强调："是以 40、50 年代，治东亚文史，鲜不知君名。"这篇文章后来发表在《燕京学报》新四期，北京大学出版社，1998 年。

8 月，美国哈佛大学费正清教授在《亚洲研究期刊》第 47 卷第 3 期，第 723 页，专门为邓嗣禹撰写讣告，文中高度评价邓嗣禹在学术上的成就，并称邓是"乐观、谦逊、勤勉不懈的儒者"。

邓嗣禹去世之后，海内外知名学者、学人先后在报纸、期刊、专刊上，用中英文发表过许多纪念文章，下面仅是目前收集到的一部分：

1. 费正清：《讣告：邓嗣禹（1906—1988）》，*The Journal of Asian Studies* Vol. 47，No. 3，p. 732，Aug.，1988。

2. 黄培：《追思邓嗣禹教授》，台湾《传记文学》第 53 卷第 1 期，1998 年。

3. 黄培：《旅美学人邓嗣禹在学术上的贡献》，《近代中国史研究通讯》第 1 集，1988 年 9 月。

4. 柳无忌：《关于一所美国大学中文图书馆的建立：向邓嗣禹教授致敬》，*Chinese American Forum*，Vol. 4，No. 4，Apr. 1989。

5. 李明博（Thomas H. Lee）：《邓嗣禹，1906—1988》，*Ceal Bulletin*，No. 84，June，1988。

6. 李明博：《美国印第安纳大学中文藏书的发现——兼述邓嗣禹和柳无忌教授的贡献》，台湾《传记文学》第 103 卷第 3 期，2013 年 3 月。

7. 王伊同：《邓嗣禹先生学术》，《燕京学报》新四期，北京大学出版社，1998 年。

8. 唐特凡：《一位历史学博士的追求：记邓嗣禹一生》，《常宁文史资料》第五期，1989 年。

9. 陈润成：《邓嗣禹与二战后的美国汉学发展》，《华美族研究集刊》第 7 辑，2004 年。

由于在邓嗣禹生前，印大东亚图书馆就有他单独的书库，占地面积为半层楼的规模。在他逝世后，印大为纪念他对学校的杰出贡献，特别制作了一幅铜制纪念牌匾，悬挂在图书馆的墙面。上书文字：“纪念邓嗣禹教授（一九〇六——一九八八），勤奋而多产的学者，本校东亚图书馆的奠基人和不倦的支援者。”目前，这块牌匾仍然完好保留在东亚图书馆的墙面上。

印大同时也在全校范围内，以他的名字命名并建立了邓嗣禹基金，主要用于扩充东亚邓嗣禹书库的藏书量，他的杰出成就将永远被印大所铭记。